EDMUND HILLARY

Wer wagt, gewinnt

Edmund Hillary

WER WAGT, GEWINNT

BASTEI LÜBBE

Titel der Originalausgabe: NOTHING VENTURE, NOTHING WIN
Originalverlag: Hodder and Stoughton, London

Aus dem Englischen von Hans Jürgen Baron von Koskull

Printed in Western Germany 1979
Umschlaggestaltung: Jan Buchholz/Reni Hinsch
Gesamtherstellung: Ebner, Ulm
ISBN 3-404-01027-2

Der Preis dieses Bandes versteht sich einschließlich
der gesetzlichen Mehrwertsteuer

Inhaltsverzeichnis

Vorwort

Die Helden, die ich als junger Mensch bewunderte, schienen Fähigkeiten und Tugenden zu besitzen, die außerhalb der Reichweite des gewöhnlichen Sterblichen liegen. Ich habe mir sehnlichst gewünscht, es ihnen gleichzutun, aber es ist mir nie gelungen, so hohen Ansprüchen zu genügen. Eine gewisse Ängstlichkeit in gefährlichen Situationen machte es mir immer schwer, die innere Ruhe und den Mut zu finden, die zur heldischen Haltung gehören. Wohl war ich körperlich kräftig, doch es fehlten mir die Gewandtheit und der scharfe Blick des geborenen Athleten. Ich war gutmütig und hilfsbereit und habe für manche gute Sache Opfer gebracht. Im Lauf der Zeit stellte ich fest, daß auch der durchschnittlich Begabte Abenteuer erleben und der Furchtsame Erfolg haben kann. Die Furcht wurde mir in gewissem Sinne zum Freund. Ich haßte sie, wenn sie mich ergriff, aber sie erhöhte die Spannung, wenn ich auf die Probe gestellt wurde, und wenn ich sie bezwungen hatte, war die innere Befriedigung um so größer. Ich bin immer ein unruhiger Geist gewesen, und das Leben war für mich ein steter Kampf gegen die Langeweile. Wenn ich mit meinen schweren Bergstiefeln auf einem hohen Gipfel stand, sah ich die Welt zu meinen Füßen liegen. Und ich erlebte, wie der rote Sonnenball nach dem dunklen antarktischen Winter wieder über dem Horizont auftauchte. Das Leben hat mir so viel Schönes, Erregendes, so viel Freude und Freundschaft geschenkt, wie ich es wohl kaum verdient habe.

I.
Der Beginn

Als ich aufwachte, fühlte ich mich wie zerschlagen, aber die freudige Erwartung überkam mich gleich wieder. In der Nacht war die Luft aus meiner Luftmatratze entwichen, und ich lag auf dem harten Eis. Widerwillig öffnete ich die Augen, um einen allzu realistischen Traum zu verscheuchen, blickte mich um und erkannte die mir vertrauten Gegenstände im Camp IV. Unser geräumiges Zelt bot im Dämmerlicht des frühen Morgens einen traurigen Anblick. Auf dem vereisten Boden lagen reglos meine schlafenden Gefährten, die sich tief in ihre Schlafsäcke verkrochen hatten. Zwischen ihnen sah ich Sauerstoffgeräte, Rucksäcke, Reservebekleidung, Seile, Kletterhaken, Steigeisen und Eispickel in chaotischem Durcheinander liegen. Die Unordnung mißfiel mir, und ich schloß verärgert die Augen. Der übliche Morgen im Camp IV! Das Leben in siebentausend Meter Höhe war keine reine Freude. Aber plötzlich wurde mein Kopf klar, und es fiel mir ein, daß dies kein gewöhnlicher Tag war. Es würde wahrscheinlich der wichtigste Tag meines Lebens werden, denn jetzt sollten wir den mühsamen Aufstieg beginnen, der, wenn wir Glück hatten, auf dem Gipfel des Everest enden würde. *High Adventure*

Ich wurde am 20. Juli 1919 in Auckland, Neuseeland, geboren. Als Kind zeigte ich wenig Interesse für meine Vorfahren und deren Herkunft, aber man brachte mir bei, daß meine Mutter aus einer angesehenen Familie stammte, die eine Farm besessen und in Whakahara im Bezirk von Northern Wairoa, etwa hundertsechzig Kilometer von der Stadt entfernt, einen Kolonialwarenladen gehabt hatte. Großmutter Clark war als Tochter von Einwanderern aus Yorkshire in Neuseeland zur Welt gekommen. Auch Großvater stammte aus Yorkshire. Er war Mitte des 19. Jahrhunderts

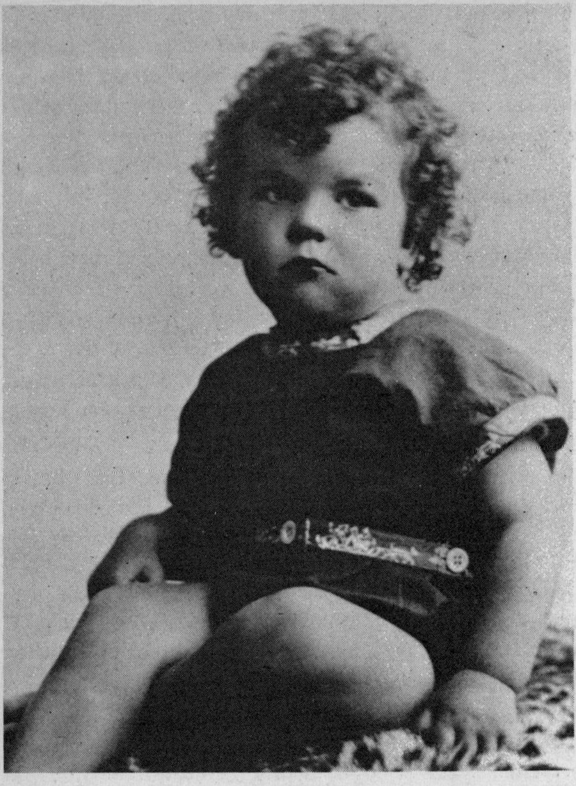

Der Verfasser,
ein Jahr und acht
Monate alt

nach Neuseeland ausgewandert und hatte es durch seinen Fleiß zu einigem Ansehen gebracht. Ein Unfall machte seinem Leben frühzeitig ein Ende. Eines seiner Pferde schlug aus und traf ihn so unglücklich am Kopf, daß er an den Folgen des Unfalls starb.
Meine Großmutter hat sich von diesem Schock nie ganz erholen können. Ich erinnere mich, daß sie noch im Alter von über achtzig Jahren eine weißhaarige, aufrechte und sehr würdige alte Dame war, aber sie beteiligte sich kaum aktiv am Familienleben, sondern war eher als moralische Stütze zu betrachten. Doch ihre zwölf Kinder erfüllten das Haus mit Leben und taten, als sei kein großes Unglück geschehen. Meine Mutter war eines der jüngsten Geschwister und wurde von ihren älteren Schwestern erzogen.

Auf den alten Fotos sieht man, daß sie ein hübsches, schlankes, anmutiges Mädchen war. Sie spielte gut Klavier und besaß den gesellschaftlichen Schliff, den man im viktorianischen Zeitalter von einer jungen Dame erwartete. Gewissenhaft und intelligent zeigte sie gute Leistungen in der Schule und bestand später das Examen am Lehrerseminar. Trotz ihrer zarten Erscheinung besaß sie Mut und Entschlußkraft, Eigenschaften, die sie in den langen Jahren des Zusammenlebens mit meinem Vater brauchte.

Die Familie Hillary hatte keine so gefestigte Stellung in der Gesellschaft. Großvater Hillary war eine Abenteuernatur, und um seine Person hatte sich eine Familienlegende gebildet. Es läßt sich schwer sagen, wie viele von diesen Geschichten wahr sind. Auch er stammte aus Yorkshire und hatte dort das Uhrmacherhandwerk erlernt. Später reiste er geschäftlich nach Indien und machte sich bei den dortigen Maharadschas so beliebt, daß er reich dafür belohnt wurde. Das erzählt man sich wenigstens. Mit Sicherheit weiß man jedoch, daß er Anfang der 1880er Jahre nach Neuseeland ging, einen ansehnlichen Geldbetrag mitbrachte und hier unsere Großmutter heiratete, die viel jünger war als er. Ida Fleming stammte aus Irland und war auf einem Segelschiff nach Neuseeland gekommen, um bei einer wohlhabenden Familie die Stelle einer Gouvernante anzunehmen. Meine Großmutter war eine unternehmungslustige Frau. Sie wechselte ihre Stelle, segelte über den Pazifik nach Norden, kam nach Hawaii, und als Kind habe ich mich oft durch ihre Erzählungen von den abenteuerlichen Seereisen, die sie unternommen hatte, bezaubern lassen.

Nach seiner Heirat gründete Großvater Hillary in Dargaville ein Uhrmacher- und Juweliergeschäft, kaufte ein paar Rennpferde und verlor in den folgenden Jahren sein ganzes Vermögen auf der Rennbahn. Im Alter von etwas mehr als sechzig Jahren war er vollkommen verarmt. Er kam zu dem Schluß, er habe seine Aufgaben in der menschlichen Gesellschaft erfüllt, und legte sich für die folgenden dreißig Jahre zu Bett.

Großmutter nahm die Herausforderung an. Ohne ein Wort der Klage pflegte sie ihren Mann und verdiente selbst das Geld, das sie für den Unterhalt der Familie brauchte. Sie übernahm jede Arbeit, die sich ihr bot, und verwendete ihre künstlerischen Gaben dazu, Bilder zu malen und kunsthandwerkliche Gegenstände herzustellen, die sie dann verkaufte. Sie ließ ihre Kinder zur Schule gehen, erzog sie zu charakterfesten und unabhängigen Menschen und sorgte mit Energie und Würde für ihren eigenen Lebensunterhalt, bis sie im Alter von dreiundneunzig Jahren starb. Sie war eine bemerkenswerte Frau!

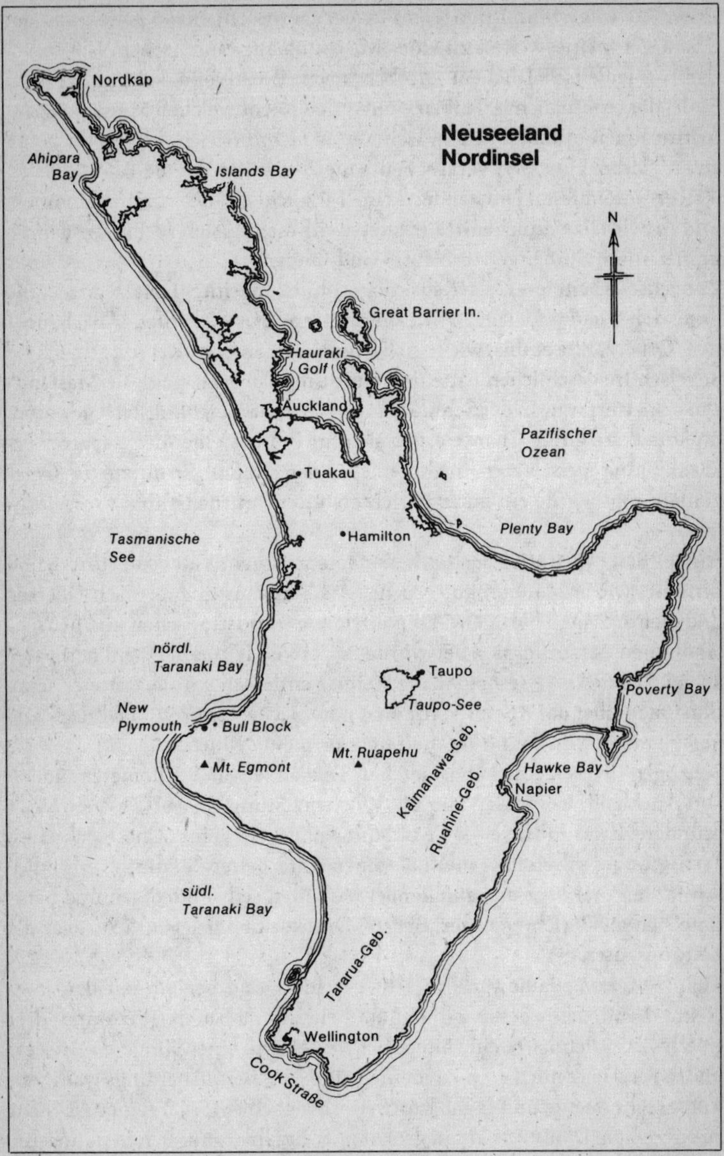
Neuseeland
Nordinsel
N
Nordkap
Ahipara Bay
Islands Bay
Great Barrier In.
Hauraki Golf
Auckland
Pazifischer Ozean
Tuakau
Hamilton
Plenty Bay
Tasmanische See
nördl. Taranaki Bay
Taupo
Taupo-See
Poverty Bay
New Plymouth
Bull Block
Mt. Ruapehu
Mt. Egmont
Kaimanawa-Geb.
Ruahine-Geb.
Hawke Bay
Napier
südl. Taranaki Bay
Tararua-Geb.
Wellington
Cook Straße

Unter so ungewöhnlichen Familienverhältnissen entwickelte sich der Charakter meines Vaters zu einer Mischung aus moralischem Konservatismus, leidenschaftlichem Streben nach Unabhängigkeit und einem Stolz, der es ihm nicht erlauben wollte, sich irgendwelchen Menschen oder Institutionen unterzuordnen, wenn er es nicht für richtig hielt. Er besaß einen klaren Verstand, verabscheute die Armut, in der die Familie lebte, weil er unter diesen Umständen keine Möglichkeit sah, voranzukommen, und entwickelte ein lebhaftes Interesse für die sozialen Ideen, die damals immer mehr Anhänger in Neuseeland fanden.
Zunächst arbeitete er als Redaktionsgehilfe in einer Lokalzeitung und hatte dabei kaum Gelegenheit, seinem Hang zum Abenteuer nachzugehen. Oft erzählte er uns, wie er sich heimlich auf die am Kai festgemachten Segelschiffe geschlichen hatte und aus purem Übermut auf die Mastspitzen geklettert war. In der Schule war Englisch sein Lieblingsfach gewesen, und die erste große Chance ergab sich für ihn, als einer der Reporter erkrankte und mein Vater für ihn einspringen mußte. Er nutzte die Gelegenheit und wurde ein guter Berichterstatter, Journalist und Pressefotograf.
Als der Erste Weltkrieg ausbrach, meldete sich mein Vater sofort freiwillig für eine, wie er glaubte, gute Sache. Als Sergeant ging er nach Übersee und diente in dem blutigen Gallipolifeldzug im australischen und neuseeländischen Armeekorps. Hier wurde er verwundet und erkrankte schwer an der Ruhr. Als er deshalb in die Heimat entlassen wurde, hatte er seine Illusionen über das Kämpfen für eine gute Sache verloren. Bald nach seiner Heimkehr im Jahr 1916 heiratete er meine Mutter.
Sie zogen in das kleine Landstädtchen Tuakau, etwa 60 Kilometer südlich von Auckland, wo mein Vater die Wochenzeitung *Tuakau District News* gründete. Zwar führte er den wohlklingenden Titel eines Chefredakteurs, verfügte aber selten über mehr als einen Mitarbeiter. So mußte er in diesen Jahren praktisch alle anfallenden Arbeiten selbst erledigen und betätigte sich als Berichterstatter, Setzer, Drucker und gelegentlich sogar als Zeitungsausträger.
Mein Vater war handwerklich sehr geschickt und begann auf den zwei Hektar Land, die er besaß, ein Einfamilienhaus zu bauen. Wir waren drei Geschwister. Ich hatte eine ältere Schwester und einen jüngeren Bruder, und ich erinnere mich gern an meine frühe Kindheit. Allerdings war mein Vater recht streng, und es gab kaum eine Möglichkeit, sich seiner Aufsicht zu entziehen. Dafür war er ein großartiger Erzähler, und schon in unserer

frühesten Jugend fesselte er uns jeden Abend mit seinen Geschichten von den Abenteuern, die »Jimmy Job« zu bestehen hatte, der kleine Mann, der angeblich in einem hohlen Baum am Rande unserer Farm lebte.
Trotz seiner beachtlichen Energie reichte die Begeisterung meines Vater nicht immer aus, alle seine Vorhaben zu Ende zu führen. Er hatte unser Haus zwar geräumig angelegt, aber es ist ihm nie gelungen, alle Zimmer fertig auszubauen und zu möblieren. Auf den zwei Hektar unserer Farm grasten sechs Kühe, die mein Vater jeden Morgen und jeden Abend mit der Hand melkte. Diese Arbeit langweilte ihn, und deshalb brachte er über dem Melkplatz im Stall ein Büchergestell an, um beim Melken bequem lesen zu können.
Etwa 700 Meter von unserem Haus entfernt lag die Grundschule von Tuakau, und ich ging täglich bei Regen und Sonnenschein barfuß dorthin wie die meisten meiner Mitschüler. Ich hatte den Vorteil, daß meine Mutter, die Lehrerin gewesen war, mich bei den Hausaufgaben beaufsichtigte. Das hat mir sehr genützt. Zwar war ich nicht der Typ des Vorzugsschülers, aber die Lehrer förderten mich, und ich kam gut in der Schule voran. Als einer der Jüngsten meiner Klasse war ich kleiner und schwächer als die meisten Mitschüler, beteiligte mich nie viel am Schulsport und anderen gemeinsamen Unternehmungen und hatte kaum Freunde. Ein Grund für dieses Abseitsstehen war die Ansicht meiner Mutter, man könne die Menschen danach beurteilen, mit wem sie umgingen. Sie glaubte, die meisten Mitschüler seien nicht der geeignete Umgang für mich. Diese Einstellung meiner Mutter, die sonst sehr großzügig und freundlich war, störte mich, und ich habe nie herausbekommen, ob sie meine Mitschüler nur deshalb ablehnte, weil viele von ihnen Maoris waren.
Dabei hatte mein Vater im Rahmen seiner Arbeit an der Zeitung enge Kontakte mit den Maoris und war mit vielen von ihnen befreundet. Ich kann mich allerdings nicht darin erinnern, daß wir je einen Maori als Gast im Hause gehabt hätten. Oft erzählte er uns Kindern von den hervorragenden Leistungen der Maoris im Rugby und als Holz- und Flachsarbeiter. Er gehörte auch zu den wenigen Freunden der Prinzessin Te Puea Herangi, jener ungewöhnlichen Maorifürstin, die dafür bekannt war, daß sie für die meisten Pakehas (die weißen Neuseeländer) nicht viel übrig hatte.
Für mich gehörten die in der Nachbarschaft lebenden Maoris auf ganz natürliche Weise zu meiner Umwelt. Ein Jahr lang saß ich in der Schule neben einem großen, fröhlichen Maorimädchen, dessen Leistungen im Unterricht zwar nicht überragend waren, das jedoch die größeren Jungen

deutlich spüren ließ, sie würden es mit ihr zu tun bekommen, wenn sie mich belästigten. Auch die stärksten von ihnen waren nicht bereit, dieses Risiko auf sich zu nehmen.

Als ich mich zur selbständigen Persönlichkeit mit eigenen Ansichten entwickelte, mußte ich feststellen, daß mein Vater strenge Maßstäbe anlegte und es nicht vertrug, wenn man gegen die von ihm angeordnete Disziplin verstieß. An die Stelle der Zuneigung, die ich als kleiner Junge für ihn empfunden hatte, trat jetzt die Furcht vor seinem Unwillen, die sich schließlich zu einer ausgesprochenen Ablehnung entwickelte. Es kam zu heftigen Auseinandersetzungen und Diskussionen, die in meiner ganzen Entwicklungszeit nicht nachließen. Um die geistige Freiheit zu gewinnen, nach der ich strebte, zog ich mich immer mehr in das Reich meiner Phantasie und Träume zurück. Meine Mutter war ein prachtvoller Mensch und gab mir die mütterliche Wärme, die ich so notwendig brauchte, um voranzukommen. Sie hielt die Familie zusammen, und ihr Stolz und ihre Energie machten sie zum Mittelpunkt. Sie verstand es ausgezeichnet, das Gleichgewicht zwischen ihrem energischen und dogmatischen Mann und den drei recht selbständigen Kindern herzustellen. Als sie im Alter von dreiundsiebzig Jahren starb, hatte sie die Genugtuung, zu wissen, daß ihre Kinder alle den richtigen Platz im Leben gefunden hatten. Es war für uns ein großes Glück, eine solche Mutter gehabt zu haben.

Auch in der schlimmsten Zeit der Wirtschaftskrise fehlte es uns nie an Lebensmitteln. Damit versorgte uns unsere kleine Farm mit den Kühen, dem großen Gemüsegarten und den zahlreichen Obstbäumen. In unserer Familie achtete man sehr auf die Gesundheit. Meine Eltern waren davon überzeugt, daß die meisten Krankheiten durch zu reichliches Essen verursacht wurden. Deshalb wurde jede Unpäßlichkeit mit »Diät« behandelt. Die Rationen wurden gekürzt, und das war für einen jungen Menschen mit gutem Appetit eine harte Probe. Ich ließ es mir daher möglichst nicht anmerken, wenn ich mich nicht wohl fühlte.

Mein Vater hielt die Prügelstrafe für einen notwendigen Bestandteil der Kindererziehung, und so hatten wir manche unvergeßliche Begegnung im Holzschuppen. Der Anlaß für die unangenehmste waren meines Vaters geliebte Weinstöcke. Eines Abends stellte er fest, daß die besten Trauben fehlten, und beschuldigte mich, sie gegessen zu haben. Ich leugnete, und mein erzürnter Vater sagte mir, er werde mich so lange strafen, bis ich mich schuldig bekannt hätte. Das Strafgericht erstreckte sich über eine lange Zeit mit kurzen Pausen dazwischen, in denen mein Vater auf das

Geständnis wartete (oder wieder zu Atem kommen mußte). Er war nicht der Mann, der einen einmal gefaßten Entschluß ohne weiteres aufgab, doch letzten Endes mußte er aufhören, ohne daß ich meine Schuld zugegeben hätte. Ich weiß nicht mehr genau, ob ich die Trauben wirklich gestohlen hatte, es ist aber durchaus wahrscheinlich.

Natürlich sind Meinungsverschiedenheiten zwischen Vätern und Söhnen nichts Ungewöhnliches, und ich empfand gegenüber meinem Vater trotzdem eine gewisse Loyalität und eine – selbstverständlich gut getarnte – Zuneigung. Er besaß viele gute Eigenschaften, die ich bewunderte, und wenn ich auch noch so eigensinnig war, so bin ich doch nie so verblendet gewesen, nicht zu erkennen, daß ich seine Geduld hart auf die Probe stellte. Er war bestimmt ein verantwortungsbewußter Vater – wenn auch manchmal etwas zu verantwortungsbewußt.

Auch in der Schule mußte ich im Lauf der Jahre oft körperliche Strafen hinnehmen, doch habe ich nie resigniert und sie niemals so gleichgültig über mich ergehen lassen wie andere Altersgenossen. In meinem Fall wurde mir die Situation dadurch schwieriger, daß ich zu nahe am Wasser gebaut war. Ich weinte nicht wegen der Schmerzen, die mir nichts ausmachten, sondern aus Scham und weil ich die ganze scheußliche Prozedur als unwürdig empfand. Gelegentlich wurde ich vom Jähzorn gepackt, habe solche Ausbrüche aber später immer bedauert. Ich habe es noch nie erlebt, daß körperliche Strafen, wenn sie auch noch so begründet waren, etwas genützt hätten. Vielleicht gibt es Umstände, unter denen eine solche *ultima ratio* besser ist als nichts, aber gemeinhin beweist man damit, daß man nicht in der Lage ist, konstruktiv mit dem Problem fertig zu werden.

Das größte Vergnügen bereitete es mir zu lachen, und meist hatte ich reichlich Anlaß dazu, denn mein Vater konnte trotz seiner Strenge sehr unterhaltsam sein. Doch verzog sich mein Gesicht meist nur zu einem leichten Lächeln, wohl aus Schüchternheit, denn die meiste Zeit war ich guter Laune. Dieses Lächeln, das bei mir auch in Situationen der Verlegenheit auftrat, brachte mir die unangenehmste Erfahrung in meiner Grundschulzeit. Ich war von der vierten in die zweite Klasse versetzt worden und hatte die dritte übersprungen. Der Rektor war ein hochgewachsener, etwas säuerlicher Mann, der den Eindruck machte, er könne Kinder nicht ausstehen. In der ersten Unterrichtsstunde bei ihm hatten wir Geographie, und er forderte mich auf, ihm auf der Landkarte den asiatischen Kontinent zu zeigen. Ich war im ersten Augenblick so verdattert, daß ich weder sagen konnte, wo Asien lag, noch überhaupt wußte, was ein Kontinent war. Ich stand da mit einem dummen Grinsen im Gesicht und fühlte mich äußerst unbehaglich. »Stehe nicht da wie eine lachende Hyäne!« fuhr er mich an, und die Klasse wieherte vor Vergnügen über diesen dummen Witz. In meinem Inneren verkrampfte sich alles, und ich wäre am liebsten im Erdboden versunken.

Mit elf Jahren hatte ich die Grundschule beendet, drei Jahre früher als der Durchschnitt. Meine Mutter war entschlossen, mir eine gute Schulbildung zu vermitteln, und das bedeutete, daß ich eine Oberschule in der Stadt besuchen mußte. Meinem Vater gefiel das weniger gut. Schon die Erziehung meiner Schwester in Auckland belastete ihn finanziell, und er glaubte, ich könnte mich besser nützlich machen, wenn ich ihm in der Landwirtschaft half. Doch was die Erziehung der Kinder betraf, so konnte sich meine Mutter meist durchsetzen. Ich wurde in die Auckland Grammar School aufgenommen, die damals als eine der besten Bildungsstätten in Neuseeland galt. Um Kosten zu sparen, sollte ich zu Hause wohnen und täglich mit der Eisenbahn zur Schule fahren. Dreieinhalb Jahre mußte ich jeden Morgen um sieben Uhr auf dem Bahnhof von Tuakau sein und kam erst um 18.15 abends zurück.

Ich war klein von Wuchs und unerfahren und war es nicht gewohnt, mit fremden Menschen umzugehen. Das Leben in der Großstadt war für mich etwas Schreckliches. In den Sommerferien wurde ich an der Auckland Grammar School geprüft, um festzustellen, in welche Klasse ich aufgenommen werden konnte. Noch heute nach vierzig Jahren erinnere ich mich an die Angst, die mich ergriff, als ich das große, leere Schulgebäude betrat. Als ich etwas später wieder herauskam, wußte ich nicht mehr, von wem und in welchen Fächern ich geprüft worden war. Ich hatte den Eindruck, in jeder Hinsicht restlos versagt zu haben ...

Mein erster Tag auf der Oberschule war eine Katastrophe. Die 1200 Schüler versammelten sich in der Aula, um eine Ansprache des Direktors anzuhören und dann auf die Klassen verteilt zu werden. Lange Namenslisten wurden verlesen, aber obwohl ich genau aufpaßte, hörte ich meinen Namen nicht. Als die große Halle sich schon fast geleert hatte, nahm ich allen meinen Mut zusammen, sprach einen Lehrer an und fragte ihn, was ich tun sollte. Zum Glück war er ein freundlicher Mann. Er sah seine Listen durch, konnte meinen Namen aber nicht finden. Dann ging ich mit ihm zum Büro der Schule und wurde schließlich in das Klassenzimmer der 3d geführt. Das war eine der untersten Klassen.

Während der ersten vier bis fünf Wochen kam ich mir schulisch und menschlich völlig verloren vor und wagte es kaum, mit jemandem zu sprechen. Das Wetter war schön, und mittags verzog ich mich in eine ruhige Ecke, um allein mein Schulbrot zu essen. Dabei unterhielt ich mich damit, eine kleine Ameisenkolonie zu beobachten, und am Ende des Monats hatte ich das Gefühl, die Ameisen besser zu kennen als meine Mitschüler. Meinen Eltern sagte ich nichts, denn sie wußten natürlich von diesem so ganz anderen Leben ebenso wenig wie ich. Am Schluß des Semesters wurde ich in die 3b, die zweite Klasse, versetzt. Ich hatte offenbar doch Fortschritte gemacht.

Mein Selbstvertrauen sollte jedoch bald einen weiteren Schlag erleiden. In der ersten Woche blickte mich der muskulöse Sportlehrer mißbilligend an, betrachtete geringschätzig meine schmächtige Gestalt, rollte mit den Augen, blickte zum Himmel auf und murmelte: »Was werden sie mir das nächste Mal schicken!« Es lag ihm fern, die Gefühle seines Opfers zu schonen, und er sagte mir, meine Rippen stünden auf ganz unnatürliche Art heraus, meine Schultern seien rund, und ich sollte den Rücken gerader halten. Er teilte mich der Gruppe der schlechtesten Sportler zu und kümmerte sich selbst nur um die sportlich besser veranlagten Jungen. Damals entwickelte sich im Hinblick auf meine körperliche Veranlagung ein Minderwertigkeitskomplex, den ich bis heute nicht verloren habe. Dieses Gefühl sagte mir nicht, daß ich körperlich nichts leisten könnte, sondern ich kam zu der festen Überzeugung, ich hätte ein abstoßendes Äußeres.

Ich verbrachte meine Zeit in der Hauptsache mit Lesen und Träumen. Am liebsten las ich die Abenteuerromane von Edgar Rice Burroughs, Rider Haggard und John Buchan. Eine Zeitlang verschlang ich täglich ein Buch. In meiner Phantasie übernahm ich selbst die Rolle der Helden, starb unter dramatischen Umständen auf ungezählten Schlachtfeldern und rettete zahllose Jungfrauen aus der Gewalt ihrer Entführer.

Dann fing ich plötzlich an zu wachsen; im ersten Jahr zehn Zentimeter und im nächsten acht. Ich wurde lang und dünn, und meine Kräfte nahmen zu. Aber der schönste Teil des Schullebens blieb mir verschlossen, der Sport und das gesellige Leben nach dem Unterricht. Ich mußte ja jeden Tag rechtzeitig auf dem Bahnhof sein!

Die Eisenbahnfahrten wurden zum wichtigsten Teil meines Lebens, und hier lernte ich allmählich, mich vor allen anderen auszuzeichnen. Ich sprang ab, wenn sich der Zug noch in voller Fahrt befand, oder ich erfaßte den Türgriff, rannte so schnell ich konnte neben dem fahrenden Zug her und sprang im letzten Augenblick wie ein Tiger aufs Trittbrett. Das war ein herrliches Leben! Die Streiche und Prügeleien, zerbrochenen Fensterscheiben und Sitzbänke! Das alles geschah allerdings nicht in böser Absicht; es waren nur die Auswirkungen eines etwas fehlgeleiteten jugendlichen Übermuts. In der Eisenbahn lernte ich, mich eines Gegners zu erwehren, ihn in die Ecke auf die Sitzbank zu drücken und mich so auf ihn zu legen, daß ihm seine Überlegenheit im Boxen und Ringen nichts nützte. Ich lernte, alle Glassplitter aus einem zerbrochenen Fenster zu entfernen, damit der Schaffner den Schaden nicht sah und mich nicht dafür verantwortlich machen konnte. Ich sammelte in den Vorortzügen Schilder mit der Aufschrift »Nur für Schüler«, brachte sie an den Fenstern bestimmter Abteile des um 16.20 Uhr abfahrenden Expreßzuges an und fuhr dann bester Laune und ohne den Anflug eines schlechten Gewissens nach Hause.

Im Alter von vierzehn Jahren mußte ich feststellen, daß ich aus meinen Anzügen herausgewachsen war. Es war mitten in der Wirtschaftskrise, wir hatten nur wenig Geld; Kleider und Wäsche mußten lange halten. Wenn ich im Winter mit dem Fahrrad von zu Hause zum Bahnhof von Tuakau fuhr, konnte es sehr kalt sein, und ich war froh, einen dicken Mantel zu besitzen, der mich wärmte. Aber allmählich schien der Mantel zu schrumpfen, und meine Arme streckten sich immer weiter aus den Ärmeln heraus. Eines Tages äußerte sich einer der älteren Jungen spöttisch über meine »Weste« – zum besonderen Vergnügen der Mitreisenden. Ich habe den Mantel nie wieder angezogen und seither auch keinen schweren Wintermantel mehr besessen.

Das Eisenbahnabteil wurde zu meiner kleinen Welt, und ich verbrachte dort viele glückliche Stunden beim Lesen, Träumen und Hinausschauen – die glücklichsten, wenn ich nach Hause fuhr, die Arbeit in der Schule beendet war und der Morgen noch in unerreichbarer Ferne vor mir lag. Ich nahm jetzt Unterricht im Boxen und stellte fest, daß ich mit meiner starken geraden Linken einen besonderen Vorteil besaß. Eines Tages überredete ich einen meiner jüngeren Mitschüler zu einem Übungskampf. Es war ein netter Junge, wir sprangen wild umeinander, und ich war glücklich, ihm meine simplen Künste zeigen zu können. Zwei Tage später sprach mich der Schaffner an. Die Eltern des Jungen hatten sich bei ihm beschwert, weil ich ihren Sohn angeblich verprügelt hatte. Er war mit blauen und grünen Flecken an den Armen nach Hause gekommen.

Ich sollte ein Grobian gewesen sein, ausgerechnet ich? Es gab nichts, was ich mehr verabscheute. Und doch mußte ich zu meinem Schrecken erken-

nen, daß der Vorwurf berechtigt war. Der Schaffner merkte, in welche Verlegenheit er mich gebracht hatte, und beruhigte mich. Er sagte, die Sache sei weiter nicht schlimm, ich sollte mich aber etwas mehr in acht nehmen. Trotzdem plagte mich mein Gewissen noch die ganze folgende Woche.
Ich war kein wirklich guter Boxer, denn mir fehlte der richtige Kampfgeist. Im letzten Schuljahr trug ich einen Boxkampf mit einem meiner wenigen guten Freunde aus. Es fing ganz harmlos an, wurde aber immer ernster, als ich ihn, ohne es beabsichtigt zu haben, an der Nase traf. Nun drängte sich um uns eine Schar sadistischer junger Burschen, die ihre Freude an der blutigen Auseinandersetzung hatten. Es war kein besonders schwerer Kampf. Ich war größer und ihm überlegen. Das Blut strömte ihm aus der Nase, und seine Augen waren geschwollen. Doch er griff mich immer wieder an, konnte aber kaum einen Treffer landen. Ich wich ihm aus, bis ich nicht weiter zurückgehen konnte und dann wieder zum Angriff übergehen mußte. Die Sache war mir peinlich. Weshalb tat ich es überhaupt? Aber ich wußte nicht, wie ich aufhören sollte. Nach längerer Zeit erschien ein Lehrer und trennte uns. Dann brachte er meinen Freund ins Krankenhaus, um seine Verletzungen behandeln zu lassen. Später wurde dieser Freund Pilot und starb als Kampfflieger über dem englischen Kanal in der Luftschlacht um Großbritannien.
Die Reifeprüfung war das wichtigste Examen für die Schüler der höheren Schule, und es gelang mir, sie mit einigermaßen befriedigenden Leistungen in Chemie und Mathematik zu bestehen. Wir waren nach Auckland gezogen, und mein letztes Jahr in der sechsten Klasse war das einzige Schuljahr, in dem ich mich wirklich wohl gefühlt habe.
Im Militärbataillon der Schule wurde ich zum Sergeanten befördert, kann mich aber nicht mehr genau erinnern, wie es dazu kam. Zu meinem Zug gehörten alle schlanken, hochgeschossenen Jungen, und ich war der längste von ihnen. Ich machte verzweifelte Anstrengungen, mich und meinen Zug bei der Parade nicht zu blamieren, und da wir gewöhnlich an der Spitze der Kompanie marschierten, war das nicht leicht. Seltsamerweise halfen mir die Mitglieder des Zuges großzügig und flüsterten mir in kritischen Augenblicken ihre Ratschläge zu. Irgendwie gelang es uns, die Schule bei wichtigen Anlässen nicht in Mißkredit zu bringen, aber Disziplin und Pflichttreue gehörten nicht zu unseren Stärken.
Mein Vater hatte sich schon lange mit der Imkerei beschäftigt, zuerst als Hobby und später, weil es eine ganz einträgliche Nebeneinnahme war. Es

fiel ihm nicht leicht, sich seinen Vorgesetzten bei der Zeitung unterzuordnen, und so entschloß er sich schließlich, den Journalismus aufzugeben und sich ganz der Bienenzucht zu widmen.
Meine Mutter, mein jüngerer Bruder und ich arbeiteten also fleißig in der Imkerei, um das Notwendigste zu verdienen. An allen Wochenenden, in den Schulferien und sogar an den langen Sommerabenden war ich voll damit beschäftigt. Einige meiner Mitschüler erzählten, wie sie im Hafen segelten oder in den Weihnachtsferien zum Lake Taupo fuhren, aber ich hatte kaum eine Vorstellung davon, was das bedeutete. Im Alter von sechzehn Jahren verrichtete ich zu Hause harte Arbeit und hatte Freude daran. Für richtige Ferien blieb mir seit Jahren keine Zeit.
In diesem letzten Schuljahr wollte ich unbedingt im Winter mit der Schule einen Ausflug zum Mount Ruapehu machen. Andere Jungen hatten mir begeistert vom Skifahren erzählt, und ich war überzeugt, daß es eine großartige Sache sei. Wir hatten eine gute Honigernte gehabt, ich hatte lange in der Imkerei mitgearbeitet ohne etwas dafür bekommen zu haben, nicht einmal ein Taschengeld, und so überlegte sich mein Vater die Sache eine Zeitlang und kam dann zu dem Schluß, daß er das Geld, das ich für den Ausflug benötigte, erübrigen könnte, besonders da um diese Zeit wenig zu tun war.
Als wir um Mitternacht an der National Park Station aus dem Zug stiegen, sah ich den ersten Schnee meines Lebens. Es war für mich ein aufregendes Erlebnis. Bald flogen steinharte Schneebälle durch die Luft. Der Omnibus brachte uns hinauf zum hoch am Hang gelegenen Château Tourist Hotel, und die starken Scheinwerfer beleuchteten eine Märchenlandschaft aus glitzerndem Schnee, beschneiten Fichten und in Eis erstarrten Bächen. Als ich um 2 Uhr morgens in mein Feldbett kroch, hatte ich das Gefühl, eine fremdartige, erregende neue Welt betreten zu haben. Zehn herrliche Tage lang liefen wir Ski und spielten auf den unteren Berghängen, und ich glaube nicht, daß ich auch nur einmal zum Gipel hinaufgesehen habe. Man hatte uns gesagt, die oberen Regionen des Berges seien gefährlich, und deshalb betrachtete ich sie nur aus respektvollem Abstand und wagte mich nicht hinauf.
Ich war begeistert, und es war ein einmaliges Erlebnis für mich, die fast senkrechten Hänge hinunterzusausen und durch Wald und Felsen zum Château zu fahren, wo es großartiges Essen gab. Ebenso genoß ich die Freiheit und das Fehlen der regulären Schuldisziplin.
Nachdem Neuschnee gefallen war, veranstalteten wir auf der Bergwiese

vor dem Hotel einen Wettbewerb, bei dem es darum ging, wer den schönsten Schneemann baute. Ein Mitschüler und ich stellten einen »Hitler« her, der damals im Mittelpunkt des öffentlichen Interesses stand, und wir wurden Sieger. Es war das erste und letzte Mal, daß ich in einem öffentlichen Wettbewerb einen Preis gewonnen habe.
Ich bin zwar nicht besonders begabt für das Skifahren, war aber inzwischen genügend zäh und ausdauernd geworden und kehrte mit flammender Begeisterung für die Sonne, den Frost und den Schnee nach Hause zurück – besonders für den Schnee!
Die folgenden zwei Jahre war ich Student an einer Universität, und es fiel mir zunächst sehr schwer, mich an die neuen Verhältnisse zu gewöhnen. Es fehlte mir an Interesse und Konzentration, und ich war augenscheinlich nicht in der Lage, Freunde zu finden. Vielleicht war ich auch zu schüchtern, um mich ernstlich darum zu bemühen. Im Winter, wenn die Arbeit in der Imkerei ruhte, füllte ich meine Zeit mit Lesen, Träumen und langen, anstrengenden Spaziergängen aus. Um ein paar Pfennige in der Tasche zu haben, sparte ich das Geld für die Straßenbahn und ging jeden Morgen die acht Kilometer zur Universität und abends auch zu Fuß zurück.
In meiner Freizeit schloß ich mich einer Gruppe junger Wanderer an, die die Wintersonntage dazu benutzten, den dichten Regenwald der Waitakere Ranges zu durchstreifen. Es war eine fröhliche und angenehme Gesellschaft, und ich war dankbar für ihre Freundschaft, trug gern das schwere Gepäck, half jedem, der mich darum bat, die steilen Hänge hinauf, ging voraus, um das Gelände zu erkunden, und machte, wenn es notwendig war, den Weg frei. Ich wußte, daß ich über mehr körperliche Kräfte und Ausdauer verfügte als die meisten, und es bereitete mir Freude, mich ganz zu verausgaben. Es fiel mir schwer, überhaupt daran zu glauben, daß ein vernünftiger Mensch Freude an meiner Gesellschaft finden könnte. Ich fand mich steif, unsicher und gesellschaftlich ungeschliffen, was ich zweifellos auch war.
Mit der Zeit beschäftigte ich mich immer intensiver mit der Bienenhaltung, wahrscheinlich, weil ich mich dabei am wohlsten fühlte. Mein Vater war ein sehr fleißiger Mann, aber er verwendete seine Arbeitskraft auf zu viele verschiedene Projekte, als daß er wirtschaftlich Erfolg hätte haben können. Er gehörte zu den Begründern der New Zealand Beekeepers' Association und war zuerst ihr Sekretär und dann ihr Präsident. Jahrelang kämpfte er für die Verbesserung der Marketingmethoden für Honig und gründete Imkerzeitschriften, die er auch selbst herausgab.

Schließlich brach ich – wie auch mein Bruder – mein Studium ab, um nur noch für meinen Vater tätig zu sein. Es war ein schönes Leben an der frischen Luft und im Sonnenschein, doch wir mußten schwer arbeiten. In gewisser Weise war es auch ein risikoreiches und abenteuerliches Leben, ein ständiger Kampf gegen die Launen des Wetters. Wir besaßen in dem schönen Weidegebiet südlich von Auckland 1600 Bienenstöcke, die wir auf 50 verschiedenen Farmen untergebracht hatten. Unaufhörlich zogen wir von einem Platz zum nächsten, besonders wenn die Bienen in allen 1600 Stöcken sich entschlossen hatten, gleichzeitig zu schwärmen. Wir wußten nie, mit einer wie großen Ernte wir rechnen konnten, bis wir das letzte Pfund Honig aus den Stöcken geholt hatten. Es konnten entweder 60 Tonnen oder auch nur kümmerliche 20 Tonnen oder weniger sein. Aber während der aufregenden Monate der Honigernte trieb uns ständig die Vorstellung, es könnte diesmal einen Rekordertrag geben, zur harten körperlichen Arbeit an. Dabei schleppten wir Tausende von 90 Pfund wiegenden Kisten mit Waben zur Schleuder und lachten nur, wenn wir täglich ein Dutzend und mehr Bienenstiche abbekamen. Wir waren unverbesserliche Optimisten. Im Sommer arbeiteten wir sieben Tage in der Woche vom Morgengrauen bis zum Dunkelwerden, oft sogar bis spät in die Nacht hinein. Wir sahen das als selbstverständlich an und dachten uns nicht einmal etwas dabei, wenn wir Weihnachten die Nacht durcharbeiteten, um uns dann einen halben Tag freizunehmen und in der Stadt die Schaufenster anzusehen.

Auch im Winter hatten wir reichlich zu tun, doch blieb uns dann noch Zeit für andere Dinge. Ich nahm Unterricht im Fechten, Judo und Boxen. Ich weiß noch, wie aufgeregt ich war, als der Weltergewichtsmeister von Neuseeland, Vic Calteaux, sich in unserer Halle auf die Verteidigung seines Titels vorbereitete. Calteaux war ein ungewöhnlich kräftiger Mann und harter Schläger. Einige von uns wurden aufgefordert, sich ihm für Sparringskämpfe zur Verfügung zu stellen. Ich machte mir keine großen Illusionen über mein Können, war aber größer und schwerer als Calteaux, fühlte mich fit genug und freute mich darauf, ihm helfen zu können. Zunächst hüpften wir eine Weile im Ring umher, ohne daß es zu einem richtigen Schlagabtausch kam. Dann bemerkte ich, daß er sich nicht richtig deckte, streckte den Arm aus und traf ihn recht hart an der Nase. Calteaux war von Natur jähzornig und unbeherrscht und ging nun wütend auf mich los. Es dauerte nicht lange, bis er mich mit einem schweren Schlag in die Magengrube zu Boden streckte. Mein besorgter Lehrer führte mich aus dem Ring und murmelte: »Warum hast du es nicht beim Sparring gelassen?« Ich habe aus dieser Begegnung einiges gele nt. Berufsboxer darf man nicht auf die Nase schlagen, und es ist keine Schande, von einem Champion besiegt zu werden.

Wie viele junge Leute machte auch ich eine Periode durch, in der ich von religiösen Fragen bedrängt wurde. Verzweifelt versuchte ich, die Realitäten des Lebens, wie ich sie sah, mit meinen religiösen Vorstellungen in Einklang zu bringen. Es fiel mir immer schwerer zu glauben, daß irgend jemand oder irgend etwas sich die Mühe machen könnte, mich zu »erlösen« oder irgendwann einen »Himmel auf Erden« zu erschaffen. Ich glaubte nicht, »erlöst« werden zu müssen, und hatte starke Zweifel daran, daß ich es verdient hätte, in einen »Himmel« aufgenommen zu werden. Es erschien mir einigermaßen logisch, für das Wohlergehen und den Schutz meiner Familie und Freunde zu beten, aber ich hatte das Gefühl, es sei recht feige, zur Lösung meiner Probleme unaufhörlich um Hilfe zu bitten. Das war zweifellos eine durch meine Jugend bedingte, recht arrogante Einstellung, aber in mir entwickelte sich die Überzeugung, daß die meisten von uns ihre persönlichen und sozialen Probleme selbst lösen müßten.

Auch meine Eltern hatten sich im Lauf der Zeit von der Teilnahme am kirchlichen Leben zurückgezogen und suchten neue Antworten auf ihre religiösen Fragen. Sprecher der verschiedensten religiösen Richtungen kamen damals nach Auckland und hielten öffentliche Vorträge, und meine Eltern nahmen uns zu einigen dieser Veranstaltungen mit. Sehr eindrucksvoll war der Vortrag von Dr. Herbert Sutcliffe. Er war ein guter Redner, der seine Zuhörer fesseln konnte. In seiner Philosophie vom »strahlenden Leben« erläuterte er, wie wichtig die geistige, körperliche und seelische Gesundheit sei, und gab praktische Anweisungen für ein harmonisches und erfolgreiches Leben. Wir waren von seinem ersten Vortrag sehr beeindruckt und wollten mehr von ihm hören.

Unsere ganze Familie besuchte weiterhin seine Vortragsreihe, und als Dr. Sutcliffe in Auckland eine Zweigorganisation seiner Schule gründete, schlossen wir uns dieser Gruppe an. Die Lehre vom »strahlenden Leben« war eine eigenartige Mischung von Ideen aus den verschiedensten Religionen und Philosophien. Sie stützte sich im Kern auf die praktische Psychologie, bei der es darauf ankam, durch positives Denken Erfolg zu haben. Großer Wert wurde auf gesunde Ernährung und eine ausgewogene Diät gelegt. Dazu gab es zahlreiche rhythmische und entspannende Übungen.

Auf sexuellem Gebiet galt der Grundsatz, daß Mäßigkeit besser sei als Abstinenz oder Exzesse. Wahrscheinlich habe ich den Wert dieser Anweisungen nur sehr oberflächlich begriffen und zu sehr simplifiziert. Sie haben mir aber sicher geholfen. Ich gewöhnte mich daran, ohne Scheu vor einer größeren Zuhörerschaft zu sprechen, zu wichtigen Fragen eine großzügigere Haltung einzunehmen und mit weniger Vorbehalten an die Menschen heranzugehen.
Ich habe immer wieder versucht, mich intensiv mit religiösen Fragen zu beschäftigen, aber auf die Dauer konnte mich das nicht zufriedenstellen. Nach meinem Gefühl gab es überall zuviel Frömmelei und eine zu starke Hinwendung zum Jenseits. Ich las viel über Theosophie, Anthroposophie und eine Reihe anderer unorthodoxer Philosophien. Ich versuchte verzweifelt, die grundlegenden Schriften von Rudolph Steiner und Krishnamurti zu verstehen. Zeitweilig beschäftigte ich mich mit Meditation, Konzentration und »positivem Denken«. Zunächst fühlte ich mich dadurch inspiriert, aber meine Begeisterung ließ jedesmal bald nach. Auch die Lehre vom »strahlenden Leben« verblaßte nach einigen Jahren. Ich hatte das Gefühl, ich hätte den realen Problemen des Lebens ausweichen wollen und müsse jetzt in die Welt hinausgehen, um das wirkliche Leben in der Praxis kennenzulernen.

2.
Neuseeland im Krieg

Nach Kriegsausbruch meldete ich mich sofort freiwillig zur Luftwaffe und zur Pilotenausbildung. Es war immer schon mein großer Wunsch gewesen, fliegen zu lernen, und das freie, unabhängige Leben eines Piloten erschien mir faszinierend. Aber in den ersten Kriegstagen dauerte es recht lange, bis ein Bewerber zur Ausbildung einberufen wurde. Während der Wartezeit plagte mich mein religiöses Gewissen, und ich wußte nicht, wie ich mich als Christ zum Problem des Tötens einstellen sollte, denn damals hielt ich mich für einen überzeugten Christen. Die Argumente, mit denen gewisse Geistliche und Christen die Teilnahme am Krieg rechtfertigten, überzeugten mich nicht, und ich zweifelte nicht daran, daß ebenso religiöse Menschen in Deutschland davon überzeugt waren, Gott sei auf ihrer Seite. Ich mußte mich also entscheiden; entweder blieb ich Christ und tötete nicht, oder ich gab meinen Glauben auf und beteiligte mich am Krieg. Nach gründlicher Gewissenserforschung zog ich meine Bewerbung als Freiwilliger für die Luftwaffe wieder zurück.

In den ersten Kriegsjahren war ich sehr ruhelos und unglücklich. Es war die unruhigste und traurigste Zeit meines Lebens. Ich arbeitete schwer und hatte wenig Zeit für irgendwelche Vergnügungen, versuchte aber, meine Abenteuerlust im Gebirge zu befriedigen. Im Sommer 1939 war ich erst zwanzig Jahre alt, fühlte mich aber seelisch so stark belastet, daß ich meinen Vater bat, mir einen Urlaub zu gewähren. Meine mageren Ersparnisse verwendete ich für eine kurze Reise, die ich mit einem guten Freund in die südlichen neuseeländischen Alpen unternahm. Wir wollten zwei Tage in dem bekannten Ferienort Hermitage bleiben, in unmittelbarer Nähe der gewaltigen Gipfel dieses Gebirges.

Nach einer herrlichen Fahrt durch die Berge kamen wir am frühen Nach-

Neuseeland Südinsel

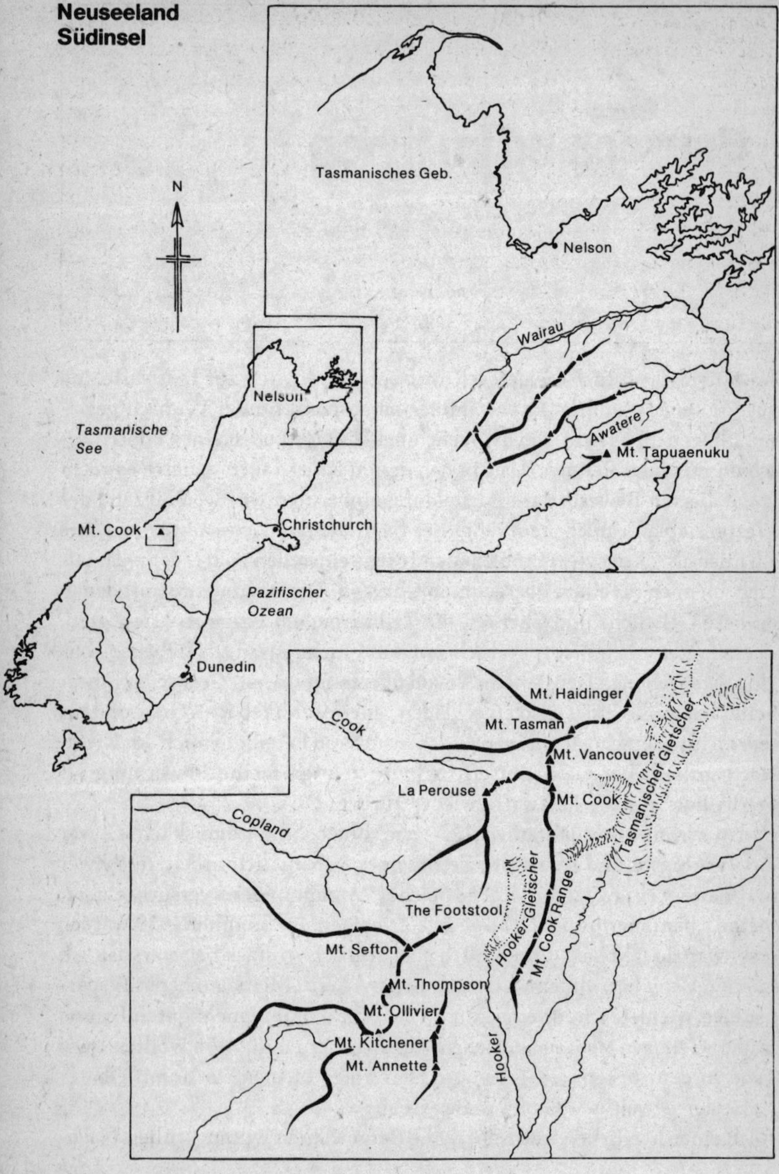

mittag an unserem Bestimmungsort an. Es herrschte prachtvolles Wetter, und die hohen Gipfel türmten sich über uns. Freudig erregt blickte ich zu den hochgelegenen Gletschern und von den Lawinen glattgefegten Hängen hinauf. In meiner Begeisterung beschloß ich, sofort allein einen Aufstieg zu unternehmen. Der Schnee begann, wie ich sehen konnte, in einer Vertiefung auf dem Seally-Höhenzug hinter dem Hotel. Ich machte mich in meinen leichten Straßenschuhen auf den Weg. Ich überwand eine Geröllhalde und mußte bald erkennen, daß mein Ziel weiter entfernt war, als ich angenommen hatte. Aber ich setzte meinen Aufstieg fort, und schließlich erreichte ich das Schneefeld. Es waren die Reste einer Lawine, die sich über einen Gebirgsbach gelegt hatten. Im Überschwang der Begeisterung schlug ich mit den Füßen Stufen in den Schnee und machte mich dann mit einem seltsamen Gefühl der inneren Befriedigung wieder über die langen Hänge zurück auf den Weg zur Hermitage.

Als ich abends in der Hotelhalle saß, hatte mich die erste Erregung noch nicht losgelassen. Plötzlich verstummten die Stimmen der anderen, ich blickte auf und sah zwei junge Männer hereinkommen. Sie waren braungebrannt und machten den Eindruck von durchtrainierten Bergsteigern, die etwas von ihrer Sache verstanden. Ich hörte, wie jemand im Flüsterton sagte: »Sie haben den Mount Cook bestiegen.« Bald hatte sich ein Kreis von Bewunderern um sie gebildet, und alle hübschen Mädchen umflatterten sie wie Motten das Licht – so schien es mir wenigstens. Ich hielt mich abseits, strengte mich aber an zu hören, was sie sagten. Einer von ihnen bemerkte: »Ich war recht erschöpft, als wir auf die Eiskappe kamen, aber Harry war stark wie ein Tiger, und er zerrte mich fast hinauf.« Erst einige Jahre später stellte ich fest, daß es das bekannte Bergsteigerteam Stevenson und Dick gewesen war, das eben die große Traverse auf dem Mount Cook zum erstenmal von Norden nach Süden begangen hatte. Beide waren später Präsidenten des New Zealand Alpine Club.

Ich zog mich in eine Ecke der Hotelhalle zurück und empfand eine tiefe Enttäuschung darüber, daß ich bisher noch kaum etwas geleistet hatte. Dort saßen zwei junge Männer, die auf die erregendsten Erlebnisse zurückblicken konnten. Morgen würde auch ich einen Aufstieg wagen!

Ich sprach mit meinem Freund, und er erklärte sich einverstanden, einen Versuch zu unternehmen. Da wir jedoch gänzlich unerfahren waren und keine Ausrüstung besaßen, schlug er vor, einen Bergführer zu nehmen. Es wurde alles vorbereitet, und in freudiger Erwartung ging ich zu Bett. Das Schicksal war uns günstig gesinnt, das Wetter am folgenden Morgen

gut. Nach dem Frühstück lernten Brian und ich unseren Führer kennen, aber ich konnte mich des Gefühls einer leichten Enttäuschung nicht erwehren. Mit seinem vom Wetter gegerbten Gesicht und dem Tiroler-Hut sah er sicher so aus wie ein erfahrener Bergsteiger, doch schien er mir zu alt und zu dick, und ich traute ihm die Energie und die Ausdauer nicht zu, die ein Bergführer haben muß. In fast beschwichtigendem Ton sagte er, wir sollten es zunächst mit dem Mount Olivier versuchen, einem kleineren Berg im Seally-Massiv oberhalb der Hermitage. Wenn uns das zu weit sei, dann würde es genügen, bis zu den Seally-Seen aufzusteigen.
Er ging uns voran, aber für meinen Geschmack war sein Tempo zu langsam, und bald hatte ich ihn überholt. In dem freudigen Gefühl, hier freier atmen zu können, kletterte ich den steilen schmalen Pfad nach oben. Ich hatte die Seen schon seit einer halben Stunde erreicht, als unser behutsamer Führer in Sicht kam. Brian und ich schwammen in dem eiskalten, klaren Wasser, während er Feuer machte und die Mahlzeit zubereitete, die wir mit Heißhunger verschlangen.
Zwischen uns und dem Kamm des Gebirgsmassivs lag ein etwa 300 Meter breites Schneefeld. Als unser Bergführer meine Ungeduld und meine Hast bemerkte, seufzte er und beschleunigte widerwillig seine Schritte. Dann führte er uns den Hang hinauf. Das war endlich echtes Bergsteigen! Der Schnee war angenehm fest, und man konnte mit den Bergschuhen leicht Stufen hineinstoßen. Direkt unter uns ging es steil hinab, und das vermittelte uns das Gefühl, in einer gefährlichen Situation auf uns selbst gestellt zu sein. Deshalb folgte ich trotz meiner Ungeduld gehorsam dem Bergführer. Als wir den Kamm erreichten, hatten wir eine herrliche Aussicht auf ein Gletschertal und eine Kette imponierender Gipfel. Wenige Meter neben dem Kamm erhob sich ein gewaltiger Felsblock. Nun konnte ich mich nicht mehr beherrschen. Der Bergführer empfahl, eine Rast einzulegen, aber ich kletterte schnell weiter nach oben. In wenigen Minuten stand ich auf dem Gipfel meines ersten richtigen Berges.
Für mich war es der glücklichste Tag meines Lebens. Noch jetzt nach mehr als dreißig Jahren und nachdem ich Monate, ja sogar Jahre auf schneebedeckten Bergen und eisigen Gletschern zugebracht habe, erinnere ich mich lebhaft an das intensive Glücksgefühl, das ich damals empfand. Trotz allem, was ich im Lauf der Jahrzehnte gesehen und erfahren habe, überkommt mich immer noch die gleiche Erregung, wenn ich hoch am Berghang in einer kleinen Schlucht einen winzigen Schneefleck sehe, und mich ergreift noch heute das gleiche Verlangen, dort hinaufzuklettern.

Als die allgemeine Wehrpflicht in Neuseeland eingeführt wurde, sah es aus, als würde mein Gewissen einer starken Belastungsprobe ausgesetzt. Aber dann nahm man mir die Entscheidung aus der Hand. Mein Vater war mit meiner freiwilligen Meldung zur Luftwaffe niemals einverstanden gewesen. Er hielt es für besser, wenn ich weiter in der Imkerei arbeitete. Als Imker gehörte ich ebenso wie die in der Landwirtschaft Beschäftigten zu den vom Wehrdienst freigestellten Personen. Ohne mein Wissen stellte er den Antrag für meine Freistellung, und als dieser sofort genehmigt wurde, wußte ich nicht recht, ob ich mich freuen sollte oder nicht.
In der folgenden Zeit spielte ich immer wieder mit dem Gedanken, mich doch freiwillig zur Luftwaffe zu melden. Zwar war mir bewußt, daß ich zu Hause eine nützliche Arbeit verrichtete, aber das Gleichförmige daran langweilte mich. Meine Mitschüler waren als Soldaten in Übersee, und meine religiösen Vorbehalte gegenüber dem Kriegsdienst verblaßten. Schließlich konnte sich mein Vater meinen Bitten nicht länger widersetzen und erklärte sich Ende 1942 bereit, mich freizugeben. Wieder meldete ich mich bei der Luftwaffe und wurde angenommen, stellte aber zu meinem Kummer fest, daß ich bis zum Beginn der Ausbildung wahrscheinlich noch ein Jahr würde warten müssen.
In den Jahren 1942 und 1943 bereiteten die japanischen Angriffe gegen die Inseln nördlich von Australien den Neuseeländern große Sorgen, besonders da der Großteil unserer jungen Soldaten in Europa und Nordafrika kämpfte. Alle wehrdienstfähigen Männer wurden in der Home Guard zusammengeschlossen und an den Wochenenden militärisch ausgebildet. Ich erhielt eine schon abgetragene, aber saubere Uniform und ein altes, eigentlich unbrauchbares Gewehr.
Zunächst wurden wir in einem Munitionsdepot der amerikanischen Marineinfanterie eingesetzt. Wir mußten Tausende von Granaten von einem offenen Feld, wo sie bisher gelagert waren, auf eine betonierte Plattform tragen. Der Offizier, der die Arbeit beaufsichtigte, sagte uns, was getan werden sollte, und meinte, es werde einen ganzen Tag in Anspruch nehmen. Ich war gewohnt, eine möglichst große Zahl von 60 Pfund schweren Honigeimern in möglichst kurzer Zeit an einen Ort zu tragen, und konnte mir nicht vorstellen, daß diese Aufgabe so lange dauern würde. Die erste Granate brachte ich, wie mein Bruder und ich es mit den Honigeimern getan hatten, im Laufschritt an ihren neuen Platz. Dann stellte ich fest, daß eine Granate für mich viel zu leicht war, und nahm deshalb das nächste Mal zwei.

Meine älteren Kameraden waren zunächst erstaunt und schüttelten die Köpfe. Aber dann begriffen auch sie, daß dies praktischer war, und schließlich nahmen etwa zwölf von ihnen jeweils zwei Granaten auf, und es entwickelte sich ein regelrechter Wettlauf zwischen uns. Um die Mittagszeit war die Arbeit getan. Ich sehe noch den vorwurfsvollen Blick des Offiziers, der, als er zurückkam, feststellen mußte, daß die ganze Tagesarbeit schon geleistet war. Was sollte er am Nachmittag mit uns anfangen?
Während der nächsten Monate beteiligte ich mich regelmäßig an der Ausbildung und fand sie unglaublich langweilig und unproduktiv. Viele meiner Kameraden waren geachtete Bürger, die in der Gesellschaft eine Rolle spielten, und deshalb war es unwahrscheinlich, daß man mir eine besondere Verantwortung übertragen würde. Da ich an schwere körperliche Arbeit gewöhnt war, fand ich das Arbeitstempo der älteren Männer zu gering. Die letzte Enttäuschung kam am Sonntag, als wir an einer Feldübung teilnahmen. Der Zug erhielt den Auftrag, sich an einen anderen heranzuschleichen, der auf einer bewaldeten Höhe in Stellung gegangen war. Wir hatten den Befehl, unbemerkt an die Verteidiger heranzukommen und sie zu überraschen.
Mein Zug verteilte sich im Gelände, und wir begannen, gegen unseren Gegner vorzugehen. Mein Abschnitt war steinig und mit dichtem Buschwerk bewachsen. Eifrig kroch ich dicht am Boden den Hang hinauf, versuchte, so leise wie möglich zu sein, wich jedem trockenen Zweig aus und vermied es, die herabhängenden Äste zu berühren, um mich durch keine Bewegung zu verraten. Nach drei Stunden, um 1.00 Uhr mittags, steckte ich den Kopf aus der Deckung heraus und sah zu meinem Entsetzen Verteidiger und Angreifer friedlich vereint bei der Mittagspause zusammensitzen. »Um 12.00 Uhr ist die Lunchpause«, sagte man mir. Das war zuviel für mich, und von diesem Tage an beteiligte ich mich nicht mehr an den Übungen der Home Guard. Ich erhielt mehrere schriftliche Aufforderungen, beachtete sie aber nicht, weil ich damit rechnete, schon in wenigen Monaten zur Luftwaffe eingezogen zu werden.
Anfang 1944 bekam ich den Einberufungsbefehl für die Royal New Zealand Air Force. Damit fing ein neues Leben an, in dem ich viel mehr freie Zeit hatte, das zu tun, was mir gefiel, und bei dem sich manche Gelegenheit bot, meiner Abenteuerlust zu frönen. Aber obwohl ich voller Erwartungen in die Zukunft blickte, erfüllte mich doch die Sorge, daß es meinen Eltern schwerfallen würde, ihr Geschäft ohne meine Hilfe weiterzuführen. Doch zunächst konnte ich nichts daran ändern.

Die Grundausbildung fand in einigen Militärlagern im Wairautal von Marlborough statt, die unter der Bezeichnung Delta zusammengefaßt waren. Fünfeinhalb Tage in der Woche wurden wir hart gedrillt, aber vom Samstagmittag bis Sonntagabend hatten wir reichlich freie Zeit. Die Verpflegung war ausgezeichnet. Es wurde viel Sport getrieben, und die Anforderungen im theoretischen Unterricht waren nicht allzu hoch. Für mich waren es eigentlich richtige Ferien, denn auf beiden Seiten des Tals erhoben sich hohe Berge.
Am ersten freien Sonntag machte ich mich allein ins Gebirge auf, überquerte den Fluß Wairau und bestieg einen Höhenzug im Vorgebirge. Je höher ich kam, desto mehr Bergspitzen konnte ich sehen, und mein Verlangen, sie zu besteigen, wuchs. Im Süden beherrschte der massive Gipfel des Mount Tapuaenuku mit 2885 Metern die Landschaft, ein überwältigender Anblick. Ich beschloß, ihn um jeden Preis zu bezwingen.
Mit Beginn des Winters wurde es sehr kalt, und die Freude war groß, als der erste Schnee fiel. Die meisten von uns hatten zu Hause noch niemals Schnee gesehen. Ich nutzte jede freie Minute dazu aus, hinauszugehen und die niedrigeren Berge in der Umgebung des Lagers zu besteigen. Aber der Gedanke, auf den »Tappy« zu gehen, ließ mich nicht mehr los. Ich konnte seinen beschneiten Gipfel vom Exerzierplatz, von meiner Baracke und vom Sportplatz aus sehen.
Man unterzog uns einem psychologischen Test, um uns auf unsere Eignung als Flieger zu prüfen. Dabei hat man augenscheinlich mein Interesse für das Bergsteigen bemerkt, und der junge Arzt, der die Prüfungen leitete, erzählte mir, daß auch er sich für diesen Sport begeisterte. Er wollte ebenfalls den Tapuaenuku besteigen und schlug mir vor, ich sollte mich ihm anschließen. Ein anderer mit ihm befreundeter Offizier, der ein Fahrzeug besaß, das uns bis an den Fuß des Berges bringen konnte, wollte sich an der Exkursion beteiligen. Das klang zu gut, um wahr zu sein. Ich traf alle Vorbereitungen für ein dreitägiges verlängertes Wochenende, erhielt aber dann die Nachricht, daß die Offiziere keinen Urlaub bekommen hätten. Der Wagen stand also nicht zur Verfügung.
Nun beschloß ich, das Unternehmen allein anzugehen. Einer meiner Kameraden besaß ein Motorrad, aber als ich ihm sagte, ich sei noch nie Motorrad gefahren, wollte er es mir nicht leihen, erklärte sich aber bereit, mich auf dem Sozius so weit mitzunehmen, wie er vorwärts käme. Am Freitagabend nach dem Essen holte ich mein schweres Gepäck und kletterte hinter ihm auf das Motorrad. Wir knatterten durch das Lagertor in

die Dunkelheit davon und eine völlig vereiste Straße entlang. Bald lagen wir im Straßengraben, und ich erkannte, daß mein Freund ebensowenig vom Motorradfahren verstand wie ich. Zum Glück war uns und der Maschine nichts passiert, und so machten wir uns wieder auf den Weg. Doch schon nach einem Drittel der Strecke streikte das Fahrzeug, und ich mußte zu Fuß weiter. Irgendwie war ich froh, jetzt auf mich allein gestellt zu sein, verabschiedete mich und ging im Dunkeln die Straße weiter. Nach etwa 8 Kilometern kam ich an das Gehöft eines Schafzüchters und fragte schüchtern, ob ich in der Hütte des Hirten übernachten dürfte. Die Frau des Besitzers bat mich hinein, gab mir reichlich zu essen und ein bequemes Bett. Hier erlebte ich zum erstenmal die großzügige Gastfreundschaft auf der Südinsel.

Am Samstag wachte ich sehr früh auf und bereitete mich darauf vor, das Tal hinaufzutrampen. Ich begegnete sehr wenigen Fahrzeugen, die mich immer nur auf kurzen Strecken mitnahmen. Etwa 25 Kilometer mußte ich zu Fuß gehen. Das war mit dem schweren Gepäck kein Vergnügen. Die wenigen Menschen, auf die ich unterwegs traf, versuchten mir mein Vorhaben auszureden, aber die schneebedeckten Gipfel sahen, je näher ich ihnen kam, immer gewaltiger und verlockender aus. Um 15.30 Uhr erreichte ich mit schmerzenden Füßen den Hodder River. Hier mußte ich die Straße verlassen und den Aufstieg beginnen.

Ich fühlte mich ziemlich verlassen, als ich abseits des Weges das steinige Ufer eines Gebirgsbachs entlang hinaufstieg. Bald befand ich mich in einer tiefen Schlucht und mußte hier den eiskalten Bach überqueren. Der Bach zog sich in vielen Windungen den Berg hinauf. Die Schatten wurden länger, als ich die Shinhütte erreichte und mich dankbar für die Nacht einrichtete.

Ich kochte mir eine einfache Mahlzeit und legte mich schlafen. Eine Zeitlang schlummerte ich friedlich, während die Glut im Kamin in sich zusammensank. Aber plötzlich bemerkte ich zu meinem Schrecken, daß sich noch andere Lebewesen in der Hütte befanden. Meine Matratze war mit Heu vollgestopft, aus dem Scharen von Flöhen heraussprangen. Sie bissen mich nicht, hüpften aber überall herum. Ich hatte mich damit abgefunden, als ich von einem eigenartigen Rascheln geweckt wurde. Ich suchte nach der Ursache und sah, wie Mäuse quer durch den Raum huschten. Wahrscheinlich waren sie vom Essensgeruch angelockt worden. Ich verstaute sorgfältig meine Rationen und legte mich wieder hin. Es dauerte nicht lange, bis ich durch ein sonderbares Gefühl geweckt wurde. Ich blieb einen

Augenblick liegen, ohne mich zu rühren, um mich darauf zu besinnen, was es sein könnte. Bald hatte ich die Antwort. Eine Maus saß zwischen meinen Augenbrauen und zupfte an einer Haarlocke. Mit einem lauten Aufschrei fuhr ich in die Höhe wie ein junges Mädchen aus viktorianischer Zeit.

Als ich um 4.00 Uhr morgens aufstand, hatte ich nur vier Stunden geschlafen. Ich wärmte mir in aller Eile das Frühstück und brach noch vor 5.00 Uhr auf. Es war dunkel und sehr kalt, als ich mir den Weg über das Bachbett ertastete und den Hang zum Hauptgrat des Berges hinaufkletterte. Hätte ich meinen Weg nicht am Abend zuvor genau erkundet, dann wäre mir der Aufstieg nie gelungen. Im ersten Morgenlicht war ich schon hoch über der Hütte und stieg langsam den Grat hinauf. Endlich ging die Sonne voll auf, wärmte mich, und ich begann, den herrlichen Morgen zu genießen.

Nachdem ich die Schneegrenze bei 1300 Metern erreicht hatte, stieg ich zügig weiter. Als ich bei 2100 Metern angelangt war, legte sich eine schwere Wolke über den Gipfel, und es begann recht stark zu schneien. Ich überlegte, ob ich umkehren sollte. Da hörte ich einen Laut, der einer menschlichen Stimme glich, die um Hilfe rief, stellte aber bald zu meiner Beruhigung fest, daß es der gespenstische Ruf eines hier lebenden Papageien war, des Kea. Ich ging durch die Wolke weiter nach oben und wurde auf 2700 Metern mit Sonnenschein und einem klaren Himmel belohnt. Überall lag tiefer Schnee, und dazwischen waren dicke Eisklumpen verstreut. Ein schneidender Wind war aufgekommen, und ganz langsam arbeitete ich mich bis zum nächsten Gipfel auf 2900 Meter hinauf. Um kurz vor zwölf suchte ich mir eine geschützte Stelle und aß etwas. Es war ein wunderbarer Aussichtspunkt. Im Westen erhob sich über schweren Wolkenbänken eine Reihe schneebedeckter Gipfel. Ich kannte die Namen der Berge nicht. Im Osten lag die tiefblaue See, die sich bis nach Wellington hin erstreckte.

Ich brach wieder auf, und nun wurde das Klettern schwieriger. Ich mußte den Gipfel, der einen hohen Felsenturm bildete, queren, und ich war mir des steil abfallenden Felsenhanges rechts von mir wohl bewußt. Ich schlug Hunderte von Stufen in die vereiste Oberfläche, fühlte mich einsam und spürte Angst, aber auch Begeisterung. Ich war glücklich, als ich den Quergang hinter mir hatte und den Rand des darunterliegenden Hanges erreichte. Dann ging es wieder bergan. Der Hang war steil, und die Felsen waren mit einer dicken Eisschicht überzogen. Mit jedem Schritt stieß ich

die Fußspitze fest ins Eis und geriet dabei ins Schwitzen, denn ich befand mich gerade auf der windgeschützten Seite des Berges, und die Sonne schien recht warm.
Auf halbem Weg hinauf war ich so müde und erhitzt, daß ich mir eine kleine Stufe im Eis auskratzte und mich hinsetzte, um mich zu erholen. Plötzlich hörte ich ein Sausen und bekam im nächsten Augenblick einen heftigen Schlag mitten auf den Rücken. Ich schwankte auf meinem Sitz und wäre fast abgestürzt. Als ich endlich Halt gefunden hatte, stellte ich fest, daß sich ein großes Stück Eis von einem Felsbrocken gelöst und mich fast vom Hang geschleudert hätte.
Hier war ich also nicht mehr sicher, und ich fürchtete, es könnte noch mehr Eis herunterkommen. Ich mußte von dieser gefährlichen Stelle fort. Sollte ich nun bergauf oder bergab gehen? Ich stieg weiter und gelangte allmählich bis an den oberen Rand des Hanges. Zu meiner Enttäuschung sah ich, daß die Wolken sich wieder zusammenzogen, und sie sahen dick und bedrohlich aus. In aller Eile orientierte ich mich mit Hilfe des Kompasses und notierte die Position in meinem Notizbuch. Ich hatte das während des ganzen Aufstiegs immer wieder getan.
Nun überquerte ich eine leicht zu überwindende flache Stelle und kam gerade an der nächsten Erhöhung an, als die dunkle Wolke sich über mich legte. Ein plötzlich einsetzendes Schneetreiben nahm mir die Sicht. Mühsam kletterte ich weiter nach oben, bis ich zu meiner Überraschung auf dem Gipfel stand. Ich war recht enttäuscht, hatte gar nicht das Gefühl, auf einem Berg zu sein, denn ringsum konnte ich nichts erkennen. Aber ich durfte nicht warten, bis sich der dichte Nebel hier oben verzogen hatte. Die Zeit verging, und ich machte mir schon Sorgen darum, wie ich meinen Rückweg finden sollte.
Ich wendete mich nach unten und begann den langen Abstieg. Der Hang bis zum Sattel war schlüpfrig und durch den überall nur locker aufliegenden Neuschnee schwer zu begehen. Aber der Quergang entlang des Felsenturms ließ sich jetzt leichter überwinden, denn ich konnte den Steilhang unter mir nicht mehr sehen. Zu meiner Erleichterung kam ich bei etwa 2500 Meter aus der Wolke heraus und ging nun die lange Strecke am Grat entlang hinunter. Ich war sehr erschöpft und hatte die Hoffnung aufgegeben, vor Einbruch der Dunkelheit unten anzukommen; auch kamen die Wolken hinter mir her. Es wurde immer dämmriger, und schließlich war es tiefdunkle Nacht. Ich mußte mein Tempo weiter verringern und erreichte endlich die Stelle, an der ich glaubte, den Grat verlassen zu

können. Ich war meiner Sache aber nicht ganz sicher. Ich stolperte über einen großen Stein, den ich wahrscheinlich schon morgens beim Aufstieg passiert hatte. Ich beschloß trotzdem, weiter gerade hinabzusteigen, rutschte über steile, mit vereistem Gras bewachsene Hänge und hoffte, daß ich in der Dunkelheit nicht auf eine Felskante prallen würde. Ich kam ohne besondere Schwierigkeiten wohlbehalten bis an den Bach. Mit unsicheren Schritten wankte ich hinüber zur Hütte und fühlte mich zu Tode erschöpft. Ich war vierzehn Stunden unterwegs gewesen, hatte aber keinen Hunger. Ich kroch nur in meinen Schlafsack, und weder die Flöhe noch die Mäuse konnten mich diesmal wecken.

Wieder brach ich um 4.00 Uhr morgens auf. Ich mußte noch am gleichen Tag zu meiner Truppe zurück. Im Dunkeln ging ich das Bachbett hinunter und war froh, als ich endlich die Straße erreicht hatte. Jetzt hatte ich wenigstens die Chance, in einem Fahrzeug mitgenommen zu werden, sofern mir eines begegnete. Nach wenigen Meilen fand ich einen Bachlauf mit frischem Wasser und Feuerholz. Hier kochte ich mir eine kräftige Mahlzeit. Immer noch war ich keinem Wagen begegnet und nahm meinen Marsch wieder auf. Sechs Stunden ging ich die Straße entlang und legte dabei mindestens 30 Kilometer zurück. Nicht ein einziger Wagen fuhr in meiner Richtung. Zwei kamen mir entgegen, beide hielten an, um mich zu begrüßen und mir freundlich mitzuteilen, daß ich inzwischen zum wichtigsten Gesprächsthema in der Gegend geworden sei. Man hatte Wetten darüber abgeschlossen, ob ich verunglückt wäre, und viele glaubten, ich sei schon tot. Mich am Leben zu sehen, schien die Leute fast zu enttäuschen.

Endlich hatte ich Glück. Ein Lastwagen kam das Tal herunter, und der Fahrer bot mir an, mich mitzunehmen. Als er mir sagte, er führe bis Blenheim, wußte ich, daß meine Mühen ein Ende hatten. Er hielt sogar an einem Hof an, wo man uns eine reichliche Mahlzeit vorsetzte. Spät abends kam ich ungewaschen, unrasiert und sehr müde in Blenheim an. Ich wartete auf den Bus zum Militärlager und hörte, wie die jungen Flieger sich über die Mädchen unterhielten, mit denen sie den Abend verbracht hatten. Mich interessierte das nicht! Ich hatte endlich einen richtigen Berg bestiegen.

Wie man es in Neuseeland nicht anders erwarten kann, war Rugby im Winter unser Hauptsport. Meine Mannschaft gewann die Staffelmeisterschaft, und ein paar von uns wurden ausgewählt, um die Staffel in anderen Spielen zu vertreten, die wir ebenfalls gewannen. Mit einer Körpergröße

von 1.89 Metern und einem Gewicht von fast 185 Pfund spielte ich im Sturm und bewährte mich in der »Gasse« im allgemeinen recht gut. Wenn mein Temperament mich mitriß, konnte ich wirkungsvoll von den Ellbogen Gebrauch machen.
Wir gewannen noch eine weitere Meisterschaft, und bald standen wir in dem Ruf, unsere Mannschaft sei ein gut trainiertes, kämpferisches Team. Das ging so weit, daß Pax Hickson und ich von einem benachbarten Militärlager ein recht ungewöhnliches Angebot erhielten. In dieser größeren Garnison sollten in den nächsten Tagen die Endspiele um die Rugbymeisterschaft abgehalten werden. Die an den Wettkämpfen beteiligten Mannschaften waren fast gleichwertig, aber bei einer von ihnen waren zwei der besten Spieler erkrankt und konnten nicht teilnehmen. Wir wurden gebeten, für sie einzuspringen. Da wir keine moralischen Bedenken hatten, nahmen wir die Einladung an.
Es wurde ein sehr hartes Spiel, und zunächst sah es nach einem Unentschieden aus. Dann gelang es mir, den Ball hinter die Linie zu bekommen, und die gegnerische Mannschaft stürzte sich auf mich. Dabei gelangte Pax Hickson in Ballbesitz und erzielte ein gutes Tor. Wir hatten das Spiel gewonnen. Als ich zufrieden grinsend vom Platz ging, beschimpfte mich ein Anhänger des Gegners und sagte mir sehr deutlich, ich sei der gröbste Spieler, den er je gesehen habe. Offensichtlich wollte er jetzt das tun, was seiner Mannschaft nicht gelungen war – mich außer Gefecht setzen –, und ich war erleichtert, als wir im Gedränge von einander getrennt wurden. Später überlegte ich mir die Sache noch einmal und mußte zugeben, daß der Mann nicht ganz unrecht gehabt hatte . . . und ich war nicht gerade glücklich darüber.
Beim Bergsteigen konnte ich mich wenigstens körperlich verausgaben, ohne andere Menschen zu verletzen. Bei jedem Wetter ging ich an den Wochenenden in die Berge, aber es war schwierig, jemanden zu finden, der bereit war, mich regelmäßig auf meinen Bergtouren zu begleiten. Kaum einer ging zum zweitenmal mit. Bei gutem Wetter war es nicht so schlimm, aber oft hatten wir gegen Regengüsse und Schneestürme anzukämpfen, und fast jedesmal endete die Bergwanderung damit, daß wir die 80 Kilometer ins Lager mit dem Fahrrad zurückfahren mußten.
Eine Zeitlang unternahm ich aus Mangel an geeigneten Begleitern meine Bergtouren allein und habe dabei eine ganze Reihe von Gipfeln bestiegen. In den Bergen auf sich selbst gestellt zu sein, ist ein einzigartiges Erlebnis, aber ich habe dabei auch das Fürchten gelernt. Wenn man mit gespreizten

Armen und Beine ohne Seil in einer Steilwand hängt, dann ist das nicht komisch, und man wird nervös, wenn man bei Hochwasser einen reißenden Gebirgsbach überqueren muß. Aber es war besser, als mit einem unerfahrenen Partner in die Berge zu gehen oder ganz auf das Bergsteigen zu verzichten.

Das Blatt wendete sich, als ich Jack McBurney kennenlernte. Jack war Korporal und Artillerieausbilder, ein begeisterter Jäger und Bergsteiger; abgehärtet und kräftig hatte er die gleichen Schwierigkeiten gehabt wie ich. Es war ihm bisher nicht gelungen, für seine regelmäßigen Wochenendwanderungen einen Gefährten zu finden. Aber nachdem wir uns kennengelernt hatten, war dieses Problem für uns beide gelöst. Gemeinsam bestiegen wir manchen Berg und lernten dabei viel voneinander. Jack war ein großer Naturliebhaber und Jäger und ich ein begeisterter Kletterer. Mit diesen Eigenschaften bildeten wir ein glückliches Team. Die letzten Monate des Ausbildungslehrgangs vergingen nur allzu schnell. Bald rückte das Schlußexamen heran, und ich schrieb nach Hause:

»Einige schriftliche Arbeiten waren recht schwierig, aber ich habe ganz gute Noten bekommen. In manchen Fächern habe ich zu wenig getan, aber daran läßt sich nichts mehr ändern. 260 Prüflinge haben sich beteiligt. Ich bekam 936 von 1000 möglichen Punkten und bestand die Prüfung als Vierzehnter. Jetzt wissen wir auch, wie die Ausbildung weitergehen wird. Ich gehe nach New Plymouth, um als Beobachter ausgebildet zu werden. Das entspricht ganz meinen Wünschen, denn die Navigation interessiert mich, und für die Pilotenausbildung bin ich etwas zu alt.

Am letzten Wochenende habe ich mit Jack McBurney den Kaikouras bestiegen. Ich glaube, ich habe noch nie ein so anstrengendes Wochenende erlebt. Diesen Samstag fuhren wir mit dem Rad die 90 Kilometer zum Mount Tapuaenuku. Es ging die ganze Zeit bergan, wir hatten Gegenwind und wären vor Erschöpfung fast gestorben. Mit dem Gepäck auf dem Rükken mußten wir elf Stunden fahren und sind dann noch eine Stunde bis zur ersten Hütte aufgestiegen. Am nächsten Morgen waren wir immer noch sehr müde, bestiegen aber den Tapuaenuku über den Grat und kamen bis auf 2800 Meter. Dann mußten wir die Besteigung wegen des tiefen Schnees abbrechen und zurückgehen. . . . Am Montag radelten wir ins Lager nach Blenheim zurück. Das waren insgesamt etwa 120 Kilometer, und meist hatten wir Gegenwind. Das schwere Gepäck zog mächtig an den Schultern, aber an der letzten Steigung veranstalteten wir, ohne es eigent-

lich zu wollen, ein Wettrennen bis zur Höhe. Auch wenn das Unternehmen kein voller Erfolg war, ist es doch ein großes Abenteuer gewesen.«

Es tat mir leid, meine Freunde und die Berge zu verlassen, die mir so manches schöne Erlebnis vermittelt hatten, aber ich wußte wenigstens, daß in New Plymouth ein guter Berg auf mich wartete, der unmittelbar an der Küste gelegene 2760 Meter hohe Mount Egmont. Diesmal fiel es mir wesentlich leichter, mich in die neue Gemeinschaft einzufügen, denn die Teilnehmer am Navigationslehrgang in New Plymouth bildeten eine kleine homogene und sympathische Gruppe. Es war ein erregendes Erlebnis, als wir den praktischen Navigationskurs begannen und täglich fliegen durften. Allerdings wurde die Freude dadurch gedämpft, daß wir meist in niedriger Höhe durch die Frühjahrsturbulenzen fliegen mußten, in denen wir kräftig durchgeschüttelt wurden. Es fiel mir viel schwerer, mein theoretisches Wissen im Flugzeug anzuwenden als im Lehrsaal, aber allmählich gewöhnte ich mich daran, und meine Leistungen wurden besser.
An den Wochenenden war ich immer am Berg und kletterte entweder allein oder mit einem Gefährten, den ich dazu hatte überreden können. Gewöhnlich borgte ich mir ein Fahrrad und fuhr am Samstag nach dem Mittagessen die zwanzig Meilen bis zum Fuß des Berges. Dann schob ich das Rad bis ans Ende der Straße auf 1000 Meter und ging hinauf zur 2700 Meter hoch gelegenen Tahurangihütte. Am Sonntagmorgen begann dann der Aufstieg zum Gipfel, und am Abend mußte ich mich mit dem Abstieg beeilen und zum Camp zurückfahren.
Eines Tages wurde ich gebeten, eine aus neun Mann bestehende Gruppe auf den Berg zu führen. Das war ein interessanter Tag. Wir fuhren mit einem Lastwagen der Luftwaffe bis zum Ende der Straße und hatten von dort noch einen anstrengenden Marsch auf die Tahurangihütte, der eine Stunde in Anspruch nahm. Das Wetter war schlecht. Es regnete, stürmte und war sehr kalt. Zwei der Teilnehmer hatten schon genug, als wir in der Hütte ankamen, und wollten nicht weiter mitgehen. Nachdem wir eine Tasse heißen Tee getrunken und etwas gegessen hatten, machten wir anderen acht uns auf den Weg. Durch unangenehm weichen Schnee arbeiteten wir uns in die Höhe. Es wurde ständig kälter, und schließlich wurde die Kälte äußerst unangenehm. Nach einer Stunde kamen wir an einen vereisten Hang und mußten Stufen in das Eis schlagen. Nun beschlossen zwei weitere Teilnehmer, die Sache aufzugeben. Ich führte sie hinunter bis zu der Stelle, an der der weiche Schnee begann, denn von hier war der

Abstieg relativ ungefährlich. Die letzten sechs von uns seilten sich an und gingen weiter. Der Militärarzt, Flying Officer Auld, ein erfahrener Bergsteiger, hatte sich uns angeschlossen. Ich führte die Seilschaft, schlug die Stufen ins Eis, und der Doktor bildete den Schluß, um die anderen vier im Auge zu behalten. Vor uns lagen noch etwa 300 Meter, und es war sehr anstrengend, auf der ganzen Strecke Stufen in den vereisten Steilhang zu schlagen. Es war so kalt, daß unsere Bekleidung und das Seil steif gefroren und und sich überall Eiszapfen bildeten. Am Kinnband meiner Skimütze hing ein etwa 10 Zentimeter langer Zapfen.
Der Nebel war hier oben so dicht, daß wir kaum etwas sehen konnten, und als wir endlich den Gipfel erreicht hatten, kehrten wir sofort um und begannen den Abstieg. Nachdem wir das Eis hinter uns gelassen hatten, war es eine prachtvolle Rutschpartie 300 Meter durch den weichen Schnee bis zur Hütte hinab. Wieder gab es heißen Tee, und dann beeilten wir uns, zu unserem Lastwagen hinunterzukommen und ins Lager zurückzufahren, wo wir uns nach einer heißen Dusche und einer kräftigen Mahlzeit bald wieder erholten. Am folgenden Tag kämpften die anderen Teilnehmer mit einem schweren Muskelkater und Sonnenbrand, aber ich, der ich an solche Touren gewöhnt war, spürte keine unangenehmen Nachwirkungen.
Weihnachten 1944 rückte immer näher, und ich durfte mit zehn Tagen Urlaub rechnen. Die Versuchung war groß, eine Bergwanderung im Gebiet des Mount Cook zu unternehmen, aber mein Gewissen sagte mir, daß es vernünftiger wäre, nach Hause zu fahren und in der Imkerei zu helfen. Meiner Mutter lag sehr viel daran, mich wiederzusehen, aber für meinen Vater arbeiteten schon ein paar Männer, und deshalb deutete er nicht einmal an, daß er meine Hilfe brauchte. So ging ich schließlich doch in die Berge.
Ich hatte mich in Christ Church mit einem anderen Bergsteiger verabredet, um das Unternehmen zu zweit durchzuführen, aber ich hatte inzwischen schon die Erfahrung gemacht, daß man sich auf viele Menschen nicht verlassen kann und nur wenige ihre Versprechen halten. Der erwartete Bergkamerad zeigte sich nicht, und ich habe nie wieder etwas von ihm gehört. Deshalb machte ich mich allein auf den Weg.
Als der Bus sich dem Gebirge näherte, steigerte sich meine Vorfreude. Die Landschaft war tief verschneit und bot einen großartigen Anblick. Ich hatte alle möglichen Pläne für die nächsten Tage, und einige von ihnen waren recht ehrgeizig. Als ich an der Hermitage aus dem Bus stieg und

die weiten eisbedeckten Hänge des Mount Cook und des Mount Sefton vor mir liegen sah, wurde mir die Realität bewußt. Ich hatte im Verlauf der vergangenen Jahre viel Selbstvertrauen gewonnen, doch jetzt erkannte ich, wie wenig ich wirklich wußte. Ich hatte mich zwar zu einem leistungsfähigen Bergsteiger entwickelt, aber was wußte ich schon von Felsspalten, Lawinen und ähnlichem?

Am nächsten Morgen kehrte mein Selbstvertrauen zum Teil wieder zurück. In der Hermitage gab es außer mir keinen Bergsteiger, und wenn ich etwas unternehmen wollte, dann würde ich es allein tun müssen. Mit reichlich Proviant im Gepäck stieg ich das Tal hinauf bis zur Hookerhütte, ging an den folgenden Tagen weiter talaufwärts und besuchte das Sefton Biwak an den Hängen des Mount Footstool. Meinen Plan, den Footstool rasch in Angriff zu nehmen, gab ich bald auf, als ich die von tiefen Schründen durchzogenen Hänge sah, die ich überqueren mußte. Auf dem Abstieg unterhalb des Biwak brach ich plötzlich bis zum Gürtel in den Schnee ein, und nur weil mein Schuh zufällig an einem vorstehenden Felsbrocken Halt fand, stürzte ich nicht weiter in den drei bis vier Meter tiefen Spalt. Dieses Erlebnis gab mir zu denken und veranlaßte mich, in Zukunft noch vorsichtiger zu sein.

Ich beschloß, zum Meuller-Gletscher hinüberzugehen, und hatte einen herrlichen Aufstieg zu den Seally-Seen. Ich bestieg sogar den Mount Olivier, denselben Gipfel, den ich bei meinem ersten Aufenthalt in dieser Gegend bezwungen hatte. Diesmal lag viel mehr Schnee, und die Hänge erschienen mir viel unsicherer, als ich auf der anderen Seite zu der etwa 2800 Meter hoch gelegenen Meullerhütte abstieg.

In der Hütte sah es recht unwirtlich aus, denn sie war voller Schnee. Aber zum Glück funktionierte der Ofen. Im großen und ganzen hatte ich es recht bequem. Nach einer reichlichen Mahlzeit richtete ich mich zum Schlafen ein. Die meisten Decken waren feucht, nach langem Suchen fand ich aber doch noch vier trockene. Sie und mein Schlafsack hielten mich trotz der großen Höhe warm. Zwischen den Decken krabbelte eine große Weta hervor (ein sehr großes, unangenehm aussehendes Insekt). Deshalb inspizierte ich alle Decken noch einmal sehr genau.

Als ich gut ausgeruht am folgenden Morgen aufwachte, stürmte es, und ein heftiger Schneeregen peitschte gegen die Hüttenwände. Ich blieb gern liegen, besonders da ich in der Hütte ein paar alte Kriminalromane gefunden hatte. Gegen 10.00 Uhr stand ich auf und kochte mir eine dicke Suppe aus Suppenpulver, getrockneten Zwiebeln, Erbsen, Haferflocken, Linsen, einer Dose Lammfleisch und grünen Erbsen. Sie schmeckte großartig, und ich ging satt und zufrieden wieder zu Bett. Am Spätnachmittag ließ der Schneeregen nach, und ich bestieg einen kleineren oberhalb der Hütte gelegenen Gipfel. Vollkommen durchnäßt kam ich wieder zurück. Da ich jetzt schon fast eine Woche allein war, beschloß ich, am nächsten Tag zum Hotel zurückzukehren.

Der Morgen brachte herrliches Wetter, die Sonne schien, und der Himmel war klar. Ich packte meine Sache und begann mit schwerem Gepäck den Aufstieg über die Hänge. Ohne besondere Schwierigkeiten erreichte ich den Gipfel des Mount Kitchener und hielt dort in der warmen Sonne Rast. Ich war mir der Gefahren eines solchen Allcingangs in dieser Gegend sehr wohl bewußt. Das kommt auch in dem ausführlichen Brief zum Ausdruck, den ich an meine Angehörigen schrieb:

»Der Abstieg vom Mount Kitchener über steile Felswände war recht schwierig. Um mich abzulenken, hielt ich den Elementen beim Klettern eine wortreiche Ansprache. Ihr hättet mich hören sollen! Es war eine großartige Rede. Je schwieriger die Lage wurde, desto reicher war mein Redefluß. Wenn ich kaum noch wußte, wo ich mich festhalten sollte, waren die Gefühle am stärksten und arbeiteten die Gedanken am schnellsten. Ich war selbst überrascht, wie leicht der Abstieg mir in so kurzer Zeit gelang. Hätte ich mich in Gedanken mit den bergsteigerischen Schwierigkeiten beschäftigt, dann hätte es wahrscheinlich doppelt so lange gedauert.

Wieder an den beschneiten, weniger steilen Hängen angelangt, beschloß ich noch die 2750 Meter hohe Pyramidenspitze Annette zu besteigen. Nach anstrengendem Klettern im Fels, bei dem mir das Gepäck zu einer schweren Last wurde, kam ich schließlich auf dem Gipfel an. Es war inzwischen Mittag geworden, und während ich etwas aß, genoß ich den herrlichen Rundblick. Von Annette zieht sich ein langer, gewaltiger Grat hinunter zu dem unmittelbar hinter der Hermitage gelegenen 1300 Meter hohen Gipfel Sebastopol. Eigentlich wollte ich über diesen Grat absteigen, aber es war ja noch recht früh, und so ließ ich mein Gepäck am Fuß von Annette und versuchte, den 2800 Meter hohen Mount Seally zu besteigen.

Zunächst mußte ich ein 1600 Meter breites Schneefeld überwinden, auf dem ich bei jedem Schritt bis über die Knie versank, und stieg dann einen steilen, zerklüfteten Grat hinauf. In etwa 2650 Meter Höhe wurde das Klettern ungewöhnlich schwierig, und da es immer später wurde, beschloß

ich, nichts mehr zu riskieren, sondern zum Fuß des Gipfels Annette zurückzukehren, wo ich nach einem anstrengendem Marsch durch tiefen Schnee glücklich ankam.
Jetzt mußte ich über den Grat zur Hermitage hinunter. Auf den Grat konnte ich nur über einen sehr steilen, mehrere hundert Meter breiten, beschneiten Hang gelangen, auf dem zwei tiefe Spalten zu überwinden waren. Die einzige Möglichkeit, über die Spalten zu kommen, bestand, wie mir schien, darin, mich dicht an der einen Seite der Felswand zu halten. Hier hatten Steinlawinen eine etwa einen Meter breite und 70 Zentimeter tiefe Rinne in den Schnee gegraben, als sie aus dem lockeren Gestein oberhalb des Hanges zu Tal gegangen waren. Da die Steine die Schneedecke nicht durchschlagen hatten, mußte der Schnee fest genug sein, um mich zu tragen. Ich setzte mich also mit einem Stoßgebet, nicht vom Steinschlag getroffen zu werden, in die Schneerinne und ließ mich gleiten.
Ich schoß förmlich hinunter, und mein Tempo war so schnell, daß ich über die gefährlichen Spalten einfach hinwegsauste. Nur unter Schwierigkeiten gelang es mir, mich wieder abzufangen, aber schließlich konnte ich es doch vermeiden, viele 100 Meter in die verkehrte Richtung zu rutschen. Nach einem sehr mühsamen Abstieg den Grat hinunter gelangte ich an seinen tiefsten Punkt und mußte eine Ewigkeit klettern, bevor ich endlich auf dem Gipfel des Sebastopol ankam. Von hier war es nicht mehr schwer, einige verschneite Hänge hinunterzugleiten, und gegen 18.00 Uhr war ich wieder an der Hermitage.«

Ende Januar 1945 wurde unsere Ausbildung in New Plymouth mit dem Schlußexamen beendet. Ich wurde Zweiter und erhielt für meine Leistungen im praktischen Teil die Note »überdurchschnittlich«. Die Luftwaffe beförderte nicht mehr wie bisher die Besten einer Klasse zu Offizieren, und deshalb blieben alle ausgebildeten Beobachter Sergeanten. Aber uns machte das nicht viel aus, und die ungezwungene Atmosphäre, in der die Flugzeugbesatzungen lebten und zusammenarbeiteten, blieb trotzdem erhalten.
Zur Vervollständigung unserer fliegerischen Ausbildung nahmen wir noch an einem einmonatigen Bordschützenlehrgang teil und verschossen dabei Tausende von Patronen auf von Flugzeugen geschleppte Ziele. Mir fiel es schwer, das notwendige Interesse dafür aufzubringen, und meine Leistungen waren schwach. Mein größter Erfolg bestand darin, daß ich das geschleppte Ziel selbst abschoß, ja es gelangen mir sogar mehrere Treffer

am Heck der Maschine, die das Ziel hinter sich herschleppte, was mir natürlich einige Kritik einbrachte.

Zum Abschluß nahmen wir an Feldübungen in den Waitakere Ranges bei Auckland teil. Das Gelände kannte ich gut. Mit besonderem Vergnügen griffen wir erschöpfte, schwitzende Kolonnen der Bodentruppe aus dem Hinterhalt an, richteten im Busch getarnte Lager ein und durchstreiften die Gegend nach allen Richtungen. Am letzten Tag wurde ein Orientierungsmarsch quer durch das Gelände veranstaltet. Von einem bestimmten Punkt aus ging es über Berge, durch Flüsse und Wälder auf ein vorher angegebenes Ziel zu. Der Marsch dauerte etwa vier Stunden. Wir wurden dazu in Gruppen zu je sechs Mann mit einem Führer eingeteilt.

Der Ausbilder war ein robuster, selbstsicherer Korporal, der uns immer wieder sagte, die Sache sei ganz einfach, und wir sollten uns keine Sorgen machen.

»Überprüfen Sie ständig die Marschrichtung mit Kompaß und Karte«, belehrte er uns, »und bleiben Sie zusammen, was auch geschieht. Denken Sie daran, daß der Gruppenführer dafür verantwortlich ist, seine Männer geschlossen zu den Cascades zu führen.« Dabei blickte er mich scharf an.

»Was sollen wir tun, wenn wir das Ziel erreicht haben?« fragte ich.

»Machen Sie sich darum keine Sorgen. Ich werde vor Ihnen dort sein.«

»Und wenn Sie nicht vorher dort sein sollten?« erkundigte ich mich höflich.

»Machen Sie sich keine Sorgen, ich werde Sie dort erwarten«, sagte er sehr bestimmt.

Wir wurden an den Ausgangspunkt geführt, man wies uns die Richtung, und wir marschierten ab. Alle Männer meiner Gruppe waren in guter körperlicher Verfassung und eifrig bei der Sache, und ich war entschlossen, mit ihnen zuerst am Ziel zu sein, auch wenn ich einen von ihnen hätte auf dem Rücken tragen müssen. Im Eilmarsch überwanden wir das hügelige Gelände. Es war für uns ein großer Spaß. Als der Korporal erhitzt und schweißbedeckt am Ziel eintraf, lagen wir schon im Schatten und taten, als sei nichts Besonderes geschehen. Er sagte kein Wort, aber ich sah, wie ein Lächeln über sein Gesicht huschte. . .

3. Die Fidschiinseln

Es war ein erregender Augenblick für mich, als das Flugboot vom Typ Sunderland im Hafen von Auckland startete, um uns zu den Fidschiinseln zu bringen. Zum erstenmal in meinem Leben verließ ich Neuseeland und freute mich darauf, eine ganz neue Welt kennenzulernen. Die ersten Stunden flogen wir durch dichte Wolken, und nur hin und wieder konnten wir einen Blick auf den mit Schaumkämmen bedeckten Ozean unter uns werfen. Dann lösten sich die Wolken auf, und wir kamen hinaus in den Sonnenschein. Über uns lag der blaue Himmel und unter uns die tiefblaue See. Der Anblick der Fidschiinseln aus der Luft übertraf meine kühnsten Träume. Dort lagen die von dichtem Dschungel bedeckten, dunkelgrünen Hügel, da war die weiße Brandung, die über gezackte Felsenriffe rollte, und ganz am Rand der Insel zog sich der helle Sandstrand hin, ein Anblick, wie man es sich aus einem Abenteuerroman vorstellt.

Bald hatten wir uns in unserer neuen Unterkunft an der Lathala Bay eingerichtet. Die Quartiere waren sehr bequem, die Verpflegung hervorragend. Der einzige Nachteil war die Hitze. Die meisten von uns lagen in ihrer freien Zeit schwer atmend auf ihren Betten, aber ich hatte viel zuviel zu tun. Wir wurden zu Flugzeugbesatzungen zusammengestellt und für den Dienst auf dem Wasserflugzeug Catalina umgeschult. Doch an den Wochenenden konnte ich vieles Interessante unternehmen. Das Gelände landeinwärts von Suva war mit dichtem Busch bewachsen, in dem sich einige Berge erhoben, die aussahen, als seien sie nicht leicht zu besteigen. Aber zunächst fand ich keinen Weg, auf dem ich hätte hingelangen können. Statt dessen kaufte ich zusammen mit meinem Freund Julian Godwin, der ebenso wie ich als Beobachter eingeteilt war, eine kleine Segeljacht. Sie war nur elf Fuß und sechs Zoll lang, aber in sehr gutem Zustand.

Eine Woche lang segelten Julian und ich allabendlich eine oder zwei Stunden in der *Gremlin,* wie wir das Boot getauft hatten. Julians besondere Liebe galt der See. Er war wie ich ein Einzelgänger, und obwohl er in unserem Beobachterlehrgang die theoretische Prüfung nicht als Bester bestanden hatte, hielt ich ihn doch für den Begabtesten von uns allen. Er hatte praktisch sein ganzes Leben auf Segelbooten zugebracht und sich in seiner freien Zeit damit beschäftigt, neue Modelle zu entwerfen. Für lange Wanderungen oder andere Sportarten hatte er nicht viel übrig, aber er war ein begeisterter Segler.

Am Samstag nach dem Mittagessen beluden wir unser Fahrzeug mit reichlich Proviant und setzten die Segel, um über die Lagune zu fahren. Bis zur schönen kleinen Insel Nukulau waren es nur fünf Seemeilen, die wir bei steifem Gegenwind und bewegter See kreuzend zurücklegten. Das klare Wasser und die kühle Brise verscheuchten bald unsere tropische Lethargie, und wir genossen das Unternehmen aus vollem Herzen. Am frühen Abend verankerten wir die *Gremlin* an einer geschützten Bucht unter Kokospalmen und gingen an Land.

Die Insel war etwa drei Hektar groß, und auf unserem ersten Erkundungsgang begegneten wir ihrem einzigen Bewohner. Es war ein alter Hindu, der uns sehr höflich aufforderte, in einer aus zwei Räumen bestehenden kleinen Hütte am Strand zu übernachten. Das Häuschen lag an einer sehr günstigen Stelle, denn durch den von der See her wehenden Wind blieb es hier kühl und frisch. Wir hatten keine Betten und holten uns deshalb einige Armvoll Heu, legten es auf den Boden und bereiteten das Segel darüber. Mit dem reichlich vorhandenen Treibholz machten wir uns ein Feuer, grillten die mitgebrachten Steaks und krönten unsere Mahlzeit mit einer Dose Pfirsiche. Nach einem Abendspaziergang im Mondschein legten wir uns zufrieden auf unser Heulager und schliefen ungestört bis zum Morgen.

Am nächsten Tag standen wir früh auf, nahmen ein erfrischendes Bad und frühstückten ausgiebig. Dann setzten wir die Segel und nahmen die Küste entlang Kurs auf eine andere Insel. Die See war rauh, unser Boot schlingerte stark und nahm viel Wasser über. Ich schöpfte wie wild, während Julian in aller Ruhe und mit zufriedenem Gesicht die Ruderpinne bediente. Als wir in einen Kanal kamen, der durch das Riff in die offene See hinausführte, schaukelte das Boot gewaltig auf den großen Wellen, aber es schlug kein Wasser mehr hinein. Bei der Landung auf der Insel wären wir fast gekentert. Die Brandung durchnäßte uns bis auf die Haut, aber

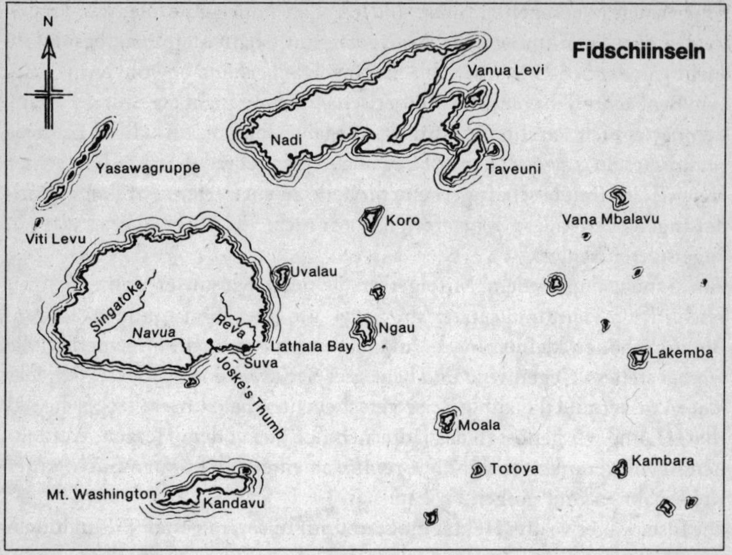

nach einem längeren Spaziergang waren unsere Kleider wieder trocken. Die Insel schien unbewohnt zu sein. Wir schlugen ein paar Kokosnüsse ab und tranken die erfrischende Milch. Auf der Heimfahrt hatten wir den Wind im Rücken, und die kleine Jacht flog in großartigem Stil über die Wellen dahin.

Auf diese Art verbrachten wir herrliche Tage und erkundeten eine Anzahl vor der Küste der Hauptinsel gelegener kleiner Inseln. Bei einem zweiten Besuch auf Nukulau waren wir bitter enttäuscht, als der alte Hindu uns sagte, in dem Haus am Strand lebe jetzt ein indischer Schullehrer. Wir richteten uns darauf ein, im Freien zu biwakieren, aber nach einiger Zeit kam der Inselbewohner zurück und sagte, der Schullehrer benötige nur einen Raum und würde sich freuen, wenn wir mit dem zweiten vorliebnehmen wollten. Der Lehrer war ein interessant aussehender Mann mit ausdrucksvollen Augen und einem kurzen, krausen Bart. Er war Moslem und hieß Muhammad Abdullah.

Am Abend führte ich mit ihm ein langes Gespräch über die Verhältnisse in Indien, und er meinte, der Konflikt zwischen Moslems und Hindus sei weniger auf religiöse als auf Unterschiede in der wirtschaftlichen Lage der Bevölkerung zurückzuführen. Den Hindus ginge es im allgemeinen bes-

ser. Sie stellten die meisten Regierungsbeamten und beherrschten das Finanzsystem des Landes. Die Moslems andererseits seien arm und hätten einen niedrigen Lebensstandard. Muhammad war überzeugt, daß sich durch eine Erschließung der natürlichen Reserven Indiens die wirtschaftliche Lage der armen Bevölkerung verbessern würde und dadurch ein großer Teil der jetzt herrschenden Schwierigkeiten beseitigt werden könnte.
Als das Gespräch sich allgemein religiösen Fragen zuwendete, war ich erstaunt, festzustellen, über welch umfassendes Wissen Muhammad verfügte. Er wußte viel mehr über die Grundlagen des christlichen Glaubens als ich und zitierte immer wieder die Bibel, um seine Thesen zu stützen. Dabei sagte er, es gäbe nur einen einzigen Gott, den gleichen Gott für Hindus, Moslems und Christen. Diese Religionen seien nur verschiedene Wege zum gleichen Ziel. Als ich schließlich zu Bett ging, hatte ich das Empfinden, viel zu engstirnig und insular zu sein. Bevor Muhammad sich schlafen legte, wusch er sich Hände, Gesicht und Füße und verrichtete dann sein Gebet. Gegen fünf Uhr morgens kam er aus seinem Zimmer – ich war eben aufgewacht –, wusch sich wieder und betete. Dann fing er an, in einer eigenartigen Melodie zu singen, und nach einer Weile schlief ich wieder ein. Als ich erneut aufwachte, war er fort.
Die Catalina war ein großartiges Flugzeug, robust und zuverlässig, und sie hatte eine große Reichweite, war aber sehr langsam. Oft flogen wir mit einer Durchschnittsgeschwindigkeit von nur 180 Kilometern in der Stunde, und bei starkem Gegenwind konnte die Geschwindigkeit noch geringer sein. Eine genaue Navigation war sehr wichtig, denn der Seitenwind konnte die Maschine auf einem Langstreckenflug weit vom Kurs abtreiben. Mir machte es viel Freude, als Navigationsoffizier auf den weiten Flügen über den Ozean für die Einhaltung des richtigen Kurses verantwortlich zu sein, und ich freute mich, festzustellen, daß sich meine Ausbildung auf dem Beobachterlehrgang in der Praxis gut bewährte.
Am besten gefielen mir die langen Nachtflüge, bei denen wir uns fast ausschließlich nach den Sternen orientierten. Auf einem Elfstundenflug überquerten wir tausende Kilometer offene See bis zu drei kleinen Inseln bei Neukaledonien. Wir in einer Höhe von 2800 Metern, und es war recht kalt, dafür aber sehr ruhiges Flugwetter. Über der See lag eine dicke Schicht von Kumuluswolken, die sich scharf im Mondlicht abzeichneten. Ich brachte einen großen Teil der Zeit damit zu, mit dem Sextanten die Sterne anzupeilen und die jeweilige Position zu berechnen. Die Luft war so still, daß man kaum glaubte, wir bewegten uns vorwärts, und es war

ganz einfach, genaue astronomische Beobachtungen anzustellen. Als zum erstenmal wieder Land in Sicht kam, bestätigte sich die absolute Genauigkeit meiner Berechnungen, was bei mir einen tiefen Eindruck hinterließ. Anschließend gingen wir auf einen anderen Kurs und flogen bei völlig wolkenlosem Himmel über dem vom Mond beschienenen Wasser eine Inselkette entlang. Eine der Inseln bestand aus einem aktiven Vulkan, und der Krater sah aus wie eine glimmende Zigarette. Immer wieder sah man glühende Lavabrocken wie Funken herausfliegen.

Für mich war es bei den Flügen über die Inseln ein eigenartiger Gedanke, daß, während wir in der kühlen, ruhigen Luft darüber hinwegflogen, auf den still und dunkel unter uns liegenden kleinen Gebilden Menschen schliefen und träumten. Wir schienen uns außerhalb von Zeit und Raum zu bewegen, während diese Leute ihr ganzes Leben auf diesen winzigen Staubkörnchen zubrachten, die von allen Seiten über Hunderte von Meilen vom Ozean umgeben waren. Doch das Leben auf Neuseeland erscheint einem Bewohner von New York wahrscheinlich ebenso eng und begrenzt.

Gelegentlich wurden wir auch zu Rettungsaktionen eingesetzt. Auf der Insel Ono-i-lau, etwa 360 Kilometer von unserer Basis entfernt, war ein Eingeborener schwer erkrankt und lag schon einige Wochen in kritischem Zustand zu Bett. Die Behörden hatten einen Funkspruch nach Suva geschickt und darum gebeten, den Mann im Flugzeug in ein Krankenhaus zu bringen. Wir flogen nach Ono-i-lau, landeten auf der großen Zentrallagune, und sofort kam uns ein Boot entgegengeschossen. Ihm folgte eine ganze Prozession anderer Wasserfahrzeuge. Die Auslegerkanus sahen großartig aus, als sie mit ihren großen dreieckigen Segeln in der steifen Brise auf uns zusteuerten. Sie wurden geschickt längsseits des Flugzeugs manövriert, und die meisten Mitglieder der Besatzung sowie ein Luftwaffenarzt sprangen an Bord.

Ich mußte zurückbleiben, um das Flugzeug zu bewachen. Als daher ein fröhlich aussehender Fidschijunge mich fragte, ob er bei mir im Flugzeug warten dürfe, erlaubte ich es ihm. Während die Boote in rascher Fahrt dem Strand zustrebten, lernte ich meinen Gast etwas besser kennen. Er sagte, er sei vierzehn Jahre alt, in Suva zur Schule gegangen, und sprach dabei ein recht gutes, wenn auch gebrochenes Englisch. Ich führte ihn durch das ganze Flugzeug, was ihm viel Freude zu machen schien. Als er irgendwo ein Stück Weißbrot liegen sah, sagte er ganz ruhig: »Ich gern ein Stück Weißbrot; schmeckt gut«, und rieb sich den Bauch. Diese Bitte konnte ich natürlich nicht ausschlagen und gab ihm eine große mit Butter bestrichene Scheibe. Er erzählte, er wolle nach Suva zurückgehen und sich bei den Weißen eine Arbeit suchen, um Geld zu verdienen. »Ich sehr armer Junge«, sagte er. Ich antwortete: »In Neuseeland bin ich auch ein armer Junge.« Doch irgendwie konnte ich ihn nicht überzeugen. Jeden Pfennig, den er hier verdiente, sparte er für die Reise nach Suva, die er auf einem der wenigen Schiffe unternehmen wollte, die die Insel im Lauf des Jahres anliefen. Ich nehme an, die Schiffskarte für eine Reise über 220 Seemeilen kostete für ihn ein kleines Vermögen.

Bevor die Boote wieder an das Flugzeug herankamen, richtete er eine letzte Bitte an mich. Er hatte völlig abgetragene Khakishorts an, zeigte auf sie und sagte: »Du feiner Mann. Ich liebe dich sehr. Gib mir Geld für neue Hosen zum Fahren nach Suva.« Dabei verzog sich sein Gesicht zu einem breiten Lächeln, und obwohl mir seine Bitte peinlich war, faßte ich in die Tasche und suchte darin nach etwas Kleingeld. Zu meinem Schrecken hatte ich nichts bei mir. Auf unseren Flügen hatte ich keine Verwendung dafür, aber als ich es dem Jungen sagte, wußte ich, daß er glaubte, ich hätte ihn belogen. Ich war sehr erleichtert, als die Boote anlegten und der Kranke an Bord gebracht wurde.

Wir starteten und flogen nach Westen auf die in prächtigen Farben untergehende Sonne zu. Aber ich war recht deprimiert. Als ich nach einem guten Essen frisch umgezogen in der Messe saß, wanderten meine Gedanken immer wieder zu dem Jungen in Ono-i-lau zurück, der gesagt hatte: »Ich sehr armer Junge.«

Ich hatte mit der Zeit so viele Erfahrungen als Beobachter und Navigationsoffizier gesammelt, daß mein Selbstvertrauen erheblich gewachsen war – bis zu dem Tag, an dem wir an einer Tiefflugübung teilnahmen. Sechs Stunden mußten wir nur ungefähr 50 Meter über der Meeresoberfläche fliegen und dabei eine Suchaktion simulieren. Wir starteten bei unruhiger See und starkem Wind von der Lathala Bay und flogen unter einer dichten Wolkendecke. Die Suchaktion begann an der Landzunge von Kandavu, etwa 100 Seemeilen südlich von Suva. Auf dem Flug dorthin wurde das Flugzeug von heftigen Turbulenzen durchgerüttelt. Ich hatte schon auf anderen Flügen ein gewisses Unbehagen empfunden, war aber noch nie richtig luftkrank geworden. Deshalb nahm ich die Sache nicht sehr ernst.

Über den hohen Klippen von Kandavu gingen wir auf einen neuen Kurs, und im Weiterfliegen konzentrierte ich mich auf meine Arbeit an der Navigationskarte, um alle notwendigen Kursänderungen zu berechnen. Die Besatzung war sehr schweigsam, und die übliche Unterhaltung über das Bordsprechsystem fand nicht statt. Zwei der Besatzungsmitglieder hatten sich sogar auf ihre Feldbetten gelegt und sahen recht blaß aus.

Zwei Stunden flogen wir, von den Turbulenzen hin und her geschüttelt, nur 60 Meter über den Wellen. Inzwischen war die Hälfte der Besatzung luftkrank. Ich hatte zu viel zu tun, um an meinen Zustand zu denken, bis ich plötzlich feststellte, daß ich die Karte nur noch wie durch einen Schleier sah und mir der kalte Schweiß auf der Stirn stand. Mir war sehr übel, und zu meinem Schrecken merkte ich, daß auch bei mir das Schaukeln des Flugzeugs zu wirken begann. Zuerst schämte ich mich. Ich hatte immer noch die knabenhafte Vorstellung, daß jede Krankheit ein Zeichen von Schwäche sei, und nahm mir vor, durchzuhalten und niemanden merken zu lassen, wie ich mich fühlte.

Immer wieder änderten wir den Kurs, um das uns angegebene Gebiet gründlich abzusuchen, und ich setzte meinen ganzen Willen ein, um meiner Schwäche nicht nachzugeben. Nachdem ich den letzten Kurs berechnet hatte, der uns 40 Seemeilen bis zu einem Punkt nördlich unseres Startplatzes an der Insel Kandavu zurückbringen sollte, fiel ich vornüber auf den Tisch. Erst 20 Minuten später würde der Kapitän einen neuen Kurs brauchen, um die nächste Suchaktion im Norden zu beginnen. Eine Viertelstunde lag ich da und kämpfte gegen den Brechreiz an. Dann hörte ich plötzlich die Stimme des Kapitäns über die Sprechanlage, der mir sagte: »Kandavu voraus!«

Kandavu voraus! Hatte ich einen Fehler gemacht? Eigentlich sollten wir jetzt ganz woanders sein. Ich raffte mich auf, stolperte hinauf zur Pilotenkanzel, blickte nach vorn über die Baumkronen und hinüber zu dem kaum erkennbaren Umriß des Festlandes, das sich unter den Wolken nur schwach am Horizont abzeichnete. Mein Gott! Das sah wirklich aus wie Kandavu. Ich schämte mich zu sehr, um noch ein Wort zu sagen, und da ich annahm, der Kapitän wisse gar nicht, daß wir eigentlich nicht auf Kandavu zufliegen sollten, ging ich zurück an meine Karten und begann verzweifelt, die Kurse noch einmal zu überprüfen.

Die folgenden Stunden waren fürchterlich. Gequält von der Luftkrankheit und von Zweifeln zerrissen machte ich in meiner elenden Verfassung nicht einmal den Versuch, die Angelegenheit mit dem Kapitän zu besprechen oder mich durch Funkpeilung korrigieren zu lassen. Schließlich war es Zeit für den Heimflug, und dankbar reichte ich den neuen Kurs mit der

zu erwartenden Ankunftszeit nach oben, um gleich darauf wieder über meinem Tisch zusammenzubrechen.
50 Minuten später hörte ich die Stimme des Kapitäns: »Kein Land in Sicht, Ed. Ich glaube, wir versuchen es einmal mit einer Funkpeilung.« Seine Sorge war verständlich, denn nach meiner Berechnung hätte er um diese Zeit landen müssen. Das Ergebnis der Funkpeilung klang ganz unglaubhaft. Wir befanden uns nördlich der Fidschiinseln und 100 Meilen von der Basis. Eine zweite Peilung bestätigte dies, und der aufgebrachte Kapitän nahm Kurs nach Süden. Ich war erleichtert, als endlich die vertrauten Umrisse der Inseln am Horizont auftauchten und wir sicher auf den Landeplatz zusteuerten. Bei der Landung auf der immer noch rauhen See fühlte ich mich so elend wie noch nie.
Wo hatte der Fehler gelegen? Am folgenden Morgen überprüfte ich mit dem Chefausbilder meine Berechnungen, und dabei fanden wir die einfache Lösung des Problems. Die Worte des Kapitäns »Kandavu voraus« hatten mich verwirrt. Es war gar nicht Kandavu gewesen, sondern eine 40 Seemeilen weiter nördlich gelegene Insel. Sie lag genau auf dem richtigen Kurs. Aber ich hatte geglaubt, es sei Kandavu. Die Abweichung von 40 Meilen hatte alle folgenden Berechnungen über den Haufen geworfen, und da es bei dem schlechten Wetter nicht möglich gewesen war, den Kurs astronomisch zu überprüfen, und die Funkpeilung wegen der niedrigen Flughöhe ungenau ausfiel, waren wir am Schluß 100 Meilen vom richtigen Kurs abgekommen.
In den folgenden Wochen hatte ich manchen bösen Traum, und immer wieder ging es dabei um die Insel Kandavu. Ich habe jedoch viel daraus gelernt und in Zukunft dafür gesorgt, daß sich ähnliche dumme Fehler nicht wiederholten. Eigenartigerweise bin ich auch nie wieder so schwer luftkrank geworden, auch nicht bei sehr großer Turbulenz, und als wir zu unserer Staffel zurückkamen, war ich recht stolz auf meine Leistungen als Navigationsoffizier. Jetzt konnte ich ein Flugzeug im ganzen pazifischen Raum so sicher navigieren, daß die Besatzung sich keine Sorgen mehr zu machen brauchte. Was ich hier gelernt hatte, konnte ich zwölf Jahre später sehr gut brauchen, als ich die Aufgabe hatte, unsere Wegrichtung in der Schneewüste des antarktischen Plateaus zu bestimmen.
Der auffallendste Gipfel im Gebiet von Suva war eine hohe Felsspitze in der Form eines gigantischen Daumens. Sie hieß sogar »Joske's Thumb«. Wie der Zufall es so will, hatte man diesen Berg nach einem Verwandten meiner zukünftigen Schwiegermutter benannt. Er war bisher erst zweimal

bestiegen worden, und ich stellte fest, daß sich im Lager ein Offizier befand, der an der zweiten Besteigung teilgenommen hatte. Mein Gespräch mit ihm war nicht gerade ermutigend. Er wies auf die Schwierigkeiten und Gefahren eines solchen Unternehmens hin, und obwohl er es nicht sagte, gewann ich den sehr deutlichen Eindruck, er sei der Ansicht, ich würde nur in Schwierigkeiten geraten, wenn ich den Versuch unternahm. Ich ließ mich jedoch von meinem Vorhaben nicht abbringen, und so erklärte er sich schließlich bereit, eine grobe Kartenskizze anzufertigen, auf der er mir einzeichnete, von welcher Seite ich den Aufstieg beginnen sollte.
Ich brauchte einen Gefährten und die Möglichkeit, zum Fluß Namburu zu gelangen, der etwa zwanzig Kilometer von Suva entfernt ins Meer floß. Ich bearbeitete Julian Godwin, und schließlich war er einverstanden unter der Voraussetzung, daß wir die letzte Strecke auf der *Gremlin* zurücklegten. Am Samstag nach dem Mittagessen beluden wir das Boot mit Proviant, nahmen auch ein paar Decken und ein Moskitonetz mit und fuhren entlang der Küste ab.
Es wehte eine angenehme Brise, und wir überquerten den Hafen von Suva ohne Schwierigkeiten. Dann kamen wir in ein weites, von Korallenriffen durchzogenes Seegebiet. Da es Ebbe war, mußten wir uns an die tiefen Kanäle halten, die wir noch vorfanden, und dabei oft den Kurs wechseln. Mehrmals streiften wir mit der Seitenwand die im Wasser verborgenen Riffe, und wie durch ein Wunder wurde das Boot nicht leck. Gegen 17.00 Uhr kamen wir endlich an der breiten Mündung des Namburuflusses an. Als wir hineinfuhren, setzte eine Windstille ein, und wir kamen kaum noch voran. Nachdem wir eine halbe Meile gesegelt waren, wurde es dunkel, und wir mußten ein Lager aufschlagen. Nirgends fanden wir Anzeichen menschlicher Besiedlung und konnten nur feststellen, daß beide Flußufer völlig versumpft waren. Wir landeten und begannen, den Lagerplatz herzurichten. Dabei legten wir eine dicke Blätterschicht auf den moorigen Boden und bedeckten sie etwa einen halben Meter mit elastischen Farren. Auf das Ganze legten wir das Klüwersegel, und die beiden Decken vervollständigten das Bett. Dann trieben wir an beiden Enden feste Stangen in den weichen Boden und verbanden sie mit einer dritten. Über die Querstange hängten wir das Moskitonetz und legten dann das Hauptsegel über das ganze Gestell, um vor Regen geschützt zu sein.
Inzwischen hatte sich unser Appetit zum Heißhunger gesteigert. Es war stockdunkel, aber ich fand reichlich trockenes Holz, und es gelang mir, ein knisterndes Feuer in Gang zu bringen. Bald delektierten wir uns an hei-

ßem Schweinefleisch mit Bohnen auf Toast, und als Nachtisch folgte wie üblich eine Dose Pfirsiche. Das war ein guter Abschluß des Tages, und ich war zufrieden und glücklich, als wir uns hinlegten und das Moskitonetz sorgfältig ringsum befestigten. Wir lagen da und lauschten den zahlreichen Geräuschen, die nachts im Sumpf zu hören sind, dem Zwitschern eines Vogels, dem Rascheln irgendeines Tiers, das sich durch die Gräser schiebt, und dem leisen Platschen im Wasser, das entstand, wenn ein Insekt hineinfiel. Das ganze Konzert wurde von einem stetigen und immer lauter werdenden Summen beherrscht. Zuerst wußte ich nicht, was es war. Deshalb nahm ich die Taschenlampe und schaltete sie ein. Sie beleuchtete eine Wand aus blutdurstigen Moskitos, die nach einem Spalt in unserem Netz suchten. Wahrscheinlich hatten sich alle hier im Sumpfgebiet vorhandenen Moskitos versammelt, um an dem Festschmaus teilzunehmen. Eine Zeitlang warteten wir gespannt, ob es den Insekten gelingen werde, durchzukommen, aber es war ein gutes Netz, und da nichts geschah, gewöhnten wir uns an das böse Summen und schliefen ein.

Das erste Morgenlicht weckte uns aus tiefem Schlaf. Wir bereiteten uns schnell ein aus einer Dose Grapefruit, Toast und Marmelade bestehendes Frühstück und packten dann alles ins Boot. Ich wußte, wir hatten keine Zeit für eine vollständige Besteigung von Joske's Thumb, denn wir mußten bei Dunkelheit mit unserer Jacht wieder an der Basis sein. Aber wir konnten wenigstens die besten Wege erkunden, und das würde schon sehr wertvoll sein. Nachdem wir die Kartenskizze noch einmal genau angesehen hatten, machten wir uns auf den Weg.

Viele Stunden wanderten wir über Berge und Täler, schlugen uns durch dichten Busch, kletterten steile Felshänge hinauf, wateten bis zu den Hüften durch den Sumpf und gingen steinige Bachläufe hinauf. Gegen Mittag kamen wir nach fünf Stunden anstrengenden Marsches auf den Gipfel eines etwa 300 Meter hohen Berges. Der Weg, dem wir gefolgt waren, schien nirgends mit unserer Kartenskizze übereinzustimmen, aber jetzt lag das ganze Land unter uns, und wir konnten unsere Position feststellen. Etwa dreieinhalb Kilometer von uns entfernt sahen wir den Flußlauf, dem wir hätten folgen sollen. Unsere wunderbare Karte war nichts wert. Joske's Thumb war nicht mehr allzu weit und bot von hier einen majestätischen Anblick.

Aber die Zeit lief uns davon. Nach dieser Orientierung konnten wir den Weg abkürzen und kamen gegen 14.30 Uhr erschöpft zur *Gremlin* zurück. Wir verstauten das Gepäck an Bord und fuhren auf den Fluß hinaus. Die schwache Strömung trug uns zur Mündung hinunter und in die Lagune hinaus, aber wir hatten Gegenwind und noch 12 Seemeilen zu segeln. Wir mußten kreuzen, und es schien, als kämen wir kaum voran. Eine Dose Corned Beef und eine Obstkonserve ließen mich etwas optimistischer in die Zukunft schauen, aber als die Dunkelheit hereinbrach, war ich recht verzweifelt.

Das Riff lag jetzt schon hinter uns, doch wir waren immer noch etwa zwei Stunden von der Basis entfernt. Außerdem war inzwischen eine steife Brise aufgekommen und die See entschieden rauher geworden. Das Boot nahm eine Menge Wasser über, und ich mußte ununterbrochen schöpfen. Julian bewährte sich großartig. Er blieb völlig ruhig, wogegen ich meine Nervosität kaum mehr beherrschen konnte. Zu unserer großen Erleichterung kamen endlich die Lichter von Lathala Bay in Sicht, und als ich ins Wasser sprang, um die Jacht ans Ufer zu ziehen, erklärte ich Julian mit großer Bestimmtheit, ich würde unter allen Umständen auf ein zweites ähnliches Unternehmen verzichten. Wir sind trotzdem noch sehr oft zusammen gesegelt, und ich habe mich ihm gern anvertraut und seine Geschicklichkeit bewundert.

Erst viel später bin ich dazu gekommen, mich eingehender mit Joske's Thumb zu beschäftigen, und zwar kurz bevor wir wieder zu unserer Staffel auf die Salomonen versetzt wurden. Es war mir gelungen, Ron Ward und Trace Moresby, zwei Mitglieder meiner Besatzung, für das Vorhaben zu interessieren. Das waren zwei sehr aktive und energische junge Männer. Wir wollten das Unternehmen an einem Tag durchführen, und ich war schwer enttäuscht, als ich um 6.00 Uhr morgens aus dem Bett sprang und feststellte, daß es in Strömen regnete. Bei solchem Wetter hatten wir kaum eine Chance, aber es war die letzte Gelegenheit zur Besteigung, und ich war entschlossen, es zu versuchen. Ich weckte die anderen, wir frühstückten kurz und machten uns ein paar Brote als Reiseproviant. Um sieben Uhr fuhr der Milchwagen vor, von dem wir uns diesmal mitnehmen lassen wollten. Wir kletterten hinauf, setzten uns zwischen die Milchkannen, und nach einer vierzig Minuten dauernden, unbequemen Fahrt ließen wir uns am Namburufluß absetzen. Der Lastwagen verschwand in einer Wolke aus Wasser und Schlamm.

Den ersten Teil unseres Weges kannte ich noch. Es war der Rückweg, den Julian und ich benutzt hatten. Wir verließen die Straße und mußten zunächst eine sehr mühsame Wegstrecke durch ein mit dichtem Busch bestandenes Sumpfgebiet zurücklegen. Der schwarze Morast reichte uns bis

an die Knöchel, oft auch bis zu den Knien. Die Luft war schwül und feucht, und es roch faulig. Auf beiden Seiten des Pfades sahen wir tiefe schlammige Wasserlöcher. So war der Beginn unserer Wanderung nicht gerade ermutigend. Erleichtert erreichten wir endlich den Hang einer Tongrube und kamen auf einen niedrigen, bewaldeten Bergrücken. Aber wir blieben nicht lange in dieser Höhe. Bald ging es wieder hinunter in den nächsten Sumpf, wo jedoch die Bedingungen zum Glück nicht mehr ganz so extrem waren. Die Landschaft erinnerte mich an die Sümpfe in Neuseeland, nur gab es noch mehr Bäume als dort. Da es stark geregnet hatte, war der Pfad streckenweise überschwemmt, und wir wateten tief im Wasser. Nach etwa einer Stunde kamen wir endlich an das Ufer des Naikorokoroflusses.
Hier erlebten wir eine unangenehme Überraschung. Als Julian und ich damals an dem Fluß gewesen waren, hatten wir ihn an mehreren Stellen überqueren können. Das Wasser ging uns dabei kaum bis an die Knie, aber jetzt führte der Naikorokoro braunes Hochwasser. Wir waren gezwungen, durchzuschwimmen. Der Regen hatte uns schon so durchnäßt, daß es sich eigentlich kaum mehr lohnte, die Kleider auszuziehen. Wir taten es dennoch, banden sie jeweils zu einem Bündel zusammen und trugen sie auf dem Kopf. Dann gingen wir bis zum Hals ins Wasser hinein, und nachdem wir wenige hundert Meter zum gegenüberliegenden Ufer zurückgelegt hatten, sahen wir uns genötigt, wieder an einer anderen Stelle zurückzuwaten. Während der nächsten Stunden mußten wir mehrmals den Fluß überqueren, und die Strömung war teilweise so stark, daß sie uns von den Füßen riß.
Nachdem wir zwei Stunden den Naikorokoro hinaufgegangen waren, kamen wir endlich an den Nebenfluß, den wir gesucht hatten, und bogen nach rechts ab. Berge und Dschungel lagen im Regen, wir hatten die ganze Zeit nichts von Joske's Thumb gesehen und wußten auch nicht genau, in welcher Richtung er lag. Über schlüpfrige Steine ging es nun den Nebenfluß hinauf, und auch hier wateten wir durch tiefe Gumpen. Dann teilte sich der Wasserlauf wieder.
Wir beschlossen, auf dem zwischen beiden Bächen liegenden Höhenzug weiterzugehen. Dabei kamen wir durch dichten Busch und mußten uns den Weg mit dem Buschmesser freikämpfen. Der Boden war glitschig und uneben, und der Schlamm ließ uns fast bei jedem Schritt ausrutschen. Aber wir drangen trotzdem weiter vor und kamen schließlich an einige etwa 15 Meter hohe, steile Felsen, von denen das Wasser herabströmte. Das ermutigte uns, denn Joske's Thumb ist ein massiver Felsblock. Wir

durften annehmen, daß wir uns in seiner unmittelbaren Nähe befanden. Wir umgingen die Felsen an der linken Seite und stiegen den Bergrücken weiter hinauf. Der Weg wurde immer schmaler, die Hänge wurden steiler, und an einigen Stellen ging es senkrecht in die Tiefe.

Eine mehr als 35 Meter hohe Felswand versperrte uns schließlich den Weg. Die einzige Möglichkeit weiterzukommen, schien darin zu bestehen, daß wir sie rechts umgingen. Deshalb begannen wir den mühsamen Aufstieg über das nasse, rutschige Gestein durch eine lange, enge Rinne. Als wir oben angekommen waren, ging es über einen sehr schmalen und steilen Grat bis zu dem gewaltigen Felsenturm des Hauptgipfels. Bei seinem Anblick verloren wir den Mut. Die Felswand über uns neigte sich auf unsere Seite und war offensichtilich nicht zu besteigen. Wir standen auf der falschen Seite unter dem Ballen des »Daumens«.

Etwa 17 Meter über uns und 35 Meter unterhalb des Gipfels erkannten wir ein etwa einen Meter breites Band, das um den Felsen herumlief und dahinter verschwand. Hier bestand vielleicht eine Möglichkeit, auf die andere Seite zu kommen, aber die Sache sah gefährlich aus. Als Seile hatten wir nur ein paar stabile Wäscheleinen mit, kletterten aber mit diesen Behelfsseilen hinauf. Nach vielen Mühen gelang es uns schließlich, auf den Steinsims zu kommen. Hier saßen wir nun und waren zum erstenmal an diesem Tag durch die überhängende Felswand vor dem Regen geschützt. Um festzustellen, ob der Sims um den Gipfel herumführte, arbeitete ich mich vorsichtig bis ans Ende heran und spähte um die Ecke. Eine bittere Enttäuschung!

Die Felswand fiel mindestens 100 Meter steil ab, aber in einiger Entfernung, jenseits einer tiefen Rinne, führte ein zweiter Grat zum Gipfel hinauf, und zwar in einem weniger steilen Winkel. Wie sich später herausstellte, war dies der Weg, den unsere Vorgänger benutzt hatten.

Ich arbeitete mich weiter auf dem Sims voran und blickte zum Gipfel hinauf. Über mir erkannte ich eine schmale Spalte im Felsen, die aussah, als führte sie hinauf. Ich preßte mich hinein und stieg etwa 10 Meter darin auf, bis ich an einen vertikalen Abschnitt kam. Ein Stück weiter schien das Klettern nicht mehr so schwierig zu sein, aber hier war ich draußen im Regen, und das Wasser strömte die Felsspalte hinunter. Bitter enttäuscht, nicht weiterzukommen, war ich mir der mehr als 100 Meter abfallenden steilen Felswand unter mir viel zu sehr bewußt, als daß ich noch mehr hätte riskieren wollen. Außerdem hatte ich kein Vertrauen zu unserer Wäscheleine. Auch ohne die warnenden Zurufe meiner Begleiter wäre ich

umgekehrt. Vorsichtig rutschte ich wieder auf den Sims hinunter und erkannte, daß wir uns geschlagen geben mußten.
Etwa 60 Meter tiefer fanden wir eine einigermaßen trockene Höhle. Hier war es warm und feucht, deshalb zogen wir die nassen Kleider aus und aßen die aufgeweichten Brote. Dann öffneten wir ein paar Obstkonserven, unsere Lieblingsverpflegung, und begannen, nachdem wir gegessen hatten, den Abstieg. Auf dem Weg flußaufwärts hatten wir gesehen, daß einige lange, ungefähr 15 Zentimeter dicke Bambuspfähle im Busch lagen. Sie schienen das geeignete Material für die Herstellung eines Floßes zu sein.
Zunächst stiegen wir den Grat hinunter, kamen wieder an den Felskegeln vorbei und beeilten uns, durch das steinige Bett des Nebenflusses zum Hauptstrom zu gelangen. Er führte immer noch Hochwasser, und in der Strömung schwammen große Äste und Baumstämme. Nun gingen wir daran, das Floß zu bauen. Wir hatten zwei Seile mit, ein langes und ein kurzes. Trace und ich bauten uns mit der längeren Leine ein großes Floß, während Ron das kürzere Seil nahm und sich ein Einmannfloß zusammenband. Das große Floß war etwa 3.20 Meter lang und 1.30 Meter breit und bestand aus zwei fest miteinander verbundenen Schichten aus Bambusstangen. Wir banden uns die Kleider auf die Schultern, ergriffen jeder einen langen Bambusstab und sprangen an Bord.
Die Strömung packte uns und wirbelte uns fort. Unter lauten Zurufen fuhren wir bis zur nächsten Biegung. Nach 100 Metern geriet Ron in einen starken Strudel, der sein Floß kentern ließ. Er verschwand in dem braunen, schlammigen Wasser und wurde kurz darauf mit dem Floß ans Ufer geschwemmt. Wir bargen ihn und das Floß und fuhren weiter. Durch unser Gewicht hatte das Floß einen ziemlichen Tiefgang, und meist saß ich bis über die Hüften im Wasser. Alle paar hundert Meter gerieten wir in eine besonders starke Strömung, die uns mit großer Geschwindigkeit den Fluß hinunterriß. Dabei versuchten wir verzweifelt, unser Fahrzeug mit den Stangen zu dirigieren, stießen dabei aber sehr oft an Baumstümpfe oder im Wasser liegende Wurzeln, wobei das Floß sich jedesmal beängstigend auf die Seite neigte. Bald waren wir und auch unsere Kleiderbündel vollkommen durchnäßt, doch wir achteten nicht weiter darauf.
Zwei Stunden dauerte die Fahrt flußabwärts, und da wir ständig mit Baumstümpfen und Stämmen zusammenstießen, lösten sich die Stangen unserer Flöße allmählich aus den Bindungen. Nun kamen wir in ein starkes Gefälle, der Fluß machte eine Biegung, und wir wurden mit großer

Geschwindigkeit mitgerissen. Trotz des verzweifelten Versuchs, mit den Stangen zu steuern, kamen wir nicht herum und landeten mit lautem Krachen am Stamm eines abgestorbenen Baumes. Unser Zweimannfloß hielt dem Anprall nicht stand und fiel auseinander. Die Lage wurde gefährlich. Trace und ich wurden von der starken Strömung hart gegen den Stamm gedrückt, und dabei verfingen wir uns in den Zweigen. Zunächst mußten wir mit aller Kraft darum kämpfen, nicht unter den Stamm gezogen zu werden, aber schließlich gelang es uns, seitlich herauszukommen und ans Ufer zu waten. Bald traf auch Ron bei uns ein. Sein Floß war schon etwas weiter stromauf zerschellt.

Von Kopf bis Fuß mit Schlamm bedeckt erreichten wir lange nach Einbruch der Dunkelheit das Lager. Unter der heißen Dusche, die wir nach diesen Anstrengungen doppelt genossen, stimmten wir darin überein, daß dies zwar einer der feuchtesten, aber auch einer der schönsten Tage gewesen war, die wir hier erlebt hatten. Ich nahm mir fest vor, später noch einmal auf die Fidschiinseln zurückzukehren und den Gipfel von Joske's Thumb zu besteigen.

4.
Die Salomoninseln

Nach Abschluß unserer praktischen Ausbildung auf den Fidschiinseln wurden wir auf die Salomoninseln versetzt, um von dort aus bei Such- und Rettungsaktionen eingesetzt zu werden. Der erste Flug führte uns zu den Neuen Hebriden. Nach einer geruhsamen Nacht starteten wir um 6.00 Uhr morgens und stiegen rasch auf eine Höhe von 2500 Metern. Die Wolken unter uns bildeten einen zusammenhängenden Teppich, und links sahen wir ein Bergmassiv, das bis in unsere Höhe heraufreichte. Im Dämmerlicht des frühen Morgens sahen die Bergspitzen aus wie grimmige schwarze Riesen in einem weißen Meer. Dann erlebten wir einen jener herrlichen farbenprächtigen tropischen Sonnenaufgänge. Der Rand der Sonne sprang über den Horizont, und die Wolken glühten wie poliertes Silber, während sich die Gipfel der Vulkane vergoldeten. Mit der für die Tropen typischen Plötzlichkeit wurde es hell, über uns weitete sich der blaue Himmel, und tief unten lag die hellblaue See.
Unser Kapitän wollte mit seiner ersten Landung bei der neuen Staffel auf der Insel Florida unbedingt einen guten Eindruck machen. Die Maschine schwebte hinunter wie ein Vogel, berührte sanft die Wellen außerhalb des Riffs und setzte dann rauschend, aber weich aufs Wasser auf. Die Basis lag noch etwa 1500 Meter von hier entfernt am Strand, und wir schwammen ruhig darauf zu. Plötzlich veränderte sich die Farbe des Wassers. Es wurde heller, und im nächsten Augenblick hörten wir ein fürchterliches Krachen am Flugzeugrumpf unter uns. Die Maschine stand still; wir waren auf ein Riff aufgelaufen.
Über die Sprechanlage hörten wir die Meldung des Bordingenieurs, die Maschine habe im Bug ein Leck. Es sei zwar nicht groß, es ströme jedoch viel Wasser hinein. Nun rief der Kapitän, zwei Mann sollten von Bord ge-

hen, um das Flugzeug vom Riff zu schieben. Ron und ich sprangen in voller Montur ins Wasser. Wir hatten nur die äußerste Kante des Riffs gestreift, und es gelang uns ohne Schwierigkeiten, das Flugzeug flottzubekommen. »Alles an Bord?« rief der Kapitän und ließ die Motoren auf Touren kommen. Als sich unser Vogel in schneller Fahrt mit dem Bug aus dem Wasser hob, wurde auch das Leck frei. Wir kamen mit hoher Geschwindigkeit an die Rampe, und es sah zunächst aus, als würden wir auf den Strand auflaufen. Aber der Kapitän stellte die Motoren ab, und der Rumpf sank zurück ins Wasser, das sofort gurgelnd ins Innere hineinschoß. Doch jeder wußte, was er zu tun hatte; bald waren wir alle an Land, und die Gefahr, mit dem Flugzeug unterzugehen, war gebannt. So sah also unsere erste eindrucksvolle Landung aus!
Bald hatten wir uns an die Routine des Dienstes gewöhnt. Der Stützpunkt Halavo lag an einer weiten, sonnigen Bucht, die von einem Ring kleiner Inseln und Korallenriffe geschützt wurde. Unter den Bäumen am Strand standen viele große Baracken, und davor warteten sechs Catalinas startbereit am Wasser. Alles sah sehr hübsch und friedlich aus. Auch das Leben hier war ganz angenehm; die Unterbringung war einfach, aber recht bequem, und die Verpflegung meist gut. Unsere Ansprüche an die Bekleidung waren minimal. Man brauchte nichts als Shorts und ein Paar Sandalen. In kürzester Zeit waren wir braungebrannt. Es war Vorschrift, in der Nacht langärmelige Hemden und Pyjamahosen zu tragen, um nicht von den Malariamücken zerstochen zu werden. Unser Hauptsport war das Schwimmen, und da die Wassertemperatur stets über 26 Grad Celsius betrug, konnte man so lange im Wasser bleiben, wie man wollte, ohne zu frieren. Vielleicht war das Klima etwas zu warm, aber in vieler Hinsicht führten wir ein Leben, für das die Touristen heute viel Geld bezahlen. Für mich waren es jedenfalls die schönsten Ferien, die ich je erlebt hatte.
Auf den riesigen Bäumen, in deren Schatten unsere Unterkünfte lagen, wohnten die verschiedensten Vögel, darunter einige fette Tauben. Das regte mich dazu an, mir Pfeil und Bogen zu bauen, und nachdem ich mehrere Tage fleißig geschnitzt hatte, besaß ich eine gefährliche Waffe. Zuerst erprobte ich sie in unserer Baracke. Ich stellte eine Scheibe an die dünne Außenwand und ließ den Pfeil fliegen. Mit dem dumpfen Klang der Sehne schoß der Pfeil durch das Ziel und durchschlug die Wand. Aufgeregt lief ich hinterher, durchsuchte zwei weitere Baracken, in denen es von Menschen wimmelte, und fand ihn endlich mit der Spitze tief in einen Pfahl gebohrt. Es war ein Wunder, daß der Pfeil niemanden getroffen hatte. Ich

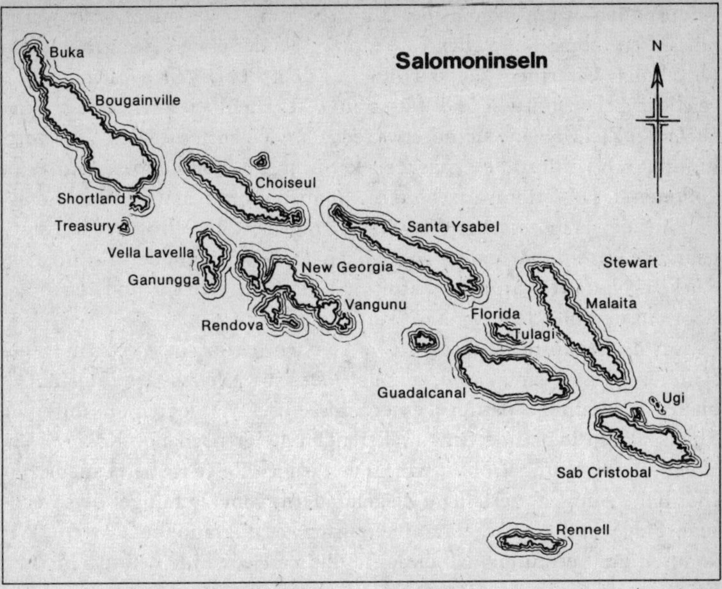

konnte nicht verstehen, wie ich so leichtsinnig hatte sein können. Aber ich habe festgestellt, daß junge Männer, wenn sie in einer Gruppe zusammenleben, zur Sorglosigkeit neigen. Übrigens ist es mir trotz all meiner Bemühungen nie gelungen, eine Taube für den Suppentopf zu schießen. Viele von uns hatten ihre eigenen Wasserfahrzeuge, und bald faßten wir den Plan, uns eine Segeljacht zuzulegen. Unser Funker, Ron Ward, hatte von den Fidschiinseln den Mast und das Segel eines alten Schiffes mitgebracht, und wir alle hatten ihn deswegen geneckt. Jetzt mußten wir zugeben, wie klug und vorausschauend er gehandelt hatte. Irgend jemand entdeckte das Gerippe eines angefangenen vier Meter langen Bootes, das anscheinend niemandem gehörte. Also eigneten wir es uns an. Um keine Zeit zu verlieren, beschlossen wir, die Wände nicht aus Holz zu zimmern, sondern über die Spanten nur Segeltuch zu ziehen. In jeder freien Stunde zwischen den Flügen arbeiteten wir an dem Boot, und es war ein großer Augenblick, als der letzte Anstrich getrocknet war und wir das Fahrzeug vom Stapel laufen ließen. Bei einer steifen Brise unternahmen wir die erste Probefahrt und stellten fest, daß unser Eigenbau mit einer dreiköpfigen Besatzung eine recht hohe Geschwindigkeit erreichen konnte.

Ron und ich waren in mancher Hinsicht ähnlich veranlagt. Wir waren körperlich robust und voller Tatendrang. Bei der ersten Gelegenheit unternahmen wir einen Tagesausflug auf dem Boot. Wir beluden es mit reichlich Lebensmitteln und Wasser und segelten bei einer steifen Brise ab. Unser Ziel war eine kleine, etwa sechs Meilen entfernte Insel. Bis dorthin mußten wir fast die ganze Zeit kreuzen, um überhaupt vorwärts zu kommen. Das Wetter war schön, die Sonne brannte vom Himmel herab, und nur der Wind machte die Hitze erträglich. Obwohl wir schon stark gebräunt waren, spürten wir das Sengen der Sonnenstrahlen auf unseren Rücken. Nach drei Stunden hatten wir die Insel erreicht und zogen das Boot auf den blendend weißen Sandstrand.
Es war die schönste Insel, die ich je gesehen hatte: ein von Palmen gesäumter weißer Sandstrand, auf den leise die Wellen der unglaublich blauen See spülten – das Ideal einer Südseeinsel. Wir legten uns unter die Kokospalmen ins kühle Gras und tranken die erfrischende Kokosmilch. Die Insel schien unbewohnt, wir fanden jedoch Reste früherer menschlicher Behausungen; zerfallene Ziegelmauern, vom Dschungel überwachsene Pfade und einen geräumigen, ganz verunkrauteten Garten. Wir konnten nur vermuten, daß dieser idyllische Fleck Erde dem pazifischen Krieg zum Opfer gefallen war.
In der Mitte der Insel erhob sich ein buschbewachsener, etwa 300 Meter hoher Berg. Trotz der fürchterlichen Hitze stiegen Ron und ich hinauf und kamen in Schweiß gebadet auf dem Gipfel an. Die Aussicht nach allen Seiten war wunderbar. Die Korallenriffe unter uns leuchteten in allen denkbaren Farben, in Grün, Blau, Rosa und Violett. Wir ruhten uns im Schatten eines Baumes aus und stimmten darin überein, daß diese Insel der ideale Ort für ein paar Vagabunden sei, wie wir es waren. Die Hitze hatte eine lähmende Wirkung, aber am späten Nachmittag rafften wir uns auf und gingen durch den Dschungel zum Boot zurück, um wieder nach Hause zu fahren. Jetzt hatten wir Rückenwind und segelten ohne Mühe dahin, während die Palmen, die großen Inseln und die Korallenriffe an uns vorüberglitten. Bei Sonnenuntergang kamen wir vor dem Camp an. Trunken von der Sonne und allem, was wir gesehen hatten, gingen wir an Land. Die Nacht brach so plötzlich herein, als habe man eine elektrische Lampe ausgeschaltet, und die Leuchtkäfer glühten und tanzten zwischen den Bäumen. Wir hatten nur noch die Kraft, uns auf unsere Feldbetten zu werfen und schwitzend die Moskitonetze über uns zu ziehen.
Nach ein paar Wochen war unser Verlangen nach frischer Verpflegung

so stark geworden, daß Ron und ich nach Möglichkeiten suchten, etwas Abwechslung in den Speisezettel zu bringen. Eines Abends paddelte ich in meinem leichten Kanu hinaus und schleppte eine Angelschnur mit einem Spinner das Riff entlang. Ich fiel fast aus dem Boot, als ich plötzlich einen mächtigen Anbiß bekam, das Paddel fallen ließ und die Schnur mit beiden Händen packte. Nach aufregendem Drill zog ich einen acht Pfund schweren Trevalli an Bord. Wir brieten uns den Fisch zum Abendessen, und er schmeckte köstlich.

Es gab in diesen Gewässern viele wohlschmeckende Fische, und wir wendeten alle möglichen Methoden an, um sie zu fangen. Wir versuchten sogar mit dem Gewehr Meeräschen zu schießen, die wir oft dicht am Strand im Wasser schwimmen sahen. Wenn wir in einen Schwarm hineinschossen, betäubten wir dadurch einen oder mehrere Fische, die sich leicht aus dem seichten Wasser herausholen ließen. Dieser Sport fand allerdings ein jähes Ende, als der Lagerkommandant eines Abends einen friedlichen Spaziergang machte und ein Querschläger wenige Zentimeter über seinem Kopf einen Ast abschlug. Im nächsten Tagesbefehl erschien die Anordnung, daß Gewehre für diesen Zweck nicht mehr verwendet werden dürften, ein Verbot, das wir nur in Sicht- oder Hörweite des Camps befolgten.

Trotz solcher Abwechslungen war es nicht immer leicht, an den heißen Tagen und schweißtreibenden Abenden die geeignete Beschäftigung zu finden. Ich versuchte mit geringem Erfolg, meine geologischen Kenntnisse durch Fachbücher zu erweitern, und las viel; meist leichte Romane, aber auch einige Sachbücher. Mir gefielen *Home of the Blizzard* von Mawson und *Alone* von Admiral Byrd, aber am meisten fesselten mich *Camp Six* von Frank Smythe und ein Buch über den Himalaya von James Ramsey Ullman mit Auszügen aus Schriften vieler bekannter Bergsteiger. Ich hatte das Buch in der Bibliothek der Luftwaffe auf den Fidschiinseln gefunden und ohne besondere Gewissensbisse auf die Salomonen mitgenommen. Von zu Hause hatte ich mir einen ganzen Stoß verschiedener Ausgaben der Zeitschrift *New Zealand Alpine Journal* schicken lassen und las sie aufmerksam von der ersten bis zur letzten Seite durch. In den Briefen, die ich nach Hause schrieb, spiegelte sich der Inhalt meiner Lektüre wider:

»Gegen eine Expedition in die Antarktis hätte ich nichts einzuwenden, obwohl ich viel lieber in den Himalaya ginge.«

Meiner Schwester schilderte ich unser Leben und meinte scherzhaft, eines Tages würde ich ein Buch mit dem Titel »Kampf gegen die Langeweile« schreiben . . .
Jeden zweiten Tag übernahmen wir irgendeine fliegerische Mission; einen Aufklärungsflug, eine Suchaktion oder eine Rettungsaktion. Einmal flogen wir zur Missionsstation von Ugi, um Medikamente hinzubringen und den Bischof von Melanesien abzuholen. Sobald wir die Wasseroberfläche berührt hatten, schossen ein paar Kanus auf uns zu, um uns zu empfangen, und im größten saß der Bischof selbst, ein hochgewachsener, würdiger Engländer. Auf seine sehr bestimmte Einladung gingen wir alle an Land und mußten dabei die etwa 1500 Meter bis zum Missionskrankenhaus zu Fuß zurücklegen. Dort wurde uns ein vorzügliches Mittagessen vorgesetzt, das wir gemeinsam mit den Mitarbeitern des Krankenhauses einnahmen.
Das Krankenhaus war in erster Linie eine Entbindungsklinik, und man sagte uns, auf den Salomonen läge die Sterblichkeit bei Kindern unter einem Jahr bei 400 von 1000. Die Oberin, Miß Field, war eine bemerkenswerte Persönlichkeit. Da der nächste Arzt Hunderte von Kilometern entfernt lebte, mußte sie oft selbst größere Operationen vornehmen. Einmal hatte sie ein brandiges Bein amputiert, ein anderes Mal einem Eingeborenen einen Tumor aus dem Unterleib entfernt und damit beiden Patienten das Leben gerettet. Am stärksten faszinierte uns ihre menschliche Güte und ihre Energie.
In Ugi gab es auch eine Oberschule mit Schülern aus anderen Missionsstationen von den umliegenden Inseln. Es waren 120 Jugendliche im Alter zwischen 15 und 18 Jahren. Sie machten mir damals einen tiefen Eindruck, und ich schrieb:

»Im allgemeinen machen die Eingeborenen, die ich auf den Salomonen gesehen habe, einen recht kläglichen Eindruck, aber die Jungen auf der Missionsschule haben offenbar ihr unvorteilhaftes, langweiliges Äußeres abgelegt und sind aufmerksam, intelligent und fröhlich.«

Man forderte uns auf, gegen die Mannschaft der Schule eine Partie Kricket zu spielen, und wir wurden zu unserem großen Erstaunen geschlagen.
Auf dem Rückflug nach Halavo führte ich ein langes Gespräch mit dem Bischof und freute mich über seinen Sinn für das Praktische und über seinen gesunden Menschenverstand. Er betrachtete die Leute, die sich unter

seiner Obhut befanden, wirklich als menschliche Wesen, und wenn ich daran dachte, wie gut sie Kricket gespielt hatten, dann mußte ich zugeben, daß er recht hatte. Der Besuch hatte in gewisser Weise mein Weltbild verändert, und ich bewunderte die Missionare und Schwestern, die so wertvolle Arbeit in der Erziehung und Krankenpflege leisteten – obwohl es mir nicht ganz so leicht fiel, mich für den religiösen Aspekt der Sache zu begeistern.

Ein großer Teil unserer Routineflüge war notwendig und nützlich, es gab aber auch enttäuschende Suchaktionen und nicht existierende Notfälle. Einmal sollten wir eine amerikanische Catalina suchen, die angeblich über der etwa 240 Kilometer von uns entfernten Insel Rennell abgestürzt war. Die Überlebenden signalisierten angeblich vom Boden aus, und man gab uns die Nummer der vermißten Maschine. In aller Eile flogen wir nach Rennell und begannen unsere Suche.

Aus jedem Dorf kamen Signale mit Spiegeln, und von überall blitzte es uns entgegen. Wir kreisten ein paar Stunden über dem Suchgebiet, konnten aber nichts finden. Als wir neben einem Eingeborenendorf in dem uns angegebenen Raum landeten, wußten die Leute nichts von einem abgestürzten Flugzeug. Schließlich schickten die Amerikaner die DC 3, die das Unglück gemeldet hatte und die uns jetzt an die Absturzstelle führen sollte. Sie zeigte uns das Wrack eines alten Flugzeugs, das schon seit Jahren unter Wasser lag. Wir hatten es nicht beachtet, weil es schon zur Landschaft gehörte. Die vermißte Catalina hatte während der ganzen Zeit neben dem Flugplatz von Guadalcanal gestanden.

Erst nach Einbruch der Dunkelheit kehrten wir müde und hungrig nach Halavo zurück. Am Landeplatz stiegen wir in einen Jeep – vier Mann vorn und zwei auf den Rücksitzen – und fuhren zu dem auf einer Anhöhe gelegenen Eßsaal. Der Parkplatz lag ganz am Rand eines 20 Meter hohen Steilhanges. Phil Warnes wendete das Fahrzeug mit Schwung und trat auf die Bremse, aber ohne jede Wirkung. Der Wagen fuhr weiter. Irgend jemand hatte den Fuß unter dem Bremspedal. Einen fürchterlichen Augenblick lang hing das Fahrzeug über dem Abgrund und kippte langsam hintenüber. Phil sprang auf der einen und Ron Ward auf der anderen Seite hinaus, aber wir vier anderen waren so fest eingeklemmt, daß wir uns nicht bewegen konnten. Der Jeep sauste in schwindelerregendem Tempo mit uns den Hang hinunter und rutschte dicht an einem dicken Baumstamm vorbei in die Tiefe. Ich dachte nur, diesmal kommst du nicht mehr lebendig raus! Wir wurden heftig durcheinandergerüttelt, aber der Jeep kippte er-

staunlicherweise nicht um. Schließlich landeten wir mit lautem Krachen an einem Holzstapel.
Eine Gruppe von etwa 12 Soldaten hatte schreckensbleich zugesehen. Nun kamen die Männer angelaufen, um uns zu helfen. Aber wir stiegen, bis auf ein paar blaue Flecke, unverletzt aus dem Wagen. Den Appetit hatten wir allerdings verloren. Als ich mir die Stelle bei Tageslicht noch einmal ansah, konnte ich kaum glauben, daß niemand von uns schwer verletzt oder getötet worden war.
Eines Tages kamen wir auf den Gedanken, wir könnten die Verwendungsmöglichkeiten unseres selbstgebauten Bootes erweitern. Wir statteten es also mit einem zweieinhalb PS starken Außenbordmotor aus und schätzten, das Fahrzeug würde bei ruhigem Wetter und mit zwei Mann Besatzung eine Geschwindigkeit von etwa sechs Knoten erreichen. Damit konnten Ron und ich ein Vorhaben ausführen, das wir schon seit einiger Zeit geplant hatten: Krokodile jagen. In der Nähe der Basis gab es nur noch wenige Exemplare, aber in den von Menschen nur selten aufgesuchten Gebieten auf den Salomonen traf man sie häufig an. Auf einer Missionsstation hatte man uns gesagt, vor einiger Zeit sei in der Nähe ein riesiges über fünf Meter langes Krokodil geschossen worden, das schon einige Dorfbewohner gefressen hätte.
Wir trafen alle Vorbereitungen für den Jagdausflug, besorgten zwei Gewehre und Munition, eine kräftige Harpune und ein Kanu, das wir in Schlepp nahmen. Vier Stunden lang fuhren wir durch ein Netz von versumpften Kanälen in der Hoffnung, irgendwo ein Krokodil aufzuspüren. Beim Einfahren in eine kleine Bucht sahen wir endlich eines ins Wasser gleiten und griffen aufgeregt zu den Gewehren. Aber ehe wir sie schußbereit hatten, war das Tier verschwunden.
800 Meter weiter kamen wir in eine zweite Bucht und suchten sie sorgfältig ab, entdeckten aber nichts. Auf der gegenüberliegenden Seite zweigte ein schmaler Nebenkanal ab, der sehr seicht wirkte und ganz mit Wasserpflanzen zugewachsen war. Ohne viel Hoffnung auf Erfolg fuhren wir hin und sahen in der Mitte einen toten Baumstamm liegen. Doch dann erkannten Ron und ich im letzten Moment, daß es gar kein Baumstamm war, sondern ein Krokodil. Vorsichtig nahmen wir die Gewehre in Anschlag und feuerten. Das Wasser spritzte auf, und an der Oberfläche erschien ein sich in heftigen Zuckungen windendes Krokodil. Allmählich wurden seine Bewegungen langsamer, und es versank im Wasser.
Voller Stolz auf unseren Erfolg – jeder von uns behauptete natürlich, den

tödlichen Schuß abgegeben zu haben – überlegten wir, wie wir das Krokodil bergen sollten. Wir wollten nicht riskieren, daß die Bordwand aus Segeltuch im seichten Wasser beschädigt wurde. Es war deshalb günstiger, wenn ich mit dem Gewehr und der Harpune bewaffnet in das Beiboot umstieg und zu dem Reptil hinpaddelte. Ron band das Seil an die Harpune und reichte sie mir herüber. Dann fuhr ich vorsichtig in den Kanal hinein, immer darauf gefaßt, einem Krokodil zu begegnen. Ich konnte aber nichts sehen und stocherte daher mit der Harpune auf dem Grund herum. Plötzlich fühlte ich etwas. Ich faßte die Harpune fester und stieß sie mit aller Gewalt nach unten. Ich hatte das Tier getroffen, das sich mit kräftigen Schlägen zu befreien suchte. Das Wasser wurde aufgewirbelt, und ich suchte so schnell wie möglich, aus der Gefahrenzone herauszukommen. Ron zog die Leine ein und brachte das sterbende Krokodil vor das Heck des großen Bootes.

Im Triumph brachten wir unsere Beute nach Halavo. Wir banden das fast drei Meter lange Tier an den Mast und bewunderten sein mächtiges Gebiß. Ron holte seine Kamera heraus und machte die obligaten Schnappschüsse. Schließlich versammelte sich fast die ganze Garnison am Landeplatz, und jeder ließ sich mit dem Krokodil fotografieren.

In den folgenden Monaten unternahmen wir weitere kühne Streifzüge, jagten Krokodile und verschossen dabei eine Menge Munition. Zwar trafen wir hin und wieder eines der Tiere, aber es ist uns nie wieder gelungen, die Beute zu bergen. Wir stellten fest, daß die meisten Krokodile in den Mangrovensümpfen lebten, die wir mit unserem großen Boot nicht befahren konnten. Ron und ich fuhren deshalb mit dem Kanu in die Kanäle hinein, das Paddel in der Hand und das Gewehr schußbereit auf den Knien. Es war recht unheimlich, durch das brackige, faulige Wasser in die von Mangroven tunnelartig überwachsenen, stinkenden Gräben und Sümpfe vorzudringen. Einmal kamen wir um eine Ecke und befanden uns unverhofft dicht vor einem Krokodil, das auf einer Baumwurzel ruhte. Ich legte an und schoß, aber im gleichen Augenblick ließ sich das Tier von der Wurzel hinuntergleiten und ins Wasser fallen. Ich wartete atemlos und hielt das Gewehr im Anschlag, um sofort erneut zu schießen, wenn es wieder auftauchen sollte. Es ließ sich aber nicht mehr sehen, wir konnten auch kein Blut im Wasser entdecken und schlossen daraus, daß ich vorbeigeschossen hatte.

Auf unserer letzten Krokodiljagd kam es zu einem peinlichen Zwischenfall. Wir fuhren zu einem recht weit von der Basis entfernten Kanal und

hatten uns mit einem Gewehr und meinem 38er Dienstrevolver bewaffnet. Als wir die Mündung des Kanals überquerten, sahen wir in einiger Entfernung ein Krokodil. Zum Schießen war es zu weit weg. Ich legte meinen Revolver auf das Heck und beugte mich vor, um den Motor abzustellen. Als ich mich wieder aufrichtete, war der Revolver verschwunden.
Das war eine schlimme Sache, denn der Verlust von Dienstwaffen wurde streng geahndet. Wir markierten sofort die Stelle, denn wahrscheinlich war die Waffe am Rand eines schlammbedeckten Riffs ins Wasser gefallen. Während einer von uns mit dem Gewehr in der Hand die Wache gegen unvermutet auftauchende Krokodile übernahm, tauchte der andere und versuchte den Revolver auf dem schlammigen Grund zu finden. An dieser Stelle war es recht tief, und wir konnten nicht lange unten bleiben. So mußten wir unsere Suche nach einiger Zeit aufgeben.
Zur Basis zurückgekehrt bereiteten wir eine zweite Suchaktion vor. Wir wußten, daß es bei der Marineabteilung einen Taucherhelm und eine Luftpumpe gab. Mit dieser Ausrüstung mußte es bessergehen. Der Sergeant, der die Geräte verwaltete, war bereit, uns zu helfen. Einen halben Tag lang übten Ron und ich das Tauchen mit dem Helm am Kai. Der eine ging mit dem Taucherhelm auf dem Meeresgrund hin und her, während der andere die Pumpe bediente. Es war recht amüsant, im kristallklaren Wasser auf sandigem Grund einen Spaziergang zu unternehmen und dabei die Fische zu harpunieren.
Als wir glaubten, für die Suche nach dem Revolver alle notwendigen Vorbereitungen getroffen zu haben, weihten wir einen dritten Mann in unser Vorhaben ein und nahmen ihn mit. Wir ankerten an der vorher markierten Stelle, einer von uns übernahm die Wache, der zweite bediente die Pumpe und der dritte ging über Bord. Vier Stunden lang suchten wir alles ab, zwei davon verbrachte ich selbst unter Wasser. Der Grund war hier mit einer etwa 30 Zentimeter dicken Schlammschicht bedeckt. Überall blieb man in der klebrigen Masse stecken, der Boden war von einem Netz tiefer, schwarzer Rinnen und Löcher überzogen, und man stieß ständig gegen scharfkantige Korallenbrocken. Während ich unten suchte, schoß einer meiner Kameraden auf einen großen Stachelrochen, aber Krokodile ließen sich zum Glück nicht sehen. Schließlich mußten wir uns geschlagen geben.
Es kam zu einer militärgerichtlichen Untersuchung wegen der verlorenen Waffe, die jedoch glimpflich auslief. Wir bekamen eine sanfte Zurechtweisung dafür, daß wir in von Krokodilen verseuchten Gewässern ge-

taucht waren, aber es wurde anerkannt, daß wir uns nach Kräften darum bemüht hatten, den Revolver wiederzufinden. Ich wurde verurteilt, den Wert der Waffe – es waren 27 Dollar – zu ersetzen. Darüber war ich nicht sehr glücklich, denn man konnte einen solchen Revolver in jeder amerikanischen Garnison für zwei Dollar kaufen.

Mit dem Ende des Krieges gegen Japan wurden auch die Einsätze der Luftwaffe im pazifischen Raum eingestellt, und die Catalinas erhielten den Auftrag, das Personal nach Neuseeland zurückzufliegen. Doch unsere Besatzung mußte noch in Halavo bleiben, um nötigenfalls Such- und Rettungsflüge zu unternehmen. Alle Hoffnungen, einmal wöchentlich nach Auckland fliegen zu können, schwanden. Zur Feier des Sieges über Japan wollte der Kommandeur mit dem Bodenpersonal an einer landschaftlich schönen Stelle ein Picknick veranstalten. Er beauftragte uns, diese Stelle zu erkunden.

Wir flogen zur Rekata Bay, einem ehemaligen Stützpunkt japanischer Wasserflugzeuge, und machten an einer der japanischen Bojen fest. Das Schlauchboot, das uns an Land bringen sollte, wurde schon aufgepumpt, aber Ron und ich wollten nicht so lange warten, deshalb sprangen wir ins Wasser und schwammen die zweihundert Meter bis zum Strand. Zwei Stunden durchstreiften wir die schöne Gegend, und als wir ein altes Munitionslager entdeckten, versuchten wir, es zu sprengen. Am Strand folgte uns ein Hai, den wir an der aus dem Wasser herausragenden, dreieckigen großen Rückenflosse erkannten. Wir hatten schon öfter Haie gesehen und dachten uns nichts dabei, wieder ins Wasser zu gehen und zum Flugzeug zurückzuschwimmen.

Am nächsten Tag flog eine andere Besatzung zur Rekata Bay. Sie nahm eine ganze Ladung von Ausflüglern mit. Einige von ihnen schwammen, ebenso wie wir, vom Flugzeug aus an den Strand. Plötzlich wurde einer der Soldaten von einem Hai angegriffen. Er war so geistesgegenwärtig, den Angreifer auf die Nase zu schlagen, der daraufhin sofort von ihm abließ, und dann so schnell wie möglich auf das Ufer zuzuschwimmen. Aber der Hai kehrte um und griff zum zweitenmal an. Wieder schlug der Mann ihm auf die Nase. Er war nur noch wenige Meter vom rettenden Strand entfernt, als der dritte Angriff erfolgte. Diesmal stieß er mit dem Fuß nach dem Hai, der ihm eine tiefe Wunde beibrachte. Mit wenigen Schwimmstößen war er endlich im seichten Wasser und rannte mit letzter Kraft an Land.

Dieser Zwischenfall nahm den anderen die Lust, das Picknick fortzusetzen.

Auf dem Heimflug stellte sich heraus, daß ein Mann fehlte. Das Flugzeug kehrte um, aber die Suche blieb ergebnislos. Am folgenden Tag wurde eine militärische Suchaktion ausgerüstet. Gleich nach der Ankunft in der Bucht sahen die Leute ein riesiges Krokodil, das sich auch durch Schüsse nicht vertreiben ließ.
Bei der anschließenden gerichtlichen Untersuchung kam man zu dem Ergebnis, das Krokodil habe den Soldaten wahrscheinlich gefaßt und unter Wasser gezogen. Wahrscheinlich hatte sich die Leiche dann in einem der auf Grund liegenden Flugzeugwracks verfangen. Jedenfalls war das der traurige Abschluß des Picknicks.
Allmählich verringerte sich die Stärke unserer Garnison. Bald waren nur noch zwei Flugzeuge und etwa 50 Mann stationiert. Ich zählte zu denen, die auf Halavo bei 36 Grad Celsius schwitzend zurückblieben und wechselte mich mit dem anderen Beobachter darin ab, die Pflichten des Leiters der Operationsabteilung, des Meteorologen und des Nachrichtenoffiziers zu übernehmen. Das klingt zwar sehr bedeutend, aber in Wirklichkeit hatten wir in diesen Funktionen damals kaum noch etwas zu tun. Meine Hauptaufgabe bestand darin, Starts und Landungen abzufertigen, und das machte nicht viel Arbeit, denn täglich starteten oder landeten nur etwa zwei Maschinen.
Mit Kriegsende wuchs bei uns die innere Unruhe, und alles, was uns bisher so viel Freude gemacht hatte, verlor jetzt seinen Reiz. Wir mußten uns ständig für sinnlos erscheinende Such- und Rettungsflüge bereithalten und durften daher die Basis nicht verlassen. Irgend jemand entdeckte ein verlassenes Motorboot, bei dessen Maschine sich die Kolben festgefressen hatten, und wir gingen daran, sie zu reparieren. Unsere Flugzeugtechniker leisteten gute Arbeit, und bald war das Boot wieder flott. Wir hatte es inzwischen kalfatert und gestrichen und tauften es *Jolly Roger.* Als wir es vom Stapel gelassen hatten und die ersten Probefahrten unternahmen, waren wir sehr glücklich festzustellen, wie schnell es war. Äußerlich wirkte es ziemlich häßlich, aber mit der 180 PS-Maschine erreichte das Boot eine Geschwindigkeit von mehr als 30 Knoten. Vierzehn Tage lang vergnügten wir uns damit, und wir triumphierten, als es uns gelang, das Schnellboot des Kommandeurs in einem Rennen zu schlagen.
Eines Sonntags standen Ron und ich sehr früh auf, um einen Soldaten über die Bucht zur amerikanischen Marinebasis Tulagi zu bringen, wo er am katholischen Gottesdienst teilnehmen wollte. Es war ein schöner sonniger Morgen, es wehte eine frische Brise, und die See war recht rauh. Ron und

ich machten die *Jolly Roger* klar und füllten beide Tanks mit Benzin. Die Tanks lagen über der Maschine, und ich stellte fest, daß einer von ihnen sich in der Halterung gelockert hatte, dachte mir aber nichts dabei. Nachdem wir den Soldaten an Bord genommen hatten, schossen wir mit Vollgas über die Bucht und legten die vier Seemeilen in nur acht Minuten zurück.

Wir setzten den jungen Mann in Tulagi ab und wendeten, um nach Halavo zurückzufahren. Da die Wellen uns diesmal entgegenkamen, schlingerte das Boot recht stark, und ich nahm etwas Gas weg. Nach etwa einer Meile kamen wir auf die Leeseite der Palmeninseln, wo die See ruhiger wurde, und ich gab wieder Vollgas. Als wir das ruhige Wasser verließen und wieder in die stärker bewegte offene See kamen, schlug das Boot bei der hohen Geschwindigkeit hart auf die Wellen auf. Im nächsten Augenblick hörten wir hinter uns einen lauten Knall, und hohe Stichflammen zischten aus den Öffnungen in der Motorhaube. Der Benzintank war abgerissen!

Das Feuer war so stark, daß wir es nicht löschen konnten. Der Motor lief zwar noch, doch Ron und ich hatten uns bei unseren Löschversuchen schon verbrannt, und wir wußten, daß wir schleunigst aussteigen mußten, bevor der zweite Tank explodierte. Ich rief Ron zu, er solle springen, ließ das Ruder los und stellte mich auf den Sitz. Im nächsten Augenblick wurde das Boot von einer großen Welle erfaßt und plötzlich zur Seite gedrückt. Ich verlor das Gleichgewicht und fiel mit dem Rücken auf die Motorhaube, aus der die Flammen herausschlugen. Ich hatte kein Hemd an und fühlte, wie meine Haut verbrannt wurde. Ich hatte nur noch so viel Kraft, mich ins Wasser rollen zu lassen. Die *Jolly Roger* raste noch etwa 30 Meter weiter und explodierte dann in einer riesigen Flamme.

Das Salzwasser brannte fürchterlich in den Wunden, und wir hatten mindestens 500 Meter bis zum Strand zu schwimmen. Eine Zeitlang hielt ich mich über Wasser, ohne daran zu denken, wohin ich schwimmen sollte. Dann rief Ron mir zu und wies mir die Richtung, worauf ich langsam auf die Küste zusteuerte. Die Schmerzen umnebelten meine Sinne, und die bewegte See erleichterte das Schwimmen auch nicht. Ab und zu hatte ich das Gefühl, ich würde ohnmächtig. Dann legte ich mich auf den Rücken, ließ mich vom Wasser tragen und versuchte, in dieser Lage weiterzuschwimmen. Aber dabei bewegte ich mich nur im Kreis. Ron hatte nicht so schwere Verbrennungen wie ich, obwohl auch er sich schlimme Brandwunden zugezogen hatte. Sogar er wurde müde, rief mir aber zu, ich sollte mich umdrehen und weiterschwimmen. Zwar hatte ich nicht viel an, aber

um mir die Bewegung zu erleichtern, riß ich mir auch noch die letzten Sachen vom Leib.
Als ich endlich festen Boden unter den Füßen spürte, schien eine Ewigkeit vergangen zu sein. Wir taumelten den Strand hinauf und ließen uns auf den Sand fallen. Die Sonne brannte unbarmherzig auf unsere Wunden, und da wir das nicht aushalten konnten, standen wir mühsam wieder auf und schleppten uns einen Kilometer über das Riff bis zu den nächsten Häusern auf der Insel Tanenhoga. Es war so unerträglich, wenn die Sonne auf den Rücken schien, daß wir zeitweilig rückwärts gingen.
Die einzigen Menschen, die wir hier vorfanden, waren zwei amerikanische Matrosen, die noch im Bett lagen. Als sie uns sahen, waren sie entsetzt. Wir versuchten, ihnen zu erklären, wie wir zu den Brandwunden gekommen waren, und sagten, wir brauchten Hilfe. Aber zunächst standen sie nur entgeistert mit offenen Mündern da. Wir fragten sie, ob sie zufällig etwas Gerbsäure hätten. Endlich begriffen sie, was wir brauchten, und holten eine große Ampulle. Ich bestrich Rons Wunden damit und er meine. Das linderte unsere Schmerzen ein wenig. Inzwischen war es den Matrosen klargeworden, in einer wie verzweifelten Lage wir uns befanden, und sie erklärten sich bereit, uns mit ihrem Motorboot über die Bucht zur Marinebasis von Tulagi zu bringen.
Die Basis war nur etwa einen Kilometer entfernt, aber die Strecke erschien uns viel länger, und ich fühlte mich sehr schwach. Die Amerikaner hatten uns über Funk angemeldet, und am Kai stand ein Sanitätswagen, der uns sofort in das Marinelazarett brachte, wo man uns in Pflege nahm. Der Arzt gab jedem von uns einen Viertelliter Blutplasma und injizierte Morphium, Penicillin und Traubenzucker. Um mich schien er besonders besorgt zu sein, denn er konnte zunächst keine Vene für die intravenöse Injektion finden. Aber dann gelang es ihm, und meine Benommenheit schwand.
Bald erschien auch unser neuseeländischer Kommandeur, und ich konnte an seinem Gesicht erkennen, daß er mit meinem Zustand gar nicht zufrieden war. Mir sagte er nichts, schickte aber an meine Eltern ein Telegramm, in dem er ihnen mitteilte, ich sei schwer erkrankt. Man beschloß, Ron und mich in das viel besser ausgestattete amerikanische Lazarett nach Guadalcanal zu verlegen, und da eben ein amerikanischer Zerstörer auslaufen sollte, wurden wir an Bord gebracht und an Deck in den Schatten einer Vierzollkanone gelegt. Ich erinnere mich noch an die Gesichter der Leute, die vorbeikamen, um nach uns zu sehen, bin aber dann wohl eingeschlafen.

Ich wachte erst wieder im Lazarett von Guadalcanal auf, als man mich in den Operationssaal schob. Der Arzt war sehr freundlich und wußte offenbar genau, was zu tun sei. Er sagte mir, vierzig Prozent meiner Haut seien verbrannt, und ich hätte Glück, noch am Leben zu sein. Wenn es gelänge, eine Infektion zu vermeiden, würde alles wieder abheilen. Ich zweifelte nicht mehr an meiner Genesung, aber die Sinnlosigkeit des ganzen Unfalls ging mir nicht aus dem Kopf.
Der Arzt sagte mir, ich würde viele Monate im Lazarett bleiben müssen, und danach zu urteilen, wie ich mich in der ersten Woche fühlte, hatte er offenbar recht. Aber schon in der zweiten Woche begannen meine Wunden zu heilen, und ich fing an, aufzustehen. In der dritten Woche langweilte ich mich so, daß ich am liebsten geheult hätte. Ron Ward war so weit genesen, daß er aus dem Lazarett entlassen werden und nach Neuseeland zurückkehren konnte. Ich habe ihn erst viele Jahre später wiedergesehen, und zwar als Schuldirektor und Schulrat.
Ich war ein unbequemer Patient, hatte aber schließlich Erfolg damit, daß ich dem Arzt mit meinen Beschwerden ständig in den Ohren lag. Er sagte, er sei erstaunt, wie schnell meine Wunden abheilten, und erklärte sich mit meiner Entlassung einverstanden. Nach drei Wochen verließ ich das Lazarett. Zwar mußten die Wunden noch verbunden werden, ich fühlte mich recht schwach und hatte stark abgenommen, aber nichts deutete auf eine Infektion hin. Das hatte ich vor allem meiner guten Konstitution zu verdanken – und natürlich dem Glück, an einen guten Arzt geraten zu sein, der später in den Vereinigten Staaten in seinem Fach eine Kapazität geworden ist.
Mein einziger Wunsch war jetzt, möglichst schnell nach Hause zu kommen. Es ärgerte mich, daß man mich mehrere Wochen »zur Beobachtung und Behandlung« auf den Salomoninseln festhielt. Schließlich kam irgendein vernünftiger Mensch auf die Idee, daß die »Beobachtung und Behandlung« auch zu Hause stattfinden könnte. Zu meiner großen Freude flog man mich nach Auckland, wo ich krankgeschrieben und nach Hause entlassen wurde. In dem kühleren Klima und gestärkt durch eine frische und kräftige Kost erholte ich mich rasch. Die Haut an den verbrannten Stellen blieb allerdings noch lange sehr empfindlich, und ich habe noch heute ein paar Narben. Doch ernste Schäden sind nicht zurückgeblieben. Ich hatte wirklich Glück gehabt, so glimpflich davongekommen zu sein, und seit jener Zeit bin ich im Umgang mit Feuer jeder Art sehr vorsichtig.

5.
Bergsteigen in Neuseeland

Nach meiner Entlassung aus dem Militärdienst wollte ich so schnell wie möglich in die Imkerei zurückkehren und meinen Angehörigen bei der Honigernte helfen. Die Zeit bei der Luftwaffe war im allgemeinen so angenehm verlaufen, daß ich gegenüber meinen Eltern, die in meiner Abwesenheit so schwer hatten arbeiten müssen, ein schlechtes Gewissen zeigte. Natürlich hatte ich mich in dieser Zeit in mancher Hinsicht verändert. Ich hatte die Freiheit genossen, ein regelmäßiges Einkommen gehabt und wollte nur ungern in die Abhängigkeit der Familie zurück, wo ich finanziell ganz dem Wohlwollen meines Vaters ausgeliefert war. Inzwischen war ich sechsundzwanzig Jahre alt und hatte beschlossen, in den folgenden zehn Jahren soviel wie möglich zu erleben. Ich hatte damit gerechnet, daß die Eltern sich freuen würden, wenn ich mich ihnen wieder zur Verfügung stellte. Ich war denkbar überrascht festzustellen, daß ich eigentlich gar nicht gebraucht wurde. Mein Vater hatte einige Angestellte, und die Honigernte war bei meiner Ankunft schon zur Hälfte vorüber.

Zunächst wußte ich nicht recht, was ich tun sollte. Die Luftwaffenärzte hatten mir gesagt, ich müßte mich in den nächsten Monaten noch schonen, aber meine Kräfte kehrten rasch zurück. Als ich daher von meinem alten Bergkameraden Jack McBurney einen Brief bekam, in dem er mir mitteilte, auch er sei aus der Luftwaffe entlassen, und mir vorschlug, wir sollten gemeinsam in die Berge gehen, sprach eigentlich nichts dagegen. Während der Dienstzeit hatte ich etwas Geld gespart; die Finanzierung dieses Unternehmens bereitete keine Schwierigkeiten, und ich sagte daher sofort zu.

Mitte Januar 1946, zweieinhalb Monate nach meinem Unfall, traf ich mich mit Jack McBurney am Mount Cook, und wir gingen zusammen in die

Berge. Zwar waren wir gesund und kräftig, voller Energie und begeistert für unser Vorhaben, und wir hatten im Busch und in schwierigem Gelände Erfahrungen gesammelt; was wir jedoch über die Technik des Bergsteigens wußten, hatten wir fast ausschließlich aus Büchern und Zeitschriften. Verglichen mit den heutigen jungen Bergsteigern fehlte es uns an technischem Können und Selbstvertrauen. Damals betrachtete man die »Sicherheit« als den wichtigsten Faktor beim Bergsteigen, und jeder, der verrückt genug war, gegen die starren Regeln zu verstoßen, wurde als dumm und verantwortungslos angesehen. Ich bin auch heute noch der Ansicht, daß man vernünftige Methoden anwenden sollte, aber eine Überbewertung der Sicherheit kann das Selbstvertrauen schwächen und die Leistungsfähigkeit herabsetzen. Wiederum war es irgendwie verständlich, daß wir einen so großen Wert auf die Sicherheit legten, denn es gab damals auf den Hütten keine Funkstationen, über die man Hilfe für in Bergnot geratene Alpinisten herbeiholen konnte, und es standen auch keine Hubschrauber für sofortige Rettungsaktionen zur Verfügung.
Mit der Wegkarte des *Alpine Journal* in der einen und dem Eispickel in der anderen Hand haben wir manchen Gipfel bestiegen: den Mount Seally, den ich im Sommer zuvor im Alleingang zu besteigen versucht hatte, den Mount Hamilton und den ersten mehr als 3000 Meter hohen Berg, den Malte Brun. Die aufregendste Besteigung war ohne Zweifel die des De La Beche, eines Gipfels, dem man im allgemeinen einen nur mäßigen Schwierigkeitsgrad zuschreibt. Um 4.30 Uhr morgens brachen wir von der De La Beche-Hütte auf und arbeiteten uns durch die Gletscherspalten des Rudolphgletschers auf den Grahamsattel hinauf. Nach unserer Wegekarte hätten wir den niedrigen Grat zu unserer Rechten überqueren müssen, um das breite Plateau zu erreichen, von dem aus sich eine Anzahl kleinerer Gipfel besteigen ließ. Zu unserem Pech war die Gletscherspalte dort, wo der Grat begann, sehr breit und tief, und der obere Rand wurde von einer riesigen Eiswand gebildet.
Der Gipfel des De La Beche befand sich unmittelbar über uns, und der vom Grahamsattel aufsteigende Hang sah von unserem Standpunkt nicht besonders schwierig aus. Wir beschlossen deshalb, den Versuch zu unternehmen, von hier aus hinaufzukommen. Aber sehr bald kamen wir an kaum passierbare Stellen. Der zur Felswand hinaufführende Steilhang bestand aus hartem, grünem Eis, auf dem eine sechs Zentimeter dicke, aus Eisflocken bestehende Schicht lag – und wir mußten Hunderte von Stufen in den Hang hineinschlagen. Nach einigen Stunden harter Arbeit erreich-

Der Verfasser 1947 auf dem Gipfel des Mount Seally

ten wir die Felswand und stellten fest, daß sie viel steiler war, als wir von unten hatten sehen können. Die zahlreichen Risse und Löcher im Fels waren dazu noch zum großen Teil vereist. Trotzdem gingen wir weiter. Der Wind frischte auf, und bei jedem Windstoß prasselten von oben Eiszapfen auf uns herunter. Mühsam kletterte ich die Felswand hinauf und schlug Stufen über die kurzen, hart vereisten Strecken. Die größten Schwierigkeiten machte es mir, uns mit dem Seil zu sichern, und deshalb schwebten wir stundenlang in großer Gefahr. Eine Zeitlang folgte ich einer steilen Felsenrippe, die sich aber in der Wand verlief, und hier bestand die einzige Möglichkeit weiterzukommen. Mit Stiefelspitze und Eispickel schlug ich Stufen in das Eis, bis der Steigwinkel etwas flacher wurde. Der

Schnee war nun fester, und es gelang mir, mit jeweils einem Schlag der Stiefelspitze festen Halt zu bekommen. Nach 20 Minuten kamen wir zu unserer großen Erleichterung endlich auf den Grat, der nach einer kurzen Strecke zum Gipfel führte. Es hatte sechs Stunden gedauert, die letzten 300 Meter zu überwinden.

Auf dem Gipfel war es sicher und bequem, wir ruhten uns in der Sonne aus und freuten uns an dem weiten Ausblick über Berge, Gletscher und die See. Unsere Rast wurde unsanft unterbrochen, als wir unfreiwillig zu Zeugen eines der Wetterstürze wurden, für die die neuseeländischen Südalpen bekannt und berüchtigt sind. Zunächst schienen die Wetterverhältnisse sehr günstig zu sein, doch plötzlich legten sich dicke Wolken über den Grahamsattel, und ein Nordweststurm brach los. In aller Eile begannen wir mit Steigeisen den Abstieg über den Grat hinunter. Dabei wurden wir von dichten Wolken eingehüllt und von heftigen Böen geschüttelt. Zunächst war die Temperatur gestiegen, aber nun ging ein starker Eisregen auf uns nieder. Auf einem hohen Berg kann das sehr unangenehm sein.

Jack übernahm beim Abstieg mit großer Umsicht die Führung. Die Lage war durchaus nicht angenehm für ihn. Plötzlich glitt sein Eispickel an einem harten Eisstück ab, und er schwankte ein paar Sekunden, bevor er das Gleichgewicht wiedergewinnen konnte. Bis dahin war er die Ruhe selbst gewesen, aber nun verlor er die Beherrschung. Er erhob den Eispikkel drohend gegen den Sturm und schrie wütend: »Himmelherrgott . . .!«

Bei so schlechter Sicht durften wir nicht auf dem kürzesten Weg über die von zahlreichen Rissen durchzogene Ostwand des Berges absteigen. Wir beschlossen statt dessen, den Grat zu überqueren und den gleichen Weg zu nehmen, auf dem wir am Vormittag aufgestiegen waren. Die dicke Schneeschicht auf der einen Seite des Grats war weich genug, um Stufen hineinzuschlagen, und so kletterten wir bis zu dem tiefen Spalt hinunter, der uns beim Aufstieg den Weg versperrt hatte. Hier schlug ich einen Poller aus dem Eis heraus und legte das Seil darum. Dann ließen Jack und ich uns daran die vereiste Wand bis auf den Boden des Spalts hinunter und zogen das Seil nach. Am unteren Rand hatten wir eine Stelle entdeckt, an der das Eis eingebrochen war. Dort gelang es uns, eine Treppe in die Wand zu schlagen und auf den Gletscher hinauszuklettern.

Der Gletscher war von langen Rissen durchzogen, und am Vormittag waren wir durch diese Risse im Zickzack aufgestiegen. Doch jetzt war die

Sicht durch den herabströmenden Regen und den Nebel behindert, und es war sehr schwierig, den richtigen Weg zu finden. Wir brauchten viel Zeit, um an den breitesten Spalten vorbeizukommen, und als sie schmaler wurden, waren wir schon so naß und durchfroren, daß wir beschlossen, den geraden Weg über den Hang hinunterzugehen und über die Risse zu springen, was bei so schlechter Sicht gefährlich werden konnte. Bald befanden wir uns in einem aus Eisspalten bestehenden Labyrinth und fanden keinen Ausweg mehr. Nachdem wir lange herumgesucht und viele Stufen in das Eis geschlagen hatten, kamen wir endlich an den Rand des Gletschers, wo uns nur noch eine breite Spalte vom eisfreien Boden trennte. Sie war zu breit, um hinüberzuspringen, aber in etwa drei Meter Tiefe sah ich ein kleines Schneebrett, das vielleicht das Gewicht eines Menschen tragen würde.
Ein heftiger Windstoß erleichterte uns die Entscheidung, diesen Weg zu nehmen. Ich seilte Jack über den Rand der Spalte auf das Schneebrett ab und sicherte ihn. Vorsichtig tastete er sich hinüber. Der Aufstieg auf der anderen Seite war verhältnismäßig leicht, und so gelang es Jack bald, auf festen Boden zu kommen. Jetzt war ich an der Reihe. Ich fand nichts, woran ich das Seil hätte befestigen können. Wie sollte ich auf das Schneebrett kommen? Ich fror zu sehr und war zu müde, um mir allzu große Sorgen zu machen. Deshalb beschloß ich hinunterzuspringen und es darauf ankommen zu lassen, daß der Schnee hielt. Jack war durch das um den Eispickel geschlungene Seil ausreichend gesichert.
Ich blickte nervös in die grüne Tiefe der Gletscherspalte hinunter, und ehe ich noch den Mut verlieren konnte, sprang ich ab. Ich landete hart auf dem Schnee und brach ein. Nun steckte ich bis zu den Achseln darin. Das Kinn war fest auf die Eiskruste aufgeschlagen. Meine Beine hingen frei in der Luft und baumelten in den tiefen Spalt hinein, aber was von dem Schneebrett übriggeblieben war, gab mir nur noch einen schwachen Halt. Ich verteilte mein Gewicht so gut ich konnte und zog mich vorsichtig aus dem Loch heraus. Dann kroch ich auf dem Bauch über das Schneebrett bis an die gegenüberliegende Wand. Ich war glücklich, als ich den Eispickel in den festen Schnee schlagen und die Stufen zu Jack hinaufklettern konnte. Um 19.30 Uhr kamen wir naß, kalt und erschöpft, aber doch mit dem Gefühl, etwas geleistet zu haben, bei der Hütte an. Soweit ich feststellen konnte, waren wir die ersten, die den De La Beche auf der direkten Route bestiegen hatten.
Bevor Jack und ich uns trennten, bestiegen wir noch eine ganze Reihe von

Gipfeln. Zwar leisteten wir dabei nichts Welterschütterndes, aber unser Selbstvertrauen hatte zugenommen, und ich war entschlossen, in Zukunft wieder in die Berge zu gehen. Die Honigernte war enttäuschend gering gewesen, und meine Angehörigen hatten finanzielle Sorgen – ein Zustand, der bei uns eigentlich normal war. Mein Vater war froh, einen Teil seiner Angestellten entlassen zu können und weniger Löhne zahlen zu müssen. Ich übernahm ihre Aufgabe und erklärte mich bereit, noch eine Zeitlang auf meinen Lohn zu warten. Da ich zu Hause frei wohnen und essen konnte, brauchte ich nur wenig Geld, denn ich war Nichtraucher, trank nicht und nahm kaum am gesellschaftlichen Leben teil. Das klingt vielleicht, als hätte ich damals ein sehr langweiliges Leben geführt, ich empfand es aber nicht so. Die Arbeit in der Imkerei füllte mich ganz aus, und mit der Zeit übernahm ich immer mehr Verantwortung für das Geschäft.

Mit Einbruch des Winters hatte ich draußen weniger zu tun und fühlte mich nicht mehr ausgelastet. Deshalb erlaubte mir mein Vater, einen unbezahlten Urlaub zu nehmen. Wieder ging ich zum Tapuaenuku.

Ich wollte vom Awateretal über die Gebirgskette zum Clarence River gehen und in der Höhe ein Winterlager beziehen. Meine Ausrüstung war bis jetzt spärlich, und natürlich brauchte ich ein Zelt. In Auckland konnte man damals keine Bergsteigerzelte kaufen. Deshalb ließ ich mir bei einem Segelmacher ein Zelt nach eigenen Angaben und nach Beschreibungen aus Fachzeitschriften herstellen. Es war das erste von vielen Zelten, die ich im Lauf der Jahre entworfen habe. Dieses erste Modell war ein ziemliches Ungeheuer. Es war schwer, und an den Innenwänden sammelte sich das Kondenswasser. Es hatte aber wenigstens bereits einen fest angesteppten Boden, der gut abdichtete, und war recht haltbar.

Meine Gefährten bei diesem Unternehmen waren verhältnismäßig unerfahren. Allan Robb hatte im Norden wenigsten ein paar Vulkane bestiegen, aber mein jüngerer Bruder Rex, der mich unbedingt begleiten wollte, war als Bergsteiger ein vollkommener Neuling.

Unser Anmarsch zum Berg führte durch das Tal des Hodder River. Der Fluß windet sich durch eine tiefe Schlucht und mußte an mehreren Stellen überquert werden. Irgendein begeisterter Bergsteiger hat einmal behauptet, man müsse den Fluß auf diesem Weg mehr als hundertmal überqueren. So gingen wir ohne Rücksicht auf das eiskalte Wasser in voller Ausrüstung immer wieder durch den Fluß und kletterten mit durchweichtem Schuhwerk über die Felsen bis zur nächsten Überquerung. Das am Ufer liegende Gestein war vereist und sehr glatt, und unsere Schultern schmerzten unter den schweren Lasten. Nach vielen Stunden erreichten wir in einer Höhe von etwa 1000 Metern die letzte Baumgruppe. Es war ein wunderschöner Platz, und wir waren versucht, hier zu campieren. Aber diese Stelle wurde kaum von der Wintersonne erreicht. Der Boden war hart gefroren, und auch der Fluß lag fast vollständig unter Eis. Deshalb gingen wir etwas weiter bis zum ersten Schnee. An einer Stelle, an der das Tal sich etwas ausweitete, schlugen wir zwischen den Schneewehen unser Zelt auf und kochten die erste Mahlzeit dieses Tages über einem schwachen Feuer. Es war so kalt, daß wir sehr bald in unsere Schlafsäcke krochen und uns zur Nacht einrichteten. Ich hatte schon manche Nacht im Busch gezeltet, aber dies war das erste Mal, daß ich ein Zelt an einem Berghang aufschlug.

Wenn man bedenkt, wie unvollkommen unsere Ausrüstung war, dann schliefen wir erstaunlich gut dafür, und als wir aufwachten, froren wir nicht einmal, waren aber doch noch recht steif von den Anstrengungen des vergangen Tages. Wir kamen überein, diesen Tag nur zur Erkundung des Geländes zu verwenden, und stiegen das vereiste Tal in Richtung auf den Mitre Peak hinauf. Wir hatten inzwischen gelernt, wie schwierig es ist, einen vereisten Bach in einer tiefen Schlucht hinaufzugehen, und kehrten deshalb nach wenigen Stunden unverrichteter Dinge wieder um.

Auch in der zweiten Nacht war es sehr kalt, und es war recht unangenehm, am nächsten Morgen die kalte Ausrüstung und das steifgefrorene Zelt einzupacken. Um 8.00 Uhr nahmen wir unsere Lasten auf und stiegen über Eis und Schnee bis an den Fuß eines Grats, wo wir nach links in das Tal abbogen, das alle Gewässer aufnimmt, die von dem hohen Sattel zwischen Tapuaenuku und Mount Alarm herunterfließen. Die Schneeverhältnisse waren zunächst recht günstig, und wir erreichten auf der festen Oberfläche bald eine ziemliche Höhe. Endlich befanden wir uns auch im Licht der Wintersonne, deren Wärme dem kalten Wind entgegenwirkte, der von den Eishängen auf uns herabwehte. Um die Mittagszeit legten wir im Schutz eines großen Felsbrockens eine Rast ein, fingen aber bald an, zu frieren, und gingen deshalb weiter.

Dann kamen wir an einige tiefe Mulden, in denen der Schnee sehr weich und das Vorwärtskommen sehr mühsam war. Erst nach langer Zeit erreichten wir die letzte Mulde unter dem Sattel in etwa 2700 Meter Höhe. Hier wollten wir das Lager aufschlagen. Zuerst traten wir dazu den Schnee fest und errichteten dann das Zelt. Es war einsam hier oben, aber die Aussicht war herrlich. Unter uns sahen wir zahlreiche schneebedeckte Gipfel, die bis an den Horizont reichten. Als die Sonne hinter einem Grat versank, wurde es empfindlich kalt, und wir zogen uns eilig ins Zelt zurück. Bald zischte der Primuskocher und wärmte ein ausgezeichnetes Essen. Satt und zufrieden zogen wir alle Kleidungsstücke an, die wir bei uns hatten, und legten uns in die Schlafsäcke.

Zuerst hatten wir es einigermaßen warm und bequem, aber dann kroch die Kälte von unten ins Zelt, denn wir hatten weder isolierte Unterlagen noch Luftmatratzen, und in der zweiten Hälfte der Nacht war es sehr ungemütlich. Das kondensierte Wasser im Inneren des Zeltes gefror und hing in langen Eiszapfen von der Decke herunter. Am Morgen waren wir erstarrt und wagten es nicht, vor dem Sonnenaufgang um 7.00 Uhr aus den Schlafsäcken herauszukommen.

Nach einem schnellen Frühstück verließen wir das Zelt mit der Absicht, den westlich von uns gelegenen Mount Alarm zu besteigen. Mit vor Kälte noch immer starren Glieder stießen wir mit den Stiefelspitzen Stufen in den hundert Meter langen Hang bis auf den Sattel. Oben empfing uns heulend ein Südwind, der bitterkalt direkt aus der Antarktis herüberwehte. Über der See lagen große Wolkenbänke, und die Wetteraussichten waren schlecht.

Da wir nicht die Absicht hatten, in dieser Höhe gegen einen Sturm anzukämpfen, gingen wir so schnell wie möglich zum Lager zurück und packten alles zusammen. Um 9.30 Uhr brachen wir mit den schweren Lasten auf dem Rücken auf, um diesmal den noch höheren Gipfel des Tapuaenuku anzugehen. Zunächst war das Steigen nicht schwer und nicht unangenehm, denn wir befanden uns im Windschatten. Als wir jedoch auf den Grat hinauskamen, wurden wir von heftigen Windböen erfaßt, und es war sehr anstrengend, in der großen Kälte weiterzugehen. Der Schnee wurde immer härter und das Einschlagen der Stufen schwieriger, so daß ich oft den Eispickel zu Hilfe nehmen mußte. Um an Gewicht zu sparen, hatten wir keine Steigeisen mitgenommen, was wir jetzt sehr bedauerten. Ganz langsam arbeiteten wir uns in die Höhe, hofften jedoch, den Gipfel noch zu erreichen, bevor der Sturm losbrach.

Um 15.30 Uhr kamen wir endlich oben an und stellten fest, daß die Aussicht fast vollständig von Wolken verhangen war. Ohne Zeit zu verlieren stiegen wir über die vereisten Hänge zur Quelle des Dee River ab und gingen dann in einer langen verschneiten Schlucht weiter. Wir sicherten uns mit dem Seil, und es machte uns viel Vergnügen, die steilen Abhänge hinunterzurutschen. Die Dunkelheit überraschte uns beim Überqueren eines weiten Hanges oberhalb des eigentlichen Dee River. Der vor uns liegende Weg sah schwierig aus, und deshalb entschlossen wir uns, hier das Lager aufzuschlagen.

Wir fanden keinen Platz, der eben genug gewesen wäre, um das Zelt aufzustellen, und da wir an diesem Hang mit Steinschlag rechnen mußten, waren wir froh, als wir ein paar kleine Vertiefungen im Schutz eines großen Felsbrockens fanden. Um Wasser zu bekommen, mußten wir zum Fluß hinunter. Ein auf dem wertvollen Spirituskocher zubereitetes heißes Getränk war lebenswichtig. Als schließlich ein Gemisch von Schlackschnee und Regen zu fallen begann, verkrochen wir uns in die Schlafsäcke und deckten uns so gut es gehen wollte mit dem Zelt und unseren Parkas zu. Kurz vor dem Einschlafen stellte ich fest, daß ich in einem großen Zeh den Puls spürte, und sah, daß er geschwollen und dunkel war. Als ich meine Schuhe näher betrachtete, sah ich, daß sich das Oberleder meines Bergstiefels von der Sohle gelöst hatte. Wahrscheinlich war das geschehen, als ich damit die Stufen in den harten Schnee geschlagen hatte. Die Folge war eine leichte Erfrierung.

Trotz der unbequemen Lage und des schlechten Wetters wachten wir erfrischt auf, bereit, auch an diesem Tag eine weite Strecke zurückzulegen. Aber der Dee River zwang uns, unsere Pläne zu ändern. Unser Weg führte durch tiefe Schluchten mit zahlreichen Wasserfällen. Die Spritzer hatten das Gestein mit Eis überzogen, und die senkrecht abfallenden Partien waren dadurch fast unpassierbar geworden. Unser Marsch bestand daher aus Auf- und Abstiegen über Felsvorsprünge oberhalb des Flußbetts, wo wir den nicht begehbaren Stellen ausweichen konnten. Bei Einbruch der Dunkelheit kletterten wir in dichtem Nebel eine Rinne hinunter und sahen dann auf der Karte, daß wir den ganzen Tag trotz der großen Anstrengungen nur etwas mehr als 1600 Meter zurückgelegt hatten. Zu unserer Enttäuschung endete die Rinne ganz plötzlich vor einem 300 Meter tief abfallenden Steilhang, der bis in das Flußbett hinunterreichte. Da es oben kein Wasser gab, konnten wir dort nicht campieren und mußten hinunterklettern. Zum Glück rissen die Wolken einen Augenblick auf, und im letzten Tageslicht konnte ich eine Route ausmachen, über die wir den Abstieg versuchen mußten. Hier und da standen verkrüppelte Bäume, die sich an kleinen Vorsprüngen festhielten oder aus Felsspalten herauswuchsen. Vielleicht war es möglich, sich von einem dieser Bäume zum nächsten abzuseilen.

Nun wurde es völlig dunkel, und bald wurde uns auch die letzte Sicht durch dichten Nebel genommen. Ich wußte, daß wir nur mit allergrößter Vorsicht weitergehen konnten. Das Gestein war streckenweise locker, und es konnte nur allzu leicht geschehen, daß sich beim Klettern ein Brocken löste und auf einen von uns herabstürzte. Unsere Stimmung war nicht die beste, aber mein Bruder bewährte sich in dieser Lage ausgezeichnet. Zwar hatte er keine bergsteigerischen Erfahrungen, aber er vertraute mir und war bereit, in jeder Weise mitzuarbeiten.
Ich band Rex an ein Ende des Seils und legte das andere um einen mir geeignet erscheinenden Baumstamm. Dann sagte ich ihm, er solle versuchen, in die dunkle Tiefe hinunterzusteigen. Nach einigem Zögern tat er es und ließ sich, die Taschenlampe in der Hand, an der Felswand hinab. Dabei suchte er einen Vorsprung, an dem er sich sichern konnte, ehe das Seil zu Ende war. Ich war sehr erleichtert, als die Spannung des Seils nachließ und ich einen schwachen Ruf hörte, mit dem er uns mitteilte, er habe eine günstige Stelle gefunden. Schnell ließ ich die Rucksäcke hinunter und seilte auch Allan ab. Dann legte ich das Seil um den Baumstamm und folgte ihnen. Drei Stunden dauerte der immer wieder in ähnlicher Weise gesicherte Abstieg, und jedesmal hatten wir das Glück, eine geeignete Stelle zum Sichern zu finden. Über eine Steilwand gelangten wir schließlich in eine mit Geröll angefüllte Rinne und ertasteten uns den Weg über einen Schuttkegel bis zum Flußbett. Von Durst gepeinigt genossen wir jetzt das köstliche frische Wasser. Im Regen gingen wir den Fluß weiter hinunter und sahen uns nach einem Lagerplatz um. Wir waren dankbar, jenseits der Eisgrenze angekommen zu sein. Um 21.00 Uhr schlugen wir das Zelt oberhalb des Flusses auf und legten uns erschöpft in die Schlafsäcke. Zwei Tage später kamen wir an der Ostküste aus dem Bergland heraus und konnten zwischen den Wolken die frisch beschneiten Hänge des Tapuaenuku sehen.
Mein Zeh machte mir einige Beschwerden, deshalb ging ich nach unserem Eintreffen in Christchurch in die Ambulanz des städtischen Krankenhauses. Der junge Arzt, der gerade Dienst hatte, untersuchte das schwarze, geschwollene Glied recht uninteressiert und verband dann den ganzen Fuß mit Watte und Binden, daß es aussah, als habe man mir die Zehen amputiert. Ich sagte ihm, ich hätte noch eine weite Strecke zu gehen, aber er meinte nur, »das ist Ihre Angelegenheit«, und rief, »der nächste!« Mit dem Schuh in der Hand hüpfte ich ins Wartezimmer, wickelte den Verband bis auf eine letzte Schicht ab, schnitt ein Loch in die Spitze meines

Bergschuhs und zog ihn wieder an. Der Arzt kam durchs Zimmer, sah, was ich tat, sagte aber nichts. Die folgenden Monate ging und arbeitete ich mit einem Loch im Schuh, bis der Zeh wieder verheilt war.

Einerseits fand ich immer wieder Zeit, in die Berge zu gehen, andererseits verlief mein Leben in recht geregelten Bahnen. Ich arbeitete fleißig in der Imkerei und bekam dafür einen bescheidenen Lohn. Meine finanziellen Ansprüche waren gering, und ich sparte jeden Pfennig für die Ausflüge ins Gebirge. Etwas widerstrebend hatte sich mein Vater damit einverstanden erklärt, daß ich zum Ausgleich für die schwere Arbeit zu Weihnachten und die Zeit um Neujahr unbezahlten Urlaub nahm, um das dann herrschende Sommerwetter für Exkursionen in die Berge auszunutzen. Im Winter, wenn ich mit den Bienen nur halb soviel zu tun hatte, konnte ich eher ein paar Tage freinehmen.

Ich verbrachte meine ganze Freizeit beim Klettern, Skifahren und Wandern. Der wichtigste Abschnitt in meinem Bergsteigerleben begann wahrscheinlich, als ich mit dem Bergsteiger Harry Ayres Freundschaft schloß. Harry war der bekannteste Bergführer in Neuseeland und war berühmt für seine Leistungen auf vereisten Hängen und seine unerreichte Fähigkeit, die anstrengendsten und schwierigsten bergsteigerischen Aufgaben zu bewältigen. Für mich war er schon so etwas wie eine legendäre Figur, als ich ihn im Sommer 1947 persönlich kennenlernte. Es war auf der Malte Brun Hütte, und ich war von ihm sofort beeindruckt. Harry war relativ klein, sehnig und sah so unglaublich gewandt, kräftig, leistungsfähig und hart aus, wie er es auch in Wirklichkeit war. Diesmal befand er sich in Begleitung von Susie Sanders, und obwohl er ein so berühmter Mann war, beteiligte er sich in der Hütte am Kochen und allen unangenehmen Arbeiten und tat dabei mehr als jeder andere. Ich war mit Allan Odell hinaufgekommen, und am folgenden Morgen brachen wir zu viert in aller Frühe auf, um jeweils in eine andere Richtung zu gehen. Als wir die ersten 700 Meter gemeinsam aufgestiegen waren und uns dabei kameradschaftlich geholfen hatten, beschlossen Harry und Susie, ihr bisheriges Ziel aufzugeben und mit uns die Aiguille Rouge zu besteigen. Wir überquerten den Westgrat und bewältigten den anstrengenden Aufstieg über den Betham-Gletscher, wobei wir gegen einen starken Sturm ankämpfen mußten. Die letzte Felswand, die wir zu überwinden hatten, lag im Windschatten, und der Aufstieg, bei dem wir mehrere Rasten einlegten, machte uns viel Freude. Auf dem Gipfel angekommen wehte ein steifer Wind; deshalb blieben wir nicht lange oben, sondern kehrten sofort um. Trotzdem war

es ein sehr beglückender, erfolgreicher Tag. Harrys Können am Berg hatte mich tief beeindruckt, und ich erkannte traurigen Herzens, wieviel mir noch an bergsteigerischer Technik fehlte.
Wir vier bestiegen auch gemeinsam den Mount Haidinger, und hier zeigte Harry, was er wirklich konnte. Der letzte Steilhang vor dem Gipfel bestand aus einer mit 46 Zentimeter Pulverschnee bedeckten glatten Eisfläche. Beim Einschlagen der Stufen bewies Harry, daß er ein Fachmann war. Er fegte den Schnee fort und hackte dann tiefe Stufen in das darunterliegende grüne Eis. Am halben Hang wurde er durch eine plötzliche Bewegung von Susie aufgeschreckt, und es war ein Erlebnis zu sehen, wie rasch und mit welcher Kraft er den Eispickel in das harte Eis trieb, um sie zu sichern. Welche Freude mußte es sein, mit Harry am gleichen Seil zu klettern! Der Zufall sollte mir diesen Wunsch erfüllen. Ein Kunde von ihm sagte kurzfristig eine Verabredung ab, damit hatte Harry eine Woche frei und erklärte sich einverstanden, mit mir in die Berge zu gehen.
Zuerst stiegen wir bis zu der 2300 Meter hoch gelegenen Haasthütte auf, um dann den fast 4000 Meter hohen Mount Cook zu besteigen, das ehrgeizige Ziel aller hiesigen Bergsteiger. Der Wecker läutete kurz vor Mitternacht, das Wetter war günstig und der Himmel klar. In aller Eile aßen wir eine Kleinigkeit und brachen gegen 1.00 Uhr auf. Zuerst stiegen wir den verharschten langen Hang vom Glacier Dome hinauf und gingen dann im Zickzack durch die Gletscherspalten des Grand Plateau. Unser Tempo verlangsamte sich, als wir auf das unebene Eis des Linda-Gletschers kamen. Aber selbst im Dunkeln bewies Harry einen fast unfehlbaren Ortssinn. Dann wurden wir einige Zeit von einer schwer zu überwindenden Gletscherspalte aufgehalten und sahen uns gezwungen, eine halbe Stunde zu rasten, bis wir im Morgengrauen einen Weg durch ein Gewirr von Eisblöcken finden konnten. Der obere Teil des Linda-Gletschers hatte fast keine Risse, doch lagen hier die Reste früher niedergegangener Lawinen. Mit Steigeisen gingen wir unmittelbar neben dem langen Schneebrett bis zum Fuß der schneefreien Felswände, die zum Gipfel hinaufführten und die zu besteigen mir eine besondere Freude bereitete. Wir kletterten gemeinsam die steile Felswand hinauf und genossen die Sonne und den herrlichen weiten Ausblick. Auf den Felsen unterhalb des Gipfels rasteten wir und aßen etwas. Dann legten wir wieder die Steigeisen an und stiegen die weiten Hänge der Eiskappe hinauf. Die Eiskappe hat etwas Beeindruckendes. Sie ist steil und sehr exponiert, aber wir hatten das Glück, sehr günstige Wetterverhältnisse angetroffen zu haben, und mußten nur wenigen

Stufen in das Eis schlagen. Die anderen hohen Berge lagen tief unter uns, und das verstärkte das Gefühl, daß wir uns in sehr großer Höhe befanden. Es war ein erregender Augenblick, über die letzten schmalen Risse zu steigen und endlich auf dem Gipfel des Mount Cook zu stehen. Hier hatte ich die erste größere bergsteigerische Leistung vollbracht. Der starke Wind war recht unangenehm, aber die Aussicht nach Norden und Süden unvergleichlich. Stolz auf unseren Erfolg kamen mir die Schwierigkeiten beim Abstieg über das Eis und die Felswand gar nicht recht zum Bewußtsein. Der Schnee war inzwischen erheblich weicher geworden, und das erforderte große Vorsicht bei jedem Schritt. Auf dem Linda-Gletscher fanden wir Schneematsch vor, und die Überquerung des Grand Plateau war ein anstrengendes Stück Arbeit. Dann ging es hinunter zur Hütte. Ich war müde, doch das machte mir nichts aus. Für mich war es ein Tag des Triumphs gewesen.

In den folgenden Jahren habe ich in Neuseeland im Sommer und Winter mit Steigeisen und auf Skiern und mit den verschiedensten Bergkameraden viele Bergwanderungen unternommen. Oft habe ich mich gefürchtet, und oft war ich zu Tode erschöpft, aber es gibt nur wenige Augenblicke, die ich aus der Erinnerung streichen möchte. Viele der schönsten Tage verbrachte ich mit Harry Ayres, und viele der besten Leistungen gelangen mir unter seiner fachmännischen Führung. Ich habe nie seine technische Vollkommenheit erreicht, aber mir manches von seinen Auffassungen über das sichere und erfolgreiche Bergsteigen zu eigen gemacht. Später wurde Harry aufgefordert, sich an der Expedition von 1953 auf den Mount Everest zu beteiligen, aber die Einladung wurde rückgängig gemacht, als die Expeditionsleitung wechselte. Niemand kann sagen, was Harry in so großen Höhen geleistet hätte, denn hier kommt es nicht nur auf technische Fähigkeiten an. Aber er hätte als Angehöriger des Teams bestimmt einen sehr wertvollen Beitrag geleistet. Ich zweifle nicht daran, daß auch Harry in der Nähe des Gipfels gewesen wäre, als der große Augenblick herankam.

Es fiel mir nicht leicht, mich im Sommer freizumachen; deshalb verbrachte ich immer mehr Zeit im Winter in den Bergen. Ich war nur ein mittelmäßiger Skifahrer, stellte aber fest, daß man mit einiger Geschicklichkeit auch die schwierigsten Hänge meistern kann. Das Skifahren bereitete mir große Freude, und ich genoß die weiten Touren über verschneite Gletscher. Wenn uns ein vereister Hang oder ein überhängender Fels den Weg versperrte, nahm ich den Eispickel, um mit seiner Hilfe hin-

Der Verfasser hat mit Harry Ayres zum erstenmal den Mount Cook bestiegen

überzukommen. Ich lernte zudem eine Menge über die Gefahren, die von den Lawinen ausgingen, und über die besten Methoden, unter extremen Bedingungen zu überleben.

Jack McBurney und ich jagten im Winter auch Hirsche und verkauften deren Fell, eine bei jungen Neuseeländern beliebte und einträgliche Freizeitbeschäftigung. Wir haben sogar in dem kalten, stark strömenden Wasser des Cook River und des Balfour River Gold gewaschen. Das Ergebnis von drei Wochen harter Arbeit war allerdings recht mager. Im Hochwinter sind wir über verschneite Gebirgspässe gewandert und haben an steilen Hängen Gemsen und Bergziegen geschossen.

Um etwas Geld für den Skiurlaub zu verdienen, arbeitete ich sechs Wochen beim Bau eines Wasserkraftwerks am Lake Pukaki mit und gewann dabei Einblicke in eine mir bisher fremde Welt. Damals stand dieses Vorhaben ganz unten auf der Prioritätsliste, und die hier beschäftigten Arbeitskräfte kamen aus den ärmsten Schichten der Bevölkerung. Fast täglich erschien die Polizei bei uns, um Arbeiter festzunehmen, die in der Stadt vor Gericht gestellt werden sollten. Meine Aufgabe war es, mit ei-

nem der jungen Ingenieure, der ein bekannter Bergsteiger war, Vermessungsarbeiten durchzuführen. Die Bezahlung war gut – aber doch nicht gut genug. Deshalb nahm ich auch noch eine Nachtarbeit an und mußte dabei die Arbeitsleistung eines Teams berechnen, das Rohre einrammte. Damit blieben mir täglich nur acht Stunden zum Schlafen und Essen, mehr als genug, wenn man bedenkt, wie leicht meine Arbeit war und wieviel ich dabei verdiente.
Die Arbeit in der Nacht brachte mir ein paar interessante Erlebnisse. Am ersten Abend ging ich mit dem aus vier Mann bestehenden Team in der kühlen Nachtluft zu einem verschlammten Wasserloch unterhalb des Dammes. Am Ufer lag ein Kahn, mit dem wir auf eine schwimmende Plattform hinausruderten, auf der ein hoher Turm stand. Unsere Aufgabe war einfach: Wir mußten die Tiefe und Zusammensetzung des Schlamms in diesem Wasserloch feststellen, indem wir Stahlrohre hineinrammten. Der schwere Eisenhammer hing vom Turm herab und wurde mit der Hand betätigt. Ich mußte die Anzahl der Hammerschläge notieren, die notwendig waren, um die Rohre einen Fuß tief in den Schlamm hineinzutreiben.
Die vier Männer des Teams sahen wenig vertrauenerweckend aus. Der eine war ein kleiner dürrer Mann mit verwittertem, unfreundlichem Gesicht, ein anderer ein riesiger Maori, bei dem man nichts von der sprichwörtlichen Gemütigkeit seiner Rasse spürte. Die Arbeit begann – wenn man diese Tätigkeit so bezeichnen will –, und die vier Mann zogen den Hammer ohne die geringste Anstrengung in die Höhe, um ihn dann mit lautem Knall fallen zu lassen. Dazu machte ich einen Strich in meinem Notizbuch. Nach einer Stunde war niemand in Schweiß geraten, und das Rohr war nur etwa drei Meter in den Boden hineingerammt worden.
»O.K., das reicht für heute«, sagte der kleine Mann, und die vier setzten sich wieder ins Boot. »Kommst du mit, Chef?«
Etwas verwirrt bat ich um eine Erklärung und bekam sie. Die Männer arbeiteten im Akkord und erhielten eine bestimmte Summe dafür, jeweils nach 30 Zentimetern, die sie die Rohre in den Boden rammten. Bei dieser Berechnung hatte jemand einen Fehler gemacht. 3,60 Meter pro Nacht genügten, um jedem einen ausreichenden Lohn zu sichern. Deshalb taten sie nicht mehr. Es hatte auch keinen Sinn, die Betriebsleitung auf diesen Fehler aufmerksam zu machen! Was sie taten, ging mich nichts an. Ich wurde für die acht Stunden dauernde Schicht bezahlt, gleichgültig wie viele Rohre eingerammt wurden. Wir ruderten ans Ufer und gingen in eine kleine Hütte, in der sich schon etwa zwölf andere Männer drängten.

Ich hatte keine Ahnung, unter welchen Bedingungen sie arbeiteten. In der Ecke stand ein glühender eiserner Ofen, und man spielte Karten.
Die zweite Nacht war ebenso kalt und frostig wie die erste. Wieder fuhren wir hinaus auf die Plattform, aber diesmal dauerte fast zwei Stunden, bis das Rohr 3,60 Meter tief in den Schlamm gerammt war. Wir ruderten zurück, und das Team verschwand in der Bauhütte. Ich blieb draußen, denn ich wollte mir nicht noch einmal sechs Stunden lang schmutzige Witze anhören. Hatte ich nicht gewisse Verpflichtungen gegenüber meinem Arbeitgeber? Ich stieg ins Boot und ruderte wieder zur Plattform hinüber. In den folgenden sechs Stunden bediente ich den Hammer allein und rammte das Rohr noch gut neun Meter tiefer in den Boden. Dann notierte ich die Arbeitsleistung in meinem Buch. Am Ende der Schicht ging ich zu Bett und war viel zufriedener als am Tag zuvor. Am nächsten Nachmittag stieß mich jemand in die Rippe, und als ich mich umblickte, sah ich den kleinen Mann.
»Die Jungen sind nicht sehr glücklich über das, was gestern abend passiert ist«, zischte er mich an. »Sie sagen, wenn du das noch einmal tust, werden sie dich ins Wasser werfen.«
Ich packte ihn an der Jacke, zog ihn zu mir heran und sah ihm scharf in die Augen. »Du willst mich ins Wasser werfen?« fragte ich.
»Nicht ich, Chef!« beeilte er sich, mir zu versichern, »die anderen.«
Ich ließ ihn los, und er schlich in die Hütte zurück.
Als wir am Abend wieder zu der Plattform hinausruderten, sagte niemand ein Wort, aber es lag etwas in der Luft. Erst nach zweieinhalb Stunden war das Rohr 3,60 Meter tiefer in den Boden gerammt. Die unteren Schichten waren offenbar fester. Aber dann war die Arbeit getan.
»Wollen wir zurückfahren?« sagte einer, aber niemand rührte sich.
»Kommst du mit, Chef?« fragte mich der Kleine. Ich wußte, jetzt war es soweit, und machte mich auf alles gefaßt.
»Ich nicht, mein Freund!«
Die nächsten Sekunden vergingen, und niemand antwortete. Die Spannung steigerte sich zusehends. Dann meinte der große Maori: »Wir können ja das Ding noch etwas tiefer hineinhauen. Mir ist es über, in der verdammten Hütte herumzusitzen . . .«
Am Schluß merkte man den Fehler in der Berechnung, und es wurde ein neuer Akkordlohn festgesetzt, aber bis dahin hatten die Männer ein Vermögen verdient.

6. Am Südgrat des Mount Cook

Dinge, an die man sich gewöhnt hat, hält man für selbstverständlich. Erst nachdem ich weite Reisen nach Übersee unternommen hatte, lernte ich die Schönheit der neuseeländischen Berge schätzen und erkannte, welche Herausforderung sie für den passionierten Bergsteiger bedeuten. Die Südalpen erstrecken sich über Hunderte von Kilometern von Norden nach Süden und bilden für die von der tasmanischen See herüberwehenden feuchten Westwinde eine mächtige Barriere. Die Vegetationsgrenze liegt bei 1200 bis 1300 Metern. Darüber liegen schroffe Felsen und zahlreiche Gletscher. Von der 3764 Meter hohen Eiskappe des Mount Cook bis zu den Ausläufern der Gletscher an der Westküste, die bis auf eine Höhe von wenigen hundert Metern über dem Meeresspiegel herunterreichen, wird das ganze Gebiet von sich ständig verschiebenden Eismassen beherrscht. Das Wetter kann warm und sanft sein, um im nächsten Augenblick in eisige Kälte und heftigen Sturm umzuschlagen. Ein starker Nordweststurm ist gefährlicher als jeder Schneesturm im Himalaya. Der Aufstieg in die Berge ist oft lang und schwierig. Das war jedenfalls so, bevor Touristen und Skifahrer mit Flugzeugen und Hubschraubern in die Wintersportgebiete gebracht wurden. Der gute Bergsteiger in Neuseeland muß es verstehen, sich im dichten Busch zurechtzufinden, rasch dahinfließende Bäche und Flüsse zu überqueren und schwere Lasten zu tragen.

Am Ende des Zweiten Weltkriegs waren die meisten Gipfel bis auf die wenigen, die wegen ihrer besonderen Beschaffenheit als unbesteigbar galten, bezwungen. Es gab immer noch eine ganze Anzahl gewaltiger Grate, die nie ein Mensch betreten hatte, und unter ihnen erregte der Südgrat des Mount Cook das meiste Interesse bei allen Bergsteigern, die etwas auf sich hielten. Er führt in mehreren Stufen von dem niedrigeren Gipfel Nazomi

hinauf und beherrscht die Landschaft oberhalb des Touristenhotels Hermitage. Da er nicht der direkten Sonneneinstrahlung ausgesetzt ist, ist er oft vereist und gilt als außerordentlich gefährlich.
Viele Bergsteiger haben während dieser Zeit den Plan gefaßt, einmal »einen Blick auf den Südgrat zu werfen«. Einige haben es versucht, mußten das Unternehmen jedoch wegen der ungünstigen Wetterbedingungen schon aufgeben, bevor es richtig begonnen hatte. Bis 1948 war es nur einer einzigen Seilschaft gelungen, auf den Grat zu kommen, aber sie mußte nach Erreichen der ersten Stufe umkehren und berichtete, der Grat sei ihr im weiteren Verlauf zwar schwierig, aber doch besteigbar erschienen.
Ich hatte mir den Grat wie alle anderen Interessenten angesehen und ein wenig vor dem Versuch geträumt, ihn zu bezwingen. Ende Januar 1948 traf ich mich mit Harry Ayres, und wir kamen überein, die Sache anzugehen. Das Wetter war ungewöhnlich günstig, und auf dem Südgrat erkannte man relativ wenig Eis. Nach zwei Wochen harten Trainings am Berg mit anderen Kameraden befand ich mich in guter körperlicher Verfassung. Bei Harry war das sowieso selbstverständlich.
Am 4. Februar kamen wir an der Gardinerhütte auf dem Hooker-Gletscher an. Unsere Begleiter waren Mick Sullivan, ein energischer junger Bergführer, dessen Familie das Fox Glacier Hotel gehörte, und die schlanke, hübsche Medizinstudentin Ruth Adams. Sie war eine gute Skiläuferin und gewandte Bergsteigerin. Wir hatten reichlich Ausrüstung mit, denn wir wollten auf dem Endeavour Col, einem Sattel auf dem Grat zwischen dem Gipfel Nazomi und dem Fuß des Südgrats campieren.
Bis auf wenige hohe Wolken war der Himmel am Morgen des 5. Februar klar. In aller Ruhe trafen wir unsere Vorbereitungen und packten unsere Sachen zusammen; die Schlafsäcke mit wasserdichten Überzügen, einen Spirituskocher, die Verpflegung und Ersatzkleidung. Um 13.00 Uhr verließen wir die Hütte und stiegen im weichen Schnee den Noeline-Gletscher hinauf. Am langen Seil gingen wir im Zickzack über die in der Mitte des Gletschers gelegenen Spalten. Durch einen schwierigen Bergschrund und einen vereisten Hang, in den wir Stufen schlagen mußten, wurden wir gezwungen, hart zu arbeiten, ehe wir an die Felswände des Nazomi kamen. Doch dann waren wir bald in eine lange, steinige Schlucht eingestiegen, die bis auf ungefähr 30 Meter an den Gipfel des Nazomi heranführte. Ohne besondere Schwierigkeiten kletterten wir den Grat entlang weiter und kamen um 17.45 Uhr nach einem schönen und erfolgreichen Nachmittag oben an.

Vor uns erhob sich nun der Südgrat, der in einer Reihe steiler Stufen bis zu dem vereisten niedrigeren Nebengipfel des Mount Cook hinaufführte. Zunächst machte die Route einen recht gemütlichen Eindruck auf mich. Der Fels schien eisfrei zu sein, und die ersten beiden Stufen waren nicht sehr schwierig, wenn auch streckenweise recht steil. Nur die lange dritte Stufe flößte uns Respekt ein, aber wir glaubten, wir könnten sie mit einer Traverse am linken Hang bezwingen. Außerdem stellten wir fest, daß das letzte Band unterhalb der Eiskappe ebenfalls links umgangen werden konnte, wenn es zu schwierig sein sollte, es auf direktem Wege zu durchsteigen.

Wir überlegten, wo wir das Lager errichten sollten. Seit einigen Stunden sah es aus, als könnte das Wetter umschlagen. Wir hatten nicht das Verlangen, in exponierter Position von einem Sturm überrascht zu werden. Ein Abstieg vom Endeavour Col wäre dann sehr schwierig, deshalb war es vielleicht richtiger, auf dem Gipfel des Nazomi zu biwakieren. Wir entschieden uns für eine Stelle am Ende der Felsschlucht, etwa zehn Meter unterhalb des Grats auf der Westseite, und waren überzeugt, von dort auch bei sehr ungünstigen Wetterverhältnissen absteigen zu können. Die nächsten beiden Stunden arbeiteten wir schwer, um uns eine ebene Fläche zu schaffen, die uns allen Platz bot, und eine Steinmauer zu errichten, die uns vor dem Wind schützte. Um das Gepäck nicht allzusehr zu beschweren, hatten wir nur sehr wenig Verpflegung mitgenommen, und daher war das Abendessen spartanisch. Als ich mich in meinem Schlafsack auf die harten Steine legte, vermißte ich das Gefühl der inneren Wärme und Ruhe, das von einem vollen Magen ausgeht. Von dieser hoch über dem Gletscher gelegenen Plattform aus konnte ich sehen, wie sich der Südgrat mit seinen Schroffen und Zacken als Silhouette gegen den Himmel abzeichnete.

Ich konnte in dieser Nacht nicht sehr gut schlafen. Am frühen Morgen frischte der Wind auf und pfiff durch die Ritzen in der Steinmauer, so daß wir alle die Kälte zu spüren bekamen. Die Wetteraussichten schienen nicht günstig zu sein. Mit einem Blick über den Grat sahen wir unheilverkündende Wolken, die sich über dem Rücken des Malte Brun zusammenzogen. Fröstelnd blieben wir bis 4.30 Uhr in unseren Schlafsäcken liegen. Das Wetter schien sich jedoch zu halten. Nach dem Aufstehen frühstückten wir in aller Eile, und Mick Sullivan sagte mit seinem trockenen Humor, unsere Mahlzeit habe aus »einem Atemzug frischer Luft und einem Blick in die Gegend« bestanden. Um 5.30 Uhr war alles gepackt, und wir begannen zum Endeavour Col abzusteigen. Die vom Grat hinunterführenden Felswände boten keine besonderen Schwierigkeiten, aber wir waren noch steif und ungeschickt, und erst als wir uns warmgearbeitet hatten, wurden unsere Leistungen besser. An einem vereisten Hang mußten wir Stufen schlagen und kamen schließlich um 6.30 Uhr am Endeavour Col an.

Das Wetter hatte sich gebessert, und die dunklen Wolken lösten sich in der Morgensonne auf. Wir überlegten, ob wir unsere Schlafsäcke eine etwa 300 Meter tiefe verschneite Schlucht bis zum Noeline-Gletscher hinunterwerfen sollten, ließen es aber dann sein. Die Bündel hätten allzuleicht an einer vorspringenden Felsspitze hängenbleiben können, und dann hätten wir eine Extrakletterpartie unternehmen müssen, um sie zu holen.

Um 6.35 kamen wir, mit zwei Seilen gesichert, am Südgrat an, und meine Erregung wuchs. Es ging jetzt glatt voran, und wir überwanden leicht das lose Geröll der ersten Stufe. Etwas unterhalb des Kamms auf der Ostseite gingen wir die ganze Zeit zusammen in einer Reihe, und obwohl wir uns immer des jähen Absturzes unter uns bewußt waren, hatten wir keine großen Schwierigkeiten. Ein langer Felskegel versperrte uns den Weg, so daß wir auf den vereisten Hang nach Osten ausweichen mußten, wo Harry eine Treppe ins Eis schlug. Als wir wieder auf den Kamm zurückkamen, stellten wir fest, daß wir den Felskegel auch auf der Westseite hätten umgehen oder sogar direkt an der Wand des Kegels hätten entlangklettern können. Wir hatten kaum Zeit verloren, und um 7.45 Uhr waren wir am oberen Rand der ersten Stufe angekommen.

Inzwischen klärte es sich auf, und man spürte kaum einen Windhauch. Bis hierher waren wir den Fußstapfen unserer Vorgänger gefolgt . . . Von jetzt an war der Grat noch jungfräulich, und das erschien uns ungeheuer wichtig – warum, weiß ich nicht. In gehobener Stimmung gingen wir weiter zur zweiten Stufe. Wir freuten uns festzustellen, daß der Fels hier besser gangbar war. Wir hielten uns immer noch etwas unterhalb des Kammes am Osthang, und das Steigen war für uns ein richtiges Vergnügen. Nur zwei steile Kegel hielten uns einige Zeit auf. Unser Gepäck war für das Klettern im Fels verhältnismäßig umfangreich und schwer, und nach einiger Zeit spürten wir, wieviel Kraft uns das Tragen kostete. Wir brauchten anderthalb Stunden für die zweite Stufe und waren froh, in der Sonne eine Rast einlegen und etwas essen zu können.

Inzwischen war es 9.15 Uhr geworden. Hier hatten wir eine herrliche

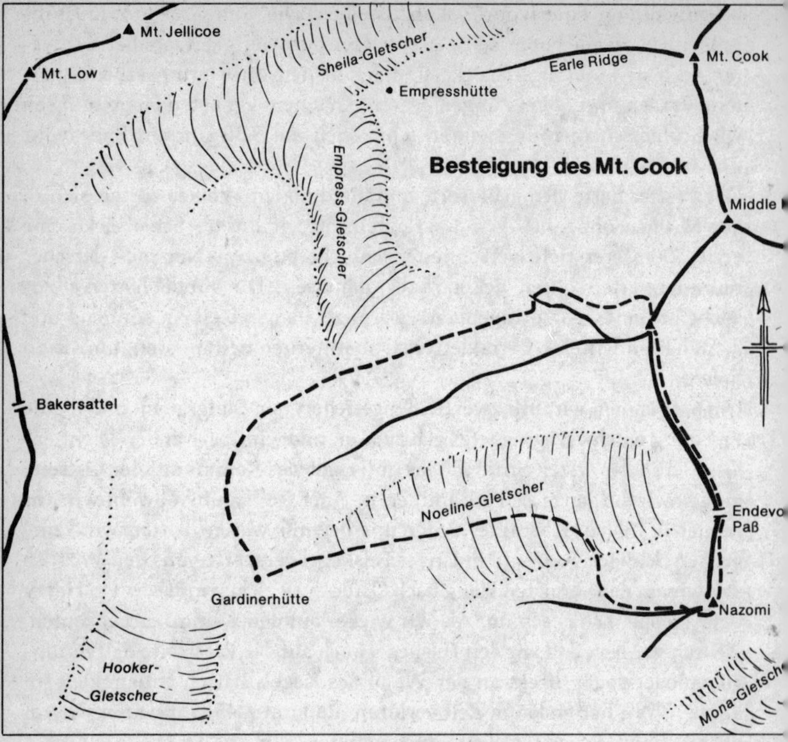

Aussicht. Nach Osten blickten wir über die mächtige Carolinen-Wand des Mount Cook (die erst 22 Jahre später bezwungen wurde). Im Westen lagen riesige Eismassen über dem Noeline- und Hooker-Gletscher. Tief unten am Fuß des Berges sahen wir die geriffelten Eisfelder, und in der Ferne erkannten wir das goldbraune Gras des McKenzie-Gebiets und das milchige Blau des Lake Pukaki. Wir waren stolz auf unseren bisherigen Erfolg, doch wie würde die dritte Stufe aussehen?

Wir besprachen, wie wir weiter vorgehen sollten. Die Route, die wir vom Nazomi aus gesehen hatten, schien immer noch die besten Möglichkeiten zu bieten; eine Traverse zur Linken, dann wieder hinauf auf den Kamm. Meist hatte Harry die Führung übernommen. Jetzt winkte er Mick Sullivan an die Spitze, und wir beobachteten Mick und Ruth, wie sie langsam, aber sicher die ersten Felspartien der dritten Stufe hinaufstiegen. Harry

betrachtete immer noch die Steilwand über uns mit prüfendem Blick. »Ich glaube, wir könnten auch die direkte Route nehmen, Ed«, sagte er. »Würdest du es versuchen wollen?« Ich folgte seinem Blick. Die Stufe sah aus wie der Bug eines mächtigen Schlachtschiffs und ging steil und tief hinunter zur Carolinen-Wand. Ich stellte mir vor, ihre Besteigung müßte eine aufregende Sache, aber auch gefährlich sein. Mit einem etwas merkwürdigen Gefühl in der Magengrube stimmte ich zu.
»Wir wollen es versuchen!«
Wir bogen nach rechts auf die neue Route ab, und die Gefährten verschwanden aus unserem Blickfeld. Je höher wir auf die dritte Stufe hinaufkamen, desto mehr dankten wir dem Schicksal, daß das Gestein fest, wenn auch sehr steil und streckenweise sogar überhängend war. Es gab nur wenige für Sicherungen geeignete Stellen, aber unter der hervorragenden Führung von Harry schafften wir zwei Drittel der Wand, bevor wir an einem sehr schwierigen Felsvorsprung haltmachen mußten, der über unseren Köpfen herausragte. Die Stelle, an der ich mich befand, war sehr unsicher, und ich hätte mich hier bei einem Abgleiten kaum noch abfangen können. Harry hing mit ausgebreiteten Armen und Beinen in der Wand. Zentimeterweise arbeitete er sich an einem glatten Felsstück in die Höhe, bis er vor einem häßlich vorspringenden Felsen aufgehalten wurde, an dem es keine Stelle gab, an der er sich hätte festklammern können. Drei- oder viermal versuchte er, die Richtung zu wechseln, aber jedesmal mußte er den Versuch aufgeben.
»Ich muß runterkommen, Ed. Das wird nicht leicht sein!«
Verzweifelt klammerte ich mich an meine schwache Sicherung und versuchte, ein Seilende in einer schmalen Ritze zu befestigen. Einen Augenblick klammerte sich Harry fest, und dann ließ er sich, ganz im Gleichgewicht, über die Wand hinuntergleiten. Ich konnte das Kratzen der Sohlennägel am Gestein hören. Er rutschte sehr schnell, als er sich dem unteren Ende der Wand näherte, und ich fürchtete schon, daß er abstürzen würde. Aber Harry war ein außergewöhnlicher Kletterer. Er erinnerte sich an einen Haltepunkt, den er beim Aufstieg benutzt hatte, und griff im Vorbeigleiten in aller Ruhe hinein. Im nächsten Augenblick stand er sicher auf einem Sims und sah sich nach einer zweiten Aufstiegsmöglichkeit um.
Wir überlegten uns, ob wir nach rechts gehen und in einen sehr steilen vereisten Kamin einsteigen sollten. Es befanden sich senkrechte Eisstufen darin, und der Aufstieg schien sehr schwierig zu sein. Um eine scharfe

Kante herum schoben wir uns auf einen etwa 10 Zentimeter breiten Sims; selten habe ich mich an einer so exponierten Stelle befunden. Dann hatten wir unerwartetes Glück. In Brusthöhe fanden wir einen etwa 5 Zentimeter breiten Spalt, und darin war ein kleiner Stein festgeklemmt. Das war eine perfekte Sicherung. Ein Stück über dieser Sicherung befand sich ein zweiter Spalt, der guten Halt zu bieten schien und vielleicht an eine weniger schwierigere Stelle der Wand führte. Ansonsten sah der vereiste Kamin fast unbesteigbar aus. Vielleicht war es doch möglich, den direkten Weg über die Felswand zu nehmen.
Wie ein Akrobat das Gleichgewicht haltend, brachte es Harry irgendwie fertig, über die Sicherung nach oben hinauszukommen und sich mit gespreizten Armen und Beinen in der Wand zu halten. Aber auch wenn er sich in seiner ganzen Länge ausstreckte, fehlten noch etwa dreißig Zentimeter bis zum oberen Spalt. Ein kleiner Schritt hätte genügt, aber das war nicht mehr möglich. Ich stand unter ihm und lehnte mich, den rechten Arm fest um die Sicherung geschlungen, über die Wand hinaus. Nun streckte ich die linke Hand nach oben aus und rief: »Tritt auf meine Hand, Harry!« Ich hielt das für einen ganz vernünftigen Vorschlag, aber Harry war davon nicht begeistert. Was würde geschehen, wenn ich sein Gewicht nicht halten konnte oder der Spalt trotzdem noch immer außerhalb seiner Reichweite blieb?
Er überlegte einen Augenblick und entschloß sich dann, das Risiko einzugehen. Er stellte den linken Fuß auf meine ausgestreckte Hand, verlagerte das Gewicht ein wenig und sprang dann wie ein Tiger. Ich spürte sein Gewicht kaum und sah zu meiner großen Freude, wie er mit beiden Händen in den Spalt griff. Unter ungeheurer Anstrengung zog er sich hinauf und schob sich an eine sichere Stelle. Dann ruhte er sich kurz aus, zog das Seil straff und rief mir zu, ich solle hinterherkommen.
Trotz der Sicherung durch das Seil fiel es mir schwer, hinaufzusteigen. Ich war zu schwer, so daß Harry mich nicht hinaufziehen konnte und ich selbst am Seil hinaufklettern mußte. Im Gegensatz zu dem Eindruck, den einem manche Filme vermitteln, ist es nicht ganz leicht, sich an einem dünnen Bergsteigerseil in einer schwierigen Situation Hand über Hand nach oben zu ziehen. Nur unter großen Anstrengungen gelang es mir, diesen Abschnitt zu bewältigen und zu Harry auf den Sims hinaufzukommen. Nach weiteren zehn Minuten standen wir auf der dritten Stufe.
Dort hörten wir auch die Stimmen von Mick und Ruth, die jetzt auf uns zukamen. Ihre Traverse auf der linken Seite hatte sie an den Fuß einer

Rinne gebracht, an deren rechter Seite sie über eine sehr steile Felswand geklettert waren. Die letzte Strecke war besonders schwierig gewesen, und erst nach dreimaligem Versuch hatten sie den richtigen Weg auf den Kamm gefunden.

Der schwierigste Teil des Aufstiegs lag hinter uns. Mit einiger Erleichterung legten wir die Steigeisen ab und stiegen über guten, festen Schnee zu dem Felsband unterhalb der Eiskappe. Zwar mußten wir noch eine ganze Anzahl von Stufen in das Eis zwischen dem bloßen Fels schlagen, doch bald konnten wir eine Rast auf dem letzten Sims einlegen, und wir genossen den phantastischen Ausblick. Plötzlich merkten wir, daß man uns von der 3000 Meter tiefer gelegenen Hermitage zublinkte. Wie man uns später sagte, hatte man uns beim Überqueren der Schneefläche beobachtet, und nun gratulierte man uns mit einem Dutzend Spiegeln zu unserem Erfolg.

Mit Steigeisen ging es nun die Eiskappe hinauf, und um 13.45 Uhr waren wir auf dem Gipfel. Wir blieben einige Minuten dort, um eine Reihe von Aufnahmen zu machen, winkten zur Hermitage hinunter und stiegen dann von der Eiskappe nach Westen ab, um einen windgeschützten Lagerplatz zu finden. Wir waren inzwischen sehr durstig und hungrig geworden. Auf der Flamme unseres kleinen Kochers schmolzen wir etwas Eis und brachten das Wasser zum Kochen. Ruth tat eine Tafel Schokolade hinein, und wir warteten begierig auf die köstliche Tasse heißer Schokolade. Das Ergebnis entsprach nicht ganz unseren Erwartungen. Ich goß eine Tasse der braunen Flüssigkeit hinunter und kratzte die nicht aufgelösten Schokoladeklümpchen heraus.

Um 15.00 Uhr begannen wir den Abstieg über den Westgrat, eine der klassischen Routen am Mount Cook. Es war nicht leicht, von der Eiskappe auf den Felsen zu kommen, aber dann kletterten wir an einer aus festem Gestein bestehenden, von der Sonne erwärmten Wand über tausend Meter hinunter. Die Spalten unterhalb des Grats sahen gefährlich aus, und wir fühlten uns eigentlich nicht mehr in der Verfassung, noch große Leistungen zu vollbringen. Doch Harry bewährte sich wieder einmal als glänzender Führer, und wir krochen unter dem überhängenden Fels ein Schneebrett entlang, um ganz unverhofft auf einem freien beschneiten Hang zu stehen. Um 19.45 Uhr erreichten wir die Gardiner Hütte nach einem unvergleichlich herrlichen Tag. Mir fiel es immer noch schwer zu glauben, daß ich an der Erstbesteigung des Südgrats teilgenommen hatte.

An den folgenden zwei Tagen wurde das Wetter schlechter, und wir waren

froh, uns ausruhen, essen und über unsere Expedition diskutieren zu können. Als der Himmel aufklarte, waren wir zu neuen Unternehmungen bereit und wollten nun den 3081 Meter hohen La Perouse, einen massiven Gipfel über dem Hooker-Gletscher besteigen. Das war ein sehr schwieriges Unternehmen, das bisher nur wenigen gelungen war. Die herkömmliche Route war sehr lang. Auf ihr mußte man über den Divide-Grat und dann an einer Reihe niedriger Gipfel seitlich vorbeigehen, ehe man den Hauptgipfel erreichte.
Um 4.00 Uhr morgens brachen wir von der Hütte auf und legten die Steigeisen an, um zunächst zum Hooker-Gletscher zu gehen. Es hatte stark gefroren, und das Eis war sehr hart. Wir hatten also keine Schwierigkeiten, den zerrissenen Mittelteil des Gletschers zu überqueren. Auf einer Route, die Harry im letzten Jahr erkundet hatte, kamen wir an einer gefährlichen Stelle vorbei, an der immer wieder Eislawinen niedergingen, und arbeiteten uns dann über von tiefen Rissen durchzogene Hänge bis an den Fuß einer sehr steilen Eiswand hinauf, die zum Grat führte. Wo es möglich war, benutzten wir Steigeisen und zwischendurch schlugen wir Stufen ins Eis. Nachdem wir die Wand hinter uns hatten, standen wir um 7.00 Uhr auf dem Kamm.
Es war immer noch sehr kalt, deshalb gingen wir sofort weiter. Der Kamm des Grats bestand aus Felsen, die zum Teil sehr schroff in die Tiefe gingen, und das Gestein war verhältnismäßig locker. Wir hielten einen ziemlichen Abstand zwischen beiden Seilen, um zu vermeiden, daß wir durch Steinschlag in Schwierigkeiten gerieten. Doch diese Gefahr ließ sich auch dadurch nicht bannen. Besonders locker war das Gestein auf dem kleinen Gipfel Jellicoe, und jedesmal, wenn der Fuß oder die Hand einen Halt gefunden hatte, ging eine kleine Steinlawine zu Tal. Es war schwer verständlich, wie sich das Gestein an solchen Stellen so locker übereinandergeschichtet hatte, und wir waren einigermaßen verwirrt, als wir feststellten, daß sogar riesige Felsblöcke sanft zu schaukeln begannen, wenn man sie berührte. Die Überwindung dieser Strecke war für mich kein Vergnügen, und ich war froh, als wir den Gipfel des Mount Low erreicht hatten. Hier bestand der Grat aus Eis und Schnee und war viel breiter. Dafür fiel er in einem zunehmend steiler werdenden Winkel nach Westen ab.
Wir gingen mit Steigeisen weiter und kamen hinunter in den Sattel zwischen Low und La Perouse. Hier mußten wir feststellen, daß der Grat durch einen tiefen und breiten Riß gespalten war. Die untere Wand dieser Spalte war eingestürzt, und bis dorthin mußten wir eine wenigstens zehn

Meter hohe Eiswand überwinden. Ich sicherte das Seil, und Harry schlug Stufen für Hände und Füße hinein. Als ich zu ihm hinunterstieg, kam ich an einen sehr schwierigen, steilen und exponierten Abschnitt. Harry und ich sahen erst jetzt, daß der Spalt im weiteren Verlauf an einen vorspringenden Felsen stieß. An dieser Stelle bildete die Eiswand einen einigermaßen glatten Hang. Hier würden wir wahrscheinlich besser vorankommen, und deshalb riefen wir Mick zu, er sollte es dort versuchen. Er und Ruth sahen sich die Sache an, während Harry und ich zum Sattel hinüberkletterten, uns in der Sonne ausruhten und ihnen zusahen.

Wir waren rasch vorangekommen, denn es war erst 10.00 Uhr. Mick schlug die Stufen, und an ihrer Größe und ihrem Winkel konnten wir erkennen, daß der Hang viel härter und steiler war, als wir es von unten hatten sehen können. Um Zeit zu sparen, erschien es am besten, sich vom vorspringenden Felsstück aus auf den Hang abzuseilen, um dann gemeinsam auf der ursprünglichen Route weiterzugehen. Mick übernahm die Sicherung am Felsvorsprung, und Ruth kletterte die wenigen Stufen hinunter, die er ins Eis geschlagen hatte. Wir erwarteten, daß sie am Seil so weit über den Hang gehen würde, bis sie sich direkt unterhalb der Sicherung befand, um dann gerade nach unten abzusteigen. Plötzlich straffte sich das Seil, und im nächsten Augenblick stürzte sie und glitt mit großer Geschwindigkeit den Hang hinunter. Das Seil war gerissen!

Es verschlug uns den Atem, und ich hörte nur, wie Harry rief: »Nein! Nein!« Ruth schoß etwa 16 Meter tief hinunter und fiel dann über eine fast drei Meter hohe Eiswand auf einen steilen, eisbedeckten Hang, der auf gewaltige Schroffen zulief. Es sah aus, als könne nichts sie noch retten. Doch sie stieß zum Glück gegen einen tief im Eis steckenden Felsblock, der sie bei ihrer rasenden Talfahrt aufhielt. Harry und ich warfen das Gepäck ab und liefen, so schnell wir konnten, die etwa hundert Meter zu Ruth hinüber. Wahrscheinlich schlugen wir dabei jeden Schnelligkeitsrekord mit Steigeisen auf steilen Hängen, der jemals in dieser Gegend aufgestellt worden war. Sie war bewußtlos, blutete aus einigen Schrammen und sah recht übel zugerichtet aus. Ich hielt sie an der Unfallstelle auf dem Steilhang fest; sie wimmerte leise vor sich hin. Harry hackte indessen eine tiefe Stufe ins Eis, auf die wir sie betteten. Wir untersuchten sie und befürchteten, daß sie sich den Arm gebrochen und vielleicht auch eine Rückgratverletzung zugezogen hatte. Auf jeden Fall hatte sie schwere Prellungen, einen Schock und eine Gehirnerschütterung. Jetzt kam auch Mick zu uns, nachdem er über einen sehr schwierigen Steilhang abgestiegen war. Vor-

sichtig brachten wir Ruth an eine sichere Stelle unterhalb des Hanges. Hier zogen wir ihr unsere Reservekleidung an, um die Auswirkungen des Schocks abzumildern und es ihr so bequem wie möglich zu machen.
Wir hatten sicher keine Möglichkeit, Ruth auf dem Weg, über den wir aufgestiegen waren, hinunterzubringen. Wir befanden uns hier an einer so schwer zugänglichen Stelle, daß wir sie nur noch mit Hilfe einer gut ausgerüsteten Rettungsmannschaft ins Tal schaffen konnten. Wenn das Wetter umschlug, waren die Überlebenschancen für uns alle schlecht, es sei denn, wir fanden Unterschlupf, Wärme und Lebensmittel. Nach einer kurzen Beratung beschlossen wir, daß einer von uns zur Hermitage hinuntergehen müsse, um die Rettungsaktionen in die Wege zu leiten. Der zweite sollte zur Gardinerhütte gehen und von dort Ruths Schlafsack, den Kocher und Lebensmittel heraufbringen, bevor das Wetter schlechter wurde. Der dritte blieb bei Ruth und schlug eine Höhle in das Eis, in der wir vor dem Wetter geschützt waren und uns wärmen konnten.
Harry und Mick sollten absteigen und die Rettungsmaßnahmen einleiten. Sie waren damit einverstanden. Ich muß zugeben, daß mich im Augenblick, als sie die Seile aufnahmen und sich verabschiedeten, ein starkes Gefühl der Verlassenheit, ja fast der Verzweiflung ergriff. Ruth war immer noch bewußtlos, und mir war klar, wie schlimm unsere Lage war. Doch ich hatte viel zu tun und begann sofort, nach einer für die Eishöhle geeigneten Stelle zu suchen. Nach einiger Zeit fand ich sie am Ende einer tiefen Rinne. Die Stelle war für eine Höhle zwar nicht gerade ideal, aber ich würde genügend Raum schaffen können, um von oben geschützt zu sein. Da ich als einziges Werkzeug nur den Eispickel hatte, war es eine recht mühsame Arbeit, die Höhle ins Eis zu schlagen.
Schon am frühen Nachmittag wurden wir von dichten Nebelschwaden eingehüllt, und ein kühler Wind ließ die Temperatur stark sinken. Ruth kam gegen 14.00 Uhr wieder zu Bewußtsein, und obwohl sie ziemlich gefroren haben muß, war sie guter Stimmung und sehr tapfer. Sie beschwerte sich darüber, den ganzen »Spaß« nicht miterlebt zu haben. Sie fragte, ob ich ihr etwas Aspirin gegen die Schmerzen geben könnte, und ich gab ihr drei Tabletten. Später konnte sie sich an diesen Zeitabschnitt nicht mehr erinnern. Um 16.00 Uhr löste sich der Nebel auf, ich kletterte durch die Spalten auf den Kamm des Grats und blickte die gewaltige Eiswand des La Perouse hinunter. Zu meiner großen Freude sah ich eine deutliche Spur, die über den Hooker-Gletscher zur Gardinerhütte hinunterführte, ein sehr tröstlicher Anblick.

Um 17.00 Uhr war die Eishöhle fertig. Sie war jetzt 2 Meter tief, 1.70 Meter hoch und 1.50 Meter breit. Ich trug Ruth in unseren privaten Eisschrank, und wir richteten uns dort einigermaßen bequem ein. Ich hatte den Boden mit flachen Steinen belegt, um ihn gegen das Eis zu isolieren. Den Eingang verbaute ich mit Eisschollen. Als ich eine Kerze anzündete, schien es sogar einigermaßen warm zu werden, und unsere Stimmung hob sich. Ich kann nicht behaupten, daß ich mich hier besonders wohl fühlte, aber ich durfte mich nicht beschweren, wenn ich meine Lage mit der von Ruth verglich. Sie schlummerte von Zeit zu Zeit ein, warf sich aber im Schlaf unruhig hin und her und stöhnte. Wachte sie auf, war sie unglaublich mutig und fröhlich. Sie hatte heftige Rückenschmerzen, und manchmal bat sie mich, sie ein wenig anzuheben, was ihr einige Erleichterung brachte. Gelegentlich kroch ich hinaus, um mir etwas Bewegung zu verschaffen und mich dabei zu erwärmen. Unter meinem Parka hatte ich nur noch ein wollenes Hemd an, denn wir hatten alles, was wir entbehren konnten, Ruth gegeben.

Ich erwartete Mick Sullivan frühestens gegen 23.00 Uhr zurück. Es war daher eine angenehme Überraschung, als sein fröhliches Gesicht schon kurz vor 22.00 Uhr im Eingang der Höhle auftauchte und er mit einem dicken Bündel hereinkam. Sofort packten wir Ruth in ihren Schlafsack und kochten auf dem Spirituskocher eine Suppe. Mick war sehr schnell von der Gardinerhütte heraufgekommen. Er hatte dazu nicht viel mehr als fünf Stunden gebraucht, die letzte war er in völliger Dunkelheit aufgestiegen. Unsere Schlafsäcke hatte er nicht mehr mitnehmen können, brachte uns aber winddichte Zeltplanen. Nachdem wir etwas Heißes getrunken hatten, wickelten wir uns hinein und verbrachten in der engen Höhle eine relativ angenehme Nacht.

Am Dienstagmorgen hatte es sich aufgeklärt, und das Wetter war ausgesprochen schön. Wir wärmten uns etwas Wasser auf dem Primuskocher, und als wir das Motorengeräusch eines Flugzeugs hörten, liefen wir hinaus, um ihm zuzuwinken. Die Maschine schwankte beängstigend in der Luft, als sie über den Westgrat kam, und wir konnten sehen, daß unter dem Rumpf ein dickes Bündel hing. Der Pilot war Harry Wigley, ein in dieser Gegend bekannter Mann, der im Krieg Jagdflieger gewesen war. Trotz der starken Turbulenzen warf er das Bündel sehr genau auf den vereisten Hang über uns. Harry Ayres saß in der Maschine und hatte ihn, obwohl er das Fliegen nicht vertrug und luftkrank geworden war, sicher hierher dirigiert. Im Verlauf des Vormittags kam das Flugzeug noch dreimal, und alle von ihm abgeworfenen Bündel fielen in einem Radius von etwa zehn Metern herunter, was das Können des Piloten unter schwierigsten Bedingungen bewies. Zwei Bündel rutschten in einen tiefen Spalt, aber wir holten sie ohne Schwierigkeiten wieder heraus. In den Schnee hatten wir die Worte gekratzt: »O.K., ALLES GESUND«, und augenscheinlich hatte der Pilot diese Botschaft bei seinem zweiten oder dritten Anflug verstanden. Man hatte den Proviant in reichlich mit Stroh ausgepolsterte Getreidesäcke verpackt. Er bestand aus einem Bergsteigerzelt, einer Tragbahre, Schlafsäcken, einem großen Bündel mit Seilen, Lebensmittelkonserven, Brot, Butter, Keksen usw. Nur ein paar Konservendosen waren beim Aufprall geplatzt, und auch das Brot und die Kekse hatten etwas gelitten. Alles andere war heil heruntergekommen.

Es war ein fast windstiller Tag. Wir holten Ruth deshalb aus der Eishöhle, legten sie in die Sonne, und sehr bald bat sie uns, sie von einigen der vielen Schichten, in die sie eingehüllt war, zu befreien. Mick und ich beschäftigten uns eine Weile damit, die Eishöhle zu vergrößern, und schlugen dann das Zelt in einer mit Schnee vollgewehten Rinne auf. Die mit Stroh gefüllten Säcke gaben für die Höhle und das Zelt vorzügliche Matratzen ab. Wir waren jetzt wirklich erleichtert. Ruth schien sich wohler zu fühlen, das gute Wetter hielt an, und wir hatten genug Vorräte, um auch eine kurze Schlechtwetterperiode zu überstehen.

Am Abend gegen 21.00 Uhr zogen wir uns in das Zelt zurück und hatten uns eben hingelegt, als wir von einem lauten Ruf geweckt wurden. Vom Gipfel des Low kamen Lichter auf uns zu, und schon bald begrüßten wir den Chefbergführer Mick Bowie und drei seiner Gehilfen. Für mich war das der Wendepunkt in der Rettungsaktion. Mick Bowie war eine starke Persönlichkeit, ein guter Sportler und erfahrener Bergsteiger. Nach seinem Eintreffen kam Ordnung in das Unternehmen. Das bedeutete nicht, daß er mehr sagte oder tat als irgendein anderer, aber in seiner ruhigen Art schweißte er uns zu einer leistungsfähigen Mannschaft zusammen. Er erklärte uns, er wolle uns über den Westgrat des La Perouse hinunterbringen. Das war eine weniger schwierige und sicherere Route. Anschließend würden wir entlang des Hochwasser führenden Cook River bis an die Westküste gehen können. Harry Ayres und zehn Bergsteiger aus Christchurch hätten etwas weiter unten auf dem Grat ein Lager eingerichtet und sollten am nächsten Morgen hier eintreffen. Der Wetterbericht sei nicht sehr günstig gewesen, und jetzt käme es zunächst darauf an, Ruth hinunterzubringen, bevor ein Sturm losbrechen würde. Wir verteilten uns auf das Zelt und die Höhle und verbrachten eine recht ruhige Nacht. Am Mittwoch, dem 11. Februar, war das Wetter früh am Morgen immer noch recht gut, aber über Canterbury hingen schon unheilverkündende Wolken. Mick Bowie und seine Leute brachen bald nach 9.00 Uhr auf, um eine Route auf den Westgrat zu erkunden. Zwischen 10.00 Uhr und Mittag kamen die einzelnen Seilschaften aus Christchurch nach einem sehr unbequemen Biwak auf dem Grat ins Lager. Wir freuten uns mächtig, Harry Ayres wiederzusehen.

Dr. Jerry Wall hatte die Rettungsmannschaft begleitet, untersuchte Ruth gründlich und bereitete sie auf den Abtransport vor. Sie war noch blaß, aber in guter Stimmung und hatte ein klassisches blaues Auge. Nun wurde sie auf der aus Bambusstangen und Segeltuch hergestellten Tragbahre festgeschnallt. Wir schulterten das schwere Gepäck, ergriffen die Trage und beeilten uns, wegen des nahenden Unwetters rasch voranzukommen. Die erste Zeit ging es bergan, und wir mußten die steilen, von tiefen Rissen durchzogenen Hänge bis zum Gipfel des La Perouse hinaufklettern. In der ersten halben Stunde gab es ein ziemliches Durcheinander. Jeder hatte andere Ratschläge, Vorstellungen und Methoden. Aber bald entwickelten wir ein System, an das wir uns bei der ganzen Rettungsaktion hielten. Wir knüpften zwei Seile vorn an die Tragbahre und zogen sie wie einen Schlitten über den Schnee. Wenn Steilhänge überwunden werden mußten, verwendeten wir die Seile zur Sicherung und zum Hinunterlassen der Trage, die von zwei Mann gehalten und dirigiert wurde. Bergauf lenkte ein Mann die Trage und verankerte sie, wo es notwendig war, während drei Mann an jedem Seil vorausgingen und sie Hand über Hand nachzogen. Es stellte sich bald als nicht durchführbar heraus, die einzelnen Mitglieder der Seilschaft durch ein Seil miteinander zu verbinden, und wir verwendeten die Zugseile und die Tragbahre als einzige Sicherung.

Beim Hinaufbringen der Trage ging alles glatt, bis wir an eine vereiste Wand kamen, wo Mick Bowie eine primitive Strickleiter angebracht hatte. Wir stiegen hinauf, bzw. ließen uns hinaufziehen und holten dann die Tragbahre nach. Eine Zeitlang war das Terrain sehr uneben, und an vielen Stellen mußte die Trage über breite Gletscherspalten befördert werden. Es hätte dabei recht strapaziös für Ruth werden können, aber sie hatte starke schmerzstillende Mittel bekommen und nahm von dem, was mit ihr geschah, nur wenig wahr.

Auf dem längsten Hang, der zum Westgrat hinaufführte, verwendeten wir das 130 Meter lange Seil und zogen die Tragbahre in einem Arbeits-

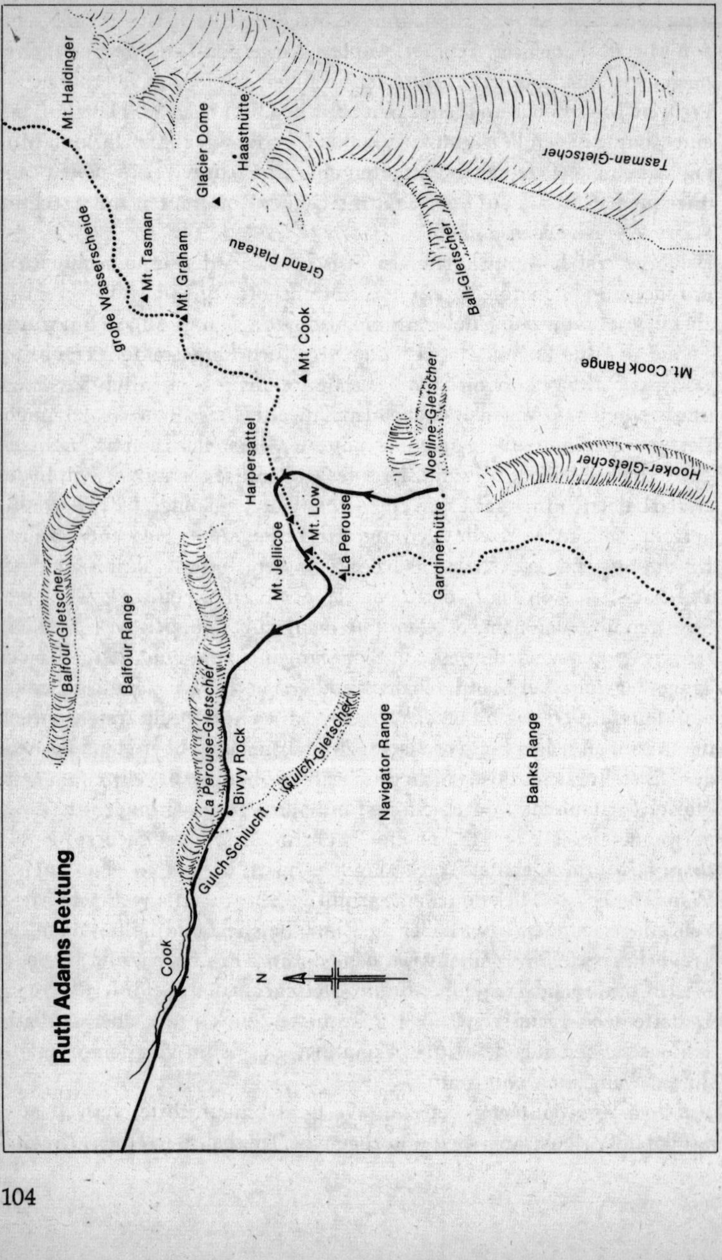
Ruth Adams Rettung
Mt. Haidinger
Glacier Dome
Haasthütte
Tasman-Gletscher
große Wasserscheide
Mt. Tasman
Mt. Graham
Grand Plateau
Ball-Gletscher
Mt. Cook
Mt. Cook Range
Harpersattel
Noeline-Gletscher
Hooker-Gletscher
Mt. Low
La Perouse
Mt. Jellicoe
Gardinerhütte
Balfour-Gletscher
Balfour Range
La Perouse-Gletscher
Bivvy Rock
Gulch-Gletscher
Navigator Range
Banks Range
Gulch-Schlucht
Cook
N

gang nach oben. Es war inzwischen 16.00 Uhr geworden, und wir befanden uns 10 Meter unterhalb des Gipfels La Perouse. Wir mußten jeden Augenblick mit einem Wettersturz rechnen, denn sowohl der Mount Cook als auch der Mount Sefton lagen in dichten Wolken.
Wir beschlossen, keine Zeit zu verlieren, sondern sofort über den Westgrat abzusteigen. Zuerst ging es über eine schwierige Traverse, um über den oberen Teil des weiten Hangs auf den darunterliegenden flacheren Teil des Grats zu gelangen. Wir improvisierten aus einem Seil eine Art Geländer, mit dessen Hilfe wir die Trage an eine ebenere Stelle brachten. Das Gefälle war hier nicht mehr so stark, und obwohl der Westgrat auf einigen Strecken schmal war, zog sich zwischen den Steilwänden im Norden und den Schneehängen im Süden eine tiefe Rinne entlang, die einen ausgezeichneten Pfad abgab. Nun wendete sich der Westgrat scharf nach links und fiel steil ab. Unsere Route führte einen etwa 35 Meter tiefen und steilen Schneehang hinunter. Das lange Seil wurde auf dem Kamm des Grats gut gesichert, und dann ließen wir die Tragbahre hinunter, während zwei Mann sie dirigierten. Als das Seil fast in ganzer Länge ausgezogen war, verankerten die beiden Männer die Trage, und wir anderen folgten auf Steigeisen und sicherten uns dabei mit dem Seil.
So ging der Abstieg bis 20.00 Uhr weiter. Dann gelangten wir an eine vereiste Moräne, die ein Stück weiter in eine steil abfallende Wand überging. Die Stelle war zwar recht exponiert, aber relativ breit und eben, und auf der Eisfläche hatten sich viele Wasserpfützen gebildet. Wir befanden uns hier in etwa 2500 Meter Höhe, und die gefährlichsten Strecken lagen hinter uns. Wir beschlossen, hier unsere Zelte aufzuschlagen. Mick Bowie gab die Lebensmittelrationen aus; für jeden zwei Scheiben Brot, ein Stück kräftiges Rindfleisch und eine Dritteldose Obstkonserven. Dazu tranken wir das eiskalte Wasser. Nachdem wir uns noch einmal über die Wetteraussichten orientiert hatten, legten wir uns in die Schlafsäcke.
In den frühen Morgenstunden begann es zu regnen, aber zum Glück wehte nur ein schwacher Wind. Um 5.00 Uhr standen wir auf. Es war feucht und trübe, aber nach einer Scheibe Brot und einem Stück Rindfleisch hob sich unsere Stimmung. Gegen 6.00 Uhr ließ der Regen nach, und wir setzten uns in Marsch. Es ging zunächst eine tiefe und enge Schlucht hinunter. Das Gestein war so locker, daß man kaum einen Schritt tun konnte, ohne dabei eine kleine Steinlawine auszulösen. Oben hatten wir einen Kegel aus dem Eis herausgeschlagen und sicherten daran mit zwei Mann das Seil. Dann stiegen wir jeweils zu zweit in die Schlucht hin-

unter und hielten uns dabei am Seil fest. Jedes Paar wartete, bis das vorausgegangene unten angekommen war und sich an eine vor Steinschlag geschützte Stelle in Sicherheit gebracht hatte. Am Schluß seilten wir die Tragbahre ab, und damit hatten wir den schwierigsten Teil des Vormittags hinter uns gebracht.
Nun führte der Weg über einige schneebedeckte Hänge, und um die Mittagszeit rasteten wir an einer Moräne neben einem hübschen kleinen See und aßen etwas. Von hier aus ging es eine weite Strecke über verschneite Wiesen unterhalb des La Perouse-Gletschers; dabei wechselten wir uns an der Trage ab. Dann kamen wir in sehr unebenes Terrain mit dichtem Unterholz. An den Stellen, wo wir die Tragbahre wie einen Schlitten über das Geröll ziehen mußten, war der Transport für Ruth wahrscheinlich sehr unangenehm, aber sie schien die meiste Zeit zu schlafen. Endlich erreichten wir Gulch Creek und nahmen die Verbindung zu einer Gruppe auf, die uns einen Weg entlang des Cook River freigemacht hatte. Hier fanden wir einen geeigneten Platz zum Zelten, jeder bekam eine reichliche Mahlzeit, und alles war zufrieden. Der abenteuerlichste, gefährlichste Teil des Unternehmens lag hinter uns, und wir konnten uns entspannen. Wir hatten die Verletzte auf ihrer Trage fast über den höchsten Punkt des Berges transportiert. Jetzt lag nur noch ein Stück harter Arbeit vor uns.
Anstrengend war es allerdings, denn an den folgenden drei Tagen mußten wir die Tragbahre über unwegsames, schwieriges Gelände und durch dichtes Gehölz bringen. Die von der Westküste herbeigeeilte Rettungsmannschaft hatte großartige Arbeit geleistet und uns einen Pfad freigemacht, aber trotzdem war der Abstieg noch recht mühsam. Immer wieder mußten wir über große Felsblöcke klettern und mit dem Seil arbeiten, um die Bahre und ihre sechs Träger in die Höhe zu ziehen oder abzuseilen. Der Boden war steinig und uneben, wir rutschten ständig in die Löcher zwischen Steinen und Wurzeln oder über moosbedeckte Felsen.
Sieben Tage nach Verlassen der Gardinerhütte erreichten wir die Westküste mit zerrissenen Kleidern, hungrig und müde. Die Rettungsmannschaft, die den Gipfel des La Perouse überquert hatte, bestand aus siebzehn Bergsteigern, und alle hatten das Unternehmen gesund überstanden, obwohl einige von uns gelegentlich in sehr gefährliche Situationen gekommen waren. Ruth wurde mit dem Flugzeug ins Krankenhaus nach Christchurch gebracht und genas wieder völlig.

7.
Die europäischen Alpen

1949 war ein wichtiges Jahr für die Familie Hillary. Meine Schwester war nach England gegangen, um sich auf der Universität London auf das Magisterexamen vorzubereiten und stand kurz davor, einen englischen Arzt zu heiraten. Wir hatten eine reiche Honigernte gehabt, und es ging uns finanziell besser als je zuvor. Für meinen Vater war dies vielleicht der richtige Zeitpunkt, sich zur Ruhe zu setzen und sein Geschäft an meinen Bruder und mich zu übergeben. Wir wollten ihm dann seinen Anteil über eine längere Frist in Raten auszahlen. Meine Mutter sprach sich dafür aus. Sie wollte gern an der Hochzeit ihrer Tochter teilnahmen und Europa kennenlernen, und sie hatte Vertrauen zu ihren Söhnen. Nach langen Beratungen mit meinem Vater erklärte sich dieser schließlich unter der Bedingung damit einverstanden, daß er einen Teil der Bienenstöcke, alle Gebäude, Fahrzeuge und den Grund und Boden behielt. Mein Bruder und ich übernahmen das Geschäft auf eigene Rechnung und mit einer sehr spärlichen Ausrüstung.

Meine Eltern reisten nach England und nahmen an der Hochzeit meiner Schwester teil. Sie kauften sich ein neues Auto, und wir warteten gespannt auf die Nachricht, daß sie sich auf ihre Rundreise durch Europa begeben hätten, aber nichts dergleichen geschah. Gegen Ende des Sommers in Neuseeland, im April 1950, hatten mein Bruder und ich die Honigernte eingebracht und verfügten über etwas Geld. Da traf ein Brief meiner Mutter ein, die berichtete, mein Vater habe kein Interesse daran, irgendwohin zu reisen oder etwas zu unternehmen. Sie fragte, ob es mir möglich sei, nach England zu kommen, um die Eltern im Wagen durch den europäischen Kontinent zu fahren. Ich überlegte nicht lange und buchte die billigste Schiffspassage von Sydney nach London. Zwei meiner Freunde

wollten um etwa die gleiche Zeit auf die Universität Cambridge, und wir verabredeten, uns irgendwo zum Bergsteigen zu treffen. Ich packte meine Bergausrüstung ein und begab mich auf meine erste große Reise . . .
Ich überquerte die Tasmanische See in einem alten Flugboot, das in Sydney landete. Dort verlud ich mein Gepäck in eine Taxe, die mich vom Flughafen Rose Bay zur *P & O Otranto* an den Kai brachte. Ich war noch nie auf einem Ozeandampfer gewesen und stand jetzt mit meinem Gepäck im dichten Verkehr auf der Uferstraße. Nach einiger Zeit kam ein breitschulteriger Mann auf mich zu und fragte mich in sehr bestimmtem Ton, ob ich einer der Passagiere sei. Als ich es bestätigte, sagte er: »Lassen Sie das Gepäck hier stehen und gehen Sie dorthin. Da müssen Sie die Schiffskarte vorzeigen und ein Formular ausfüllen.« Ich war sehr dankbar für seine freundliche Hilfe, denn ich hielt ihn für einen der wichtigsten Leute am Kai. Ich wunderte mich allerdings darüber, daß er keine Krawatte trug und unrasiert war. Dann kam ich mit meinen Papieren zurück.
»Das wär's,« sagte er, »Gehen Sie jetzt an Bord. Ihr Gepäck wird Ihnen in die Kabine gebracht.«
Beeindruckt von dieser Hilfsbereitschaft bedankte ich mich höflich und ging auf das Fallreep zu.
»He!« rief mir mein gewichtiger Freund zu. »Wie wäre es, wenn Sie den Gepäckträger bezahlen wollten!«
Ich hatte noch nie einem Gepäckträger etwas bezahlt oder sonst jemandem ein Trinkgeld gegeben und schämte mich, einen solchen Fehler gemacht zu haben. Ich sah mich um und fragte: »Wo ist denn der Gepäckträger?«
Er tippte sich mit seinem großen Daumen auf die Brust und brummte: »Ich bin der Gepäckträger, Chef!«
Die *Otranto* war ein altes Passagierschiff mit 20000 Tonnen, das im nächsten Jahr außer Dienst gestellt werden sollte. Meine mit sechs Schlafkojen belegte Kabine befand sich tief unter Deck. Das Schiff war voll besetzt mit jungen Australiern und Neuseeländern, die nach Europa reisten, und wir alle genossen die Überfahrt. Die Zeit verging rasch, und uns gefiel die ruhige und entspannte Atmosphäre auf See. Wir liefen Colombo und Aden an, fuhren durch den Suezkanal, und ich hatte endlich Gelegenheit, ein Stückchen von der Welt zu sehen.
Ende Mai fuhr ich mit meinen Eltern durch Frankreich, Italien, die Schweiz, Österreich, Deutschland und Holland. Ich hatte mich darauf eingestellt, es langweilig zu finden. Wer reiste schon gern mit seinen alten Eltern durch Europa? Aber zu meiner Überraschung war es ein großes

Vergnügen. Meine Mutter war ganz in ihrem Element, und sogar mein Vater gewann dem Unternehmen seine guten Seiten ab. Da wir aus Großbritannien nur einen bestimmten Geldbetrag mitnehmen durften, mußten wir sparsam sein, aber für bescheidene Ansprüche reichte er. Jeden Morgen kaufte meine Mutter irgendwo auf dem Markt die Lebensmittel ein. Zwar beherrschte sie immer nur wenige Worte in den fremden Sprachen, aber sie schien bei ihren Einkäufen keine Schwierigkeiten zu haben. Um die Mittagszeit hielten wir irgendwo abseits der Landstraße an einem schönen Fleck und kochten eine einfache, aber sättigende Mahlzeit auf dem Campingkocher. Gewöhnlich aßen und schliefen wir in einer billigen Pension, aber manchmal leisteten wir uns auch eine Mahlzeit in einem guten Restaurant. Das herrliche Frühlingswetter erleichterte uns vieles, und ich kann mich nicht erinnern, daß es irgendwann geregnet hätte. In Italien stieg ich auf den schiefen Turm von Pisa und besuchte mehr Kunstgalerien als ich je für den Rest meines Lebens schaffen werde. Die Schweiz prangte in der schönsten Frühlingsblüte, und Österreich war ein Traum mit all den spitzen Kirchtürmen vor dem Hintergrund grüner Wälder und Berge. Ich war begeistert von den schönen alten Bauten.

Auch als wir nach England zurückgekehrt waren, blieb das Wetter gut, ich ließ meine Eltern in London zurück und begann, mit der Eisenbahn und dem Omnibus auf Erkundungsreisen zu gehen. Welche Freude war es, das grüne, hügelige Land, die herrlichen Bäume und die Zeugen der ehrwürdigen Geschichte Englands zu sehen!

In London besuchte ich wie alle Touristen die Westminster Abbey und alle anderen Erinnerungsstätten. An den königlichen Grabmälern wurde für mich die Historie lebendig, und überall lebte die ruhmreiche Vergangenheit wieder auf. Als Bürger eines neuen Landes, das kaum eine Geschichte hatte, fühlte ich mich hier in die Tradition meiner Vorfahren aufgenommen. Damals war ich ebenso wie die meisten meiner Landsleute in erster Linie Brite und erst in zweiter Neuseeländer. Erst in den letzten Jahren haben wir uns endgültig von den Familienbanden gelöst.

Ich lernte hier auch ein wenig die andere Seite des Lebens kennen. Ich war für mein Alter noch recht naiv. Als ich einmal an der U-Bahnstation Piccadilly auf einen Zug wartete, sprach mich ein großer, etwas unheimlich aussehender Mann an, und ich hörte mir mitfühlend die Geschichte seines unglücklichen Lebens an. Es erschreckte mich, als ich feststellte, daß es ein Bettler war, und zwar ein sehr aufdringlicher und aggressiver. Es war spät am Abend, und die Station war fast menschenleer. Der Mann rückte immer näher und hüllte mich ganz in seiner Alkoholfahne ein. Schließlich mußte ich ihm sehr deutlich sagen, daß ich ihn zusammenschlagen würde, wenn er mich nicht in Ruhe ließe, und er schob mit sehr unzufriedenem Gesicht ab. Ein anderes Mal ließ ich mir die Haare schneiden, und der dümmlich aussehende Friseurgehilfe erkannte an meinem Akzent, daß ich ein Bewohner der Antipoden war. Er beklagte sich über das Leben in London und sagte, er habe die Absicht, in Australien oder Neuseeland sein Glück zu machen. Ich sagte ihm, wer es in London nicht geschafft habe, würde auch wahrscheinlich in Neuseeland zu nichts kommen. Zwar stimmte er mir zu, meinte aber, einem Talent wie ihm müßten sich alle Türen öffnen.

Die Zeit ging nur allzu schnell vorbei. Ich hatte noch geplant, unter allen Umständen zum Bergsteigen nach Österreich und in die Schweiz zu fahren. Mit zwei neuseeländischen Freunden, Cecil Segedin und Bruce Morton stieg ich an der Victoria Station in den von Hunderten von Urlaubern besetzten Zug. Ich war überrascht zu sehen, wie viele von ihnen Rucksäcke, Eispickel und Seile mithatten, und nahm an, ich sei in eine Massenexpedition zur Eigernordwand geraten. Wir schämten uns unserer viel weniger ehrgeizigen Pläne, bis wir ihren Gesprächen entnahmen, daß die meisten eine Reise durch Frankreich unternehmen oder zum Camping an die Riviera fahren wollten. In Paris mußten wir umsteigen und dazu auf einen anderen Bahnhof fahren. Dabei stellten wir fest, wie wenig die Pariser Taxichauffeure von Ausländern halten, besonders von unseren Landsleuten. Der Zug nach Innsbruck fuhr fahrplanmäßig um 10.30 Uhr auf dem Gare de l'Est ab und war bis auf den letzten Platz besetzt. Die Holzbänke in der dritten Klasse waren sehr unbequem, deshalb stiegen wir ins Gepäcknetz, um dort zu schlafen. Die Beschwerden der Mitreisenden beachteten wir nicht, denn keiner von ihnen sprach Englisch.

Nach einer Marathonfahrt von 22 Stunden kamen wir durchgerüttelt, schmutzig und müde in Innsbruck an. In den besseren Hotels wurden wir, übernächtigt und unrasiert wie wir waren, abgewiesen und bekamen schließlich Zimmer in einer einfachen Pension, die auch eher unseren finanziellen Möglichkeiten entsprach. Wir wußten nur wenig über die österreichischen Berge, und als wir einen kleinen Prospekt über die Stubaier Alpen in die Hand bekamen, beschlossen wir, dort den Anfang zu machen. Sauber gewaschen, ausgeruht und elegant ausstaffiert mit österreichischen Trachtenanzügen setzten wir uns in den Bus und fuhren in das Dorf Neustift.

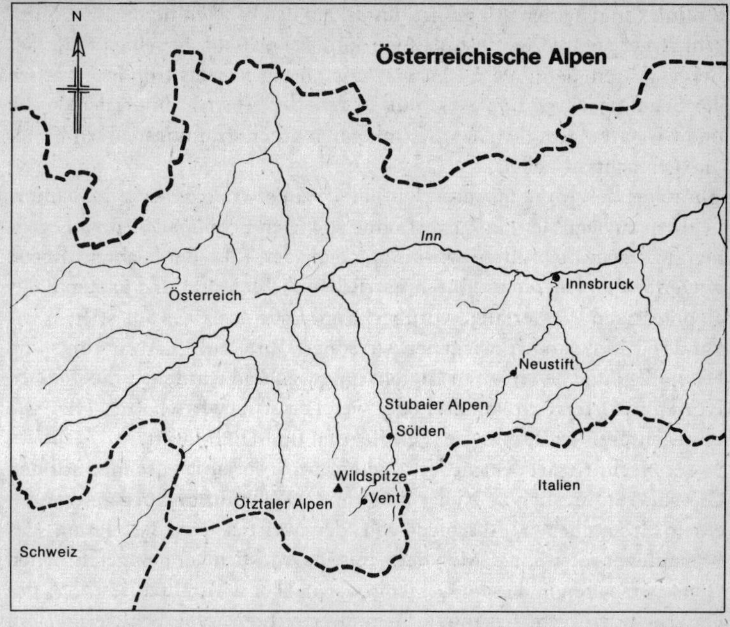

Unser erstes Ziel war der Hohe Burgstall mit 2604 Metern. Eine leichte Route führte direkt auf den Gipfel. Wir folgten einem nicht sehr steilen Pfad durch schönen lichten Fichtenwald und erreichten nach dreieinhalb Stunden die auf 2226 Meter liegende Starkenburger Hütte. Das Wetter hatte sich leider während des Aufstiegs verschlechtert, und die Hütte lag in dichten Wolken. Da wir nach dem anstrengenden Marsch eine Rast einlegen wollten, gingen wir hinein und fanden eine Klasse fröhlicher Schulmädchen vor, die viel frischer aussahen als wir. Nach dem Essen stiegen wir im Nebel weiter auf und erreichten trotz einiger Schwierigkeiten, den richtigen Weg zu finden, endlich doch das große Kreuz, das den Gipfel bezeichnete. Wir hatten nicht die geringste Sicht, deshalb trugen wir nur unsere Namen in dem am Gipfelkreuz niedergelegten Gipfelbuch ein und brachen sofort zum Abstieg auf. Wir wollten einen neuen Weg erkunden und verzichteten deshalb darauf, die markierten Pfade zu benutzen, die hinunterführten. Statt dessen stiegen wir eine schlecht bezeichnete Route hinab, die in eine Geröllrinne führte; ein Stahlseil bewahrte den Bergwanderer vor dem Absturz. Dann rutschten wir ein paar leichte Hänge hinunter und kamen schließlich unterhalb der Wolken heraus. Zu unserem Ärger stellten wir fest, daß wir immer noch auf derselben Seite des Berges waren, denn nicht weit von uns hörten wir das fröhliche Lachen der Schulmädchen. Den Abschluß bildete der Abstieg durch den Wald, und wir hatten lediglich das Gefühl, einen guten Trainingsmarsch hinter uns gebracht zu haben.

Am folgenden Morgen waren wir bereit, ein etwas schwierigeres Unternehmen zu beginnen, möglichst ohne so vielen Schulmädchen zu begegnen. Mit dem Bus fuhren wir bis ans Ende des Tals. Bei leichtem Regen gingen wir zu Fuß weiter durch herrlichen Fichtenwald und kamen dabei an prächtigen Wasserfällen vorüber. Vom Ende des Tales aus stiegen wir zur 2350 Meter hoch gelegenen Dresdner Hütte auf. Sie war rings von Felsspitzen und beschneiten Gipfeln umgeben und wurde wie die meisten Hütten in Österreich von drei oder vier Leuten bewirtschaftet. Hier gab es gegen geringe Bezahlung Verpflegung und Unterkunft.

In der Nacht regnete es wieder, und am Morgen lag Neuschnee auf den Gipfeln. Wir brachen zu ziviler Zeit um 9.00 Uhr auf und begannen nach einem freundlichen Abschied von den Wirten die Besteigung des Fernaufener-Gletschers. Man hatte uns ausdrücklich vor den gefährlichen Gletscherspalten in diesem Gebiet gewarnt, aber wir stellten fest, daß das Unternehmen recht harmlos war, und erreichten ohne Schwierigkeiten einen Paß auf dem Kamm. Vom Paß führte ein langer Felsgrat bis zu dem etwa 3300 Meter hohen Schaufelspitz, zu dem wir in der warmen Mittagssonne aufstiegen. Das kostete zwar Schweiß, erforderte aber kein besonderes bergsteigerisches Können. Am frühen Nachmittag kamen wir auf dem Gipfel an und stiegen nach einer kurzen Rast, bei der wir die herrliche Aussicht genossen, auf der Standardroute nach Süden ab, um über zwei leichte Schneepässe wieder zur Hütte zurückzukehren, wo man uns wie große Helden empfing. Als wir gemütlich beim kühlen Bier zusammensaßen, kamen wir überein, daß das Bergsteigen in Österreich gegenüber unseren Erfahrungen in den viel rauheren neuseeländischen Bergen seine großen Vorzüge hat.

Am nächsten Tag stiegen wir seitlich an zwei schönen Gipfeln vorbei, überquerten den Gebirgszug und erreichten dann das hübsche Dorf Sölden in den Ötztaler Alpen. Zur Feier des Tages leisteten wir uns im besten Hotel ein luxuriöses Mittagessen und bemerkten dabei einen vor dem Hotel geparkten großen Bentley. Wir waren halb fertig mit unserer Mahlzeit, als ein junges Paar hereinkam und sich suchend umsah. Dann kam es an

Die Breslauer Hütte in den österreichischen Alpen

unseren Tisch. In recht gespreiztem Englisch stellte der Mann sich vor und fragte, ob er und seine Frau bei uns Platz nehmen dürften. Dieses Interesse wunderte uns. Die junge Dame war hübsch und gut angezogen, und der Mann sah recht wohlhabend aus. Wir konnten ihre Bitte kaum abschlagen, stellten aber fest, daß wir nur wenige gemeinsame Interessen hatten. Doch das Paar überschüttete uns mit Höflichkeiten. Schließlich klärte sich die Sache auf. Sie hatten angenommen, der Bentley gehöre uns. Als ich ihnen lächelnd sagte, wir seien nur arme Kolonialbriten, beeilten sie sich, ihre Mahlzeit zu beenden, und verschwanden.
Anschließend rasten wir in halsbrecherischer Fahrt im Geländefahrzeug das Tal hinauf bis zum Dorf Vent. Stolz teilte uns der Fahrer mit, er sei bei Rommel in Nordafrika Panzerfahrer gewesen. Wir nahmen das Gepäck auf und stiegen bis zu der 3100 Meter hoch gelegenen Breslauer Hütte, wo Frau Christine Egger und ihre beiden hübschen Töchter uns ein herzliches Willkommen boten. Bald machten wir uns in der Küche, in der es nach allen möglichen Köstlichkeiten duftete, am Herd zu schaffen. Wir

verlebten ein paar herrliche Tage in den Bergen der Umgebung und halfen unseren Wirtsleuten. Wir bedauerten aufrichtig, die gastfreundliche Atmosphäre dieses Hauses so bald wieder verlassen zu müssen.
Wir beschlossen, über einen Hochpaß westlich der Wildspitze nach Sölden zurückzukehren. Schwer bepackt gingen wir an einem wunderschönen Morgen langsam den ersten Gletscher hinauf. Die übliche Route zum Paß führte über den unteren Teil eines recht steilen Schneehanges. Von dort ging es in eine vereiste Schlucht und dann über nicht besonders schwierige Felswände hinauf. Unten trafen wir drei Italiener, die sich heftig zu streiten schienen. Der Führer hatte Steigeisen an und stieg rasch auf dem festen Schnee nach oben. Die anderen beiden hatten keine Steigeisen und schienen ausgesprochen schlechter Stimmung zu sein. Um ihnen in ihrer unangenehmen Lage zu helfen, begannen wir, vor ihnen Stufen in den Hang zu schlagen, auf denen sie uns dankbar folgten. Der Schneehang führte über eine weite Strecke direkt auf den Grat oberhalb des Passes und war eine interessante Variante zur Standardroute. Stolz auf unsere gute Tat nahmen wir nicht die Traverse nach links, sondern gingen direkt den Hang hinauf, während uns verzweifelte, aber allmählich leiser werdende Warnrufe hinterherschallten. Der Schnee war fest, wir kamen rasch voran und freuten uns, ein kleines Risiko eingegangen zu sein. Kurz vor dem Kamm wurde es sehr steil, und auf dem Schnee hatte sich eine glatte Eisschicht gebildet. Deshalb beeilten wir uns, auf den bloßen Fels zu kommen. Wir erreichten auch bald den Kamm oberhalb des Passes. Von hier aus hatten wir eine großartige Aussicht auf den Gletscher und den Gipfel.
In bester Stimmung ging es nun einen leichten vereisten Hang hinunter zum Paß, und ich war gerade dabei, mit dem Pickel ein paar Stufen ins Eis zu schlagen, als die drei Italiener, die die konventionelle Route genommen hatten, auf dem Paß erschienen. Ich muß gestehen, daß es meiner Eitelkeit schmeichelte, als der Führer sagte: »Ich sehe, Sie sind schon einmal auf einem Berg gewesen!«
Unsere Route führte über den schönen Gletscher am Nordwesthang der Wildspitze, und bald kamen wir auf einen Pfad, der uns die richtige Richtung anzeigte. Ohne Schwierigkeiten gelangten wir über den stark zerklüfteten Gletscher und glitten wohlgelaunt auf dem Hosenboden die steilen Hänge hinunter. Dabei kamen wir an einer Gruppe vorbei, die den Berg auf der Standardroute bestieg, und beobachteten interessiert, wie einer dieser Leute in einen Spalt fiel und der Führer ihn mit einer Selbstverständlichkeit wieder herausholte, die auf reiche Erfahrungen schließen

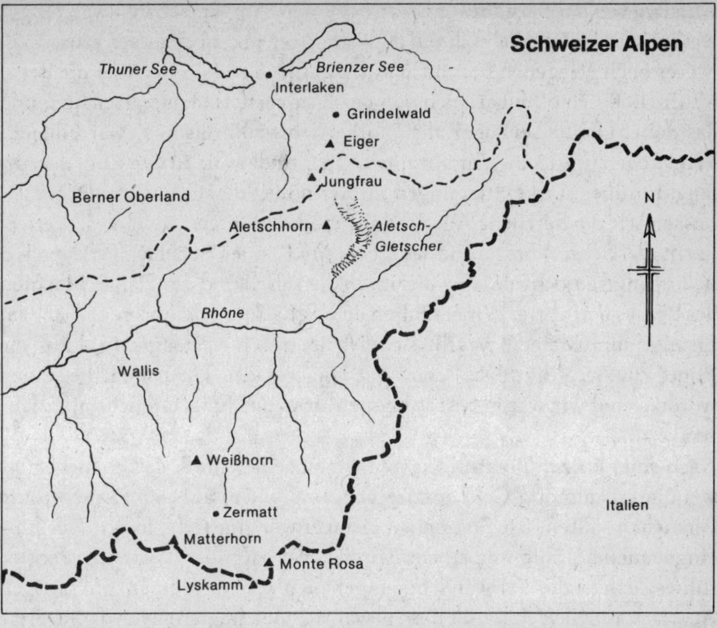

ließ. Am Spätnachmittag waren wir wieder in Sölden – erhitzt, müde, aber sehr zufrieden. Wir hatten den Ausflug nach Österreich sehr genossen. Die Touren, die wir unternommen hatten, waren nicht besonders schwer gewesen, aber wir hatten das Land kennengelernt, und wir waren davon angetan, wie gastfreundlich uns seine Bewohner aufgenommen hatten. Zudem war das Unternehmen unglaublich billig gewesen.

Nun freute ich mich schon auf die Schweiz. Dieses Land weckte hohe Erwartungen und erfüllte mich mit Respekt, denn es war die eigentliche Heimat des Bergsteigens, und es gab legendäre Gipfel zu erklimmen. Im Gegensatz zu Österreich sollte es jedoch in gewisser Weise zu einer Enttäuschung werden. Die Berge waren großartig, die Organisation unübertroffen, die Landschaft perfekt, die Preise astronomisch und die Aufnahme höflich, aber herablassend.

Den Anfang machten wir in Grindelwald unterhalb der großen Eigernordwand. Cecil Segedin konnte sich nur noch wenige Tage freimachen, und wir wollten vor seiner Abreise nach England noch die berühmte Jungfrau besteigen. Wir studierten die Karten und Prospekte und beschlossen, den

Aufstieg von der Berglihütte aus zu beginnen. Am einfachsten wäre es gewesen, mit der Bergbahn durch die Felsen der Eiger bis zu der etwa 3320 Meter hoch gelegenen Station am Jungfraujoch zu fahren. Aber die Berglihütte ließ sich offenbar auch von der Eismeerstation aus erreichen, und das gefiel uns besser, denn die Fahrkarte bis zum Eismeer war billiger. Wir stiegen um 11.00 Uhr vormittags in Grindelwald in den Zug, der uns langsam über starke Steigungen immer höher hinaufbrachte. Dabei genossen wir die herrliche Aussicht auf die berühmten Gipfel des Wetterhorns, des Schreckhorns und des Eiger. Am Kleinen Scheidegg stiegen wir in die Jungfraujochbahn um, die uns in die kalten und dunklen Schluchten des Berges entführte. Wir erzählten dem Schaffner von unserem Plan, am Eismeer auszusteigen, was ihn sichtlich überraschte. Er sagte uns kühl, die Route zur Berglihütte sei schon seit längerer Zeit nicht mehr begangen worden, und wir wären besser beraten, bis zum Jungfraujoch mitzufahren.

Nach einer kurzen Beratung kamen wir zu dem Schluß, daß es nicht notwendig sei, unnötig Geld auszugeben, und wir es auf der Eismeerroute versuchen sollten. Die Station am Eismeer war eine tiefe, in den Fels hineingehauene Höhle mit einem Tunnel, der zu einem Aussichtsfenster führte, das in die Felswand hineingehauen war und einen großartigen Ausblick auf Gletscher und Berg gewährte. Wir fragten, wie wir ins Freie hinauskommen könnten, und wurden recht unfreundlich einen engen, schlecht beleuchteten Tunnel bis zu einer kleinen Stahltür hinuntergeführt. Wir öffneten die Tür, durch die uns ein kalter Windstoß empfing. Dann traten wir hinaus auf eine schmale, hoch über dem Schnee gelegene Felsplattform.

Von hier fiel eine senkrechte, vom Gletscher glattgeschliffene Felswand etwa 10 Meter in die Tiefe ab, wo sich ein breiter Spalt öffnete. Wie kam man dort hinunter? Das Problem war schnell gelöst. Ein Angestellter der Eisenbahn brachte eine Strickleiter, warnte uns ängstlich davor, diese Route zu benutzen, zuckte, als wir darauf bestanden, mit den Schultern, befestigte die Leiter an einem Eisenhaken in der Wand und warf sie hinunter. Wir zogen rasch unsere Bergstiefel an, stiegen hinab auf den Schnee und kletterten mit einiger Mühe über den Spalt. Ohne zunächst zu wissen, wie wir weiterkommen sollten, stand ich mit dem Rucksack in der einen und den Schuhen in der anderen Hand da und sah, wie die Strickleiter hinaufgezogen wurde. Dann schlug die Tür zu, und wir waren uns selbst überlassen.

Wir gingen hinaus in die Sonne und setzten uns hin, um etwas zu essen und die Lebensgeister aufzufrischen. Als wir aufbrachen, war unsere gute Laune zurückgekehrt. Auf dem Weg zur Berglihütte mußten wir einen etwa einenhalb Kilometer breiten Ausläufer einer Eislawine überqueren. Zunächst ging es durch den in der Nachmittagssonne weich gewordenen Schnee über tiefe Risse und Eiszacken, die uns oft zu Umwegen zwangen. Aber allmählich gewannen wir an Höhe und kamen voran. Dann bildete ein tiefer Spalt am oberen Teil der Eislawine unser Hauptproblem. Wir wichen nach links aus, denn dort schien sich der Spalt leichter überqueren zu lassen. Als wir an dieser Stelle ankamen, sahen wir, daß wir uns geirrt hatten, und es blieb uns nichts anderes übrig, als die vereiste Wand direkt hinaufzusteigen. Zum Glück verband eine gute Schneebrücke den unteren Rand des Spalts mit dem oberen. Wir brauchten also nur noch eine etwa 4.50 Meter hohe Steilwand zu erklettern. Auf der Schneebrücke stehend schlug ich in zirka 2.40 Meter Höhe über mir eine tiefe Stufe in das Eis. Von Cecil gesichert kletterte Bruce auf meine Schultern und zog sich etwas nervös auf die Stufe hinauf. Sie hielt jedoch sein Gewicht nicht aus und brach ab, so daß wir beide mit voller Wucht auf die Schneebrücke stürzten. Ich ging zur Eiswand zurück und versuchte, die hoch über meinem Kopf liegende Stufe zu vergrößern und etwas von dem überhängenden Eis abzuschlagen, damit Bruce sich aufrecht hinstellen konnte. Die abgeschlagenen Eisstücke fielen tief in den Spalt hinein. Wieder kletterte Bruce auf meine Schulter und verlagerte das Gewicht vorsichtig auf die Stufe. Diesmal hielt sie. Nachdem er ein Loch in das Eis geschlagen hatte, das seiner Hand Halt bot, hackte er einige Stufen in die Wand. Wir atmeten auf, als er sich hinaufzog und verschwand, um sich im festen Schnee zu sichern. Wir mußten mit allen Kräften ziehen, bevor wir alle schwitzend und stöhnend das Hindernis überwunden und festeren Boden unter den Füßen hatten. Nun wußten wir, weshalb diese Route als für Touristen nicht geeignet galt. Die Berglihütte war leer, und wir fanden weder Lebensmittel noch Brennmaterial vor. Da wir fest damit gerechnet hatten, gingen wir hungrig zu Bett.

Wir erwachten an einem herrlich klaren Morgen und verließen die Hütte um 5.00 Uhr. Zunächst ging es über verharschten Schnee. Wir überquerten einige kleine Sättel und zwei große Schneefelder unter der Wand des Mönchs und kamen dann an der Jungfraujoch-Station an. Sie war in den Felsen gehauen und eigentlich ein kleines Dorf mit einem Hotel, einem Restaurant, einem Postamt und einem Souvenirladen. Den größten Teil unserer Ausrüstung ließen wir hier zurück und machten uns auf den Weg zur Besteigung des 4158 Meter hohen Gipfels der Jungfrau. Inzwischen war es sehr warm geworden, und bald brachen wir immer wieder in den Harsch ein, was das Vorankommen sehr erschwerte. Der Weg führte durch ein weites verschneites Hochtal, dessen obere Hänge steil und mit Simsen versehen waren. Der weiche Schnee und die brennende Sonne machten uns schwer zu schaffen. Kürzlich war Neuschnee gefallen, und nirgends fanden wir eine zweite Spur. Aber das erhöhte nur den Reiz dieser Besteigung. Als wir den Grat überquert hatten, kamen wir in einen kühlen Wind, der Schnee wurde fester, und unsere Kräfte nahmen wieder zu. Bald befanden wir uns auf der letzten, allerdings recht exponierten Strecke, und kurz darauf standen wir endlich auf dem Gipfel; ein überwältigendes Erlebnis für mich. Als Kind hatte ich ein Foto von der Jungfrau besessen, und es gehörte zu meinen Lieblingsbildern. Jetzt stand ich selber auf ihrem Gipfel. Die Aussicht war unvergleichlich schön, aber es wehte ein sehr kalter Wind. Vorsichtig stiegen wir den oberen Teil des Hanges hinunter und überquerten den Grat zum zweitenmal. Im Windschutz war es unerträglich heiß, und der Rückweg zum Jungfraujoch war sehr ermüdend. Ich glaube, nun spürten wir erst, daß wir vierundzwanzig Stunden nichts gegessen hatten.

Auf der Station angekommen leisteten wir uns ein gutes Mittagessen im Restaurant. Als wir am Tisch saßen, kam ein amerikanischer Tourist zu uns und fragte, ob er uns fotografieren dürfe. Er hatte den Aufstieg mit einem starken Fernglas verfolgt und machte uns begeisterte Komplimente. Mir war das etwas peinlich, denn auf der letzten Strecke waren wir nur langsam vorangekommen.

»Aber hören Sie«, wendete er ein, »Sie müssen sich dort langsam bewegen, sonst stürzen Sie ab!«

Als wir in den Aussichtsraum hinaustraten, standen wir bald im Mittelpunkt des allgemeinen Interesses. Ein hübsches dunkelhaariges Mädchen, das sich wahrscheinlich durch mein unrasiertes Gesicht und den australischen Hut hatte täuschen lassen, kam zu mir heran und fragte höflich, ob ich Englisch spräche. Ich antwortete, »jawohl, a little . . .«, mußte dann aber doch lachen. Als sie feststellte, daß ich nur Neuseeländer war, wurde sie böse, lief rot an und kehrte mir den Rücken.

Bald bestieg Cecil den Zug, um zur Talstation zu fahren und nach London zurückzukehren. Bruce und ich stiegen die etwa acht Kilometer über den Aletsch-Gletscher zur Concordiahütte ab. Eine Gruppe von Arbeitern war damit beschäftigt, die Hütte in Stand zu setzen, und da wir keine Verpflegung bei uns hatten, baten wir den Hüttenwirt, uns mit ihnen essen zu lassen. Der Speisezettel bestand fast ausschließlich aus Spaghetti und Knoblauchwurst. Das war auf die Dauer recht eintönig. Die nächsten beiden Tage blieb das Wetter warm, und wir bestiegen das Finsteraarhorn am ersten und den Mönch am nächsten Tag. Mit einiger Erleichterung stellten wir am dritten Morgen fest, daß es sich bezogen hatte, und krochen wieder in unsere Betten.

Im Verlauf des Tages lernten wir einige Schweizer Bergsteiger kennen, die sich in der Hütte einquartiert hatten. Ein hübsches Mädchen fragte mich, wie mir die Schweiz gefiele, und ich sprach begeistert von der Schönheit dieses Landes. »Ja«, pflichtete sie mir bei, »die Schweiz ist das schönste Land der Welt!« Später stellte sich heraus, daß sie in ihrem ganzen Leben noch nie die Grenzen ihres Heimatlandes überschritten hatte, aber sie schien von der Richtigkeit ihrer Behauptung wirklich überzeugt zu sein.

Als letzte größere Unternehmung in diesem Gebiet wollten wir das 4195 Meter hohe Aletschhorn auf einer interessanten Route besteigen, die über den Gipfel des 3812 Meter hohen Dreieckshorns führte. Um 3.00 Uhr morgens brachen wir von der Hütte auf. Den Gletscher konnten wir ohne große Schwierigkeiten im Dunklen überqueren, kamen dann jedoch zu unserem Pech an eine Stelle des Grats, an der wir eine steile und schwierige Wand aus festem Gestein bis zum Kamm hinaufklettern mußten und dabei viel Zeit verloren. Oben war der Kamm gut begehbar, und wir kamen schnell voran. Bei 3500 Metern stießen wir auf einen Schneehang, der von unten schwer begehbar ausgesehen hatte. Steil war er zwar, aber der Schnee war in der Morgensonne schon weich geworden, und wir konnten sichere Stufen bis zu den Gipfelfelsen treten. Da wir alle Schwierigkeiten mit solchem Schwung gemeistert hatten, waren wir in glänzender Stimmung, überwanden die Schroffen mit großer Begeisterung und erreichten um 8.00 Uhr den Gipfel des Dreieckshorns.

Vor uns lag jetzt der fast drei Kilometer lange Grat zum Gipfel des Aletschhorns. Die erste Hälfte sah schmal und schwierig aus. Weit vor uns bemerkten wir zwei Seilschaften, die den Anstieg auf der normalen Route machten. Nachdem wir die Steigeisen angelegt hatten, gingen wir neben dem Kamm in sehr gutem Schnee weiter. Dabei mußten wir einigen Felsvorsprüngen ausweichen und einige Stufen in den Schnee graben. Auf halbem Wege hatte der Grat einen tiefen Sattel. Wir stiegen hinunter, indem wir bei jedem Schritt die Steigeisen fest in das Eis schlugen, damit wir nicht ins Rutschen kamen. Endlich verbreiterte sich der Kamm, und wir folgten bequem den Spuren unserer Vorgänger.

Der Weg führte abwechselnd über Felsbrocken und über Schnee. Technisch wies er keine Schwierigkeiten auf, war in der heißen Sonne aber ermüdend zu gehen. Auch hier kamen wir rasch weiter und überholten bald eine andere Seilschaft. Aus dem starken Alkoholgeruch schlossen wir, daß sie in der vergangenen Nacht eine lustige Feier veranstaltet hatte. Auf dem letzten felsigen Grat, der zum Gipfel führte, begrüßte uns die zweite Seilschaft; ein freundlicher älterer Engländer und sein Schweizer Bergführer.

Auch dieser Gipfel gefiel mir ausgesprochen gut. Wir rasteten, machten die üblichen Aufnahmen und hatten es mit dem Abstieg nicht besonders eilig. Da fragte uns der Bergführer unvermittelt, auf welchem Weg wir zurückgehen wollten. Als ich ihm sagte, wir hätten vor, denselben Weg zu nehmen, bat er uns, vorauszugehen, weil wir wahrscheinlich rascher vorankommen würden. Wir stimmten zu, und ich sagte, wir wollten vorher nur noch die Steigeisen anlegen. »Die Steigeisen werden Sie nicht brauchen«, meinte der Bergführer. Aber wir kümmerten uns nicht um seinen Rat.

Um die Mittagszeit kamen wir an die Stelle, an der wir den Grat verlassen und direkt auf den etwa 800 Meter unter uns liegenden Gletscher hinuntersteigen mußten. Von oben sah das recht schwierig aus. Die Route bestand aus einem steilen, sehr unebenen Grat, der zwischen zwei tiefen Eisschluchten hinunterführte, in die oft Steinlawinen abzugehen schienen. Vorsichtig begannen wir den Abstieg und stellten zu unserer Erleichterung fest, daß wir besser vorankamen als angenommen. Es war fast ein Spaziergang durch das lose Geröll, aber wir mußten trotzdem sehr vorsichtig sein, denn bei einem Sturz wäre es kaum möglich gewesen, sich irgendwo festzuhalten. Bald wußte ich auch, weshalb uns der Bergführer vorausgeschickt hatte; denn plötzlich wurden wir von oben mit lockeren Steinen überschüttet, die die beiden uns nachfolgenden Kletterer ins Rollen brachten. Zum Glück fielen die Gesteinsbrocken die vereisten Abhänge beiderseits von uns hinunter, es war aber doch recht unangenehm, sie vorbeisausen zu hören.

In der Hitze schien der Grat kein Ende nehmen zu wollen, hörte aber dann endlich an einer steilen Wand auf. Unsere Route führte rechts unterhalb des vereisten Hanges weiter, und ehe wir abbogen, machten wir uns dem

Engländer und seinem Führer durch laute Zurufe verständlich. Erst als der Steinregen aufhörte, rutschten wir rasch über das starke Gefälle bis auf weniger gefährliches Terrain. Um 14.00 Uhr kamen wir nach einem anstrengenden Marsch an den Gletscher, und nachdem wir einige tiefe Spalten überquert oder umgangen hatten, wurde der Weg gangbarer, und bald waren wir an der Hütte. Zu unserer Überraschung begrüßten uns die Arbeiter mit lautem Hallo, denn sie hatten uns die ganze Zeit beobachtet.
Trotz der Anstrengung, die hinter uns lag, beschlossen Bruce und ich, nicht auf der Hütte zu bleiben, sondern ins Tal hinunterzugehen. Das war ein mehrstündiger Marsch. Nach kurzer Rast nahmen wir das Gepäck auf, und ich suchte den Wirt, um ihm die Rechnung zu bezahlen. Kaum hatte ich es getan, als der Bergführer hereinstürmte und dem Hüttenwirt besorgt etwas sagte. »Wo ist Ihr Engländer?« fragte ich, denn ich wollte mich von ihm verabschieden.
»Er ist in eine Gletscherspalte gefallen!« berichtete der verzweifelte Führer. Er hatte eine lange Eisbrücke überqueren wollen, die unter ihm zusammengebrochen war. Dabei war der Engländer in die Tiefe gerissen worden. Der Führer war ein kräftiger Mann und hatte seinen Schützling, der etwa fünf Meter tief gestürzt war, am Seil gehalten und sogar zweimal nach oben ziehen können. Aber der Engländer stand noch zu sehr unter der Einwirkung des Schocks, um sich selbst weiterzuhelfen. So war dem Führer nichts übriggeblieben als ihn auf eine Schneebrücke im Spalt hinunterzulassen und ihm zu sagen, er sollte dort liegenbleiben, bis Hilfe herbeigeholt sei. In aller Eile machte sich eine Gruppe von Schreinern, Maurern und Bergführern mit Seilen, Decken und einem Schlitten auf den Weg zum Gletscher hinauf. Unsere Hilfe lehnten die Männer schroff ab.
Nachdem die Rettungsmannschaft abgezogen war, einigten Bruce und ich uns darauf, den Landsmann nicht in der Gletscherspalte allein zu lassen. Vielleicht freute er sich, mit einem Englisch sprechenden Menschen reden zu können. Trotz der Zurückweisung folgten wir der Gruppe und hatten sie bald eingeholt. Als wir am Fuß des Grats einige tiefe Spalten erreichten und der weitere Weg deutlich erkennbar wurde, eilten Bruce und ich voraus. Der Unglückliche lag jetzt schon einige Stunden in der Gletscherspalte, und ich wußte nicht, was mich erwartete, als ich vorsichtig an die eingebrochene Eisbrücke herankroch. Womöglich blutete er, war schwer verletzt oder sogar an Erschöpfung gestorben. Ich steckte den Kopf über den Rand und blickte hinunter. Der kleine, makellos angezogene Mann stampfte mit dem Hut auf dem Kopf auf einer 13 Meter tiefer gelegenen

Schneebrücke umher und schlug sich die Arme um die Brust, um sich warm zu halten. Ich rief ihn an, und er gab mir in sehr förmlicher Weise zu erkennen, daß er froh war, mich zu sehen. Er sagte, es ginge ihm ausgezeichnet, es sei nur recht kalt.

Die Männer, die sich nun an seine Bergung machten, waren Experten. Einer von ihnen wurde abgeseilt, und sehr bald zogen sie den Engländer mit drei Seilen herauf. Dann legten sie ihn auf den Schlitten und fuhren ihn hinunter zur Hütte. Schon am nächsten Morgen ging es ihm viel besser. Allerdings war er steif und hatte einen gewaltigen Muskelkater. Als wir aufbrachen, winkte uns sogar der brummige Bergführer nach.

Die Ankunft in Zermatt war für mich ein großes Erlebnis. Hier befanden wir uns im Herzen des Bergsteigergebiets der Schweiz, und über uns lagen die berühmten Hänge des Matterhorns. Die Stadt war voller Touristen, und wir wurden von einigen Bergführern angesprochen, die uns zum Gipfel führen wollten. Wir beschlossen, statt dessen in das Gebiet des Monte Rosa zu gehen, das wir mit der Bahn und zu Fuß erreichten. Unsere Bemühungen, uns in der Hütte zu informieren, wurden wieder dadurch behindert, daß man uns einreden wollte, wir müßten einen Führer nehmen. Dabei warnte man uns eindringlich vor den großen Schwierigkeiten und Gefahren, die ein Alleingang mit sich brachte. Am ersten Tag verließen wir die Hütte um 3.00 Uhr morgens, um auf den Lyskamm zu gehen. Die Route führte auf den ersten acht Kilometern über den zerrissenen Grenzgletscher, und wir stellten fest, daß der Aufstieg im Gegensatz zu allen Warnungen nicht schwierig und auch nicht besonders anstrengend war. Nach vier Stunden stetigen Steigens erreichten wir das Lysjoch, den Sattel zwischen Monte Rosa und dem Lyskamm, und waren überrascht, eine ganze Schar von Touristen vorzufinden, die von der italienischen Seite mit der Seilbahn heraufgekommen waren.

Der schmale überhängende, auf den Lyskamm hinüberführende Grat sah sehr eindrucksvoll aus. Wir bestiegen ihn über eine Steilwand und mußten einen Teil des Weges mit Steigeisen zurücklegen, bis wir schließlich auf dem Kamm standen. Es war herrlich hier oben, trotzdem hielten wir uns nicht länger auf, sondern gingen sofort weiter, bewegten uns jedoch an der überhängenden Strecke sehr vorsichtig. Dann verbreiterte sich der Kamm, und wir kamen an eine völlig vereiste Steilwand. Hier begann ich, Stufen zu schlagen. Bald konnten wir wieder frei aufsteigen, und um 9.30 Uhr waren wir nach einer herrlichen Tour endlich auf dem Gipfel. Oben wehte ein kalter Wind, und wir stellten fest, daß wir viel zu leicht

angezogen waren. Deshalb brachen wir sehr bald wieder auf und stiegen den Grat auf dem direkten Weg hinunter, wobei wir immer wieder Steigeisen anlegen mußten. Uns erschien der Abstieg nicht besonders schwierig, aber die Touristen, die auf dem Lysjoch standen, uns zuriefen und winkten, hielten es wahrscheinlich für ein gefährliches Unternehmen. Als wir auf dem Sattel angekommen waren, beschlossen wir, den Tag mit einer Traverse über den Gipfel des Monte Rosa zu beschließen. Der Grat vom Sattel den Berg hinauf war nicht sehr steil, und wir wußten, daß die Standardroute auf der anderen Seite als sehr leicht galt.
Die Überquerung des Sattels dauerte länger, als wir angenommen hatten, und es war ermüdend, sich den Weg durch den weichen Schnee zu bahnen. Ich war froh, als Bruce eine Zeitlang die Führung übernahm. In der Nähe des Grats verlängerte ich instinktiv das Seil und steckte, ohne viel darüber nachzudenken, den Eispickel tief als Sicherung in den Schnee. Im nächsten Augenblick hörte ich ein dumpfes Geräusch und sah, wie Bruce mit einem großen Stück der überhängenden Schneewächte langsam eine tiefe Wand hinunterrutschte und verschwand. Ich schlang das Seil um den Pickelstiel und hielt es mit aller Kraft fest. Es gab einen gewaltigen Ruck, aber das Seil hielt. Dann hörte ich, wie der Schnee immer tiefer den Hang hinunterrollte, bis es ganz still wurde.
Ich rief in die Stille hinunter und hörte, nachdem ich lange gewartet hatte, die vom Wind gedämpfte schwache Antwort. Bruce war unverletzt geblieben, denn er war nicht allzu plötzlich gestoppt worden, und hielt sich jetzt an seinem Eispickel. Er war gegen einen Hang gependelt, wo er sich verankert hatte, um die Spannung des Seils etwas zu lockern. »Kannst du noch ein Stück Seil nachlassen? Ich brauche noch ein paar Meter.« Er wollte es versuchen. Auch ich selbst war in keiner besonders günstigen Lage, durch die starke Spannung wurde mein Pickelstiel so sehr beansprucht, daß ich fürchtete, der Schnee könnte ausbrechen. Mit großer Mühe legte ich mir das Seil über die Schulter, um mit allen Kräften daran zu ziehen. Es rückte ein Stück herauf. Rasch zog ich den Pickelstiel heraus und stieß ihn einen halben Meter weiter oben in festeren Untergrund. Wir arbeiteten eine halbe Stunde, und während Bruce langsam etwas höher kam, nahm ich etwa drei Meter Seil auf. Zwischendurch hörte ich Stimmen und sah, wie eine Seilschaft den Grat über uns herunterkam. Ich winkte den Leuten zu, und sie winkten freundlich zurück, verschwanden dann aber.
Jetzt hatte ich sechs Meter Seil eingeholt und konnte mich besser mit Bruce verständigen. Es ging zwar nur langsam voran, wir hätten es aber

schließlich sicher allein geschafft. Doch da erhielten wir unerwartet Hilfe. Drei Bergsteiger kamen den Grat zu uns herunter. Es waren zwei Bergführer mit einem Kunden. Ich rief und winkte, sie hielten an, blickten zu uns herüber und kamen dann auf uns zu. Ich war glücklich, nicht mehr allein zu sein, erklärte ihnen die Lage, und einer der Bergführer rutschte, nachdem er sich gut gesichert hatte, auf dem Bauch weiter vor und ließ ein Seil mit einer Schlinge hinunter, in die Bruce den Fuß stellen konnte. Nun war es nur noch eine Frage der Zeit, bis eine ganz mit Schnee bedeckte Gestalt sich über den Rand heraufarbeitete und schwer atmend zu uns stellte. Bruce war mehr als eine Stunde unten gewesen. Die Führer brachten ihn an eine sichere Stelle und sagten ihm, er solle sich hinlegen. Sie würden eine Tragbahre besorgen und ihn abtransportieren lassen.

»Wie geht es dir, Bruce?« fragte ich besorgt. Mit solchen Komplikationen hatte ich nicht gerechnet.

»Mir geht es gut, ich bin nur noch etwas wackelig auf den Beinen«, sagte er.

»Glaubst du, daß du den Abstieg schaffen wirst?«

»Wir wollen es versuchen!«

Ich dankte den Bergführern für ihre Hilfe und sagte ihnen, wir würden allein weitergehen. Sie protestierten energisch, aber wir machten uns auf den Weg. Der Abstieg über den Grenzgletscher war zunächst nicht schwer, wurde aber mühsamer, als Bruce die Nachwirkungen des Schocks zu spüren begann. Den letzten Abschnitt legten wir sehr langsam zurück und waren froh, als endlich die Hütte in Sicht kam. Es war ein ereignisreicher Tag gewesen.

Bruce hatte am nächsten Morgen noch einige blaue Flecke und schmerzende Glieder, und da das Wetter schlechter wurde, stiegen wir doch schon nach Zermatt ab. Wir waren nicht böse, als der Regen uns zwang, einen Ruhetag einzulegen, und der Neuschnee auf den Gipfeln ihre Besteigung in den nächsten Tagen unmöglich machte. Wir unternahmen nur eine harmlose Wanderung zur Weißhornhütte mit der Absicht, auch diesen berühmten Berg zu besteigen. Zwei Tage waren wir dort zur Untätigkeit verdammt, aber dann klärte sich der Himmel auf, und wir begannen am frühen Morgen den Aufstieg über die den Ostgrat hinaufführende Standardroute. Über den Gletscher und eine Felsplatte ging es ganz leicht voran. In einem Führer hatten wir gelesen, daß man auf diesem Weg mit Steinschlag rechnen müsse, aber jetzt war alles gefroren. Wir arbeiteten uns einen Hang mit festem Schnee hinauf, bis wir an eine hohe, aus lockerem Gestein bestehende Wand kamen. Bei schlechtem Licht war es recht anstrengend, die erste Steilwand zu bewältigen. Dann machten wir einige Zickzacktraversen über lockere Felsplatten, und als das Licht besser wurde, gewannen wir an Sicherheit und kamen rascher voran. Schließlich standen wir auf dem Ostgrat und sahen über uns einen schönen Kamm, auf dem reichlich Neuschnee lag. Die Sonne vergoldete mit ihren ersten Strahlen die Gipfel, und nun begann das Klettern uns Freude zu machen, obwohl der Fels an zwei Steilstrecken vereist war, was uns zwang, das Tempo zu verringern und viel vorsichtiger zu sein.

Auf den letzten 300 Metern war der Grat tief verschneit, und wir befanden uns in einer recht exponierten Lage. Die Gipfel ringsumher lagen tiefer, und wir hatten eine unvergleichlich schöne Aussicht. Auf dem vereisten Boden lag eine dünne Schicht Neuschnee, und man mußte fest mit den Steigeisen auftreten, um einigermaßen sicher zu gehen. Der Kamm erweiterte sich zu einer im oberen Teil sehr steil aufragenden Wand, an der wir gut hinaufkamen. Als wir etwa 30 Meter unterhalb des Gipfels angekommen waren, sahen wir, daß ein paar andere Bergsteiger in unserer Richtung abstiegen. Es waren zwei Seilschaften, die die Traverse vom Nordgrat her gemacht hatten. Etwa 18 Meter unterhalb des Gipfels begegneten wir uns, und es bedeutete für uns eine große Erleichterung, das letzte Stück auf den von ihnen geschlagenen Stufen aufsteigen zu können.

Dann standen wir auf dem berühmten Gipfel – ein erregender Augenblick. In der Ferne streckte sich der gewaltige Finger des Matterhorns in den Himmel. Aber der Wind war kalt, und wir blieben nicht lange oben, sondern folgten den anderen Seilschaften. Auf dem schneefreien Fels des Grats legten wir eine gemeinsame Mittagsrast ein. Eine Wolke war vor die Sonne gezogen, und bald befanden wir uns im dichten Nebel. Deshalb beeilten wir uns mit der Mahlzeit. Anschließend stiegen wir sehr behutsam den Grat hinunter, und nachdem mir wärmer geworden war, machte mir das Klettern viel Freude. An der Stelle, wo Bruce und ich auf den Ostgrat gekommen waren, hielten wir alle an und besprachen uns. Wir kamen überein, die kürzere Route zu nehmen, auf der wir aufgestiegen waren, obwohl die Bergbücher davon abrieten, weil sie sehr steil abfiel. Wir blieben eng beeinander, um die Gefahr des Steinschlags möglichst zu verringern, und kamen rasch die Wand hinunter. Dabei lösten sich viele Geröllbrocken, die polternd zu Tal gingen. Bald erreichten wir den steileren und schwierigeren, tiefer gelegenen Abschnitt. Da uns der Abstieg nirgends leicht erschien, überlegten wir gemeinsam, an welcher Seite der tiefen Felsschlucht wir hinuntergehen sollten. Plötzlich hörten wir weit über uns ein dumpfes Rollen, und jeder drückte sich rasch schutzsuchend an die Wand. Eine mächtige Steinlawine überschüttete die Schlucht und die links und rechts von ihr liegenden Grate. Zentnerschwere Felsbrocken sausten an uns vorüber, und wir wurden mit Staub und Splittern überschüttet. Ich lag sicher unter einem weit vorspringenden Felsen und sah, wie riesige Brocken über zwei der anderen hinwegrollten. Ich glaubte zunächst, sie wären erschlagen worden. Aber als der Staub sich verzog, stellte sich heraus, daß sie eine überhängende Felsplatte, an der die Steine abgeprallt waren, gerettet hatte. Unverletzt, aber sehr verschreckt standen sie auf. Wir halfen ihnen hinunter auf den Schnee und rutschten so schnell wie möglich aus der Gefahrenzone heraus. Bruce und ich gingen jetzt voraus und erreichten als erste die Hütte. Dort aßen wir rasch eine Kleinigkeit, packten unsere Ausrüstung zusammen und gingen zur Bahnstation ins Tal hinunter. Unsere Expedition in die europäischen Alpen war zu Ende.

Es ist interessant, sich nach fünfundzwanzig Jahren an dieses Unternehmen zu erinnern. Das Klettern in steilen Wänden ist heute normal. Sogar Anfänger werden dort mit Kletterhaken und so starken Seilen gesichert, wie man sie benutzen könnte, um ein Schlachtschiff am Kai festzumachen. Nach heutigen Begriffen waren unsere Leistungen in Österreich und der Schweiz bescheiden – aber auch wir haben sie damals so beurteilt. Die Verhältnisse und die Maßstäbe haben sich in einem Vierteljahrhundert gewandelt. Wir verwendeten genagelte Bergschuhe und schwere Hanfseile. Wir verfügten nicht über warme, daunengefütterte Jacken. Zwar hatten wir etwas über Kletterhaken und andere moderne Hilfsmittel für das Bergsteigen gelesen, aber in unserer Ausrüstung fehlten sie.

Aber trotz allem war diese Expedition ein großes Erlebnis, und es begeisterte mich, alle diese berühmten Berge gesehen zu haben. Unsere Ausrüstung war zweitklassig und unser technisches Können zweifellos mittelmäßig, aber wir waren kräftig und energiegeladen, und die anderen Bergsteiger, die uns mit ihren Führern begegneten, waren für unseren Geschmack alle zu langsam. Als ich über England nach Neuseeland zurückkehrte, war ich sehr zufrieden mit allem, was ich in dieser Zeit erlebt hatte. Mein Horizont hatte sich erweitert, und ich war entschlossen, bald wieder auf große Fahrt zu gehen.

8. Erste Erfahrungen im Himalaya

Wenn ich an meine erste Zeit im Himalaya denke, dann steht mir sofort George Lowe vor Augen. George war Volksschullehrer in Neuseeland und ein ausgezeichneter Gesellschafter. Ich habe nie mehr und herzlicher gelacht als in seiner Gesellschaft. Groß und stark verstand er es, als hervorragender Bergsteiger mit dem Eispickel umzugehen, und bewährte sich immer wieder durch seine nie erlahmende Energie. Wir kannten uns schon einige Jahre, sind aber in dieser Zeit in Neuseeland nie gemeinsam in die Berge gegangen. Wir trafen uns jedoch häufig in den Hütten oder auf den Gletschern und verstanden uns ausgezeichnet. Wir sprachen sogar über die Möglichkeit, eine Expedition in den Himalaya auszurüsten, und kamen überein, ich sollte erkunden, wie das zu verwirklichen sei.

Gegen Ende meines Aufenthalts in Europa erhielt ich einen Brief von George, der mir mitteilte, daß eine bekannte neuseeländische Bergsteigergruppe, die aus vier Mann bestand, sich ebenfalls entschlossen habe, in den Himalaya zu gehen. Diese Leute hatten sehr ehrgeizige Ziele: den Kangchenjunga oder sogar den Mount Everest. Sie hatten George aufgefordert, sich ihnen anzuschließen, und luden auf seinen Vorschlag hin nun auch mich ein. Er fragte, ob ich Interesse hätte. Interesse für den Himalaya? Natürlich, auch wenn ich eine ganze Reihe von Landsleuten kannte, die technisch besser waren als ich. Trotz der Zweifel an meinem Können glaubte ich, mich bei einem solchen Unternehmen nützlich machen zu können. Ich war nicht so töricht, anzunehmen, daß man mich nur wegen meiner Fähigkeiten als Bergsteiger aufgefordert hatte. Man mußte auch die nötige Zeit haben und einen Teil des erforderlichen Geldes aufbringen können.

Im Lauf der folgenden Monate gab es einige Umstellungen in der Liste der Teilnehmer, und ihre Zahl verringerte sich, wie auch die Vorhaben bescheidener wurden. Von den zunächst Gemeldeten blieb nur noch Earle Riddiford übrig, aber George Lowe und ich waren noch dabei, und Ed Cotter war als vierter dazugekommen. Es war nicht leicht, das notwendige Geld und auch die Genehmigungen zu beschaffen; letzten Endes sollte es ein ganz billiges und nur aus eigener Tasche finanziertes Unternehmen werden. Unser Hauptziel war der bisher noch nie bestiegene 7247 Meter hohe Mukut Parbat im Gawhal-Massiv des Himalaya. Zwar hatten sich schon vor uns neuseeländische Bergsteiger an Expeditionen in den Himalaya beteiligt, aber wir waren die erste nur aus Neuseeländern bestehende Gruppe und mußten ganz klein anfangen.

Organisiert wurde die Expedition von Earle Riddiford, einem intelligenten, ehrgeizigen jungen Rechtsanwalt. Er war Brillenträger und sah nicht sehr kräftig aus. Unter einem robusten Bergsteiger stellte man sich wahrscheinlich etwas anderes vor. Aber er konnte schon beachtliche Leistungen in den Bergen aufweisen. Seine Begeisterung für das Unternehmen ließ niemals nach, und wir hatten es nur seiner Zähigkeit zu verdanken, daß wir schließlich aufbrechen konnten.

Im Januar 1951 kamen wir zum Training zusammen und unternahmen den Versuch, den gewaltigen und bisher noch nicht bezwungenen Maximilliangrat des Mount Elie de Beaumont zu besteigen. Mit 70 Pfund Gepäck auf dem Rücken ging es über hohe und schwierige Pässe im schweren Nordweststurm bis zu einem Basislager auf dem einsamen Burton-Gletscher. Bald wußte ich die Qualitäten meiner Bergkameraden zu schätzen; den launigen Humor von Ed, das unübertroffene Können von George und die kühle Intelligenz von Earle. An einem herrlichen Tag kämpften wir uns auf den gewaltigen Maximilliangrat hinauf und gelangten von dort auf den Gipfel. George und ich bildeten hier zum erstenmal eine Seilschaft, und er übernahm auch auf dem größten Teil der Route die Führung, wobei er ungewöhnliche Ruhe und Sicherheit bewies. Außer Harry Ayres, mit dem sich kein anderer vergleichen läßt, hielt ich George für den besten Bergsteiger, den ich kennengelernt hatte, und unser Unternehmen wurde ein voller Erfolg.

Wir verließen Neuseeland Anfang Mai 1951, nahmen das Flugboot nach Sydney und schifften uns dort auf der *P & O Orion* ein. Das Schiff war voll besetzt mit jungen Leuten, die nach Europa reisen wollten, und uns gefiel die fröhliche und gelöste Atmosphäre. Ich glaube, auch wir haben dazu beigetragen, die anderen Passagiere zu amüsieren. Den jungen Da-

Das Kloster Thyang Botschi, im Hintergrund der Everest

Hillarys Kinder lernen Tensing 1963 kennen

Sherpakinder vor der Schule in Thami

Der Makalu vom nepalesischen Vorgebirge aus

Das Dach des Krankenhauses in Kunde wird gedeckt.
Dahinter der Tamserku

Der Oberlama von Thyang Botschi weiht die Schule von Khumjung ein

oben: Schule in Thami　　　　unten: Schulkinder

men gefiel es jedenfalls, daß Ed Cotter bei schwerem Seegang auf den Händen die Reeling entlanggehen konnte. Der Wachoffizier war allerdings nicht ganz damit einverstanden. Da ich die Häfen, die das Schiff anlaufen mußte, schon von meiner ersten Reise her kannte, bekam ich den Spitznamen »Weltbürger Parcival«. Mit großem Bedauern nahmen wir in Colombo Abschied und trennten uns von unseren Reisegefährten und den hübschen jungen Mädchens. Die Stimmung war recht trübe, als wir im Zug saßen und durch die von Glühwürmchen erhellte dunkle Nacht auf die Spitze Indiens zufuhren.

Der Mai ist in Indien ein schlechter Reisemonat, jedenfalls war er das, bevor die Züge mit Klimaanlagen ausgestattet waren. Vor Beginn des Monsunregens war alles trocken und staubig, und die Temperaturen lagen sehr hoch. Das zeigte sich an den verdorrten Felder und ausgetrockneten Brunnen. Das flache Land sah trostlos aus. Trotzdem waren wir von der fremdländischen Atmosphäre, den zahlreichen Dörfern und dem farbigen Leben ihrer Bewohner fasziniert.

Am 25. Mai trafen wir in Madras ein und blieben einen Tag dort, um auf den Anschlußzug zu warten. Bei einem Gang durch die Stadt fielen mir die prächtigen Gebäude und Straßen als Kontraste zu den vielen Krüppeln, Bettlern und Armen auf. Ich sah sogar einen Toten in der Gosse liegen, um den sich niemand kümmerte. Noch am Abend setzten wir uns in den Zug, aber auch nach Sonnenuntergang nahm die Hitze kaum ab, und bald befanden wir uns wieder in einer Staubwolke. Wir hatten in unserem Abteil sogar eine Dusche, aber sie funktionierte nur solange der Wasservorrat reichte.

Die Bahnreise dauerte mehrere Tage. Eines Morgens beobachteten wir Dutzende mit Reissäcken beladene Kinder, die schwarz mitfuhren. Sie hielten sich auf den Trittbrettern fest, saßen auf dem Dach und sogar unten auf den Puffern. Auf jeder Station versuchte die Polizei, sie mit Stökken zu verjagen, aber für jedes Kind, das vertrieben wurde, kletterten zwei andere hinter dem Rücken der Polizisten auf die Waggons. Mit Todesverachtung klammerten sich die Kinder auf der Fahrt über eine Strecke von fast 80 Kilometern, auf der der Zug kein einziges Mal hielt, an die Wagen, und wir ließen einige von ihnen ins Abteil, wo sie mit der geduldigen Resignation am Boden hockten, die mir bezeichnend für das Leben in Indien zu sein schien. Als sie ihr Ziel erreicht hatten, flitzten die Kleinen schnell auseinander, wurden aber hier und dort doch noch von Stockhieben der Polizisten getroffen, die auf sie gewartet hatten.

Die Fahrt von Colombo bis zur größten Stadt Indiens, Kalkutta, dauerte fünf Tage, und wieder waren wir beeindruckt von den prächtigen Gebäuden im modernen Teil der Stadt. Ein kurzer Spaziergang durch eine Seitenstraße führte uns jedoch in ein unbeschreibliches Elendsviertel, in dem sich die Bewohner in beängstigender Menge drängten. Nie hatte ich einen so großen Kontrast zwischen arm und reich gesehen. Dieses Erlebnis bedrängte mein Gewissen. Das Leben in Neuseeland war recht angenehm, doch was taten wir für die Lösung dieser Probleme?

Bedrückt verließen wir die Slums von Kalkutta und rasten in der »Bombay Mail« weiter durch die staubige Nacht. In Benares ging es über den Ganges. Dann fuhren wir bei 45 Grad Celsius im Schatten weiter nach Lucknow und erreichten schließlich die Endstation Kathgodam im Vorgebirge des Himalaya. So sehr uns auch die lange Eisenbahnfahrt ermüdet hatte, es war ein beeindruckendes Erlebnis gewesen. Jetzt warteten wir voller Spannung darauf, ins Gebirge zu kommen.

Wir mieteten einen Bus, verluden unser Gepäck und fuhren langsam die 90 Kilometer lange, gut ausgebaute Straße hinauf, die bis zu der berühmten, mehr als 1800 Meter hoch gelegenen Bergstation von Ranikhet führte. Durch dichte Fichtenwälder kamen wir endlich oben auf dem Höhenzug an, und da lagen die Berge: der Nanda Devi, der Trisul und viele andere. Wir waren begeistert und konnten es kaum erwarten, zu unserem großen Unternehmen aufzubrechen. Beim ersten Anblick der Berge des Himalaya wurde ich von meinen Gefühlen überwältigt und ging allein auf der staubigen Straße weiter, um die gewaltigen Gipfel am Horizont zu betrachten und die mich umgebenden Laute und Gerüche in mich aufzunehmen.

Der Himalayan Club hatte dafür gesorgt, daß wir in Ranikhet von vier Sherpas erwartet wurden. Die erste Begegnung mit ihnen beeindruckte uns tief. Wir wußten aus Büchern über den Himalaya, wie hervorragend sie sich als Träger in großen Höhen bewährt hatten. Jetzt sollten wir mit einigen dieser berühmten Männer zusammenarbeiten. Passang, Tondu, Nima und Tensing gefielen uns sofort wegen ihrer fröhlichen Art und Hilfsbereitschaft. Bald hatten wir uns mit ihnen zu einer glücklichen Mannschaft vereint.

Unser erstes Ziel war das berühmte Hinduheiligtum Badrinath. Dorthin mußten wir einen durch tiefe Täler und über hohe Pässe führenden Weg von mehr als 160 Kilometern zurücklegen. In aller Eile packten wir unsere Ausrüstung in einzelne Lasten zu je 60 Pfund um, kauften Proviant ein

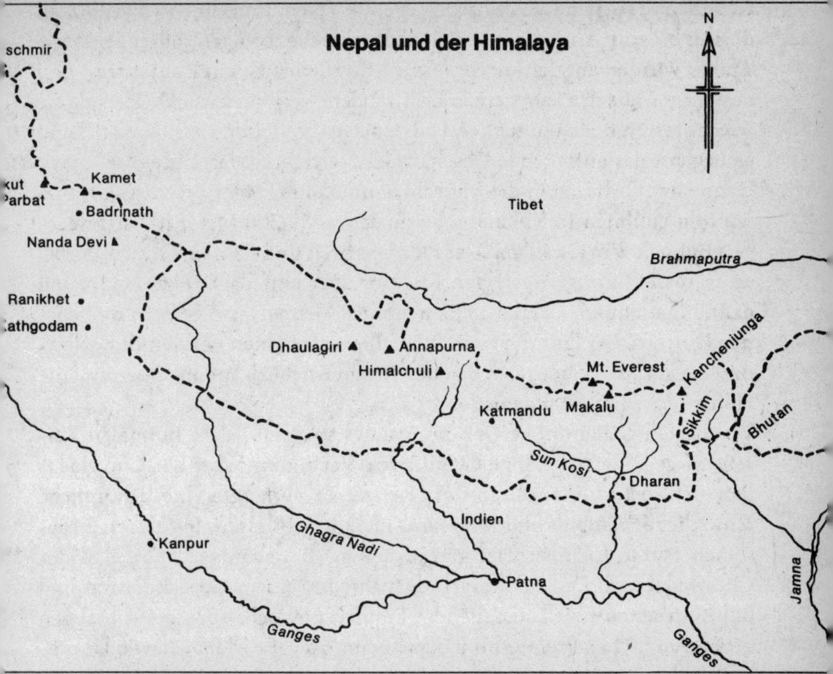

und mieteten dreißig Träger, die uns auf dem zehn Tage dauernden Marsch begleiten sollten. Der junge indische Student Kehi Bunshah, der sich während seiner Ferien in Ranikhet aufhielt, schloß sich uns für die Expedition in die Berge an. Kehi wurde später stellvertretender Leiter einer indischen Everest-Expedition und ein ausgezeichneter Rechtsanwalt. Er erwies sich als angenehmer Gesellschafter und machte sich als Dolmetscher sehr nützlich.

Zwei Vorfälle zeigten mir, daß wir uns hier in einem ganz fremden Land befanden, das sich in vieler Hinsicht vom friedlichen Neuseeland unterschied. Eines Morgens fiel ein fünfzehn Zentimeter langer Skorpion aus meinem Hemd und krabbelte schnell in eine dunkle Ecke. Am gleichen Abend gingen wir durch den Wald, als ein geschmeidiger schwarzer Schatten vor uns über den Weg sprang. Es war ein schwarzer Panther auf der Jagd nach seiner Lieblingsbeute, nach Haushunden.

Am 2. Juni hatten wir die Vorbereitungen abgeschlossen, verluden das

Gepäck und stiegen – vier Sherpas, dreißig Träger und wir – in zwei Busse, die uns bis zum Ausgangspunkt des Fußmarsches bringen sollten. Fast alle Träger wurden auf der kurvenreichen Straße ins Gebirge autokrank und boten am Ende der Fahrt einen bemitleidenswerten Anblick. Doch als sie wieder festen Boden unter den Füßen hatten, erholten sie sich rasch, und es begann das aufregende Geschäft der Verteilung der Lasten.
Dann kam Ordnung in die Marschkolonne, die Träger brachen auf, und wir folgten ihnen 16 Kilometer bis zu dem etwa 700 Meter höher gelegenen Bungalow in Gwaldam. Der Pfad war breit und eben und führte vorbei an terrassenförmig angelegten Feldern, über einfache Holzbrücken und dann hinauf durch Fichtenwald zu einigen kleinen, von Feldern umgebenen Dörfern. Bei Einbruch der Dunkelheit erreichten wir den Bungalow, und ich konnte gerade noch den herrlichen Ausblick auf die Täler und die Höhen des Himalaya genießen.
Wir hatten geglaubt, die Dak-Bungalows stünden jedem normalen Reisenden gegen eine geringe Gebühr zur Verfügung, aber der Chowkidar ließ sich nicht ohne weiteres erweichen. Er verlangte eine behördliche schriftliche Erlaubnis und wollte uns nicht hineinlassen. In solchen Situationen wußte Earle sich immer zu helfen. Er rechnete damit, daß der Chowkidar kein Englisch verstand, suchte in seinem Gepäck herum und holte ein sehr offiziell aussehendes Empfehlungsschreiben des damaligen neuseeländischen Premierministers heraus. Als er es dem Chowkidar präsentierte, wirkte es wie ein Zaubermittel. Soweit ich mich erinnern kann, war es das einzige Mal, daß uns dieser Brief etwas genützt hat.
Die folgende Woche – das Wetter blieb freundlich – verbrachten wir damit, uns zu akklimatisieren. Wir nahmen als Training immer etwa 30 Pfund Gepäck mit, was uns nicht hinderte, uns an der Großartigkeit der Gebirgslandschaft zu erfreuen. Auf unseren Wanderungen überquerten wir viele Gebirgszüge, stiegen auf kilometerlangen Strecken durch Rhododendronwälder hinauf in die Fichtenbestände und gelangten von dort auf weite, mit einem Blumenteppich übersäte Wiesen. Auf einen steilen und mühsamen Aufstieg zu einem 3000 bis 4000 Meter hoch gelegenen Paß folgte ein ebenso jäher Abstieg über eine Strecke von zwei Kilometern bis zu einem in der Tiefe liegenden Fluß. Am späten Nachmittag schlugen wir an einer geschützten Stelle die Zelte auf, machten Eintragungen in unsere Tagebücher oder lasen. Dabei hörten wir im Hintergrund die fröhlichen Stimmen unserer Träger, die ihre Chapatties kochten oder unter überhängenden Felsen ihre Schlafstellen herrichteten.

Wir lernten auch die Schwierigkeiten mit den Trägern kennen, über die man in so vielen Expeditionsberichten liest. Es kam zu dem unvermeidlichen Konflikt zwischen unserem Wunsch, täglich eine möglichst weite Strecke zurückzulegen, und der verständlichen Neigung der Träger, nicht mehr zu leisten als das normale Tagespensum. An einem Tag zwangen wir sie zu einem anstrengenden 25 Kilometer langen Marsch über einen hohen Paß, und als wir abends zu Bett gingen, mußten wir es uns gefallen lassen, daß sie uns als Mörder und Sklaventreiber beschimpften.
Wir hatten keine Ahnung, was als normale Leistung galt, paßten uns aber mit der Zeit den örtlichen Gepflogenheiten an und mußten erkennen, daß eine tägliche Marschleistung von 16 Kilometern mit einer schweren Last durch bergiges Gelände genügte. Für diese Arbeit bekamen die Träger drei Rupien am Tag. Das entspricht etwa einer Mark.
Am 8. Juni standen wir, nachdem wir in mehr als 3000 Meter Höhe eine sehr kühle Nacht verbracht hatten, im Morgengrauen auf. In aller Eile schlangen wir unser Frühstück hinunter, packten unser kleinen Zelte zusammen und waren bereits um 7.15 Uhr unterwegs. Vor uns lag ein steiler Anstieg von mehr als drei Kilometer, und da wir inzwischen körperlich gut trainiert waren, brauchten wir nur eine Stunde bis auf den 4000 Meter hoch gelegenen berühmten Kuaripaß. Er galt als einer der schönsten Aussichtspunkte im Himalaya, und was wir hier zu sehen bekamen, überwältigte uns. Die tiefen Täler und hohen Bergrücken weit überragend erblickten wir Dutzende gigantischer Gipfel. Bald hatten wir die bekanntesten nach der Karte und nach Fotos identifiziert und riefen begeistert ihre Namen aus: Nanda Devi, Dhaulaghiri, Guari Parbat und Nilcanta.
Unsere Träger hatten viel länger dazu gebraucht, auf den Paß zu kommen, und nun wollten sie nicht mehr weitergehen. Einer von ihnen war ungewöhnlich groß und sehr stark. Er war der natürliche Anführer dieser Gruppe und schien auch Humor zu haben. Oft waren wir der Gegenstand seiner Scherze, jedenfalls vermuteten wir es. Wir konnten nicht verstehen, was er sagte, aber die anderen Träger brachen immer wieder in schallendes Gelächter aus, wenn er eine Bemerkung machte. Zunächst fiel es mir nicht schwer, das gelassen hinzunehmen, aber als die Beziehungen zu den Trägern gespannter wurden, irritierten mich seine Witze doch.
Bevor wir das Lager aufschlugen, wollten wir vom Kuari-Paß in das etwa zwei Kilometer tiefer gelegene Tal absteigen. Das bedeutete, daß wir noch eine ziemlich weite Strecke zurücklegen mußten, aber der Vormittag war nicht besonders anstrengend gewesen. Doch die Träger weigerten sich und

sagten, sie wollten nach etwa einer Stunde haltmachen. Es hatte den Anschein, als wären wir an dem berühmten toten Punkt angelangt. Zähneknirschend ging ich weiter, als der große Mann wieder eine seiner spöttischen Bemerkungen machte und die Träger brüllend lachten. Wütend drehte ich mich um, faßte ihn vorn am Hemd und gab ihm deutlich zu verstehen, daß er im nächsten Augenblick einen Kinnhaken bekommen würde. Seine Reaktion erstaunte mich. »Nein! Nein, Sahib!« rief er demütig und duckte sich. Meine Wut verrauchte, und als ich mich von ihm abwendete, sprach niemand mehr ein Wort. Ohne weitere Einwände brachten die Träger ihre Lasten die weite Strecke den Berg hinunter bis zu dem vorgesehenen Lagerplatz.

Nach dem ersten Triumph schämte ich mich etwas meiner allzu heftigen Reaktion. Ich dachte an die soziale Stellung der Träger, und es wurde mir bewußt, daß sie gegen einen »Sahib« eigentlich nichts unternehmen konnten, nicht einmal gegen einen so unbedeutenden »Sahib«, wie ich es war, und selbstverständlich durften sie sich auch nicht wehren. Ich war ihnen überlegen und hatte mich von meinem Ärger hinreißen lassen. Auch heute bin ich noch jähzornig, habe aber seit jener Zeit viel gelernt . . .

Am achten Tag kamen wir in das große Dorf Joshimah hoch über dem Fluß Alaknanda auf die große Pilgerstraße nach Badrinath. Das etwa 3300 Meter hoch gelegene Badrinath ist eines der größten Hinduheiligtümer in Indien. Man sagte uns, alle frommen Hindus versuchen, das Heiligtum einmal im Leben aufzusuchen. Der lange und anstrengende Weg in großer Höhe bedeutet eine schwere Prüfung für den religiösen Eifer, aber wir stellten fest, daß alljährlich 40000 Menschen zu Fuß heraufkamen, sobald der im Winter gefallene Schnee geschmolzen war. Unser zwei Tage dauernder Marsch von Joshimah nach Badrinath war ein großes Erlebnis. Pilger aller Altersstufen und sozialen Schichten bewegten sich stetig das Tal hinauf, und man sah ihnen an, daß sie von aufrichtigen religiösen Gefühlen beflügelt waren. Die meisten gingen zu Fuß, andere ritten auf den zuverlässigen kleinen Gebirgspferden, einige ließen sich von vier Kulis in einer Sänfte tragen, und einige saßen in geflochtenen Bambuskörben auf dem Rücken eines einzigen Trägers. Für viele alte Leute war dies die letzte Pilgerfahrt. Sie waren glücklich an diesem heiligsten Ort der Hindus zu sterben. Der Pfad war an vielen Stellen aus dem Fels herausgehauen und führte in zahlreichen Windungen an den Steilwänden der großen Alaknanda-Schlucht entlang. Auf dem beschwerlichen Weg, an dem es keine sanitären Einrichtungen gab, und besonders durch die dünne Luft hier oben war es sehr mühsam, in der Tageshitze voranzukommen, und die meisten Pilger brachen schon vor Morgengrauen auf und rasteten in den Mittagsstunden.

Am frühen Morgen des 11. Juni kamen wir um eine Wegbiegung und sahen unter uns Badrinath liegen, eine Barackenstadt mit Wellblechdächern. Das Ganze wurde von einem riesigen Tempel mit vergoldeter Kuppel beherrscht. Was wir sahen, war die Verwirklichung eines Traums von Millionen frommer Hindus. Was dachten sie, wenn sie an diese Stelle kamen? Glaubten sie, durch diesen Anblick für ein mühsames und entbehrungsreiches Leben belohnt zu werden? Als wir die einzelnen Pilger betrachteten, konnten wir außer einer Stimmung der passiven Resignation nichts feststellen. Aber viele Pilger, die wir auf dem Rückweg von Badrinath sahen, sangen mit lauter Stimme und schienen vor Begeisterung fast außer sich. Offenbar hatte der Besuch des heiligen Tempels eine entscheidende Veränderung in ihnen bewirkt. Hoch über der Stadt erhob sich der herrliche, turmartige Gipfel des 6588 Meter hohen Nilcanta mit seinem zackigen vereisten Grat und gewaltigen Felswänden. Er sollte unser erstes Ziel werden, und bei seinem Anblick wurde mir doch etwas bang ums Herz.

Wir packten Proviant für drei Wochen zusammen und stellten einige Männer aus dem Dorf Mana als Träger ein. Diese Leute waren sehr robust und hatten sich als Träger in schwierigem Gelände hervorragend bewährt. Sie waren stolz und unabhängig und hatten sehr bestimmte Vorstellungen von ihren Rechten. Sie wollten nur vier Stunden täglich arbeiten und brauchten lange Rasten, bei denen sie die Gemeinschaftspfeife kreisen ließen. Ihre Bekleidung war aus handgewebtem Wolltuch. Sie wurde immer wieder geflickt und – wenn überhaupt – nur selten gewaschen. Dazu trugen sie schwere Lederschuhe, die sie jedoch auszogen, wenn der Boden zu uneben wurde, und dann lieber barfuß gingen. Im Gegensatz zu ihnen waren unsere Sherpas genauso angezogen wie wir selbst: schwere Bergstiefel, warme wollene Unterbekleidung und darüber wetterfeste Jacken und Hosen. Dazu kamen Eispickel und Rucksäcke.

Nachdem wir Badrinath verlassen hatten, campierten wir nach einem kurzen Tagesmarsch auf einer schönen Schneise am Fuß des Satopanth-Gletschers. Am folgenden Morgen stiegen wir über die Seitenmoräne den Gletscher hinauf. Dabei näherten wir uns steilen Felswänden, und als wir sie umgingen, sahen wir die gigantische vereiste Nordwand des Nilcanta. Sie sah abweisend und unbesteigbar aus. Auf etwa 4200 Meter Höhe rich-

teten wir das Basislager ein, und als ein Dauerregen einsetzte, entließen wir die Träger aus Mana. Die Temperatur sank, der Regen verwandelte sich in Schnee und unsere winzigen Zelte wurde bald von der schweren Last niedergedrückt.
Die ungünstige Witterung hielt fünf Tage an. Als es sich einmal kurz aufklärte, erkundeten wir eine Route quer über die Nordwand des Nilcanta bis auf eine Höhe von 5000 Metern und kehrten um, nachdem wir festgestellt hatten, daß wir auf diesem Weg nicht viel höher kommen konnten. Als sich am 19. Juni das Wetter endgültig zu bessern schien, gingen wir sofort daran, ein Lager auf dem 6000 Meter hohen Sattel am Westgrat des Nilcanta einzurichten.
Um 6.00 Uhr brachen wir auf und schlugen Stufen in einen steilen Schneehang, der zu einem ausgedehnten Schneebecken hinaufführte, wo es unter der starken Sonneneinstrahlung bereits sehr heiß war. Jeder Sherpa trug eine zwischen 40 und 50 Pfund schwere Last, und auch wir hatten Lasten von mindestens 30 Pfund auf dem Rücken. Der Aufstieg war sehr anstrengend. Wir seilten uns an und begannen einen langen und steilen alten Lawinenhang hinaufzuklettern. In der großen Höhe waren die Kräfte schnell verbraucht, und jeder von uns konnte jeweils nur für wenige Seillängen die Stufen treten, bevor er nach Atem ringend die Führung dem nächsten überließ.
Bis zur Westspitze hatten wir ungefähr 1500 Meter lange steile Schneehänge zu überwinden. Das wäre schon in den Alpen schwere Arbeit gewesen. In dieser Höhe war es zuviel. Plötzlich wurden wir durch ein Rumpeln rechts von mir aufgeschreckt. Dann sahen wir, wie einige Eisbrocken über eine Klippe polterten und tief unten auf dem Schnee zersplitterten. Der Hang wurde immer steiler, und es war sehr mühsam, Stufen in den knietiefen Schnee zu treten. Die Sherpas mit ihren schweren Lasten bewährten sich glänzend, konnten uns aber kaum dabei helfen, den Weg zu bahnen. Nach einiger Zeit zogen Wolken auf, wir wurden von dichtem Nebel eingehüllt, und es begann zu schneien. Wahrscheinlich mußten wir mit einem Schneesturm rechnen. So erschöpft wir waren, versuchten wir jetzt möglichst rasch nach oben zu kommen, und warfen gegen 17.00 Uhr unsere Lasten dicht unterhalb des Gipfels ab. Der Aufstieg hatte 11 Stunden gedauert. Außer vereistem Fels und steil ins Nichts abfallenden Schneehängen konnten wir im Schneetreiben kaum etwas sehen. Schnell nahmen wir auch den Sherpas die Lasten ab und schickten sie auf unserer Spur zurück in das verhältnismäßig bequeme Basislager. Bald waren sie im Nebel

verschwunden. Frierend und sehr müde gruben wir mit unseren leichten Spaten eine schmale Plattform am Hang aus. Mit abgestorbenen Fingern schlugen wir die beiden Zelte auf und befestigten sie sicher im tiefen Schnee. Froh über den Unterschlupf krochen wir hinein, zogen die Überkleidung aus und legten uns in die Schlafsäcke. Das sanfte Summen des Gaskochers und der Duft der dampfenden Mahlzeit trösteten uns einigermaßen, und nach kurzer Zeit hatten wir den Schneesturm draußen vergessen.

Die Schneefälle hielten den ganzen nächsten Tag an. In unseren doppelschichtigen Schlafsäcken hatten wir es warm, mußten aber in den sehr engen Zelten bleiben, wo wir lasen, uns unterhielten, kochten und uns die Zeit vertrieben, so gut es ging. Am folgenden Morgen lockte uns die steigende Außentemperatur ins Freie. Ein Blick auf den steilen Westgrat des Nilcanta genügte. Er war mit Neuschnee und Eis bedeckt, und wir glaubten nicht, daß wir je hinaufkommen würden. Statt dessen beschlossen wir, die Besteigung eines bisher noch nicht bezwungenen 6100 Meter hohen Schneegipfels westlich von uns zu versuchen, denn wir konnten erkennen, daß es auf dem überhängenden Grat eine Aufstiegsmöglichkeit gab.

Wir seilten uns an und stiegen durch den tiefen Schnee, in den wir Stufen treten mußten, langsam immer höher. An einigen sehr steilen Abschnitten mußten wir Stufen ins Eis schlagen und verbrauchten dabei viel Kraft. Nach dreieinhalb Stunden vorsichtigen Steigens kamen wir auf etwa 5800 Meter, hatten aber den Gipfel noch lange nicht erreicht. Wieder wurden wir von Wolken eingehüllt, und es begann zu schneien. Zu erschöpft, um uns weiter voranzuarbeiten, kehrten wir deshalb in das Camp zurück. Dort überlegten wir, was wir falsch gemacht hatten. Wir waren so stolz auf unsere Kraft und Energie gewesen. Wo waren sie geblieben?

Am nächsten Morgen hatte das Wetter sich noch nicht gebessert. Schneeschauer verzögerten unseren Abmarsch, aber schließlich krochen wir aus den Zelten, zogen alle unsere wollenen Sachen und die winddichten Anzüge an und stiegen noch einmal auf der am Vortag vorbereiteten Route auf. Diesmal ging es etwas besser, und bald befanden wir uns an der Stelle, an der wir gestern umgekehrt waren. Dichter Nebel behinderte die Sicht, aber vorsichtig kletterten wir auf dem stark überhängenden Grat weiter. Immer wieder sicherten wir uns mit den tief in den Schnee gesteckten Eispickeln und hielten uns so weit unterhalb des Kammes am Hang, daß wir außerhalb der Gefahrenzone der überhängenden Schneewächte blieben. Bald hatten wir eine Höhe von etwa 5940 Metern erreicht. Ich führte gerade und schlug mühsam die Stufen in den steilen Hang. Plötzlich brach rechts von mir ein riesiges, etwa zehn Meter breites Stück von der Wächte ab und stürzte den Hang hinunter. Ohne zu zögern sprang ich rasch nach links und rammte den Pickelstiel tief in den Schnee. Ich wußte, daß die anderen drei eben noch oben auf der Wächte gestanden hatten, und mußte damit rechnen, daß sie mit der Wächte herabgerissen worden waren. Im Springen wandte ich mich um und sah die drei Gestalten gleichzeitig in der Luft. Auch sie waren instinktiv zur Seite gesprungen, als die gewaltige Schnee- und Eismasse 1300 Meter tief auf den Gletscher stürzte. Auf unsere Eispickel gelehnt und nach Atem ringend fiel uns die Entscheidung nicht schwer, jetzt den Rückzug anzutreten.

Nach einem langen und vorsichtigen Abstieg kamen wir ins Lager zurück, wo zwei der Sherpas schon auf uns warteten. Es folgte eine kurze Beratung. Der Monsun hatte eingesetzt. Der täglich fallende Neuschnee ließ das Klettern schwierig und gefährlich werden. Zudem waren wir noch nicht genügend akklimatisiert und nicht kräftig genug, um sehr weit voranzukommen. Deshalb bauten wir das Lager ab und gingen mit den schweren Lasten durch den tiefen Schnee hinunter ins Basislager. Auch nach der herrlichen Mahlzeit, die unsere anderen beiden Sherpas für uns zubereitet hatten, wollte sich meine Stimmung nicht bessern, und ich ging enttäuscht und mit dem Gefühl, eine Niederlage erlitten zu haben, zu Bett.

Wir kehrten nach Badrinath zurück, und in geringerer Höhe gewannen wir unsere Zuversicht wieder. Um dem Monsunschnee auszuweichen, wollten wir nach Norden an die tibetanische Grenze gehen und dort versuchen, unser wichtigstes Unternehmen, die Besteigung des 7247 Meter hohen Mukut Parbat in Angriff zu nehmen. Bis dahin würden wir körperlich viel leistungsfähiger sein.

Am 27. Juni verließen Lowe und ich Badrinath und folgten dem Fluß Saraswati in eine tiefe Schlucht hinauf, die sich in ein weites Hochtal öffnete, das von zackigen Gipfeln umgeben war. An einem hübschen Bach legten wir die Mittagspause ein und beobachteten Adler, die majestätisch hoch über uns kreisten. Weit auf der anderen Seite des Tals hörten wir die leisen Töne einer Hirtenflöte und sahen eine Herde von Schafen und Ziegen, die auf der mageren Weide grasten.

Am Spätnachmittag erreichten wir die Gastolialm. Hier wollten wir den Saraswati überqueren, stellten aber fest, daß die Brücke für die Wintermonate abgebaut und noch nicht wieder erneuert worden war. Große

Wassermassen rauschten durch die etwa zehn Meter breite Schlucht. Wir schafften es nicht, den Durchlaß mit langen Stämmen zu überbrücken und sahen uns gezwungen, für die Nacht unsere Zelte neben dem Fluß aufzuschlagen. Am Morgen marschierten wir zu zweit etwa drei Kilometer flußabwärts, überquerten den Wasserlauf auf einem hohen Lawinenausläufer und gingen am anderen Flußufer zurück. Von jener Seite des Flusses aus gelang es uns, die Baumstämme so hinzulegen, daß eine zwar wakkelige, aber brauchbare Brücke entstand.
Als wir das Tal hinaufgingen, kamen uns zwei Männer entgegen. Sie hatten dunkelhäutige mongolische Gesichter, große Messer im Gürtel stekken und trugen lange rote Stoffstiefel. Unsere Sherpas begrüßten sie freundlich. Es waren die ersten Tibetaner, die nach der Schneeschmelze über den Mana-Paß gekommen waren. Sie trieben eine Herde langhaariger Schafe und Ziegen, und jeder von ihnen hatte eine Satteltasche voll Salz bei sich, das sie gegen andere Waren eintauschen wollten.
Wir bogen vom Haupttal ab und stiegen den unteren Hang des West Kamet-Gletschers hinauf. Am Nachmittag blickten wir kilometerweit über mit Felsstücken bestreute Gletscher hinweg bis zu dem 7625 Meter hohen, massiven Kamet hinüber, konnten aber den Mukut Parbat noch nicht sehen. Auf 4728 Metern schlugen wir bei dichtem Nebel das Lager auf.
Wir erwachten in bester Stimmung, denn die bisherigen Erkundungsergebnisse waren günstig gewesen. Vom Tal aus konnten wir natürlich nicht viel sehen. Deshalb kletterten wir über steile Felswände und Schneehänge auf eine Höhe von mehr als 5800 Metern. Allmählich hoben sich die gewaltigen Felsschroffen des Mukut Parbat über dem Horizont, und zu unserer großen Enttäuschung erkannten wir, daß er von dieser Seite keine guten Aufstiegsmöglichkeiten bot. Mit dieser Nachricht kehrten wir an den Saraswati zu Cotter zurück, der dort mit 19 Trägern auf uns wartete, die Proviant und Ausrüstung für drei Wochen mitbrachten. Im kalten Nebel setzten wir uns um ein rauchendes Feuer aus Yakdung und besprachen unsere Pläne.
Die einzige Möglichkeit, die sich uns nun noch bot, war der Weg über den Shamro-Gletscher. Deshalb gingen wir wieder das Tal hinauf. In der Nähe der tibetanischen Grenze wurde der Boden immer steiniger, und es wurde zusehends windiger. Als wir uns nach rechts wandten und begannen, über die große Moräne des Shamro-Gletschers aufzusteigen, sahen wir vor uns den nach Tibet führenden Mana-Paß. Um ihre Schuhe zu schonen, zogen die Träger sie aus und gingen barfuß über die scharfkantigen Steine. Nach

mehrstündigem Marsch wählten wir eine ebene Stelle in einer Höhe von 4880 Metern, um dort die Zelte für das Basislager aufzuschlagen.
An den folgenden Tagen blieb das Weter sehr unsicher. Die Sicht war schlecht, und wir konnten nur feststellen, daß die Überreste einer großen Eislawine unseren Weg zum Shamro-Gletscher blockierten. Wenigstens entdeckten wir auf 5185 Meter Höhe eine freie Stelle mit einem kleinen Bach. Wir beschlossen, das Lager an diesen idyllischen Platz zu verlegen und schlugen die Zelte auf einer mit Gebirgsblumen übersäten Wiese auf. Rings um uns erhoben sich die mächtigen vereisten Gipfel, die alle noch nie bestiegen worden waren.
Endlich wurde das Wetter besser. Lowe, Cotter und ich machten uns schon im Morgengrauen auf den Weg. Rasch gingen wir den Hang hinauf bis zu den Ausläufern der Eislawine, legten die Steigeisen an und kletterten an Gletscherspalten vorbei auf einer Route weiter, die wir vor einigen Tagen ausgesucht hatten. Wir kamen ohne große Schwierigkeiten durch die Eislawine und stiegen weiter den Gletscher hinauf, in dem sich immer wieder tiefe Spalten öffneten. Bald waren wir hoch genug, um zu sehen, auf welchen Wegen der Mukut Parbat bestiegen werden könnte, und suchten eine günstige Stelle für unser nächstes Lager in einer Höhe von etwa 5800 Metern aus. Bis zur Höhe von etwa 6400 Metern war die Route zum Teil sehr zerklüftet, sah aber doch einigermaßen gangbar aus, und wir waren recht zuversichtlich.
Ganz nah am linken Rand des Shamro-Gletschers erhob sich ein etwa 6100 Meter hoher Schneegipfel. Cotter führte uns eine steile Eisschlucht hinauf auf einen kleinen Gletscher, und von dort kamen wir auf einem leicht begehbaren Weg bis zum Fuß des Gipfels. Dann ging es auf einem zerrissenen Felsgrat weiter, auf dem wir unter großen Anstrengungen allmählich höher kamen. Kurz vor 12.00 Uhr erreichten wir den Gipfelgrat, spürten nun aber deutlich die Auswirkungen der großen Höhe auf unsere Nerven. Auf dem Grat lag eine stark überhängende Schneewächte, die sehr unsicher aussah. In dem zu weichen Schnee und in der ständigen Sorge, daß Lawinen abgehen könnten, gingen wir sehr vorsichtig unter der Wächte über die steile Wand und kletterten dann die letzte kurze Strecke bis zum Gipfel hinauf. Oben angekommen überkam uns unbeschreiblicher Stolz: Wir hatten den ersten Sechstausender bezwungen.
Zwar wurde unsere Begeisterung durch die Befürchtung gedämpft, die Schneeverhältnisse könnten unter der intensiven Sonneneinstrahlung ungünstiger werden und uns in gefährliche Situationen bringen. Wir

hielten uns deshalb nur so lange auf dem Gipfel auf, bis wir ein paar Aufnahmen gemacht hatten. Dann führte uns Lowe den gegenüberliegenden Grat hinunter. Der Grat war steil, schmal und überhängend, doch hier war der Schnee noch fest. Am Seil von oben gesichert trat und schlug Lowe eine sichere Route über die steilste Strecke hinunter.

Nun führte der Grat etwa fünf Kilometer ohne nennenswerten Höhenverlust hinüber zu einem Gipfel unmittelbar über Camp I. Wir hofften, daß wir auf dem Schnee am Kamm entlang gut vorankommen würden, wurden aber bitter enttäuscht. Auf dem Schnee lag eine leichte Eiskruste, die nicht immer unser Gewicht aushielt, so daß wir oftmals bis zur Hüfte und manchmal sogar noch tiefer einbrachen. Hier vorwärtszukommen war eine zum Verzweifeln anstrengende Arbeit. Wir befanden uns in den Wolken, und ein dichtes Schneetreiben behinderte die Sicht. Es war schwer, auf dem schmalen Grat zu bleiben, denn er war stark verweht. Deshalb sahen wir uns gezwungen, an der sehr steilen Südwand entlangzugehen. Frierend, erschöpft und nicht ohne Sorge arbeiteten wir uns allmählich voran, mußten aber oft Rasten einlegen. Die Sonne kam hervor, als wir gerade an einen leichter gangbaren Teil des Grats kamen.

Die Besteigung des Nebengipfels selbst zehrte an unseren Kräften. Es war inzwischen 17.00 Uhr geworden. Wir mußten fast 700 Meter an steilen Felswänden und über lockeres Gestein aufsteigen, und waren, als wir oben ankamen, der Erschöpfung nahe. Kurz vor Einbruch der Dunkelheit erreichten wir wieder das Lager, wo Riddiford und die Sherpas uns mit heißem Tee begrüßten. Wir feierten unseren Erfolg mit einer kostbaren Dose Pfirsiche und erzählten bis spät in die Nacht hinein begeistert von unseren Erlebnissen.

Nach zwei Tagen brachen wir auf, um das Camp II am Mukut Parbat einzurichten. Mit unseren schweren Lasten war der Aufstieg sehr anstrengend, und als wir über den Ausläufer der Eislawine kletterten, stellten wir fest, daß eine neue Lawine unsere Spuren verschüttet hatte. Nur langsam erreichten wir den oberen Teil des Gletschers und schlugen dann Stufen einen Steilhang hinauf bis zu einem felsigen Schneesattel zwischen dem Schamro-Gletscher und dem westlichen Kamet-Gletscher. Hier fanden wir einen sehr guten, windgeschützten, ebenen Lagerplatz, auf dem wir unsere Zelte aufschlagen konnten. Wir befanden uns auf 5800 Meter Höhe und hatten nach allen Seiten einen wunderbaren Ausblick auf die Berge und die Täler. Wir schickten die Sherpas für die Nacht in das Camp I hinunter und wurden sehr bald von der Kälte in unsere Zelte getrieben.

Um 8.00 Uhr morgens schien wieder die Sonne auf unser Lager, die uns angenehm wärmte. Oberhalb vom Camp lag eine große Eislawine, in der tiefe Spalten klafften und auf der schwer übersteigbare große Eisblöcke lagen. Irgendwie mußten wir hinüberkommen, um den Gipfelgrat des Mukut Parbat zu erreichen. Cotter und ich brachen zu einer Erkundung auf, und es gelang uns, eine sichere Route über den unteren Teil des Gletschers zu finden, bevor die Sonnenhitze und die Nachwirkungen der Anstrengungen uns zwangen, ins Lager zurückzukehren.
Am folgenden Morgen um 6.00 Uhr nahmen wir den Berg erneut in Angriff. Es war sehr kalt, und wir zogen alles übereinander, was wir zur Verfügung hatten. Am Körper blieben wir einigermaßen warm, aber unsere Bergschuhe eigneten sich nicht für solche extremen Verhältnisse, und je höher wir stiegen, desto mehr froren wir an den Füßen. George und ich wechselten uns ab, sichere Stufen in den hartgefrorenen Schnee zu schlagen. Immer wieder mußten wir gigantische Gletscherspalten und Eisnadeln umgehen, um eine gangbare Route zu finden. Kurz vor 8.00 Uhr wendeten wir uns nach links und kamen auf einer großen Eisplatte in das Licht der frühen Morgensonne. Dankbar setzten wir uns hin, zogen die Stiefel aus und massierten unsere Füße warm. Es dauerte ungefähr eine Stunde, bis wir so weit hergestellt waren, daß wir den Weg sicher und ohne Beschwerden fortsetzen konnten.
Beim weiteren Anstieg mußten wir auf Schneebrücken einige tiefe Spalten überqueren und erreichten dann ein weites Schneebecken, um schließlich nach rechts in stark zerklüftetes Gelände zu kommen. Nachdem wir uns sorgfältig mit dem Seil, das wir um den tief eingeschlagenen Pickelstiel wanden, gesichert hatten, überquerten wir eine lockere Schneebrücke, stiegen einen steilen vereisten Hang hinauf und kamen bei 6300 Metern auf einen Schneesattel. Von hier sahen wir hinaus auf das Hochplateau und die tibetanischen Felsenberge. Über uns erhob sich der große Grat des Mukut Parbat. Unsere Erkundung hatte zum Erfolg geführt, und wir hatten einen sicheren Weg über die Eislawine gefunden.
Aber wieder wurden wir durch erneut einbrechendes schlechtes Wetter aufgehalten. Erst zwei Tage später kamen wir mit zwei Sherpas auf diese Route zurück, um auf einer Eisplatte dicht unterhalb des nach Tibet führenden Passes das Camp III einzurichten. Es stand uns nur wenig Platz zur Verfügung, denn auf der einen Seite ragte eine Eisklippe steil in die Höhe und auf der anderen ging es eine senkrechte Wand hinunter. Drei Sherpas kehrten in das Camp II zurück, während Passang bei uns blieb. Ich schlief

mit Passang in einem Zelt. Als ich mitten in der Nacht wach wurde, sah ich ihn zusammengekrümmt auf den Knien liegen und hörte, wie er ständig die gleichen Worte wiederholte, die ich nicht verstehen konnte. Ich wußte, er war als tibetanischer Mönch erzogen worden, und nahm an, er erfülle fromm seine religiösen Pflichten. Einige Stunden später wachte ich noch einmal auf, und wieder lag Passang leise murmelnd auf den Knien. Es fiel mir schwer, meinen Zorn zu unterdrücken, denn einen solchen religiösen Fanatismus konnte ich nicht verstehen. Als es zum drittenmal geschah, glaubte ich mich beschweren zu dürfen. Ich wollte eben leise Kritik anmelden, als mich sein Verhalten zögern ließ. Ich sah etwas genauer hin und stellte fest, daß Passangs Hingabe nicht dem Gebet, sondern seiner defekten Luftmatratze galt, die er aufzublasen versuchte.
Am frühen Morgen des 11. Juli war der Himmel wolkenlos, aber es war sehr kalt. Da unsere Bergschuhe uns nicht genügend schützten, befürchteten wir, uns die Zehen zu erfrieren, und wagten nicht, die Zelte zu verlassen, bevor die Sonne uns gegen 8.00 Uhr erreicht hatte. Dann bildeten wir zwei Seilschaften. Die eine bestand aus Riddiford, Cotter und Passang, die andere aus Lowe und mir. Wir kletterten die Stufen im Eis hinauf bis zum Paß, wo uns wieder ein eiskalter Wind empfing. Lowe ebnete uns eine bequeme Route durch tiefen, kalten Pulverschnee, die uns schließlich auf den Hauptgrat des Mukut Parbat führte. Der Schnee dort war hart gefroren und ließ sich mit den Steigeisen gut begehen, aber der starke Wind wirkte sich sehr unangenehm aus. In 6863 Meter Höhe kamen George und ich an einen Felsvorsprung, der uns vor dem Wind schützte. George machten seine Füße schwer zu schaffen, und auch mir ging es in dieser Hinsicht nicht viel besser. Wir hackten uns Sitze in den vereisten Hang, sicherten uns mit dem Seil, zogen die Schuhe aus und massierten die abgestorbenen Füße, bis wieder Leben in sie kam. Riddiford, Cotter und Passang kamen zu uns herauf und gingen weiter. Als unsere Füße wohlig kribbelten, brachen auch George und ich wieder auf. Wir wollten uns nun an den oberen Teil des Berges wagen, überquerten eine vereiste Höhe und sahen, daß der Grat merklich schmaler wurde und sanft abfiel, bevor er zum Gipfel anstieg. In der Senke war Earle Riddiford damit beschäftigt, Stufen in das Eis zu schlagen, und kam dabei nur sehr langsam voran. Eine Zeitlang warteten George und ich frierend. Wir waren so daran gewöhnt, vorauszugehen, daß uns diese Verzögerung irritierte. Es würde nicht leicht sein, an Riddiford vorbeizukommen, auch wenn er damit einverstanden wäre, was wir bezweifelten. George und ich berieten uns kurz

– die andere Seilschaft war körperlich nicht in so guter Verfassung wie wir –, und wir bezweifelten, daß sie mit den Schwierigkeiten des vereisten Grats fertig werden und den Gipfel noch vor Einbruch der Dunkelheit erreichen könnten. Wir riefen zu den anderen hinüber und fragten sie nach ihrer Meinung. Es war schon Nachmittag. Sollten wir zurückgehen, solange wir noch frisch waren, und die Besteigung des Gipfels morgen noch einmal in Angriff nehmen? Schließlich beschlossen Lowe und ich, umzukehren, während die drei anderen weitergingen.
Den ganzen Nachmittag beobachteten wir sie hoch oben auf dem Grat und stellten fest, daß sie kaum vorankamen. Dann trieb uns der Frost in die Zelte. Am Abend warteten wir ungeduldig darauf, ihre Stimmen zu hören, und als es dunkel wurde, fingen wir an, uns ernstliche Sorgen zu machen. Lowe ging mit einer Fackel die Anhöhe hinauf, und ich bereitete eine warme Mahlzeit zu. Was mochte ihnen zugestoßen sein? Endlich hörten wir nach 21.00 Uhr ihre Stimmen näher kommen, und sie krochen erschöpft, aber triumphierend ins Zelt. Mit großer Ausdauer und Energie waren sie trotz des starken Windes auf dem Grat weitergegangen und hatten den Gipfel um 17.45 Uhr erreicht.
In der folgenden Nacht konnten wir alle nicht gut schlafen. Riddiford mußte sich lange die Hände und Füße massieren, bis endlich wieder Leben in sie kam. Ich war tief enttäuscht darüber, daß George und ich nicht auf dem Gipfel gewesen waren. In den tieferen Lagen hatten wir den größten Teil der Arbeit geleistet, dann aber die falsche Entscheidung getroffen. Das Durchhaltevermögen von Earle erstaunte mich. Er hatte sich während des ganzen Unternehmens nicht sehr wohl gefühlt, und es war mir unbegreiflich, woher er die Energie genommen hatte, bis zum Gipfel vorzudringen. Er hatte bewiesen, daß man mit einem starken Willen einen Großteil körperlicher Schwächen überwinden kann.
Das Wetter verschlechterte sich wieder, und wir legten eine Ruhepause in Badrinath ein. Hier wartete schon die Post auf uns, die uns interessante Neuigkeiten brachte. Earle hatte von einem Verwandten eine ansehnliche Summe überwiesen bekommen und machte uns das großzügige Angebot, dieses Geld für die Expedition zur Verfügung zu stellen. Damit waren unsere finanziellen Probleme zum großen Teil gelöst. In einem anderen Brief erhielten wir einen Ausschnitt aus einer Londoner Zeitung, in dem berichtet wurde, der bekannte britische Forscher Eric Shipton werde in einigen Monaten mit einer Gruppe von Bergsteigern nach Nepal kommen, um die Südseite des Mount Everest zu erkunden. Wir alle dachten, es wäre

großartig, sich daran zu beteiligen. Ich schrieb an einen Freund in England, der dem Alpine Club Committee angehörte, und schlug vor, einige von uns für diese Expedition zu nominieren, wußte aber noch nicht, daß der New Zealand Alpine Club schon einen ähnlichen Vorschlag gemacht hatte.

Nach der fünf Tage dauernden Ruhepause in Badrinath schrieb ich in mein Tagebuch: »Die Langeweile beginnt! Ich kann nicht so unbekümmert herumsitzen, schreiben und mich ausruhen wie George und Earle. Mich drängt es, hinaufzugehen und ein paar Gipfel zu besteigen, um dann rasch wieder nach Hause zu meinen Bienen zu kommen.« Ich hatte inzwischen unsere gesamte Ausrüstung umgepackt, und wir hätten sofort aufbrechen können. Auf meine dringenden Bitten machten wir uns endlich auf den Weg zurück zum Shamro-Gletscher und ließen Riddiford, der sich nicht wohl fühlte, in Badrinath zurück.

Am ersten Abend, als wir das Lager aufschlugen, war die Stimmung gedrückt. Ein großer Felsblock stand uns im Weg, und ich versuchte, ihn fortzurollen. »Streng dich nicht an«, brummte George, »ich hab' es versucht und bringe ihn nicht von der Stelle. Ich glaube nicht, daß du es kannst!« Ich blickte ihn verwundert an und schob den Stein auf die Seite. Ich war bereit, zuzugeben, daß George mir in mancher Hinsicht überlegen war, aber er war keineswegs stärker als ich.

Das Wetter am Shamro-Gletscher besserte sich nicht, aber wir nutzten die Zeit, um das Gelände zu erkunden und einige interessante Touren zu unternehmen. Als Höhepunkt beschlossen George und ich, zum Camp III am Mukut Parbat aufzusteigen und einem 6765 Meter hohen Schneegipfel nörlich des nach Tibet führenden Passes anzugehen. Mit drei schwerbepackten Sherpas stiegen wir den Gletscher hinauf und schlugen unser Zelt an der Stelle auf, an der sich das Camp II befunden hatte. Wieder machte sich der Monsun bemerkbar, und es fing an zu schneien. Die ganze Nacht fiel Schnee, und am Morgen lagen die Zelte unter 30 Zentimeter Neuschnee. Wir blieben den ganzen Tag in den Schlafsäcken liegen, während sich die Flocken sanft auf die Zeltdächer legten.

Am folgenden Morgen wachten wir um 5.00 Uhr auf und stellten fest, daß sich das Wetter wieder gebessert hatte. Schnell packten wir einen Lebensmittelvorrat für fünf Tage ein und brachen zum Camp III auf. Der Neuschnee auf den oberen Steilhängen bereitete uns zusätzliche Arbeit und brachte weitere Risiken, doch wir kamen sehr gut voran und stiegen schnell höher. Ich war gerade dabei, entlang des unteren Randes eines tie-

fen Spalts eine Spur zu treten, als ich mit meinem Eispickel eine riesige Schneewächte losschlug. Während die Schneemassen polternd in die Tiefe sausten, sprangen wir erschreckt zur Seite und konnten uns gerade noch rechtzeitig in Sicherheit bringen. Der ganze Boden erzitterte, und wir brauchten eine Weile, um uns von dem Schreck zu erholen. Die lockere Schneebrücke, der wir schon das letzte Mal nicht ganz getraut hatten, war jetzt verschwunden, und ein breiter Spalt trennte uns von der Stelle, an der wir damals das Lager errichtet hatten. Jetzt mußten wir einen Umweg machen, um unser altes Camp III zu erreichen, wo die zurückgelassenen Zelte zur Hälfte unter Schnee und Eis begraben waren. Während wir sie ausschaufelten, begann es wieder zu schneien. Als die Sherpas herankamen, nahmen wir ihnen die Lasten ab und schickten sie gleich in das Camp II zurück. Dann gingen wir in die Zelte, krochen in die Schlafsäcke, zündeten den Gaskocher an und wärmten uns das Essen.
Als sich der Nebel gegen Abend auflöste, steckten wir die Köpfe aus der Zeltklappe. Hier in einer Höhe von 6300 Metern lagen fast alle anderen Gipfel in der Umgebung unter uns. Nur die wirklichen Riesen reckten sich über uns in den Himmel hinauf. Weit jenseits des Tals zogen große Kumuluswolken von Süden herauf. Im Abstand von wenigen Sekunden wurden sie abwechselnd durch Blitze erhellt.
Es schneite die ganze Nacht und die folgenden zwei Tage, und es wehte ein scharfer Wind. Der Schnee drohte unser Zelt zu erdrücken, und an den Hängen unter uns gingen große Lawinen zu Tal. Das Eis des Gletschers stöhnte und knirschte. Wir waren vollständig abgeschnitten und konnten nichts tun, als abzuwarten. Wenn wir aus dem Zelt blickten, sahen wir nur das schier ewige Schneetreiben und die langen an den Zeltleinen hängenden Eiszapfen.
Am Abend des zweiten Tages schien sich das Wetter bessern zu wollen, und bei zunehmendem Frost wurde der Schnee fester. Als wir morgens aufwachten, hatte der Wind aufgefrischt, und Sturmwolken flogen über uns hin. In unserer Verzweiflung zogen wir alles an, was wir mithatten, und beschlossen, den Aufstieg auf den Gipfel zu wagen. Mit nur geringen Hoffnungen stampften wir durch den Neuschnee bis zu dem nach Tibet führenden Paß hinauf, während der Wind uns um die Ohren sauste. Plötzlich trat vollkommene Windstille ein, die Sonne kam heraus, und wir begannen in der Hitze förmlich zu dampfen. Ermutigt stiegen wir den steilen Hang hinauf und wechselten uns dabei ab, Stufen in den Schnee zu treten und zu hacken. Wir fürchteten ständig, daß Lawinen niederge-

hen könnten, und wir hielten uns in einer möglichst geraden Linie hintereinander, um unter allen Umständen zu vermeiden, daß wir den Schnee ins Rutschen brachten. Relativ rasch erreichten wir den breiten Spalt, der den langen Hang vom Felskegel des Gipfels trennte. Nachdem wir uns sorgfältig mit dem Seil gesichert und noch eine Reihe von Stufen ins Eis geschlagen hatten, standen wir endlich auf dem 6765 Meter hohen Gipfel.

Der Ausblick nach allen Seiten war atemberaubend. Unter uns in nordöstlicher Richtung erstreckten sich die kahlen, abweisenden Gebirgszüge Tibets. Im Westen lag das Tal des Saraswati, und der Nilcanta war auch jetzt noch in unheilverkündende Sturmwolken gehüllt. Über uns erhoben sich die gewaltigen Massive des Mukut Parbat und des Kamet. Wir genossen die Wärme und die Aussicht und machten zahlreiche Aufnahmen, bis die sich zusammenziehenden Wolken uns anzeigten, daß wir nur noch kurze Zeit mit schönem Wetter rechnen durften.

Wir stiegen auf den vorher von uns getretenen Stufen hinunter und beeilten uns, in das Zelt zu kommen. Kaum waren wir hineingeschlüpft, als sich der Himmel bezog und ein fürchterlicher Hagelsturm über uns hinwegtobte. Das Zelt bebte und brach fast unter dem Gewicht der Hagelgeschosse zusammen. Wir waren dankbar, als der Sturm sich legte. Am Abend war es nebelig, kalt und windig, aber wir schliefen befriedigt von den Leistungen dieses Tages ein.

Am folgenden Morgen verließen wir das Camp mit schweren Lasten auf dem Rücken und stiegen mühsam den Hang hinunter, an dem die Eislawine zu Tal gegangen war. Auf halber Strecke angelangt spürten wir eine starke Erschütterung und hörten ein dumpfes Grollen. Die Schneefläche unter uns rutschte einige Zentimeter nach unten. War es eine Lawine? Rasch stieß ich den Eispickel in den Schnee, der aber so tief und locker war, daß er keinen Halt gewährte. Wir konnten nur allen Mut zusammennehmen und geradeaus nach unten weitergehen. Das Vorwärtskommen in der nächsten halben Stunde war ungeheuer anstrengend. Wir legten die Strecke unter großer Anspannung zurück und erlebten es während des Abstiegs noch zweimal, daß der Schnee unter unseren Füßen ins Rutschen kam.

Am 14. August waren wir alle wieder in Badrinath und bereiteten uns auf die Abreise vor. Schweren Herzens verabschiedeten wir uns von unseren indischen Freunden, dem Doktor, dem Postmeister und dem Sekretär des Tempels. Am 16. August brachen wir bei strömendem Regen auf. Die erste Strecke unseres langen Heimwegs führte die Alaknandaschlucht hinunter nach Joshimah. Der unaufhörliche Regen bereitete uns manche Schwierigkeiten. Der Weg war zum Teil von Erdrutschen verschüttet oder von den Wassermassen ausgewaschen. Am 25. August kamen wir endlich schmutzig, zerzaust und verwahrlost aussehend in Ranikhet an, wo uns die Zivilisation wieder in die Arme nahm. Die erste Begegnung mit dem Himalaya war großartig gewesen, und wir durften auf unsere Erfolge stolz sein. Als Höhepunkt der monatelangen herrlichen Reise und der guten Kameradschaft erwartete uns ein Telegramm von Shipton, der zwei von uns aufforderte, sich an der britischen Expedition zum Mount Everest zu beteiligen.

9.
Auftakt zur Besteigung des Mount Everest

Dreißig Jahre hatten die besten Bergsteiger vergeblich darum gekämpft, den 8848 Meter hohen Everest, den höchsten Berg der Erde, zu bezwingen. Die Besteigung des Mount Everest galt als die absolute bergsteigerische Spitzenleistung. Sie stellte höchste Anforderungen an Körper und Geist. Würde es je möglich sein, die Kräfte der Natur zu überwinden und diesen höchsten Gipfel zu erreichen? Bei dem Versuch waren schon einige Menschen ums Leben gekommen, und andere sollten ihnen folgen. War es richtig, sich trotzdem an dieses Unternehmen zu wagen?

Jetzt sollten sich zwei von uns an einer Everest-Expedition beteiligen, aber wer? Ich wußte, daß es vernünftiger wäre, wenn ich nach Hause zurückkehrte, um dort die Arbeit aufzunehmen, die auf mich wartete. Doch der Mount Everest übt auf jeden Bergsteiger eine unwiderstehliche Anziehungskraft aus. Ich schob alle Bedenken beiseite. Die Chance, an der Bezwingung des Everest teilzunehmen, überwog alles andere.

Ich war in glänzender Verfassung, und es stand von vornherein fest, daß ich mitgehen sollte. Wer würde der zweite im Bunde sein? Die Rivalität verdrängte alle kameradschaftlichen Gefühle. George war körperlich robuster und technisch perfekter, aber Earle war ein aggressiver Bergsteiger, zusätzlich verfügte er über das Geld, das die Teilnahme an der Expedition ermöglichte. Mir leuchteten Earles Argumente ein, aber George wollte sie nicht akzeptieren. Die finanziellen Mittel, die Earle zu dem großen Abenteuer beisteuern konnte, und seine Besteigung des Mukut Parbat führten schließlich dazu, daß die Entscheidung zu seinen Gunsten ausfiel. Aber ich sehe noch das bitter enttäuschte Gesicht von George, mit dem er uns nachblickte, als wir in den Bus stiegen.

Wir nahmen die beiden Sherpas, Passang und Nyima, bis nach Lucknow mit. Dort hatten wir nicht mehr viel Zeit und mußten rasch einen Scheck des New Zealand Alpine Club einlösen, um Ausrüstung und Proviant für das Unternehmen in Nepal einzukaufen. Abends gingen wir mit einem indischen Freund in den »Club«. Zur Zeit der britischen Kolonialherrschaft war es wahrscheinlich ein sehr vornehmes Haus gewesen. Jetzt sah es verkommen und trist aus. Wir nippten ein wenig an dem Whisky, der uns feierlich aus einer Flasche eingeschenkt wurde, die einsam auf der Bar stand, und sprachen wehmütig von der »guten alten Zeit«, das heißt, die anderen taten es zumindest. Nach meinem Geschmack klang das zu sehr nach Privilegien und zu sentimental.

Am folgenden Tag gab es gewisse Schwierigkeiten, als wir unsere Einkäufe auf die Bahn verladen wollten, aber endlich saßen wir im Zug und fuhren 25 Stunden bis Katihar und weiter in nördlicher Richtung zu dem an der nepalesischen Grenze gelegenen Ort Jogbani. Auf der Fahrt regnete es fast ununterbrochen, aber das Land prangte in herrlichem sattem Grün. Erst nach Mitternacht trafen wir in Jogbani ein und gingen durch strömenden Regen bis zu einer Veranda, wo wir inmitten von Fröschen und Moskitoschwärmen übernachteten.

Wir erfuhren, daß Shipton und seine Gruppe schon vor vier Tagen aufgebrochen waren. Wir mußten uns beeilen, wenn wir sie einholen wollten. Die 50 Kilometer lange Straße von Jogbani nach Dharan war völlig aufgeweicht, und selbst unser vierradangetriebener Lastwagen kam nur unter größten Schwierigkeiten voran. Immer wieder mußten wir ihn entladen und die Ausrüstung durch knietiefen Schlamm weiterschleppen. In mancher Hinsicht war es ein unvergeßlicher Tag. Ich sah den Mount Everest zum erstenmal. Jedenfalls behauptete man, daß er es sei; eine kleine weiße Pyramide weit am Horizont.

In Dharan kamen wir in einen Platzregen, und es war gar nicht so einfach, die siebzehn Träger aufzutreiben, die wir brauchten. Als es endlich weiterging, hatten wir wieder einen Tag verloren, trösteten uns aber damit, daß Shipton bestimmt mit den gleichen Schwierigkeiten gekämpft hatte. Nach zwei Tagen erreichten wir die in den Bergen gelegene Stadt Dhaunkuta, wo uns der Gouverneur als offizieller Vertreter der Regierung herzlich begrüßte. Die fröhlichen und gut aussehenden Nepalesen hatten bereits meine Sympathie gewonnen. Sie schienen aus härterem Holz geschnitzt als die Millionen, die sich auf der schlammigen Ebene drängten.

Unser Marsch durch das regennasse Bergland dauerte sechs Stunden. Jeg-

licher Verkehr war zum Stillstand gekommen, denn jeder Fluß und jeder Bach führte Hochwasser. Aber Earle und ich durften uns nicht aufhalten lassen, wenn wir Shipton einholen wollten. Hier kamen uns die Erfahrungen zugute, die wir in Neuseeland beim Überqueren von Flüssen und Bächen gemacht hatten, und es gelang uns, auch die Träger heil durch jeden Wasserlauf zu bringen. Am vierten Tag erfuhren wir, daß die anderen uns nur eine kurze Strecke voraus waren. Earle und ich beschleunigten das Tempo und stiegen in der Abenddämmerung den Hügel bis zum Dorf Dingla hinauf, wo sie angeblich ihr Lager aufgeschlagen hatten. Wir hofften, Shipton dort noch anzutreffen. Mir war es wichtig, gut mit ihnen auszukommen. Wenn es nur keine »Pukka Sahibs« waren, Leute, die zuviel Wert auf äußerliche Formen legen!
An den ersten Häusern des Dorfes erwartete uns ein lächelnder Sherpa, zeigte uns den Weg zu einem großen Haus und führte uns hinauf in ein schönes Zimmer. Vier Männer standen zu unserer Begrüßung auf, und mein erster Eindruck von ihnen war, daß sie sich in bester körperlicher Kondition befanden – im Gegensatz zu uns, die wir mager und hungrig aussahen. Eric Shipton kam uns entgegen, begrüßte uns, und ich war erleichtert, als ich sein unrasiertes Gesicht und seinen verknitterten Anzug sah. Das war für mich ein entscheidender Augenblick. Ich hatte alle seine Bücher gelesen und seine abenteuerlichen Forschungsexpeditionen mit Interesse verfolgt. Jetzt lernte ich ihn nicht nur persönlich kennen, sondern durfte ihn sogar auf einer seiner Unternehmungen begleiten. Die anderen Mitglieder seiner Gruppe machten einen sympathischen Eindruck: Bill Murray, ein wortkarger Schotte, war ein gereifter, liebenswürdiger Mann; der Arzt Michael Ward war noch jung, gut gebaut, natürlich und temperamentvoll; der breitschultrige Tom Bourdillon hatte ein freundliches Lächeln und schien die Ruhe selbst zu sein.
Wenn ich an diese erste Expedition zum Mount Everest zurückdenke, dann wird mir klar, weshalb wir so viele Schwierigkeiten hatten. Die Monsunregen hielten an, und die Bauern hatten auf den Feldern zu tun. Kaum einer wollte um diese Zeit das Dorf verlassen. In diesem Teil von Nepal waren noch keine Europäer gewesen, und wir wußten wenig über die Mentalität der Bevölkerung und das Land. Shipton hatte die Route nach der Karte festgelegt. Es schien der geeignetste Weg, an den Mount Everest heranzukommen. Aber er war ungewöhnlich steil und wurde wenig benutzt. Elf Tage kamen wir mit den überladenen Trägern auf dem glitschigen Boden nur sehr langsam voran. Ständig wurden wir von zahl-

losen blutsaugenden Parasiten belästigt. Oft waren die Brücken fortgespült. Wir wurden von Wespen gestochen und mußten überwachsene, schlecht gekennzeichnete Pfade benutzen. Meist waren wir und unsere Zelte völlig durchnäßt, und Insektenstiche und Blutegelbisse plagten uns.

Doch wir erlebten auch so manches Großartige und Unvergeßliche. An dem Morgen, an dem sich die Wolken verzogen, genossen wir die unglaublich herrliche Aussicht auf den Chamlang und den Makalu; und auf dem Marsch hatte ich immer wieder Gelegenheit, Shipton näher kennenzulernen, und verstand jetzt, weshalb er ein so bedeutender Forscher war. Am Morgen des 21. September hatten wir zum erstenmal wirklich gutes Wetter. Wir erreichten gerade die tiefe Schlucht des Flusses Dudh Kosi, und der Anblick der von hier aufragenden Gipfel war überwältigend. Rasch stiegen wir zu einem etwa 3300 Meter hoch gelegenen Paß auf und blickten in das vor uns liegende Tal. Es war breit und tief, und aufgeregt zeigten uns die Sherpas ihre Dörfer. Vor uns lag der berühmte Distrikt von Khumbu, die Heimat der Sherpas.

In Phakding, am Ufer des wilden Dudh Kosi, schlugen wir das Lager für die Nacht auf und kochten uns ein köstliches Abendessen aus frisch geernteten Früchten und Gemüsen. Dies war eines der schönsten Täler, die ich je gesehen habe. Am nächsten Morgen ging ich der Gruppe voraus und begann den langen Aufstieg nach Namche Bazar. Oben kam ich auf einen kleinen Gebirgsvorsprung, und vor mir lagen die riesige, den Nuptse und den Lhotse verbindende Wand und der mächtige dreieckige Gipfel des Mount Everest, ein Anblick von unglaublicher Faszination. Sherpa Dannu kam mir entgegen. Er war vorausgeschickt worden und bot mir eine Flasche *chung* (Bier) und heiße Kartoffeln an.

Nachdem die anderen herangekommen waren und wir gegessen hatten, setzten wir den Aufstieg gemeinsam fort und gingen langsam quer über einen steilen, mit hohen Fichten bestandenen und von gewaltigen Felsspitzen und Schneegipfeln gekrönten Hang weiter. Als wir um eine Wegbiegung kamen, sahen wir das Dorf Namche Bazar in einer Mulde am Berghang liegen. Es bestand aus mehr als 60 Häusern und lag unmittelbar neben einer frischen Quelle. Man bot uns zum Willkommen *chung* und tibetanischen Tee an. Als Quartier hatte man uns ein großes, dunkles Haus zur Verfügung gestellt.

Wir blieben ein paar Tage in Namche, bezahlten die Träger und packten Proviant und Ausrüstung um. Leider erkrankte ich an einem fiebrigen

Durchfall, der mich so sehr mitnahm, daß ich daran zweifelte, ob ich mich noch weiter an der Erkundung würde beteiligen können. Ich schämte mich, zurückbleiben zu müssen, als die Gruppe weiterging. Zwei Tage brauchte ich, um mich zu erholen, dann kehrte auch wieder mein Optimismus zurück und mit ihm meine alte Energie.

Am 27. September um 8.00 Uhr brach ich mit Passang, Angputer und zwei Trägern auf. Von Namche aus stiegen wir auf der Traverse am Steilhang oberhalb des Dudh Kosi hinauf, und von hier genoß ich den Anblick der gewaltigen Gipfel des Kangtega und des Tamserku. Nachdem wir einen Felsvorsprung umgangen hatten, lag plötzlich der unbeschreiblich herrliche Ama Dablam vor uns, der sicherlich imposanteste aller großen Berge. (Im Lauf der Jahre haben meine Expeditionen alle drei Gipfel bezwungen.) Im Dorf Tesinga tranken wir die köstliche heiße *Zum*-Milch, stiegen dann zum Dudh Kosi ab und begannen von hier den langen Aufstieg zum Kloster Thyang Botschi.

Ich ging durch den Torbogen am Eingang von Thyang Botschi, kletterte über einen vorspringenden Felsen und betrachtete staunend die Landschaft, die sich oberhalb des Tals vor meinen Augen ausbreitete; die größte natürliche Mauer der Welt zwischen dem Nuptse und dem Lhotse. Dahinter ragte der Everest in den Himmel, und von seinem Gipfel wehte wie eine weiße Feder eine Fahne aus Schnee. Der Oberste des lamaistischen Klosters begrüßte mich herzlich, bot mir zu essen und zu trinken an und lud mich ein, die Tempel mit ihren prächtig bemalten Holzvertäfelungen und eindrucksvollen Statuen des Buddha und des Guru Rimpotche zu besichtigen. Erst nach drei Stunden brach ich wieder auf und wanderte durch die herrliche Landschaft dieses Tals, dessen Baumbestand in bunten Herbstfarben prangte. Auf einer fest gezimmerten Brücke überquerte ich den Fluß und stieg langsam nach Pangpotsche auf, aufs tiefste beeindruckt von allem, was ich unterwegs sah.

Am folgenden Morgen verließ ich Pangpotsche schon sehr früh und erwartete auf einem bequemen Felsvorsprung das Eintreffen der Sherpas. Nach anderthalb Stunden war noch nichts von ihnen zu sehen. Ich ging daher in das Dorf zurück, wo ich Passang auf einem Ehrenplatz sitzend wiederfand. Er wurde mit Tee und wohlschmeckenden Speisen bewirtet. Ich trieb ihn zur Eile an, und gegen Mittag erreichten wir das Hirtendorf Pheriche. Gewaltige Gipfel säumten das Tal, und ich war überzeugt, ihre Besteigung sei fast unmöglich. Zum erstenmal hatte ich den Eindruck, vor Bergen zu stehen, die diejenigen meiner neuseeländischen Heimat weit in

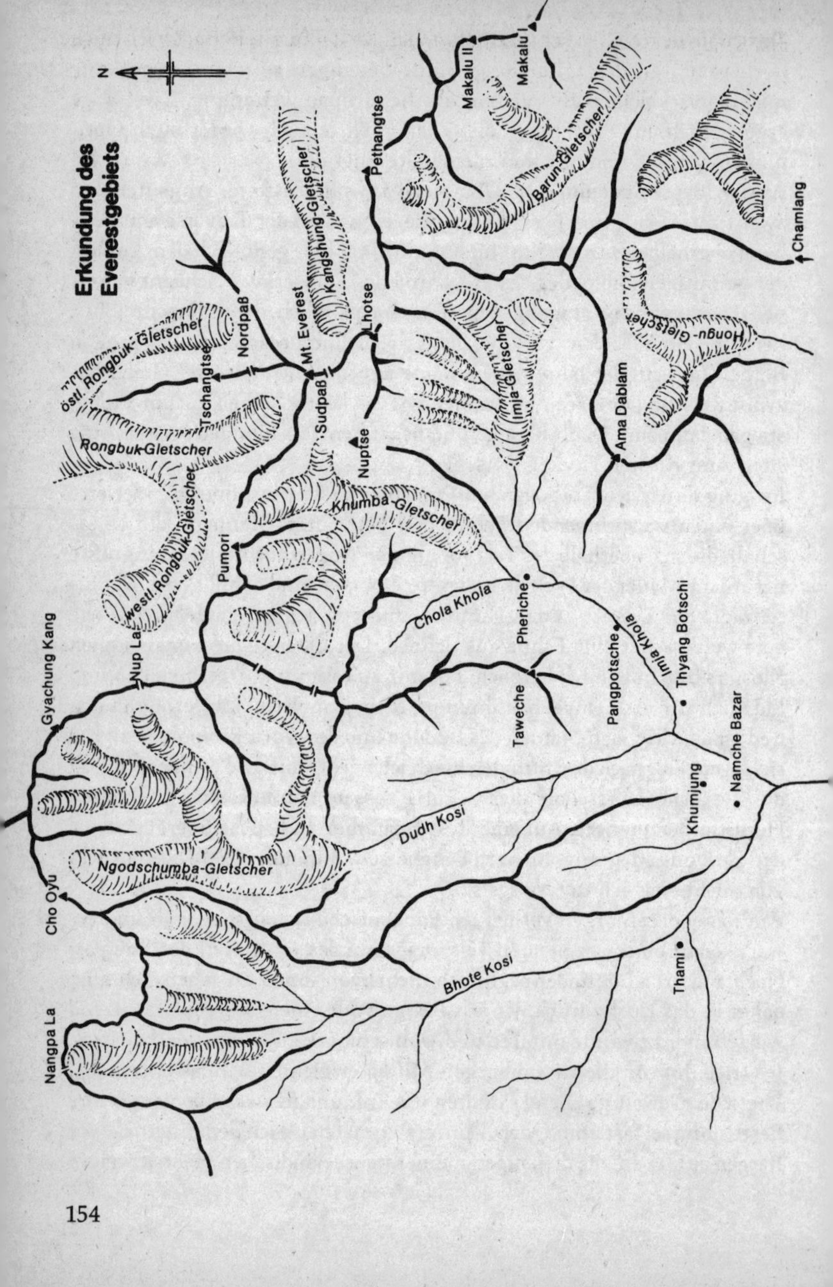

Erkundung des Everestgebiets
N
Makalu II
Makalu I
Pethangtse
Barun-Gletscher
Chamlang
Kangshung-Gletscher
Lhotse
Mt. Everest
Nordpaß
östl. Rongbuk-Gletscher
Tschangtse
Rongbuk-Gletscher
Sudpaß
Nuptse
Imja-Gletscher
Hongu-Gletscher
Ama Dablam
Khumba-Gletscher
westl. Rongbuk-Gletscher
Pumori
Chola Khola
Pheriche
Imja Khola
Thyang Botschi
Pangpotsche
Taweche
Gyachung Kang
Nup La
Dudh Kosi
Khumjung
Namche Bazar
Ngodschumba-Gletscher
Cho Oyu
Bhote Kosi
Thami
Nangpa La

den Schatten stellten. Die Nacht verbrachten wir in zwei Steinhütten unter dem Khumbu-Gletscher, und es schneite viele Stunden.
Als der Morgen heraufdämmerte, hatte es sich aufgeklärt, und wir setzten den Marsch fort; die Landschaft wirkte erfrischt und schimmerte im Frühlicht. Unter der starken Sonneneinstrahlung war der Schnee auf den Wiesen unter dem Gletscher bald geschmolzen, und es ging ohne Schwierigkeiten weiter. Um 13.00 Uhr waren wir am Lagerplatz von Gorakshop am Ufer eines großen Sees und stellten zu unserer Überraschung fest, daß die anderen Mitglieder der Gruppe noch nicht hier waren. Nachdem ich den Gletscher hinaufgestiegen war, entdeckte ich das neue Basislager an der tiefsten Stelle einer Seitenmoräne neben einer frischen Quelle. Ich war froh, meine Gefährten wiedergefunden zu haben, die mir nun von ihren Erlebnissen berichteten. Ich hatte durch meine Verspätung nichts versäumt. Tom, Mike und Bill fiel es schwer, sich an die große Höhe zu gewöhnen, aber Earle und Eric waren offenbar in guter körperlicher Verfassung. Am Spätnachmittag kletteten Eric und ich an ein paar steilen Moränenaufwürfen in die Höhe und erkundeten die auf den Berg hinaufführenden Routen mit dem Fernglas.
Von hier sah die Südseite des Everest sehr zerklüftet und schwierig aus. Die früheren Expeditionen waren über Tibet von Norden an den Everest herangekommen. Soweit sie die Südseite hatten erkunden können, war sie ihnen unbesteigbar erschienen. Bis 1950 war es für Fremde unmöglich gewesen, von Nepal aus an den Berg heranzukommen. Damals war die erste Gruppe unter Tilman bis zum Khumbu-Gletscher vorgedrungen. Aus irgendeinem Grund war sie nicht weit auf den Gletscher hinaufgestiegen, sondern hatte bald kehrtgemacht und berichtet, sie habe keine gangbare Route finden können. Uns standen einige sehr eindrucksvolle Aufnahmen zur Verfügung, die 1933 bei der Überfliegung des Mount Everest gemacht worden waren, und sie schienen den Bericht von Tilman zu bestätigen. Von unserem Aussichtspunkt oberhalb des Basislagers sah die Südseite des Berges gewiß auch ungeheuer schwierig aus. Von hier hatte man den Eindruck, als quelle das Gletschereis an der Stelle, an der Nuptse und Everest an ihrer Basis zusammenstoßen, aus einer Öffnung heraus wie Zahnpasta aus einer Tube. Die tiefer gelegenen Hänge schienen leichter besteigbar zu sein, aber auch hier mußte man wohl mit Lawinen rechnen.
Am 30. September begannen wir wieder mit der genauen Erkundung des Eissturzes. Mike und Tom versuchten, auf der rechten Seite eine Route

zu finden, wurden aber bald von gefährlichen Eisformationen aufgehalten. Earle und Passang erkundeten die Mitte des Eissturzes und erreichten nach fünf Stunden langsamen, aber stetigen Steigens eine ziemliche Höhe. Shipton hatte mich aufgefordert, ihn zu begleiten, um eine Übersicht über das oberhalb des Eissturzes gelegene Tal zu gewinnen; Mallory hat es später als das westliche Cwm bezeichnet. Wir umgingen den Khumbu-Gletscher und begannen, einen Grat hinaufzusteigen, der zum Gipfel des Pumori führte. Je höher wir kamen, desto mehr weitete sich der Blick. Bei fast 6400 Metern blickten wir gerade auf das westliche Cwm hinunter, und zu unserer Überraschung erkannten wir, daß es auf unserer Seite tatsächlich eine Route auf den Everest gab, und zwar führte sie den Eissturz hinauf, durch das westliche Cwm und dann in einer Traverse nach links über die Lhotse-Wand zum Südpaß. Von hier ging es den Grat hinauf zum Südgipfel und von dort aus zum Hauptgipfel. Es war einer der erregendsten Augenblicke, an die ich mich erinnern kann, und als wir zum Camp zurückkehrten, konnten wir es kaum erwarten, von unserer Entdeckung zu berichten.

Drei Tage schneite es ununterbrochen. Das war schwer zu ertragen, aber dann kam blauer Himmel hervor, und es wurde kalt. Die ganze Landschaft war mit trockenem Pulverschnee bedeckt. Unter großen Anstrengungen stiegen wir den Eissturz hinauf, kamen an der Stelle vorbei, bis zu der Riddiford vorgedrungen war, und fanden eine Route durch den stark zerklüfteten mittleren Abschnitt. Unter überhängenden Felsen und Eisklippen gingen wir im Zickzack höher, bis uns nur noch eine tiefe und breite Gletscherspalte vom oberen Teil des Eissturzes trennte. Der Schnee war locker, aber wir wollten uns nicht aufhalten lassen. Wir betraten das letzte steile Stück über der Spalte, als plötzlich der Schnee auf dem ganzen Hang ins Rutschen geriet. Shipton und ich konnten uns noch rechtzeitig durch einen Sprung in Sicherheit bringen, ebenso Passang. Riddiford dagegen wurde unaufhaltsam in Richtung auf den Spalt mitgerissen. Passang legte schnell eine ausgezeichnete Sicherung. Das Seil hielt, Riddiford konnte aufgehalten werden, während Eisblöcke an Earle vorbeirutschten und in die Tiefe stürzten. Der Vorfall hatte uns so erschüttert und die Schneeverhältnisse waren so ungünstig, daß wir doch lieber wieder über den Eissturz hinunterstiegen und beschlossen zu warten, bis der Schnee fester geworden war, was zwei Wochen dauern sollte.

Wir bildeten jetzt zwei Gruppen, und zu meiner großen Freude bat Shipton mich, ihn auf einer Erkundung nach Osten zu begleiten, während die

Eric Shipton bei der ersten Überquerung des Ama Dablam-Sattels 1951

anderen weiter westlich einen Vorstoß unternehmen sollten. Das war eine große Ehre für mich. Unter der hohen Südwand des Lhotse gingen wir das Imjatal hinauf und arbeiteten uns über einen Hochpaß bis zum Beginn des Hongu-Gletschersystems nach oben. an der Ostseite des Hongu stiegen wir auf einen zweiten 6400 Meter hoch gelegenen Paß und blickten von hier über ein weites Schneeplateau auf den Makalu und den Barun-Gletscher. Das war ein ganz neues und bisher noch unerforschtes Gebiet. Der Eifer Shiptons, es zu erkunden, steckte mich sofort an.

Von den Hongu-Gletschern aus fanden wir eine Route über einen neuen Paß, der später den Namen Ama Dablam-Paß erhielt. Wir stellten fest, daß der Zugang über die Hongu-Gletscher recht einfach war. Voller Begeisterung stieg ich allein hinauf und umging dabei die wenigen gefährlichen Spalten. Als ich auf die andere Seite hinunterblickte, erkannte ich jedoch neue Schwierigkeiten. Ein aus Eis und geriffeltem Schnee bestehender Steilhang fiel bis zu einem von vielen Spalten durchzogenen Gletscher ab. Als Eric und die Sherpas zu mir heraufkamen, berieten wir uns lange. Den Sherpas gefiel der Hang nicht. Sie meinten, wir sollten auf der ersten Route zurückkehren. Schließlich überredeten wir sie zum Weitergehen.

Eric winkte mich voran, und ich begann, eine im Zickzack verlaufende Spur den Hang hinunter ins Eis zu schlagen. Ich war an Angputer angeseilt, der mich von oben sicherte. Dann sicherte ich ihn beim Abstieg zu mir herunter. Es dauerte recht lange, aber mir gefiel der Abstieg sehr gut. Auf halbem Wege kam ich an ein stark vereistes Stück, auf dem ich die Stufen mit besonderer Sorgfalt anlegte. In einer Eisspalte befestigte ich eine gute Sicherung und rief Angputer zu mir herunter. Dabei behielt ich ihn ständig im Auge, denn er war manchmal etwas ungeschickt. Plötzlich glitt er auch tatsächlich aus, stürzte und schoß mit hoher Geschwindigkeit an mir vorüber. Ich hielt das Seil mit aller Kraft fest, und es schien eine Ewigkeit zu dauern, bis es sich endlich mit einem Ruck straffte. Die Sicherung hielt, und Angputer hing mit ausgebreiteten Armen und Beinen am Hang. Im ersten Augenblick hörte ich nichts als unser schweres Atmen. Dann ertönte ein Lachen. Ich blickte hinauf und sah, wie die anderen beiden Sherpas ebenfalls das Seil festhielten. Dann begannen sie, sich über Angputers peinliche Lage vor Lachen förmlich auszuschütten.

Erst lange nach Einbruch der Dunkelheit hatten wir den Abstieg über den Hang beendet und waren durch den Eissturz bis ins Tal hinuntergekommen. Unsere Kehlen waren ausgedörrt, doch wir mußten noch stundenlang über große Felsbrocken und steile Klippen klettern, bis wir am Ufer des Flusses Mingbo ankamen. Dort fanden wir auch Feuerholz, und nach einer guten Tasse Tee erschien uns das Leben wieder erträglicher. Wir legten uns in die Büsche und schliefen friedlich ein, während der Vollmond am Himmel stand und uns bewachte.

Zwei Wochen nachdem wir das Basislager am Mount Everest verlassen hatten, waren Shipton und ich am 19. Oktober wieder dorthin zurückgekehrt. Von der anderen Gruppe war nichts zu sehen, deshalb nutzten wir die folgenden Tage dazu aus, das Lager an den Fuß des Eissturzes zu verlegen, und gingen dann daran, die Route neu zu kennzeichnen. Wir stellten fest, daß sich vieles verändert hatte. Der Schnee war fester und sicherer geworden, aber das Eis war stärker zerklüftet und löste sich an bestimmten Stellen leichter. Im mittleren Abschnitt bekamen wir es mit der Angst zu tun, als der Boden unter unseren Füßen in einem ziemlich weiten Bereich zu beben begann. Diese Stelle nannten wir das »Atombombengebiet«.

Am 25. Oktober kehrte die westliche Gruppe zurück. Sie war zum Ngojumba-Gletscher hinübergegangen und hatte die steilen, zum Nup La-Paß an der tibetanischen Grenze hinaufführenden Eiswände bestiegen. Dabei war sie auf erhebliche Schwierigkeiten gestoßen und hatte sich gezwungen gesehen, den Versuch aufzugeben.

Inzwischen waren wir alle in viel besserer körperlicher Verfassung und hatten uns gut akklimatisiert. Deshalb unternahmen wir gemeinsam eine letzte Erkundung des Eissturzes. Frühmorgens hatten wir das Lager schon weit hinter uns gelassen und kamen gut voran. Mit einiger Vorsicht näherten wir uns dem »Atombombengebiet«, stellten aber erleichtert fest, daß der Boden diesmal viel sicherer war als bei unserem letzten Besuch. Zwischen Eisklippen und steilen Eiswänden drangen wir ohne allzu große Schwierigkeiten vor und gelangten an den oberen Teil des Hanges, an dem wir seinerzeit von dem abrutschenden Schnee erschreckt worden waren. Tom Bourdillon führte uns sicher an den Rand eines von überhängendem Schnee verdeckten Spalts und von dort weiter bis zum Beginn des Eissturzes. Vom westlichen Cwm trennte uns noch eine gigantische Gletscherspalte, aber der Eissturz selbst lag unter uns. Hocherfreut über den Erfolg kehrten wir um und stiegen rasch ab. Shipton und ich lieferten uns auf dem ganzen Weg ein Wettrennen. Obwohl Shipton schon 44 Jahre alt war, befand er sich in bester Kondition und kletterte sehr geschickt.

In den nächsten Tagen besprachen wir die Schwierigkeiten des Eissturzes und redeten viel über Risiken und über Anforderungen, die man den Trägern womöglich nicht zumuten dürfe. Aber ich glaube, wir kamen dann zu dem Schluß, daß diese Haltung der Vergangenheit angehörte, daß niemand den Everest bezwingen konnte, ohne Risiken auf sich zu nehmen, und daß der Eissturz nichts für vorsichtige Leute war, die ein zu ängstliches Gemüt hatten.

Wir waren nun schon fast sechs Monate im Himalaya, als Riddiford und ich uns entschlossen, die Hauptgruppe zu verlassen und über den Tashi Lapacha-Paß westlich von Namche Bazar direkt nach Katmandu zu gehen. Mich plagte mein Gewissen; ich wußte, daß man mich in Neuseeland zurückerwartete. Dieser Marsch war für uns ein großes Erlebnis. Die Überquerung des Passes stellte hohe Anforderungen an uns, und der Rolwaling war von unübertroffener Schönheit. Wir kamen gerade in der Erntezeit durch das nepalesische Bergland, und überall hörte man Musik und fröhliche Stimmen.Zehn Tage wanderten wir durch ein Gebiet, in dem vorher noch nie ein Europäer gewesen war, und in jedem Dorf bereitete man uns einen herzlichen Empfang.

Die Stadt Katmandu hat ihren eigenen Charme. Hier waren wir Gäste des britischen Botschafters Mr. Summerhayes, der uns den Aufenthalt so angenehm wie möglich machte. Nur eine Neuigkeit dämpfte unsere Freude. Die Schweizer hatten die Erlaubnis erhalten, im folgenden Jahr die Besteigung des Mount Everest zu versuchen. Also mußten wir unsere ehrgeizigen Pläne begraben. Es war eigenartig, wie sehr wir uns von dieser Nachricht niederdrücken ließen – als gehöre der Mount Everest uns, und niemand sonst hätte ein Recht auf ihn.

Am Abend vor meiner Abreise nach Indien nahm ich an einem Essen in der Botschaft teil und freundete mich mit einem hochgestellten nepalesischen Gast an. Wir sprachen über meinen Fußmarsch durch die Berge zur Kopfstation der Eisenbahn, denn damals gab es zwischen Katmandu und der Außenwelt noch keine Verkehrsverbindungen mit Flugzeugen oder über Straßen. Alle Fahrzeuge im Tal waren von Trägern herangeschafft worden. Mein Gesprächspartner erklärte sich bereit, mir für die Reise ein geeignetes Pferd zu leihen – eine schreckliche Aussicht für jemanden, der so schlecht reiten konnte wie ich. Ich tröstete mich mit dem Gedanken, das gute Essen und der Wein seien schuld an diesem Angebot, und ich brauchte es nicht ernst zu nehmen.

Am nächsten Morgen verabschiedete ich mich von meinen Gastgebern und fuhr mit der Limousine der Botschaft bis an den Anfang des über die Berge führenden Pfades. Zu meinem Schrecken wartete hier ein großes

weißes Pferd auf mich und hob sich temperamentvoll auf die Hinterfüße. Also hatte mein Freund sein Versprechen gehalten. Es war nur mein Stolz, der mich veranlaßte, das Tier zu besteigen, und ich fühlte, wie es unter meinem Gewicht zitterte. Ich ergriff die Zügel und zog kräftig daran. Das Pferd reagierte sofort. Es wendete und galoppierte zurück nach Katmandu. Ich versuchte mit allen Kräften, es zu zügeln, aber ohne Erfolg. Das Rennen ging weiter, und wir näherten uns sehr rasch den Außenbezirken der Stadt. Ich gab alle Hoffnung auf und ließ die Zügel schießen, und sofort hielt das Pferd an. Nun versuchte ich, es mit den Knien zu wenden, und es gehorchte mir! Das Tier schien eher gewillt, auf sanften Zuruf zu hören. So trabten wir wieder auf den Bergpfad zu. Offensichtlich hatten wir einen Kompromiß geschlossen. Ich mußte die Zügel locker lassen, und dafür war das Pferd bereit, mich an meinen Bestimmungsort zu tragen.
Am 24. November schiffte ich mich in Bombay ein, um nach Sydney zu fahren. Meine Kabine teilte ich mit einem freundlichen aus Irland stammenden Australier, der sich nur sehen ließ, wenn er zu Bett gehen wollte. Ich hatte seit meiner Abreise aus Neuseeland 25 Pfund abgenommen und konnte schlafen wo und wann ich wollte. Als Reiseproviant hatte ich 50 große, köstliche Bananen mitgenommen, und während der ganzen Fahrt über den Indischen Ozean tat ich nichts weiter, als essen und schlafen.
Eine meiner Aufgaben in Nepal hatte darin bestanden, über alle Ausgaben, die Earle und ich auf der Expedition gemacht hatten, genau Buch zu führen, denn sie sollten uns vom Alpine Club ersetzt werden. Auf meiner Liste standen auch die Kosten für die unzähligen Tassen Tee, die wir in den nepalesischen Rasthäusern getrunken hatten. Der Schatzmeister in London, ein Millionär, der dafür bekannt war, daß er sehr gewissenhaft über die Gelder des Clubs wachte, schrieb uns, man erwarte von »Gentlemen«, daß sie den Tee, den sie trinken, selbst bezahlen. Wir antworteten ihm, wir seien Neuseeländer und keine »Gentlemen«, und wir betrachteten den Tee als Teil unserer Standardverpflegung. Darauf wurde uns die volle Summe unserer Auslagen vergütet. Als ich den Schatzmeister 1953 in London kennenlernte, bestand er darauf, mich zur Erinnerung an diesen Briefwechsel zu einem Drink einzuladen.
Sehr bald nach meiner Ankunft in Neuseeland wurde bekannt, daß das Everest Committee für 1952 eine Expedition nach Nepal plante, um das Team zu trainieren, das 1953 zum Everest geschickt werden sollte. Das Ziel der Trainingsexpedition war der 8189 Meter hohe Cho Oyu, der siebenthöchste Berg der Erde, der für jeden Bergsteiger eine gewaltige Her-

ausforderung darstellte. Eric Shipton übernahm die Leitung, und sowohl Earle Riddiford als auch ich wurden aufgefordert, daran teilzunehmen. Zu meiner großen Freude durfte George Lowe diesmal auch dabeisein. Mein Bruder war in seiner gutmütigen Art bereit, das Geschäft in meiner Abwesenheit allein zu führen.

Shipton hatte das unstillbare Verlangen, möglichst viel zu sehen, und beschloß daher, auf einem neuen Anmarschweg in das Everestgebiet zu gehen. Wir überquerten die nepalesische Grenze in einer wüstenartigen Region bei Jaynagar und stiegen über Okaldunga und das Solutal zum Fluß Dudh Kosi auf. Wir waren eine bunt zusammengewürfelte Gesellschaft. Nach damals geltenden Maßstäben waren alle Teilnehmer gute Bergsteiger, sie unterschieden sich aber im Alter, in den Auffassungen und in ihren Neigungen sehr stark von einander. Bald nachdem die Schweizer zum Everest aufgebrochen waren, trafen wir in Namche Bazar ein und gingen dann talaufwärts in Richtung auf Nangpa La an der tibetanischen Grenze weiter.

Unser Basislager in Lunak war öde und die Atmosphäre dort recht deprimierend. Nomadisierende Sherpas hatten uns erzählt, die Chinesen hätten eine Garnison in die unweit der Grenze gelegene Stadt Tingri verlegt. Der günstigste Anmarschweg zum Cho Oyu verlief über den Kyetrak-Gletscher in Tibet, und wir führten lange und erregte Debatten über die Gefahr, von chinesischen Soldaten aufgegriffen zu werden. Shipton und Bourdillon schienen sich besondere Sorgen darum zu machen. Ich hielt das Risiko für sehr gering und glaubte, daß wir in einer Höhe von mehr als 6000 Metern alle uns verfolgenden Soldaten würden abschütteln können. Trotzdem fühlten sich alle Expeditionsteilnehmer verunsichert, und aus Angst vor den chinesischen Buhmännern blickten wir ständig über die Schulter zurück.

Schließlich einigten wir uns auf einen Kompromiß. Wir nahmen die Route über den Kyetrak-Gletscher, richteten aber dort kein permanentes Lager ein. Von einem vorgeschobenen Basislager auf der nepalesischen Seite der Grenze aus überquerten wir den Nangpa La, gingen den Kyetrak-Gletscher hinauf, erstiegen den Grat, der die Nordseite des Cho Oyu teilt, und errichteten auf 6300 Metern ein Lager mit sechs Bergsteigern, sechs Sherpas und Proviant für sechs Tage. Die anderen gingen wieder über die Grenze zurück.

Schlechtes Wetter und Krankheiten machten uns viel zu schaffen. Die Verpflegung war sehr eintönig, und niemand hatte Appetit. Wir stiegen den Grat bis auf eine Höhe von 6865 Metern hinauf, wo er an eine Reihe hoher Eisklippen stieß. Links lag ein aus schierem Eis bestehender Hang, der durch die Klippen nach oben führte, aber der Zugang dorthin sah sehr gefährlich aus. Oberhalb des Hanges hingen riesige abgebrochene Eisspitzen. Ich schlug Stufen in das Eis, um in dieser Richtung weiterzugehen, aber die anderen riefen mir zu, ich solle nicht verrückt sein, sondern herunterkommen. Ich folgte ihnen gehorsam. Uns fehlte es einfach an Schwung, eine so schwierige Stelle zu überwinden. Später schämte ich mich sehr, daß wir so leicht aufgegeben hatten, aber wahrscheinlch ist es schwer, an einem Berg wie dem Cho Oyu weiterzukommen, wenn man ständig Angst hat, verfolgt zu werden. Später wurde der Berg auf der gleichen Route bezwungen, wobei jedoch zwei Bergsteiger an jenem vereisten Hang den Tod fanden.

Bei der Expedition zum Cho Oyu befand ich mich in sehr guter körperlicher Verfassung, und George und ich bestiegen zum Ausgleich für unseren Mißerfolg vier mehr als 6000 Meter hohe beachtliche Gipfel. Wir waren jedoch sehr glücklich, als wir endlich über den Nangpa La zum Basislager zurückkehrten und von dort ins Tal hinuntergingen. Einige Versuche sollten auch mit Sauerstoffgeräten durchgeführt werden, aber Shipton erklärte sich damit einverstanden, daß George und ich allein eine Erkundung unternahmen. Ich glaube, es war ihm klargeworden, daß uns das Scheitern des Unternehmens am Cho Oyu sehr enttäuscht hatte.

Schon einige Zeit hatte ich daran gedacht, die Überquerung des Nup La zu versuchen. Was Earle und die anderen über einen fehlgeschlagenen Versuch im vergangenen Jahr erzählt hatten, klang so, als sei dies eine sehr interessante Gegend. Wenn wir über den Paß kamen, würden wir die Nordseite des Everest erkunden können, und das wäre ein einmaliges Erlebnis. Wir könnten den Rongbuk-Gletscher kennenlernen und sehen, wo die berühmten Expeditionen in den 20er und 30er Jahren ihre Lager aufgeschlagen hatten. Unsere Sherpas warnten uns und erzählten, die Chinesen hielten das Rongbuk-Kloster besetzt. Aber wir hatten nicht die Absicht, so tief hinunterzugehen, und unsere Ausweichroute über den Nup La konnte eigentlich nicht versperrt werden. 1952 machte sich die Regierung von Nepal noch keine besonderen Sorgen um ihre Nordgrenze. Wenn man die Erlaubnis erhalten hatte, ein bestimmtes Gebiet zu besuchen, dann durfte man jeden beliebigen Berg besteigen und sich überall aufhalten, ganz im Gegensatz zu den heute geltenden Bestimmungen.

Mit drei Sherpas und sechs Trägern gingen wir das Ngojumba-Tal hinauf und richteten am Fuß einiger großer Eisstürze, die den oberen Teil des Tals ausfüllten, ein Basislager ein. Die wilde Landschaft beeindruckte mich tief. Die Träger kehrten wieder um, und wir blieben als kleine bewegliche Gruppe mit fünf Mann zurück. Der rechte Eissturz, dessen Besteigung das Team von Riddiford versucht hatte, war stark zerklüftet, und wir beobachteten eine riesige Eislawine, die mit lautem Donnern niederging. Ich versuchte, zwischen Eis und Fels voranzukommen, was mir jedoch nicht gelang. Am folgenden Tag machten sich George und ich an die Besteigung einer felsigen Kuppe, die die größten Eisstürze voneinander trennte. Aber die Kuppe war so steil und das Gestein so locker, daß wir den Versuch aufgeben mußten. Enttäuscht kehrten wir ins Lager zurück.

Jetzt blieb uns nur noch eine Möglichkeit. Am Spätnachmittag gingen Angputer und ich das linke Tal hinauf, um den kleineren Eissturz zu erkunden, der am gefährlichsten aussah. Zu meiner Überraschung und Freude fand ich einen Zugang zu dem von zahlreichen Spalten durchzogenen mittleren Teil. Vier Tage plagten George und ich uns mit den Gletscherspalten und Eiswänden des Nup La ab . . . Wir hackten Hunderte von Stufen, krochen über unsichere Schneebrücken und fielen in viele Spalten. Die warmen Monsunwinde hatten den Schnee aufgeweicht, und wir mußten uns jeden Zoll hart erkämpfen. Am vierten Tag kamen wir durch und erstiegen die Höhe des Nup La. Begeistert blickten wir auf den westlichen Rongbuk-Gletscher hinunter und sahen vor uns das gewaltige Massiv des Everest. Wir waren stolz auf unsere Leistung, und der Mißerfolg bei der Besteigung des Cho Oyu war vergessen.

Mit schweren Lasten auf dem Rücken umgingen wir rasch die Nordseite des Everest, stiegen den westlichen Rongbuk-Gletscher hinunter, überquerten den Hauptgletscher mit seinen gewaltigen Eisspitzen und kamen dann zum östlichen Rongbuk-Gletscher herum. In ausgezeichneter Kondition bewältigten wir die weite Strecke mit all ihren Schwierigkeiten verhältnismäßig leicht. Dabei erlebten wir erregende Augenblicke, wie etwa als wir den ersten Blick ins Tal hinunter zu dem bekannten Rongbuk-Kloster warfen. Wir fanden auch das Camp I, in dem noch immer alte Batterien und andere Dinge lagen, die frühere britische Expeditionen zurückgelassen hatten. Und wir sahen den berühmten Nord-Paß und die zu ihm hinaufführenden Schneehänge, die keinen besonders schwierigen Eindruck auf mich machten. Fünf Tage liefen wir auf den unteren Hängen des Mount Everest herum, aber ständig erfüllte uns die Sorge darum, wie sich der Nup La bei so warmem Wetter verhalten würde.

Am 3. Juni schlugen wir auf dem westlichen Rongbuk-Gletscher ein Lager auf. Wir hatten geplant, einen Tag lang eine neue Route über die Wasserscheide nach Nepal zu erkunden, aber unheilverkündende, große schwarze Wolken zogen von Süden herauf. Nachdem wir das Lager abgebaut hatten, legten wir die 10 Kilometer bis zum Paß in anderthalb Stunden zurück. Im Schneetreiben und von Wolken eingehüllt verluden wir den Rest unserer Ausrüstung und stiegen rasch zum Eissturz hinunter. Sechs Stunden bahnten wir uns den Weg durch Eisblöcke und an hohen vereisten Wänden vorbei. Es schneite sehr stark, und an den Hängen über uns gingen Lawinen zu Tal. Schwer beladen und besorgt um unsere Sicherheit hielten wir es nicht für richtig, schon hier zu lagern, sondern versuchten, so schnell wie möglich weiterzukommen. Wir waren sehr erleichtert, als wir endlich aus dem lawinengefährdeten Gebiet herauskamen, und nie bin ich glücklicher in das warme Zelt und den warmen Schlafsack gekrochen.
Eine wichtige Frage bedrängte uns noch. Wie weit waren die Schweizer am Mount Everest gekommen? Wir beschlossen, zu ihnen zu gehen und uns die Antwort zu holen. Dazu stiegen wir den Guanara-Gletscher hinauf und zelteten am Fuß des Hochpasses oberhalb des Gletschers. Die Wolken hatten sich verzogen, und es war sehr kalt geworden. Als wir am frühen Morgen aufbrachen, krachte das Eis unter unseren Sohlen. Wir stiegen rasch zum Paß hinauf und legten auf einem Felsen in der Sonne eine Rast ein. Dabei genossen wir den herrlichen Anblick des Everest und des Gletschergebiets am Khumbu. Am frühen Nachmittag erreichten wir das am See gelegene Gorakshep; wir hatten angenommen, die Schweizer hätten hier ihr Lager aufgeschlagen. Wir trafen sie aber nicht mehr an, obwohl die warme Asche an der Feuerstelle uns sagte, daß sie erst vor kurzer Zeit aufgebrochen sein konnten. Nun stiegen wir den Geltscher hinauf bis zum Fuß des vom Everest herabkommenden Eissturzes, aber auch hier fanden wir niemanden. Nur leere Konservendosen und anderer Abfall zeigten, daß dies zwei Monate lang der Lagerplatz von Menschen aus der zivilisierten modernen Welt gewesen war.
Am Morgen ging es das Tal hinunter. In der Nacht hatte ich schlecht schlafen können, denn ich mußte die ganze Zeit an den Mount Everest denken. Heute würde unsere Frage beantwortet werden. Ein alter Sherpahirte in Phalong Karpo behauptete, sieben Schweizer hätten den Gipfel erreicht. Das war eigentlich kaum zu glauben, aber die Nachricht deprimierte uns. Um 14.00 Uhr trafen wir in Pangpotsche ein und sprachen gleich mit Shipton. Er erzählte uns, Lambert und Tensing Norgay seien

bis auf 8540 Meter hinaufgekommen, hätten aber dann umkehren müssen. Der Gipfel war noch nicht bezwungen. Ich müßte heucheln, wenn ich behaupten wollte, daß wir uns nicht freuten. Doch wir bewunderten auch die großartige Leistung der Schweizer.

Wir befanden uns in Hochstimmung, als Shipton, Evans, Lowe und ich uns nach Osten in das Hongu-Tal und weiter in das Barun-Tal aufmachten. Wir kletterten ausgiebig, erkundeten das Gebiet sehr intensiv und verlebten eine glückliche Zeit. Bevor der Monsunschnee zu fallen begann, kehrten wir um und wanderten über blühende Bergwiesen den unteren Barun hinunter. In strömendem Regen überquerten wir einen 4270 Meter hohen Paß und kamen dann in das Aruntal, wo uns die Wärme und die Blutegel empfingen.

Dann folgten wir dem Fluß Arun, es war schwül und regnete häufig. Der Arun und seine Nebenflüsse führten Hochwasser. Deshalb banden George und ich zwei Luftmatratzen zu einem Floß zusammen und trieben lange Strecken auf dem schäumenden Wasser dahin, bis uns ein riesiger Wirbel erfaßte und in die Tiefe riß. Nur unter größter Anstrengung konten wir uns ans Ufer retten. Shipton hatte es jetzt sehr eilig, nach England zurückzukommen, um die für 1953 geplante britische Expedition zum Everest vorzubereiten, und trieb uns unbarmherzig an. George und ich hatten keinen Grund, uns so zu beeilen, und hielten nur widerwillig mit. Abgemagert und von Insekten zerstochen trafen wir in Dharan ein und mieteten einen Lastwagen, der uns zur Kopfstation nach Jogbani brachte.

Im Oktober und November 1952 unternahmen die Schweizer noch einen Versuch, den Everest zu bezwingen. Es war eine starke Gruppe mit kompletter Ausrüstung, zu der auch Sauerstoffgeräte gehörten. Das Unternehmen wurde jedoch durch sehr niedrige Temperaturen und starken Wind behindert. Trotz aller Anstrengungen gelang es den Schweizern nicht, weit über den Südpaß hinaufzukommen. Sie mußten auch diesen zweiten Versuch abbrechen.

10.
Das Dach der Welt

Die britische Everest-Expedition von 1953 begann in einer erwartungsvollen und optimistischen Atmosphäre. Man hatte Eric Shipton gebeten, das Unternehmen zu leiten, und zu den Teilnehmern, die er auswählte, gehörten auch George Lowe und ich. Es sollte eine für damalige Zeiten recht große und gut ausgerüstete Expedition werden. Nach heutigen Maßstäben war sie allerdings als primitiv zu bezeichnen. Doch eine Zeitlang geschah gar nichts. Das lag, wie ich annahm, an der lässigen Art, mit der Shipton an solche Dinge heranging, und ich war überzeugt, daß schließlich doch alles klappen würde.

Aber dann explodierte die Bombe! Ich wollte es kaum glauben, als ich in der Zeitung las, anstelle von Shipton sei ein neuer Mann mit der Leitung des Unternehmens betraut worden, Colonel John Hunt, von dem ich noch nie etwas gehört hatte. In der Meldung hieß es, er habe sich als Soldat ausgezeichnet und sei schon zweimal im Himalaya gewesen. »Eine Besteigung des Mount Everest ohne Shipton ist undenkbar«, fand ich, »und wen interessiert schon ein Soldat?« Ich überlegte ernsthaft, meine Teilnahme abzusagen.

Es stellte sich aber bald heraus, daß John Hunt kein »Colonel Blimp« war. Er schrieb mir einen Brief, in dem er erklärte, weshalb man mich aufgefordert hatte, mitzumachen, und unternahm keinen Versuch, zu verschleiern, daß der Wechsel in der Leitung ein Fehler des Organisationsausschusses gewesen war. Shipton selbst schrieb mir, er sei enttäuscht, sprach sich aber positiv über das Unternehmen aus, und seine Haltung veranlaßte mich, meine Vorbehalte aufzugeben.

Um gegenüber dem Everest-Ausschuß gerecht zu ein, muß ich zugeben, daß Shipton nicht der ideale Leiter einer großen Expedition war. Umfang-

George Lowe und der Verfasser bei der Abreise von Auckland zur Mount Everest Expedition 1953

reiche Organisationen mochte er nicht, und er traf nur ungern Entscheidungen, von denen die Sicherheit und das Leben vieler seiner Freunde abhingen. Als Forscher war er jedoch unübertroffen. Immer wieder setzte er alle seine Kräfte ein, um über den nächsten Paß zu kommen und in das nächste Tal hinunterzublicken, und er besaß die Fähigkeit, mit Langeweile und Unbequemlichkeiten fertig zu werden. Wenn Shipton die Leitung unserer Expedition behalten hätte, dann wäre sie vielleicht nicht so gut vorbereitet worden, hätte aber am Everest dennoch Erfolg haben können. Wir alle mochten ihn und fühlten uns kameradschaftlich mit ihm verbunden, und es gab eine Reihe von Mitgliedern seiner Mannschaft, die ein beachtliches Organisationstalent besaßen.

John Hunt

Ich lernte John Hunt in Katmandu kennen und war trotz meiner Vorbehalte sofort von ihm beeindruckt. Er begrüßte mich herzlich, sagte, daß er viel von mir erwarte und wünsche, ich solle gemeinsam mit Charles Evans in seinem »Exekutivkomitee« beratende Funktionen übernehmen. Dann erklärte er mir, er selbst habe die Absicht, »die Expedition von der Spitze her zu führen«. Ich vermute, die ersten Gespräche mit den anderen Expeditionsteilnehmern sind ähnlich verlaufen. Aber ich hielt das für richtig. John war sehr energisch und tatkräftig, und er war überzeugt, daß wir den Gipfel erreichen könnten. Ich bin in dieser Hinsicht immer vorsichtiger gewesen. Er verstand es sehr gut, mit den meisten von uns umzugehen. Wir waren Individualisten und lehnten alle militärischen Methoden ab. Aber er gab uns keine Befehle, sondern machte nur Vorschläge oder richtete Bitten an uns, die im allgemeinen so vernünftig waren, daß wir gerne zustimmten und loyal mit ihm zusammenarbeiteten.
Ich lernte, John zu achten, auch wenn es mir manchmal schwerfiel, ihn zu verstehen. Er verlangte sehr viel von sich selbst, und ich hatte stets das Gefühl, daß es ihm darauf ankam, zu beweisen, er könne es körperlich mit jedem von uns aufnehmen, obwohl die meisten von uns wesentlich jünger waren als er. Als wir zum Beispiel am dritten Tag den langen und steilen Weg von Dologhat aus hinaufgingen, holte ich ihn ein, als er voranstürmte, fest entschlossen, sich nicht überholen zu lassen. Das war eine Herausforderung, der ich damals noch nicht widerstehen konnte. Als ich an ihm vorbeizog und mich darüber freute, das Rennen gewonnen zu haben, war ich erstaunt, ein blasses, angespanntes Gesicht zu sehen. Er hatte alle Energie eingesetzt, um das Beste zu leisten. Ich hatte den Eindruck, er sei der Verzweiflung nahe, weil er der Unterlegene war. Was wollte er damit beweisen, fragte ich mich. Er war der Führer und konnte Gehorsam verlangen. Das hätte ihm eigentlich genügen sollen. Heute weiß ich, daß das manchmal nicht genügt und wir nur ungern zugeben, daß unsere physischen Kräfte ihre Grenze erreicht haben oder abnehmen, auch wenn die besten Jahre vielleicht noch vor uns liegen.
Ich war sehr gespannt darauf, Tensing Norgay kennenzulernen. Schon bevor er sich bei der schweizerischen Expedition im vergangenen Jahr zweimal durch große Leistungen ausgezeichnet hatte, war er ein bekannter Mann gewesen, und als ich ihn kennenlernte, enttäuschte er mich nicht. Er sah wirklich so aus, wie ich ihn mir vorgestellt hatte. Er war größer als die meisten Sherpas, sehr kräftig und sehr aktiv. Sein breites Lächeln war unwiderstehlich. Dazu war er unglaublich geduldig und ging

zuvorkommend auf alle unsere Bitten und Forderungen ein. Seine Erfolge hatten sein Selbstvertrauen gestärkt. Ich nehme an, er hat schon damals damit gerechnet, zu der Gruppe zu gehören, die den Angriff auf den Gipfel des Mount Everest wagen würde, denn er hatte sich an beiden Expeditionen der Schweizer beteiligt. Allerdings haben weder John Hunt noch die anderen Teilnehmer fest damit gerechnet. Auf dem Anmarsch hatte ich nicht viel mit Tensing zu tun, denn er war mit den Aufgaben des *Sirdar,* des Führers der Sherpas, voll ausgelastet. Wir wurden von zahlreichen Sherpas und Trägern begleitet, deren Arbeit organisiert werden mußte. Mich beeindruckten seine Fachkenntnisse und sein freundliches Wesen, obwohl ich nicht sagen kann, daß er sich als *Sirdar* besser bewährt hätte als irgendein anderer berühmter Sherpa aus der Reihe der mir bekannten Männer seines Stammes. Er war sehr weichherzig und hat gelegentlich etwas zuviel getan, um seinen Freunden oder Verwandten zu helfen. Eines wurde jedoch sehr deutlich; Tensing war viel ehrgeiziger als alle Sherpas, die ich kennengelernt habe, vielleicht mit Ausnahme von Passang Dawa Lama, der auch eine sehr starke Persönlichkeit war. Ich spürte, daß Tensing viel an unserem Erfolg lag, und zwar nicht, weil er die Briten besonders schätzte, sondern weil es zugleich auch sein Erfolg war.
Ich fand es herrlich, wieder in Thyang Botschi zu sein, in der wunderschönen Landschaft das Lager auf dem Schnee einzurichten und zu wissen, daß wir diesmal über die Ausrüstung und die Männer verfügten, die wir brauchten, um einen erfolgsversprechenden Angriff auf den Gipfel zu beginnen. Ich bin bei keinem schwierigen Unternehmen sofort vom Erfolg überzeugt gewesen; gewiß nicht, besonders wenn es sich dabei um die Besteigung eines hohen und bis dahin noch nicht bezwungenen Berges handelte. Was hat es für einen Sinn, eine Sache anzupacken, von der man weiß, daß sie gelingen wird? Ich wußte, wir würden am Everest alle Kräfte einsetzen, über die wir verfügten, aber der Erfolg war uns nicht von vornherein sicher, und das war mir nur recht.
Zwei Wochen erkundeten wir die Gletscher und bestiegen die weniger hohen Gipfel, um uns an die dünne Luft zu gewöhnen und eine möglichst gute Kondition zu bekommen. Meist sahen wir dabei den großen dreieckigen Gipfel des Everest mit der langen, vom Wind zur Seite gewehten Schneefahne vor uns liegen und wußten, daß wir uns bald mit dieser schweren Aufgabe beschäftigen würden. Das war für mich eine erregende, ja fast erschreckende Aussicht.
Am 6. April kehrte unsere ganze Gruppe, nachdem wir uns gut akklimati-

siert hatten, nach Thyang Botschi zurück, wo wir freudig empfangen wurden. Wir fünf Mann, die die Expedition zum Cho Oyu mitgemacht hatten, bildeten den Kern der Mannschaft, und wir befanden uns in besonders guter körperlicher Verfassung. Charles Evans war in seiner ruhigen, überlegten Art und mit seinem großen Charme der Mann, an den sich jeder wenden konnte, wenn er Rat oder Hilfe brauchte. Er war ein geübter und erfahrener Bergsteiger, entschlossen und selbstlos, obwohl sich hinter der äußeren Ruhe ein starker Ehrgeiz verbarg, den wir alle spürten. Meist arbeitete er mit Tom Bourdillon zusammen, bei dem sich beachtliche Körperkräfte, Entschlossenheit und große Geschicklichkeit am Felsen vereinigten. Beide bildeten ein hervorragendes Team. Alf Gregory, weiteres Mitglied der Gruppe, war ganz anders veranlagt. Er war klein, gewissenhaft und leistungsfähig, und er verstand es, seine Kräfte für den letzten und entscheidenden Augenblick aufzusparen. George Lowe dagegen hielt nichts in Reserve, ob es nun darum ging, uns zum Lachen zu bringen, eine Blume zu filmen oder nur zu schlafen. Halbe Maßnahmen kannte er nicht. Aber manchmal mußte man George zuerst einen Anstoß geben, damit er die ganze Aktivität entfaltete, zu der er als Bergsteiger im Endeffekt fähig war.

Auch die anderen in unserer Mannschaft gefielen mir gut. Mike Ward mit seinem struppigen schwarzen Bart und dem unwiderstehlichen Grinsen war wieder als Arzt dabei. Charles Wylie verstand es durch seine freundliche Sachlichkeit gut, mit den Sherpas und Trägern auszukommen, für die er verantwortlich war. George Band und Mike Westmacott bewährten sich als geschickte Kletterer im Fels, und Wilf Noyce war ein harter, erfahrener Bergsteiger, der schon zahlreiche schwierige und gefährliche Unternehmungen hinter sich hatte. In mancher Hinsicht hielt ich Noyce für den besten britischen Bergsteiger, den ich kannte.

Drei andere Expeditionsmitglieder, die eigentlich keine Bergsteiger waren, begleiteten uns trotzdem bis auf eine Höhe von 6400 Metern. Der hochgewachsene, blonde Tom Stobart arbeitete als Kameramann. Der schlanke, rothaarige Griff Pugh war Physiologe. Seine Tests waren uns manchmal recht lästig, aber ihm gelang es immer wieder, uns mit seinem beißenden, unfreiwilligen Humor zu amüsieren. Der Korrespondent der Londoner *Times,* James Morris, war ein zarter, sensibler Intellektueller. Wir alle waren eine harmonisierende Gruppe.

John Hunt hatte ungeheuren Schwung, und seine Energie war bewundernswert. Oft ging er bis an die Grenze seiner Leistungsfähigkeit und sah

Der Verfasser 1953 im Everest-Basislager

vollkommen erschöpft aus, aber irgendwie fand er auch dann noch die Kräfte, weiterzumachen. Niemand arbeitete so hart wie John und war so fest entschlossen, das Unternehmen zum Erfolg zu führen. Wie viele Persönlichkeiten in verantwortlicher, leitender Stellung war er gelegentlich einsam und reserviert, aber wenn er wollte, war er ein warmherziger Mensch und eine starke Persönlichkeit mit einem entwaffnenden Charme, der zwar nicht gleich stark auf jeden von uns wirkte.

Zu meiner großen Freude bat mich John, mit einer Seilschaft den Khumbu-Gletscher hinaufzugehen, um das Basislager einzurichten und dann eine Route über den Eissturz zu erkunden. Das war die Aufgabe, auf die ich gehofft hatte, und als ich John überreden konnte, mir George als Begleiter mitzugeben, war ich sehr glücklich. Mit 38 Trägern gingen wir das Khumbu-Tal hinauf und stiegen weiter über die Moräne und das blanke Eis des Khumbu-Gletschers. Am 12. April schlugen wir die Zelte zwischen den großen Eisspitzen am Fuß des Eissturzes auf, und damit stand das Basislager.

Wenn ich heute nach 20 Jahren wieder mein Tagebuch lese, dan habe ich den Eindruck, daß ich bei dieser Expedition manchmal sehr unbequem, unruhig und ehrgeizig gewesen bin und zum Widerspruch neigte. Aber ich erinnere mich vor allem an das Positive; an die Menschen, die ich schätzte und mit denen ich lachen konnte; an die schwierigen Aufgaben, die wir gemeinsam bewältigt haben, und an das Gefühl, daß jeder sein Bestes gegeben hat – je nach Vermögen und Temperament. Wir waren eine gute Mannschaft, davon bin ich überzeugt, und es war der Korpsgeist, der schließlich Tensing und mich auf den Gipfel gebracht hat. Wenn man die moderne Auffassung teilt, daß beim Sport nur Rücksichtslosigkeit und egoistischer Ehrgeiz zum großen Erfolg führen, dann darf man mit Recht behaupten, daß Tensing und ich bei dieser Expedition den heutigen Starbergsteigern am nächsten gekommen sind. Wir wollten unser Ziel erreichen, und niemand hat sich mehr dafür eingesetzt. Aber für uns lag der eigentliche Erfolg darin, im entscheidenden Augenblick möglichst dicht am Gipfel sein zu müssen.

Am 13. April führten Mike Westmacott, George Band und ich eine erste Erkundung des Eissturzes durch. Wir hatten gehofft, auf halbem Wege ein Lager aufschlagen zu können, und wurden von vier Sherpas mit Zelten und Proviant begleitet. Aber wir stellten fest, daß der Eissturz zu zerklüftet war, schickten die Männer zurück ins Basislager und gingen allein weiter. Nachdem wir fünf Stunden zwischen Gletscherspalten und morschen

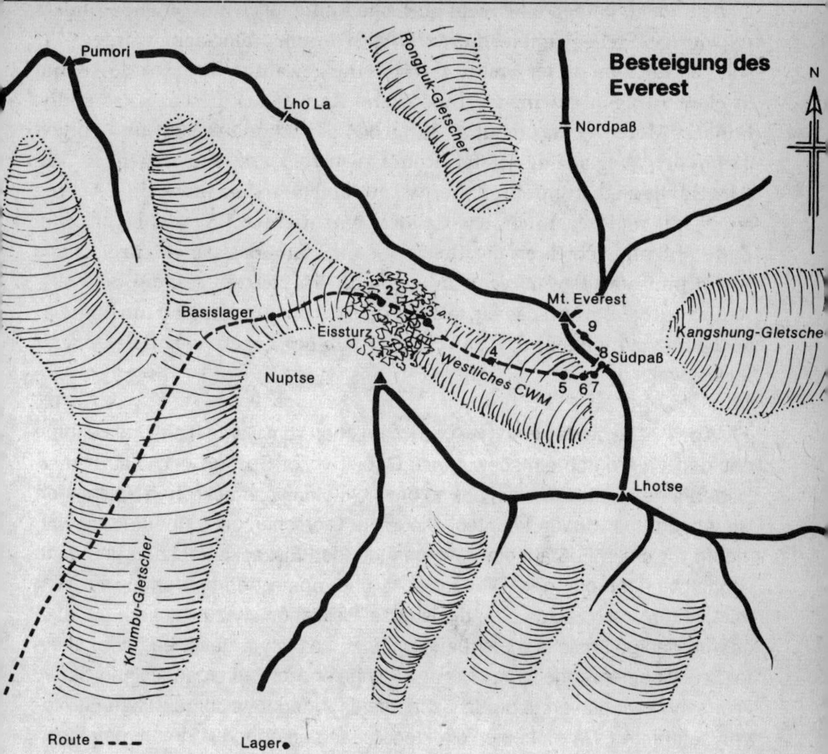

Eisblöcken herumgekrochen waren, kamen wir bis auf wenige hundert Meter an die Stelle heran, an der die Schweizer im Jahr zuvor ihr Camp II aufgeschlagen hatten. Aber unser Aufstieg war sehr anstrengend gewesen. Am folgenden Tag kehrte ich mit Mike und Ang Namgyl zurück, und wir waren einigermaßen erschüttert, festzustellen, daß unsere Spuren auf der schwierigsten Strecke von neuen Eistrümmern verschüttet waren. Wir legten die Route an mehreren Stellen um und fanden schließlich einen einigermaßen gangbaren Pfad bis an die Stelle, an der Camp II gestanden hatte. Aber die Route war immer noch durch Eisklippen bedroht.

Ich hielt es für richtig, eine zweite Route durch die Mitte des Eissturzes zu erkunden, besonders da sich George Lowe jetzt gerade erst von einem einige Tage anhaltenden Durchfall erholt hatte. George Band, George

Lowe und ich fanden eine recht günstige Route, bis wir an eine besonders schwierige Stelle kamen, die durch Eistrümmer blockiert wurde. Wir standen noch an dieser Stelle, als sich eine gewaltige Eismasse löste und in einer riesigen Lawine zu Tal stürzte. Zum Glück geschah das einige hundert Meter rechts von uns. Wir gaben die Erkundung auf und gingen daran, den Weg auf der ersten Route zu verbessern. Am folgenden Tag stiegen wir zu dritt mit drei Sherpas auf, brachten die notwendige Ausrüstung mit und begannen, das Camp II einzurichten. Wir schlugen zwei Zelte auf und schickten die Sherpas dann zum Basislager zurück. Die Nacht im Camp II war recht unheimlich. Wir spürten ständig Bodenerschütterungen, wenn das Eis talabwärts rutschte, und uns beunruhigte es auch sehr, zu wissen, daß das Eis oberhalb des Lagers ebenfalls äußerst locker war.

◎

17. April Die beiden Georges und ich brachen vom Camp II auf und bahnten uns den Weg durch ein schwieriges Gebiet voller Spalten und Eistrümmer. Dabei kamen wir an den von uns so bezeichneten »schrecklichen Spalt«, den wir jedoch überwinden konnten. Die letzte Gletscherspalte überquerten wir, indem wir einen Fuß auf einen vorspringenden Eiszacken setzten und dann schnell hinübersprangen. Die Eisblöcke über uns sahen bedrohlich aus. Wir versuchten, nach rechts über die Nuptse-Eisklippen auszuweichen, gerieten aber in das gefährlichste Eistrümmergebiet, das ich je gesehen habe. Dann folgten wir einer Rinne nach links und kamen endlich auf einen kleinen Sattel. Hier sahen wir das erste große Schneefeld, über dem sich gewaltige Eisklippen auftürmten. Da wir keinen direkten Zugang erkennen konnten, umgingen wir sie rechts und quetschten uns durch vertikale, hohe Eisschollen, den »Nußknacker«, dann kletterten wir an der etwas geneigten Eiswand hinauf und arbeiteten uns schließlich in einem vertikalen Schacht nach oben. Ich war mit meiner Führung ganz zufrieden. Ein großer Block war mit dem nächsten durch eine Brücke verbunden. Dort befanden wir uns am Rand des Cwm. Auf dem Abstieg gingen wir wieder durch den Schacht und den »Nußknacker« und folgten dann einer langen Traverse, die uns bis zum »schrecklichen Spalt« brachte. Im Camp II trafen wir auf John Hunt und Ang Namgyl, und ich führte John zum »schrecklichen Spalt« hinauf, um ihm eine Vorstellung von der Route zu geben. Gemeinsam gingen wir zum Basislager zurück. Ich halte diese Route für recht gefährlich, bin aber mit unseren Leistungen ganz zufrieden.

◎

In den folgenden Tagen versuchten wir, den Weg über den Eissturz zu verbessern und bauten aus Fichtenstämmen und Leitern mehrere Brükken. Am 22. April richteten wir oberhalb des Eissturzes das Camp III ein, und Mike Westmacott, Da Namgyl und ich verbrachten dort die erste Nacht. Es war eine schöne, ebene Schneefläche auf einem gewaltigen Eisblock, die nicht durch überhängendes Eis gefährdet wurde. Wir freuten uns, einen guten Schlafplatz gefunden zu haben, auf dem wir nicht mit gefährlichen Lawinen rechnen mußten. Mike und ich verbesserten den oberen Teil der Route über dem Eissturz erheblich, und nach zwei Tagen hörten wir über Funk, daß John Hunt und eine starke Gruppe zu uns heraufkommen würden. Das war Tensings erste Besteigung des Eissturzes, und erst jetzt erfuhren wir, daß es ihm gar nicht gefallen hatte, nur mit organisatorischen Aufgaben beschäftigt zu sein, so wichtig diese auch sein mochten. Ihm lag viel mehr daran, mit uns aktiv an der Bezwingung des Everest teilzunehmen. Wir hatten ihn nicht absichtlich zurückgelassen, obwohl es mir ebenso wie den anderen Freude machte, mit den Schwierigkeiten des Eissturzes fertig zu werden. Aber ich glaube nicht, daß irgendeiner von uns auf den Gedanken gekommen ist, Tensing könnte uns in diesem Stadium entscheidend helfen.

◉

25. April Wir brachen frühmorgens bei schönem Wetter auf, um eine Route durch die unmittelbar vor uns liegenden Eisklippen zu finden. Ich mußte schwer arbeiten, um Stufen in das Eis zu hacken, und kam rasch genug voran, um zu erkennen, daß wir auf dem ganzen Weg ein festes Seil anbringen konnten, wenn es unbedingt notwendig werden sollte. Mike hatte große Schwierigkeiten, und wir kehrten sehr langsam zum Zelt zurück. John kam mit einer starken Gruppe vom Camp II zu uns herauf. Nachmittags schneite es, aber gegen 16.00 Uhr brachten John, Charles Evans, Wilf Noyce, Tensing und ich die Brücke an die große Gletscherspalte, setzten sie in einer Gesamtlänge von etwa 6 Metern zusammen und legten sie über den Spalt. Ich weihte sie ein und ging zuerst hinüber. John wollte unbedingt weiter, deshalb schickte er Wilf und Tensing zurück, um den für 17.00 Uhr vorgesehenen Funkkontakt aufzunehmen (Tensing war nicht sehr glücklich darüber). Wir anderen drei gingen weiter. Dabei hatten wir unter den Eisklippen am Westausläufer des Gletschers eine recht gefährliche Strecke zu überwinden, kamen aber dann gut bis zur Mitte des Cwm und waren hocherfreut, vor uns keine großen Schwierigkeiten zu sehen. In bester Stimmung kehrten wir zum Camp III zurück.

◉

26. April John und Charles bildeten eine Seilschaft, Tensing und ich die zweite, und so brachen wir zum Camp IV auf. Wir folgten unserer alten Spur und überquerten die Aluminiumbrücke. Tensing und ich machten uns auf den Weg, um nach dem Vorratslager der Schweizer zu sehen, und fanden eine Menge Lebensmittel, hauptsächlich Dörrfleisch. Nachdem wir die anderen eingeholt hatten, übernahmen wir es, den größten Teil der Stufen in den tiefen Schnee zu treten. Es folgte eine schwierigere Strecke mit vielen vom Schnee zugewehten Gletscherspalten. Dann ging es wieder durch Tiefschnee, bis Tensing und ich, die wir uns in der Führung abgewechselt hatten, bei 6400 Metern einige Zeit vor John und Charles am Camp IV eintrafen. John war sehr erschöpft. Im Camp IV fanden wir eine Menge von den Schweizern zurückgelassenen Proviant in Kisten vor. Es dauerte eine Weile, bis wir sie ausgegraben hatten. Zusammen waren es sechs bis sieben Traglasten nützlicher Dinge. Nach zwei Stunden brachen Tensing und ich wieder zum Basislager auf. Bis zum Camp III brauchten wir eine Stunde. Dabei begegneten wir Greg und Wilf mit ihren Sherpas, die ihre Traglasten eine halbe Stunde vor dem Camp IV niedergelegt hatten. Auf einer ausgezeichneten Spur stiegen wir in 33 Minuten zum Camp II ab. Dort trafen wir George Lowe mit einer Gruppe von Trägern, und ich unterhielt mich eine Weile mit ihm. Ich freute mich, daß er wieder so wohl aussah. Tensing und ich verließen das Camp II in großer Eile, aber wir wurden plötzlich aufgehalten, als sich bei einem weiten Sprung ein großer Eisblock unter meinem Gewicht löste und mich mit in einen Spalt hinabriß. Nur weil ich mich sofort mit den Steigeisen halten konnte und Tensing rasch mit dem Seil zur Hand war, ging der Sturz noch glimpflich aus. Nach 55 Minuten waren wir im Basislager. Tensing ist ein fabelhafter Bergkamerad. Er ist in bester körperlicher Verfassung, energisch, tüchtig und verfügt über eine ausgezeichnete Seiltechnik.

◎

Dies war das erste Mal, daß ich mit Tensing zusammen geklettert war, und ich war beeindruckt von seinen Körperkräften, seiner vernünftigen Technik und besonders von seiner Bereitwilligkeit, sofort jeden Umweg zu machen, den ich vorschlug. Hier kam mir zum erstenmal die Idee, soviel wie möglich mit Tensing zusammenzuarbeiten. Ursprünglich hatte ich die Absicht gehabt, mit George Lowe zu gehen, aber John Hunt war entschieden dagegen. Er wollte unsere neuseeländischen Erfahrungen auf dem Eis der ganzen Mannschaft zugute kommen lassen. Wären George und ich nicht getrennt worden, hätten wir vielleicht gemeinsam den Gipfel bezwungen.

Panorama der Everestbesteigung

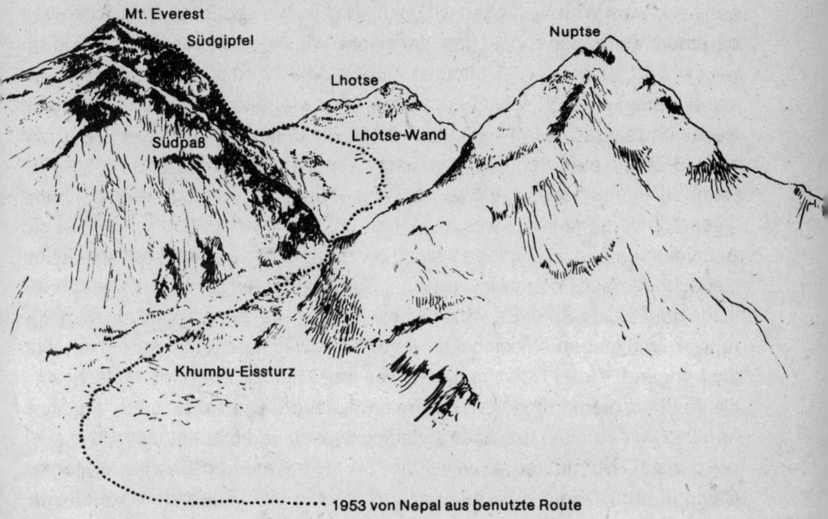

Fünf Tage war ich damit beschäftigt, über den Eissturz Proviant ins Camp III zu bringen. Unterdessen gingen die Vorbereitungen für eine Erkundung der Lhotse-Wand weiter. Dabei wurden auch die an einem Gerät angeschlossenen Sauerstoffmasken eingesetzt, und meist bedienten Charles Evans und Tom Bourdillon diesen Apparat. Man beschäftigte sich so eingehend mit diesem Gerätetyp, daß ich schon glaubte, man werde diejenigen von uns vernachlässigen, die mit Einzelgeräten arbeiteten. Ich schlug John Hunt vor, Tensing und ich sollten diese anderen Geräte intensiv erproben, um zu sehen, ob man sie notfalls verbessern oder Fehler beseitigen könnte. John war sehr besorgt um seine Sauerstoffvorräte, erklärte sich aber zu meiner Erleichterung mit diesem Vorschlag einverstanden.

◎

2. Mai Tensing und ich haben inzwischen die Sauerstoffgeräte eingehend erprobt. Dabei verwendeten wir den Tragrahmen und eine Sauerstoffflasche der RAF mit einem Gewicht von etwa 25 Pfund und etwa 1400 Litern Inhalt, die mehr als fünf Stunden reichte, wenn man 4 Liter in der Minute verbrauchte. Jeder von uns trug eine Gesamtlast von etwa 40 Pfund. An einem kühlen Morgen bei klarem Wetter brachen wir um 6.30 Uhr vom Lager auf und fühlten uns bei einem Verbrauch von 4 Litern sehr wohl. Wir stiegen stetig bergan, und als wir nach 1 Stunde und 28 Minuten das Camp II erreicht hatten, spürten wir keine Müdigkeit. Dort schlief noch alles, aber wir bekamen gleich eine Tasse Kaffee und gingen nach 14 Minuten weiter. Auf dem Weg nach oben lagen nur etwa 5 Zentimeter Schnee, und nach weiteren 50 Minuten waren wir im Camp III. Immer noch fühlten wir uns ganz frisch. Wir blieben zu einem kurzen Gespräch dort, tranken etwas, gingen um 9.32 Uhr weiter und passierten die Aluminiumbrücke. Hier stießen wir zu unserem Entsetzen auf tiefen, weichen Neuschnee. Also fingen wir wieder an, Stufen zu treten, doch hinterließen wir keine brauchbare Spur. Es war sehr heiß, aber wir wechselten uns mit der Führung ab und gingen entschlossen weiter. Das war in dem tiefen Schnee sehr anstrengend. Um 11.36 Uhr trafen wir im Camp IV ein. Der Marsch vom Camp III bis hierher hatte zwei Stunden gedauert. Die Arbeit hatte uns stark ermüdet, wir erholten uns aber erstaunlich rasch und fühlten uns bald wieder völlig frisch. Wir mußten lange warten, bis Mike Ward und Charles Wylie von Camp III heraufkamen. Sie brauchten nur zwei Liter Sauerstoff pro Minute. Mike trug eine Last von 55 Pfund, Charles eine von etwa 40 Pfund. Dann kamen sechs Sherpas mit weiterer Ausrüstung, und wir richteten ein größeres Lager ein. Um 16.00 Uhr, als wir schon anfingen, uns Sorgen zu machen, kamen Tom Bourdillon und Charles Evans mit einem erschöpften John in der Mitte ganz langsam das Cwm herauf. Auf dem Wege mußten sie sich immer wieder hinsetzen. John sagte: »Zum erstenmal fühle ich mich etwas überanstrengt.« Charles meinte, das geschlossene Sauerstoffsystem sei zu schwer, und man erhitze sich beim Tragen zu stark. Sie waren bis etwa 160 Meter oberhalb von Camp V hinaufgekommen und hatten gesehen, daß der zum Camp VI hinüberführende Weg sehr große Anstrengungen erfordern würde. John hatte beabsichtigt, mit uns hinunterzugehen, war aber zu müde, jetzt den Abstieg zu machen. Deshalb brachen nur Tensing und ich um 16.20 Uhr bei starkem Schneetreiben auf. Die Spuren durch das Cwm waren verweht, die Orientierungsflaggen nicht mehr zu sehen. Von den hohen Felswänden donnerten Lawinen zu Tal, und wir mußten uns sehr mühsam unseren Weg suchen. Schließlich fanden wir die Brücke über dem Camp III, gerieten dann in ein starkes Hagelwetter, das uns übel zusetzte, und kamen nur ganz langsam bis Camp III voran und von dort aus die Strickleiter hinunter bis zum »Nußknacker«. Im Tiefschnee ging ich auf der Spur voraus, aber in einem sehr verhaltenen Tempo. Dabei versank ich ständig bis zum Gürtel in mit weichem Schnee vollgewehten Löchern. Es wurde dämmerig, aber zum Glück ließ das Schneetreiben nach, und wir kamen etwas schneller voran. Endlich erreichten wir die Zelte des Camp II. Wir überlegten, ob wir hierbleiben sollten, entschlossen uns dann aber doch, weiterzugehen. Es war außerordentlich schwierig, den Weg über die Rinne und durch das »Atombombengebiet« zu finden, aber schließlich gelang es mir doch. Dann übernahm Tensing die Führung, und wir arbeiteten uns bei leichtem Schneefall über die Eistrümmer von Flagge zu Flagge voran. Im Halbdunkel kamen wir an die »Höllenfeuerallee«, rutschten hinunter, liefen über die seitliche Nebenroute »Hillary's Schrecken« und überquerten die letzte Brücke, bevor es ganz dunkel wurde. Es war recht unangenehm, den richtigen Weg suchen zu müssen, aber endlich erreichten wir das Basislager um 19.40 nach einem ereignisreichen Tag. Wir waren müde, aber noch lange nicht erschöpft.

◎

Tensing und ich hatten mit dem Sauerstoffgerät einen anstrengenden Marsch bewältigt und bewiesen, was man mit dieser Hilfe leisten konnte. Für die nächsten Tage wurde eine Gruppe von uns nach Lobuje geschickt, damit wir einmal aus den Bergen herauskommen und uns ausruhen konnten. Ich wollte das Operationsgebiet nur ungern verlassen, aber man überredete mich mit der Begründung, es sei gut für die Mannschaft. Während dieser Ruhepause erprobte eine Gruppe das andere Sauerstoffgerät am unteren Teil der Lhotse-Wand. Dabei gab es eine Reihe von Schwierigkeiten. Am 6. Mai versammelten wir uns alle im Basislager und berieten am folgenden Tag ausführlich über das weitere Vorgehen und die Einteilung der Teams. Erst jetzt wurden die Seilschaften zusammengestellt, die im oberen Bereich des Berges die verschiedensten Aufgaben übernehmen sollten. Charles Evans und Tom Bourdillon sollten beim ersten Angriff auf ihr Hauptziel, den Südgipfel, das geschlossene Sauerstoffgerät verwenden. Tensing und ich sollten den Hauptgipfel angehen und dabei das offene System mitnehmen.
Nachdem wir an den Berg zurückgekehrt waren, brachte ich an drei aufeinanderfolgenden Tagen Proviant zum Camp IV. Dabei mußte ich jedesmal eine neue Spur treten. Am letzten Tag ging es durch 50 Zentimeter tiefen Neuschnee. Am 14. Mai stiegen die meisten von uns zum Camp IV (dem vorgeschobenen Basislager) auf, um sich dort für den letzten und entscheidenden Teil des Unternehmens bereit zu halten. George Lowe und

Ang Nyima hatten ein Camp von der Position V auf die Position VI gebracht und arbeiteten an der oberen Hälfte der Lhotse-Wand.
Die folgende Woche war für mich die enttäuschendste der ganzen Expedition. Tag für Tag beobachteten wir die Lhotse-Wand mit unseren Ferngläsern, aber es ging nur sehr langsam, manchmal nur zentimeterweise voran. Ich hatte das Gefühl, die Zeit verginge, und wir kämen dem Südpaß nicht viel näher. Ein paarmal machte ich John und Charles den Vorschlag, Tensing und ich sollten hinaufgehen und den anderen beim Ausbau der Route helfen. Aber John verlangte, daß wir unsere Kräfte für den entscheidenden Angriff schonten.

◎

15. Mai Wilf Noyce und ich verließen Camp IV und gingen zum Camp V, wo Mike Westmacott sich hatte hinlegen müssen, weil er sich nicht wohl fühlte. Er konnte nicht mehr höher hinauf, und deshalb schickten wir ihn zurück. Wir nahmen drei Sherpaträger, Da Tensing, Ang Namgyl und Passang Phutar mit und gingen zum Camp VI weiter, um George Lowe und Ang Nyima zu begrüßen, die einen Ruhetag eingelegt hatten. Wilf Noyce bewährte sich gut, aber ich beschleunigte das Tempo wohl zu sehr, denn das Seil straffte sich. Deshalb mußte ich etwas langsamer werden. Wilf blieb bei George, während ich die drei Sherpas noch die Lhotse-Wand hinaufführte, und oben richteten wir mit einem Zelt, einem Kocher und Proviant das Camp VII ein. Der Treibschnee hatte einen großen Teil der Spur von George zugeweht. Es war schwere Arbeit, ohne Sauerstoff eine Last bis auf 7300 Meter hinaufzubringen. Wilf Noyce blieb auf Camp VI, um dort zu helfen. Ich ging allein zum Camp V hinunter und verbrachte die Nacht bei Charles Evans.

◎

Am 19. Mai waren George Lowe, Mike Ward und Ila Tensing auf 7300 Meter zum Camp VII hinaufgekommen, trotzdem wollte die Besteigung der Lhotse-Wand nicht recht vorankommen. Man hatte uns schon vor den zur Monsunzeit zu erwartenden Schneefällen gewarnt. Das Wetter war wirklich nicht sehr günstig, aber auch uns fehlte es an dem notwendigen Schwung, den Vorstoß weiterzuführen. Ich wußte aus Erfahrung, daß George jemanden brauchte, der ihn zu den großen Leistungen anspornte, zu denen er fähig war. Mir gefiel es gar nicht, daß ich nicht hinaufgehen durfte, um ihm zu helfen. Am Tag darauf entschied John, daß George herunterkommen sollte, und er erschien so entspannt und fröhlich wie immer in unserem Camp. Wilf Noyce war mit neun Sherpas zum Camp VII hinaufgegangen, und wir hofften sehr, daß sie diesmal höher hinaufkommen würden. Am 21. Mai warteten wir gespannt auf ein Zeichen von ihnen und beobachteten die Wand. Endlich sahen wir nur zwei Gestalten (Wilf Noyce und Sherpa Annullu) sich oberhalb von Camp VII bewegen. Aufgeregt verfolgten wir, wie sie langsam quer über die Lhotse-Wand zu dem 8000 Meter hoch gelegenen Südpaß hinüberkletterten. Das war für unsere Expedition ein gewaltiger Schritt nach vorn. Noch am gleichen Tag gingen Charles Wylie und eine zweite Gruppe Sherpas vom Camp V zum Camp VII hinauf, um ihnen Rückendeckung zu geben. Damit waren 14 Sherpas (unser ganzes für große Höhen vorgesehenes Team) im Camp VII, und sie mußten unbedingt alle bis zum 22. den Südpaß erreichen, denn sonst würde uns der Proviant ausgehen, und wir müßten die Besteigung des Gipfels wahrscheinlich aufgeben.

◎

21. Mai Es sah so aus, als ob am nächsten Tag niemand mehr zum Südpaß gehen würde. Schließlich beschlossen wir, daß Tensing und ich hinaufsteigen sollten, um dafür zu sorgen, daß die Sherpas dorthin auf den Weg gebracht wurden. Um 12.15 Uhr brachen wir mit Sauerstoffgeräten ausgerüstet auf und kamen nach 4 Stunden und 15 Minuten im Camp VII an. Tensing bewährte sich großartig und hatte gemeinsam mit Charles Wylie am Abend die Lasten so verteilt, daß wir am frühen Morgen aufbrechen konnten. Mit 17 Mann im Camp stellten wir fest, daß unsere Kochgelegenheiten nicht ausreichten und es uns an Lebensmitteln fehlte.

◎

22. Mai Das Abkochen begann um 5.00 Uhr, aber als wir um 8.30 Uhr aufbrachen, war es erst gelungen, eine Tasse Tee zuzubereiten. Tensing und ich nahmen Sauerstoff mit, ebenso auch Charles Wylie, die Träger jedoch nicht. Tensing und ich gingen voraus, um Stufen zu treten oder zu hacken. Wir kamen recht schnell in die Höhe und bis an den oberen Rand des Lhotse-Gletschers, aber den Sherpas machte die große Höhe ziemliche Schwierigkeiten. Wir hatten große Mühe bei der Vorbereitung der Route über die Traverse, und die meisten Sherpas wurden immer langsamer. Einige von ihnen legten sich sogar beim Überqueren des Hanges erschöpft in den Schnee. Zwei von ihnen ging es besonders schlecht. Deshalb nahmen ihnen Tensing und ich jeweils eine Sauerstoffflasche aus ihrer Traglast ab. Wir gingen auch weiter an der Spitze und kamen nach einiger Zeit oben auf dem Lhotse-Grat an. Einer der Sherpas mußte aufgeben, und Charles Wylie nahm eine 20 Pfund schwere Flasche Sauerstoff aus seiner Traglast mit.
Tensing und ich stiegen zum öden, windigen Südpaß ab und legten unsere

Lasten neben die Reste der Schweizer Zelte. Was war das für ein Ort! Der Südgipfel sah von dieser Stelle gewaltig aus. Drei der kräftigeren Sherpas kamen heran, warfen die Lasten ab, und Tensing und ich ließen die Restbestände des Sauerstoffs ebenfalls auf dem Paß. Dann kletterten wir den kurzen Hang bis zum Kamm hinauf und stießen dort auf die übrigen Sherpas und Charles Wylie mit schweren Lasten. Dann ging es über die Traverse hinunter. Unterwegs trafen wir den erschöpften Sherpa und nahmen ihn mit. Wir stiegen zum Camp VII ab, legten dort eine kurze Rast ein und tranken etwas. Dann setzten wir mit sechs Mann den Abstieg zum Camp IV fort und begegneten John Hunt, Tom Bourdillon und Charles Evans am Camp V bei ihrem Aufstieg zum ersten Versuch einer Besteigung der umliegenden Gipfel. Es war ein äußerst anstrengender und erfolgreicher Tag gewesen . . . Wir hatten 14 Traglasten von je 30 Pfund auf den Südpaß gebracht.

◎

Nur ungern legten Tensing und ich in Camp IV zwei Ruhetage ein, um dann wieder den Berg hinaufzugehen. Wir wollten unbedingt beim Beginn der entscheidenden Angriffsphase dabeisein. Am 24. Mai gingen Bourdillon und Evans, die gemeinsam an ein Sauerstoffgerät angeschlossen waren, mit John Hunt und zwei Sherpas vom Camp VII zum Südpaß. Schlechte Wetter- und Bodenverhältnisse zwangen ihnen ein langsames Tempo auf. Wir sahen, daß nach diesem siebenstündigen anstrengenden Marsch der Aufstieg zum Gipfel am nächsten Tag fast unmöglich werden würde, und diese Ansicht bestätigte sich. Sie mußten am folgenden Tag auf dem Paß eine Rast einlegen, während Tensing und ich zum Camp VII hinaufgingen, wobei wir von George Lowe und Alf Gregory und acht kräftigen Sherpas begleitet wurden. Tensing und ich erreichten das Lager in dreieinviertel Stunden, denn das Steigen fiel uns mit jedem Mal leichter. Es war ein ausnehmend schöner Nachmittag, und wir freuten uns an der unermeßlichen Weite.

◎

26. Mai. Die komplette, elf Mann starke Gruppe brach pünktlich am Morgen zum Südpaß auf. Ich übernahm auf der ganzen Strecke die Führung, und Tensing und ich kamen recht schnell voran. Auch hinter uns schien alles in Ordnung zu sein, deshalb behielten wir das Tempo bei. Um 9.30 Uhr sahen wir zum erstenmal die beiden Zweimannseilschaften auf dem Südostgrat oberhalb der Schlucht. John war um 7.00 Uhr mit Da Namgyl aufgebrochen – John mit vier Litern und Da Namgyl mit zwei Litern Sauerstoff pro Minute. Tom und Charles hatten mit ihrem Gerät ziemliche Schwierigkeiten und kamen erst um

7.50 Uhr fort. Für uns war es sehr aufregend, sie beim Steigen zu beobachten. Tom und Charles kamen rasch vorwärts, aber John hielt bald an und legte etwa 50 Meter oberhalb des Lagers der Schweizer auf dem Grat in einer Höhe von etwa 8200 Metern die Last ab.

Tensing und ich erreichten in 2³/₄ Stunden den Südpaß. Wir sahen John und Da Namgyl absteigen und gingen ihnen entgegen, um ihnen ins Lager zurückzuhelfen. John war sehr erschöpft. Der Rest unserer Mannschaft mit vier Sherpas, die nur bis zum Südpaß hatten kommen sollen, traf rechtzeitig ein. Leider blieben die drei Sherpas, die uns die Lasten den Grat hinaufbringen sollten, sehr weit zurück. Um 13.00 Uhr verschwanden Tom und Charles hinter dem Südgipfel. Eine großartige Leistung!

◎

Das war allerdings bewundernswert. Sie befanden sich jetzt in größerer Höhe als je ein Bergsteiger vor ihnen. Aber zu meiner Schande muß ich zugeben, daß meine Freude über ihren Erfolg durch ein leises Gefühl des Neides und der Furcht gedämpft wurde. Würden sie weiter zum Hauptgipfel vorstoßen? Sie hatten schon so viel mehr geleistet, als ich erwartet hatte, und vielleicht waren ihre Kraftreserven noch nicht erschöpft. Tensing zeigte seine Sorgen deutlicher als ich. Er war überzeugt, sie würden den Gipfel erreichen, und war verstimmt, weil man der ersten Seilschaft keinen Sherpa mitgegeben hatte, der an dem Erfolg beteiligt gewesen wäre. Der Südgipfel war von Wolken verhüllt, und wir konnten nicht wissen, was dort oben geschah.

Unsere unguten Gedanken und Befürchtungen bestätigten sich nicht. Um 15.30 Uhr tauchten Evans und Bourdillon aus dem Nebel auf und kamen den Grat herunter. Sie waren von dem 8754 Meter hohen Südgipfel abgestiegen. Da sie vollkommen erschöpft waren, gerieten sie beim Klettern unterhalb des Grats in höchste Gefahr. An schwierigen Stellen kamen sie einige Male ins Rutschen, und plötzlich stürzten sie den Hang hinunter in die große Schlucht. Es war ein Wunder, daß sie am Leben blieben. Nie habe ich erschöpftere Menschen gesehen als die beiden. Tom war bitter enttäuscht, weil sie nicht versucht hatten, auf den Hauptgipfel zu kommen, aber Charles wußte, daß sie dann nicht mehr zurückgekehrt wären. Fast zu müde, um zu sprechen, malten sie ein düsteres Bild von den Schwierigkeiten auf dem Grat, der zum Hauptgipfel führte. Sie sagten, sie bezweifelten, daß wir es schaffen könnten. Am Nachmittag setzte ein heftiger Sturm ein, und der Aufenthalt auf dem Sattel wurde zur Strapaze.

◎

27. Mai. Eine der schlimmsten Nächte, die ich je erlebt habe . . . Sehr starker Wind und sehr kalt: – 25 Grad Celsius . . . und besonders ungemütlich. Tensing, George, Greg und ich waren im Pyramidenzelt und atmeten etwas Sauerstoff. John, Tom und Charles hatten sich in das kleine Meade-Zelt verkrochen, und die drei Sherpas lagen im Rundzelt. Frühmorgens war es sehr windig, und ich konnte nicht warm werden. Tom und Charles waren immer noch völlig erschöpft. Schließlich beschlossen sie, abzusteigen. Angtember war die ganze Nacht krank gewesen, deshalb mußte auch er uns verlassen. Nach einer etwas scharfen Auseinandersetzung beschloß auch John hinunterzugehen. Es war ein herzzerreißender Anblick, zu sehen, wie sie gemeinsam über den Hang oberhalb des Lagers kletterten. Tom sank immer wieder in die Knie, und wir mußten ihm eine Sauerstoffflasche geben. Auch John war sehr erschöpft, und der energische Charles schien der einzige zu sein, der noch vernünftig denken konnte. Schließlich verschwanden sie, hatten aber die größten Schwierigkeiten, zum Camp VII hinunterzukommen, wo Mike Ward sie erwartete und ihnen helfen konnte.

28. Mai. Am Morgen gutes Wetter, aber windig . . . 25 Grad Celsius. Die erste böse Überraschung war, daß auch Pember erkrankte. Damit blieb uns nur noch ein Sherpa . . . Ang Nyima. Wir beschlossen, das Camp allein hinaufzubringen. George nahm drei Sauerstoffzylinder, die zusammen etwa 41 Pfund wogen. Greg nahm Sauerstoff, einen Kocher und Proviant, etwa 40 Pfund. Ang Nyima lud sich drei Sauerstoffflaschen auf, 41 Pfund; Tensing und ich nahmen je zwei Sauerstoffflaschen und unser ganzes persönliches Gepäck, die Campingausrüstung, die Kamera und den Proviant. Das waren für jeden mindestens 49 bis 50 Pfund. Die anderen drei brachen um 8.45 Uhr auf und hatten, als Tensing und ich ihnen um 10.00 Uhr folgten, in der Schlucht schon viel an Höhe gewonnen. Der vom Wind in die Schlucht gewehte Schnee war hart gefroren, und wir mußten auf mehreren hundert Metern Stufen hineinhacken. George übernahm den größten Teil dieser Arbeit.
In einer Höhe von etwa 8200 Metern holten Tensing und ich die anderen auf dem Grat am Zelt der Schweizer ein. Nach weiteren 50 Metern kamen wir an das von John und Da Namgyl angelegte Vorratslager, das aus einem Zelt, Brennstoff, Proviant und Ausrüstung bestand. Ich nahm das Zelt auf. Damit wog meine Last mehr als 60 Pfund. Die anderen teilten sich den Rest, und jeder hatte jetzt mehr als 50 Pfund zu schleppen. Wir gingen weiter den Grat hinauf, wobei George meist die Führung übernahm und uns sicherte. Der Grat war steil, auf dem Fels lag etwas Schnee, aber auf dem oberen Teil des Hanges

kamen wir leicht voran. Wir gingen eine ganze Zeit weiter, fanden aber kein Zeichen eines Lagers. Der Sauerstoffvorrat ging zur Neige, und wir mußten die Mengen erhöhen. Die Lage wurde kritisch, als Tensing uns nach links über tiefen, unsicheren Schnee führte. Schließlich kamen wir unter einem überhängenden Felsen an eine etwas ebenere Stelle. Wir beschlossen hier auf 8510 Meter Höhe das Camp einzurichten, gaben den anderen etwas Sauerstoff und schickten sie hinunter. Es war jetzt 14.30 Uhr. Tensing und ich nahmen die Sauerstoffmasken ab und richteten das Lager her – eine ungeheuer anstrengende Aufgabe. Mit den Eispickeln schlugen wir Eisbrocken los und versuchten, eine geeignete Stelle einzuebnen.

Um 17.00 Uhr war die Fläche groß genug für das Zelt, aber es war eine Stufe. Trotzdem entschlossen wir uns, das Zelt darüber aufzuschlagen. Wir hatten kein geeignetes Gerät, um das Zelt am Boden zu befestigen. Deshalb schlangen wir Seile um einige Felszacken, befestigten sie an den in den Schnee gesteckten Sauerstoffbehältern und hofften, die Konstruktion würde halten. Um 18.00 Uhr krochen wir ins Zelt. Tensing legte sich auf die untere Stufe unmittelbar auf dem Überhang, während ich oben saß und die Füße auf die untere Stufe stellte. Dabei konnte ich das ganze Zelt festhalten, wenn es alle 15 Minuten von wilden Sturmböen geschüttelt wurde.

Der Primuskocher arbeitete phantastisch. Wir tranken stark gesüßtes Zitronenwasser und Kaffee in reichlichen Mengen und aßen Suppe, Ölsardinen auf Keks, eine Dose Aprikosen, Datteln und Kekse mit Marmelade. Ich hatte inzwischen festgestellt, wieviel Sauerstoff uns noch zur Verfügung stand. Die Bestände waren nicht groß, weil einige Träger ausgefallen waren. Wenn wir die beiden von Tom und Charles etwa 160 Meter unterhalb des Südgipfels deponierten, noch zu einem Drittel gefüllten Flaschen hinzunahmen, dann ließ sich der Anstieg nach meiner Schätzung mit einem Verbrauch von etwa 3 Litern pro Minute bewältigen. Mein Gerät hatte ich so eingestellt. Tensings Gerät war nicht ganz in Ordnung, und wenn es auf vier Liter pro Minute eingestellt war, gab es nur etwas mehr als drei Liter ab.

Etwas Sauerstoff befand sich außerdem noch in drei fast leeren Flaschen. Damit konnten wir etwa vier Stunden mit einem Verbrauch von einem Liter pro Minute schlafen. Das Thermometer zeigte – 27 Grad Celsius, aber die Kälte war nicht unangenehm, denn bis auf gelegentliche kurze Windstöße blieb die Luft ruhig. Ich verteilte den Sauerstoff auf zwei Zeitabschnitte zu jeweils zwei Stunden, und obwohl ich sitzenblieb, konnte ich ganz gut schlafen. In den Pausen, in denen wir nicht an das Gerät angeschlossen waren, machten wir uns Zitronensaft heiß und aßen Kekse. Erstaunlicherweise waren wir, obwohl wir in der Zeit von unserem Eintreffen im Lager um 14.30 Uhr bis zum Schlafengehen um 21.00 Uhr, also in sechseinhalb Stunden, keinen Sauerstoff gebraucht hatten, nur etwas kurzatmig, konnten dabei aber ganz gut arbeiten, besser als ich dies in einer Höhe von 8510 Metern erwartet hätte.

29. Mai. Um vier Uhr morgens war das Wetter herrlich und die Aussicht unübertroffen schön. Tensing zeigte mir das tief unter uns liegende Kloster Thyang Botschi. Wir bereiteten uns etwas zu trinken und zu essen und tauten unsere steifgefrorenen Bergschuhe über dem Primuskocher auf. Dann holte ich die Sauerstoffgeräte ins Zelt und prüfte sie. Um 6.30 Uhr brachen wir auf und wechselten uns auf dem Grat oberhalb des Lagers dabei ab, uns gegenseitig zu sichern. Der Grat wurde viel schmaler, die zerbrechliche Eiskruste erschwerte das Sichern, und es war nicht leicht, das Gleichgewicht zu halten. Bald kamen wir an die Stelle, an der die Sauerstoffbehälter lagen, und wir waren erleichtert, festzustellen, daß sie noch ausreichend Druck hatten. Der schmale Grat führte zu der gewaltigen steilen Schneewand hinauf, die bis an den Südgipfel reichte. Evans und Bourdillon waren links über die Felsen hinaufgestiegen und über den Schnee zurückgekommen. Ihre Spuren waren fast verweht, aber uns gefiel keine dieser beiden Routen. Wir besprachen die Angelegenheit und entschieden uns für den Schneehang. Dann fingen wir an, in den unter einer dünnen, harten Kruste liegenden Schnee fußtiefe Stufen zu treten. Dabei gab es kaum die Möglichkeit, sich mit dem Pickel zu sichern. Der Aufstieg war sehr gefährlich, aber jedesmal, wenn das Gefühl der Angst in mir aufkam, sagte ich mir: »Denke nicht daran! Dies ist der Everest, und du mußt ein paar Risiken in Kauf nehmen.« Tensing zeigte sehr deutlich, daß ihm die Sache nicht gefiel, sagte aber nicht, daß er umkehren wollte. Da wir uns mit der Führung abwechselten, kamen wir nur sehr langsam den langen Hang hinauf. Nach einigen hundert Fuß wurde der Steigungswinkel etwas flacher. Einige Felsbrocken ragten aus dem Schnee heraus, und die Spannung löste sich. Um 9.00 Uhr standen wir mit unseren Steigeisen auf dem Südgipfel.
Einigermaßen gespannt betrachteten wir den vor uns liegenden Grat, denn hier mußte die Entscheidung fallen. Sowohl Tom als auch Charles hatten von der Gefährlichkeit des Grats gesprochen, und auch ich war nicht sehr optimistisch. Was wir sahen, war sehr beängstigend, wir ließen uns aber doch nicht entmutigen. Rechts hingen lange Schneewächten über der Kangshungwand. Von dort führte ein steiler Schneehang nach links bis an die Spitze der Felsen, die 2650 Meter tief zum westlichen Cwm abfallen. Ich glaubte, in der Mitte eine geeignete Route zu erkennen. Hier ließen sich im Schnee oberhalb der Felsen

Stufen schlagen, und wir befanden uns dort weit genug unterhalb des Kammes, um nicht durch die überhängende Schneewächte gefährdet zu werden.
Unsere ersten zu drei Vierteln gefüllten Flaschen waren jetzt leer. Deshalb legten wir sie ab und gingen mit einem leichten Gerät von nur 19 Pfund weiter. Es war an eine volle Flasche angeschlossen, von der wir drei Liter pro Minute verbrauchten. Auf dem Abstieg vom Südgipfel hielten wir uns tief am linken Hang, wo ich wieder anfing, in den sehr guten, festen Schnee Stufen zu schlagen. Es ging glatt voran, ich fühlte mich wohl, und wir konnten ein gleichmäßiges Tempo vorlegen. Einige Zacken an der Wächte erwiesen sich als gefährlich, aber ich konnte sie umgehen, indem ich bis auf den bloßen Fels hinunterstieg und daran vorbeikletterte. Tensing hielt mich die ganze Zeit am gestrafften Seil, und wir wechselten uns beim Sichern ab. Nach etwa einer Stunde kamen wir an eine senkrechte Felsstufe im Grat. Ihre Überwindung schien problematisch. An diese Stufe schloß sich jedoch rechts eine vertikale Schneeklippe an, und ich konnte mich in dem 13 Meter hohen Spalt hinaufarbeiten und bis nach oben kommen. Ich war überrascht und freute mich, in dieser Höhe so viel leisten zu können. Dann half ich Tensing hinauf und stellte fest, daß er einige Mühe hatte mitzuhalten. Aber er war ein ausgezeichneter und zuverlässiger Gefährte. Jetzt war ich überzeugt, wir würden den Gipfel erreichen, und nichts könnte uns mehr aufhalten. Bei der Überprüfung unseres Sauerstoffverbrauchs stellte ich zu meiner Freude fest, daß der Vorrat wie vorausberechnet abnahm.
Ich kletterte weiter, schlug die Stufen und überwand Felsblock um Felsblock und eine überhängende Schneewächte nach der anderen. Dabei hielt ich gespannt nach dem Gipfel Ausschau. Er war nicht zu sehen, und die Zeit wurde knapp. Schließlich arbeitete ich mich um die Rückseite eines sehr großen Felsblocks herum und kletterte dann, von Tensing am straffen Seil gehalten, auf einen sanft geneigten Schneegrat hinauf. Und plötzlich hatten wir unser Ziel erreicht. Es war 11.30 Uhr, und wir standen auf dem Gipfel des Mount Everest!
Nach Norden lief ein gewaltiger, von einer Wächte gekrönter Grat zum östlichen Rongbuk-Gletscher hinunter. Von der alten Nordroute war nichts zu entdecken, aber wir blickten auf den Nordpaß und den Changtse. Der Westgrat fiel in breiten Schwüngen ab, und wir hatten eine herrliche Aussicht auf die tief unter uns liegenden Gipfel des Khumbu und des Pumori. Im Osten beherrschten der Makalu, der Kangchenjunga und der Lhotse den Horizont. Sie sahen jedoch von hier viel weniger großartig aus, als ich sie in Erinnerung hatte. Ten-

sing und ich schüttelten uns die Hände, und dann umarmte er mich. Es war ein großer Augenblick. Ich nahm die Sauerstoffmaske ab und fotografierte 10 Minuten lang Tensing mit den Flaggen in der Hand, die einzelnen Grate des Everest und das Panorama. Im Auftrag von John Hunt brachte ich auf dem Gipfel ein Kreuz an. Tensing grub ein kleines Loch in den Schnee und tat ein Speiseopfer hinein: Bonbons, Kekse und Schokolade. Wir aßen einen Pfefferminzkuchen und legten dann wieder die Sauerstoffmasken an. Ich war etwas besorgt, weil die Zeit knapp wurde. Deshalb brachen wir nach einem Aufenthalt von 15 Minuten um 11.45 Uhr zum Abstieg auf.
Die von uns am Grat hinterlassenen Stufen ließen uns verhältnismäßig leicht vorankommen. Die einzige Schwierigkeit bot die Felsstufe, vor deren Überwindung wir uns kurz berieten. Um 12.45 Uhr standen wir recht ermattet wieder auf dem Südgipfel. Ohne Zeit zu verlieren (unser Sauerstoffvorrat ging allmählich zu Ende) begannen wir den Abstieg über den langen Hang. Beim Hinuntersteigen trat ich den Schnee mit jedem Schritt noch einmal sehr sorgfältig fest. Tensing war mir eine großartige Hilfe, und da er das Seil stets straff hielt, fühlte ich mich sehr sicher. Der Abstieg bis zu der Stelle, an der sich der Hang etwas abflachte, kam uns unendlich lang vor. Von hier ging es über einen schmalen Schneegrat weiter bis zu der Stelle, an der wir die leeren Sauerstoffbehälter zurückgelassen hatten. Wir nahmen sie auf und stiegen mühsam in der eigenen Spur hinunter, bis wir um 14.00 Uhr in unserem Camp ankamen und uns etwas ausruhen konnten. Der Sauerstoffvorrat in den Flaschen war erschöpft. Die Menge hatte $4^3/_4$ Stunden gereicht. Mit 800 Litern in den vollen Flaschen hatten wir durchschnittlich $3^5/_6$ Liter pro Minute verbraucht. Auf dem Grat tranken wir Zitronensaft mit Zucker, nahmen dann unsere Ausrüstung auf und schlossen die zu einem Drittel gefüllten Flaschen an die Masken an. Um 15.00 Uhr verließen wir das Lager auf dem Grat, und obwohl wir sehr müde waren, gelangten wir ziemlich rasch zum Lager der Schweizer und zur Schlucht. Der Schnee in der Schlucht war fest, aber wir mußten alle Stufen noch einmal festtreten. Nachdem wir das untere Stück bewältigt hatten, legten wir die Steigeisen an und kletterten weiter voran, bis uns George entgegenkam . . .

◎

George begrüßte uns kurz oberhalb des Lagers mit einer Schale Suppe. Als ich seine stämmige Gestalt und sein fröhliches Gesicht sah, kam es mir erst richtig zum Bewußtsein, wie gern ich ihn hatte. Meine ersten Worte eigneten sich kaum zur Veröffentlichung, sondern waren ganz persönlich an George gerichtet:

»Nun, wir haben den Schweinehund geschafft!« sagte ich, und er nickte zufrieden. »Das habe ich mir gedacht!«
Auch Wilf Noyce und Pasang Puta waren im Lager und bemühten sich freundlich und geduldig um uns. Ich empfand besonderes Mitgefühl für Wilf. Er war der einzige, der noch kräftig genug gewesen wäre, die Besteigung des Gipfels zu versuchen. Aber diese Chance hatte er jetzt nicht mehr. Die Folgen der Strapaze zeigten sich erst am nächsten Tag. Auf der Traverse an der Lhotsewand fühlte ich mich sehr matt. Ganz langsam stiegen wir von dort über das Cwm zum Camp IV hinunter. Die anderen kamen uns entgegen, ohne zu wissen, ob wir es geschafft hatten oder nicht. Als George übermütig den Daumen nach oben streckte und damit das Zeichen gab, daß es gelungen war, liefen sie auf uns zu, und bald umarmten wir uns alle, schüttelten uns die Hände und klopften uns auf die Schultern. Es war ein bewegender, unvergeßlicher, aber irgendwie auch ein wehmütiger Augenblick.

11. Nach der Besteigung des Mount Everest

Das Basislager war nie mein liebster Lagerplatz gewesen. Hier war es kalt, ungemütlich und recht eintönig. Aber jetzt kam es mir vor wie eine Heimat fern der Heimat. Es war eine große Erleichterung, den Abstieg sicher bewältigt zu haben, und unser Erfolg verblaßte schon in unseren Augen, bis wir am 2. Juni das Radio einschalteten, um eine Sendung über die Krönung der Königin zu hören, und zu unserer Freude feststellten, daß auch die Bezwingung des Everest erwähnt wurde. Irgendwie erschien uns das ganze Unternehmen wichtiger und wirklicher, nachdem es in einer Rundfunkmeldung bestätigt worden war, die uns über die halbe Welt erreichte.

Die Expedition ging nun das Tal hinunter nach Thyang Botschi, und wir genossen die milde Luft, das grüne Gras und die Blumen. Ich hatte stark abgenommen und viel Kraft verloren. Deshalb tat ich kaum etwas, sondern schrieb nur ein paar Briefe und schlief, sooft sich die Gelegenheit dazu bot. Den anderen ging es nicht viel besser. Wir waren eine abgekämpfte, aber doch sehr fröhliche Mannschaft. John beschloß, nach Katmandu vorauszugehen, um unsere Abreise vorzubereiten. Wir anderen folgten langsam mit dem größten Teil des Gepäcks und der Ausrüstung.

Bei heftigem Monsunregen und von blutgierigen Egeln geplagt überquerten wir die nepalesischen Gebirgszüge. Täglich kamen uns Postläufer aus Katmandu mit dicken Bündeln von Glückwunschtelegrammen entgegen, und bald erkannten wir, daß die Besteigung des Everest weltweites Interesse gefunden hatte. An einem Spätnachmittag begegneten George Lowe und ich auf einem engen Pfad über einem Flußlauf wieder einem Postläufer, dem zweiten an diesem Tag. George öffnete den Postsack und sortierte die Briefe. »Ein Brief für dich von John Hunt«, sagte er und brach in schallendes Gelächter aus. Ich nahm den Brief und sah, daß er an »Sir Edmund Hillary, K. B. E.« adressiert war. »Sehr komisch!« sagte ich mürrisch. Aber dann las ich; John und ich waren von der Königin geadelt worden. Jetzt hieß ich offiziell Sir Edmund Hillary, K. B. E.

Das hätte eigentlich ein erhebender Augenblick sein sollen, aber ich war nur erschrocken. Natürlich bedeutete es eine ungeheure Ehre, aber Titel hatten mich nie sonderlich fasziniert, und ich konnte mich zunächst nicht an den Gedanken gewöhnen, selbst einen Titel zu führen. Ich stellte mir lebhaft vor, wie ich in meinen geflickten, schmutzigen Overalls die Hauptstraße in Papakura hinunterging. »Mein Gott!« dachte ich, »jetzt muß ich mir neue Overalls besorgen.«

John teilte mir in seinem Brief mit, der neuseeländische Premierminister habe den Orden Knight Commander of the British Empire für mich entgegengenommen. Es wäre sehr unhöflich gewesen, ihn abzulehnen. Als ich abends zu Bett ging, empfand ich eher ein gewisses Unbehagen als Freude.

Die Flut von Briefen und Telegrammen wurde immer größer, je mehr wir uns Katmandu näherten. Die Weltpresse brachte übertriebene Berichte über das, was wir geleistet hatten, und es zeichneten sich bereits einige Widersprüchlichkeiten ab. Ein begeisterter indischer Journalist hatte John Hunt gefragt, was er von Tensing als Bergsteiger hielte. Hunt hatte vorsichtig geantwortet, Tensing sei »innerhalb der Grenzen seiner Erfahrungen ein geübter Bergsteiger.« Das war, wie ich glaube, richtig und traf auf uns alle zu, aber man konnte diese Beurteilung nicht gerade als Lobeshymne bezeichnen. Die indische Presse war verstimmt, und ich kann ihr das nicht einmal übelnehmen. John wollte die Besteigung als eine Leistung der ganzen Mannschaft herausstellen – was sie auch war – und widersetzte sich energisch allen Versuchen der Presse, Tensing und mich besonders hervorzuheben.

Am Abend vor unserer Ankunft in Katmandu stieß auch John wieder zu uns und erzählte, es sei berichtet worden, Tensing wäre vor mir auf dem Gipfel gewesen, und diese Nachricht habe im Tal von Katmandu große Erregung hervorgerufen. Tensing versicherte uns, daß solch eine Äußerung nicht von ihm stammen könne. Wir hätten als Team zusammengearbeitet, und die Frage, wer tatsächlich als erster den Fuß auf irgendeinen Punkt gesetzt habe, sei für uns bedeutungslos wie für jeden anständigen Bergsteiger. Wir waren in dieser Sache ganz einer Meinung, und ich weigerte mich, die Angelegenheit zu ernst zu nehmen.

Am folgenden Morgen stiegen wir den langen, steilen Weg nach Banepa hinauf, und die Stimmung wurde immer erregter. Journalisten und Regierungsbeamte waren uns zur Begrüßung entgegengekommen, und im Lauf der Zeit wurden es immer mehr. Ein indischer Berichterstatter, der für eine große Londoner Tageszeitung arbeitete, sagte mir, er sei bevollmächtigt, mir für meine Geschichte der Besteigung des Everest £ 8000 zu bezahlen. »Die Expedition hat alle Presserechte an die Londoner *Times* verkauft«, sagte ich ihm. »Was würden die anderen Mitglieder der Expedition von mir denken, wenn ich mich nicht an diese Vereinbarung hielte und meine Geschichte an eine andere Zeitung verkaufte?«

»Meine Zeitung ist der Auffassung, daß die gebotene Summe hoch genug ist, um dafür ein wenig Kritik zu ertragen«, teilte er mir mit. Er wußte nicht, daß er für diese Äußerung fast einen Kinnhaken von mir bekommen hätte. In späteren Jahren habe ich mich seltsamerweise mit ihm angefreundet. Wie viele Journalisten war er persönlich ein sehr anständiger Kerl, was aber die Methoden der Presse anging, absolut zynisch.

Als wir an die Straße kamen, wurden wir von einer hysterischen Menge umdrängt, und jeder wollte Tensing berühren. Ihm war es offensichtlich sehr peinlich, plötzlich im Mittelpunkt eines so aufdringlichen Interesses zu stehen. Tensing wurde in einen offenen Jeep verfrachtet und mußte sich darin an einer Querstange festhalten und stehenbleiben. John und ich preßten uns auf den Rücksitz. Unter den lauten Zurufen der Menge setzten wir uns in Bewegung, gefolgt von einem zweiten Jeep, in dem junge Nepalesen saßen. Die übrigen Expeditionsteilnehmer waren darauf angewiesen, sich von den Journalisten nach Katmandu mitnehmen zu lassen.

So holperten wir durch das Land, vorbei an winkenden, schreienden Menschen. Unsere Begleiter in den beiden Jeeps waren die ganze Zeit damit beschäftigt, Tensings großartige Leistungen zu rühmen. Einer von ihnen rief »Shri Tensing«, und die Menge antwortete »Zindabad!« (»Du sollst leben!«). Es war eine sehr farbige und erregende Szene. In jedem Dorf hatten sich die Bewohner versammelt, um Tensing zu ehren, und alle Straßen waren mit Fahnen und Plakaten geschmückt. Eines war besonders häufig zu sehen. Es zeigte einen Berg, auf dessen Gipfel ein Mann stand, der die nepalesische Fahne in der Hand hatte, während ein Seil zu einem zweiten Bergsteiger hinunterführte, der am Hang auf dem Rücken lag und mit Armen und Beinen in der Luft herumstrampelte. Man brauchte nicht sehr intelligent zu sein, um zu erkennen, daß ich damit gemeint war, und zuerst fand ich es ganz komisch.

Dann kamen wir in eine größere Stadt, wo sich auf dem Marktplatz Tausende von Menschen versammelt hatten. Tensing wurde feierlich auf eine erhöhte Plattform geleitet, und John und ich folgten ihm fröhlich, durften dann aber nur hinter dem Begrüßungskomitee Platz nehmen. Die Ansprachen wurden von begeistertem Beifall unterbrochen . . . und dann mußte Tensing vortreten und ein paar Worte sagen. Sichtlich erschüttert brachte er nur wenige Sätze heraus, aber darauf kam es nicht an. Der Beifallssturm war nicht mehr zu überbieten. Als John Hunt endlich vor das Mikrofon trat und zu sprechen anfing, war die Menge plötzlich still. Er beschränkte sich darauf, ein paar anerkennende Worte über Tensing zu sagen, und erntete dafür freundlichen Applaus.
Jetzt entwickelte sich innerhalb des Begrüßungskomitees offensichtlich ein heftiger Streit. Eine Gruppe kam zu mir und führte mich an das Mikrofon. Dann kam eine andere und brachte mich zu meinem Platz zurück. Schließlich winkte der älteste Beamte die anderen zur Seite und holte mich entschlossen nach vorn. Er redete mich in englischer Sprache an und sagte: »Wir alle würden gern ein paar Worte von dem zweiten Mann auf dem Everest hören.« Als ich den Mund öffnete, um zu sprechen, wurde es totenstill in der ganzen großen Versammlung, und ich erkannte zu meinem Schrecken, daß dieses Schweigen nicht nur Mangel an Interesse war. Eine mächtige Welle der Abneigung schlug mir entgegen.
Ich faßte mich sehr kurz und sagte wenige anerkennende und zurückhaltende Worte. Als ich zurückging, hörte man das Echo meiner Schritte über den ganzen Platz hallen. Niemand klatschte oder räusperte sich auch nur. In dieser großen Versammlung überschüttete mich jeder einzelne mit unversöhnlichem Haß. Diese Leute fürchteten wohl, ich könnte mich nicht damit zufriedengeben »der zweite Mann auf dem Everest« zu sein.
Die nächsten Stunden waren für John Hunt und mich eine ziemliche Strapaze. In jeder größeren Stadt war die Begrüßung die gleiche, ebenso auch die Reaktion. Der unaufhörliche Ruf »Zindabad« dröhnte mir in den Ohren, und allmählich irritierten mich die Plakate, die mich in einer so lächerlichen Haltung am Seil hängend zeigten.
In den Außenbezirken von Katmandu kam uns eine Gruppe höherer Regierungsbeamter entgegen, und die Atmosphäre veränderte sich schlagartig. John und ich brauchten uns nicht mehr in den hinteren Reihen zu verstecken, sondern durften mit Tensing auf einem Ehrenplatz sitzen. Die Plakate waren verschwunden, und die Menschen lächelten freundlich. In der Stadt selbst bereitete man uns einen triumphalen Empfang, und meine

Der Verfasser und Tensing werden nach der Besteigung des Everest im Tal von Katmandu willkommen geheißen

herzliche Zuneigung für Nepal kehrte zurück. In den folgenden Tagen wurden wir vom König und der Königin von Nepal geehrt, die uns einen prächtigen Empfang gaben, und jedermann kam uns sehr herzlich und freundschaftlich entgegen.

Als wir von unseren ersten, etwas ungewöhnlichen Erlebnissen berichteten, sagte man uns, »es gibt in diesem Teil des Tals einige schlechte Menschen, und sie stiften Unruhe, wo sie können.« Noch jetzt nach zwanzig Jahren werde ich immer wieder gefragt, wer zuerst auf dem Gipfel gewesen sei. Diese Frage ist längst beantwortet, aber die Menschen fragen weiter. Tensing und ich sagen jetzt, wir seien zugleich auf den Gipfel gekommen. Wir haben die Vorarbeiten, die Risiken und den Erfolg geteilt. Das Ganze war die Leistung eines Teams, und alles andere ist unwichtig.

Von Nepal flogen wir hinunter in die dampfend heißen Ebenen Indiens,

Tensing, Hunt und der Verfasser mit Pandit Nehru in Delhi

wo wir begeistert gefeiert wurden. In Kalkutta gab der Gouverneur von Bengalen einen Riesenempfang für uns, und wir erhielten Einladungen zu zahlreichen anderen offiziellen Veranstaltungen. Wir besuchten die Universität und sprachen zu den Studenten, die uns begeistert aufnahmen. Als wir in unserer Limousine durch die dichtgedrängte Menge der Studenten abfahren wollten, kurbelte ich das Fenster hinunter und streckte den Arm hinaus, um einem lächelnden jungen Mann die Hand zu schütteln. Alles stürmte nach vorn, und zwanzig Studenten rissen mir fast den Arm aus dem Gelenk. Nach diesem kleinen Zwischenfall achtete ich darauf, daß das Fenster stets geschlossen blieb.

Bei der Landung auf dem Flugplatz von Delhi sah ich, daß eine große Menschenmenge hinter einer Absperrung von einem Polizeikordon am Rande des Rollfeldes aufgehalten wurde. Als Tensing aus dem Flugzeug stieg, durchbrachen die Leute die Absperrung, und zwanzigtausend erregte Menschen liefen auf uns zu; ein schreckenerregender Anblick, und Tensing wurde blaß wie ein Leinentuch. Irgendwie gelang es Tensing (und uns), in die bereitstehenden Limousinen zu kommen.

Der indische Premierminister Pandit Nehru hatte eine großartige Begrüßungsfeier für uns arrangiert. Bei einem Gartenfest im Stadtzentrum mit allem Pomp und aller Feierlichkeit, für die Delhi berühmt ist, verlieh er uns als Anerkennung unserer Leistung Goldmedaillen.

Auf einem Staatsempfang wurden wir von etwa fünfzig Pressefotografen umdrängt, die ein Gruppenfoto von Nehru, Tensing und mir machen wollten. »Wir werden uns auf diese Stufen stellen«, sagte Nehru. »Sie haben zehn Minuten Zeit für Ihre Aufnahmen.« Zehn Minuten herrschte ein unbeschreibliches Durcheinander. Dann klatschte Nehru in die Hände und sagte ganz ruhig: »Genug!« Zu meiner größten Überraschung verschwanden die Fotografen. Ich habe im Lauf der Jahre mit vielen Regierungschefs und Staatsoberhäuptern gesprochen – mit Königen, Präsidenten und Premierministern –, aber niemand hat mich so beeindruckt wie Pandit Nehru.

Auf dem Londoner Flughafen wurden wir wie siegreich aus einem Krieg heimgekehrte Helden empfangen. In den folgenden Wochen lernte ich eine mir bis dahin völlig fremde Welt kennen. Die Gesellschaften und öffentlichen Veranstaltungen jagten einander. Ich nahm an einem Staatsbankett und einem Empfang im Buckinghampalast teil. Dabei ernährte ich mich hauptsächlich von geräuchertem Lachs und Champagner und wachte jeden Morgen mit einem leichten Kater auf.

Ich lernte die Leute mit den guten Beziehungen, die Mächtigen und die Reichen kennen. Es war sehr unterhaltsam, aber ich habe nur wenig gesehen, um das ich jemanden beneiden oder für das ich jemanden bewundern müßte. In einer schlichten privaten Zeremonie, an der nur die Expeditionsteilnehmer und die königliche Familie teilnahmen, wurde ich von der Königin in den Adelsstand erhoben.

Anfang August 1953 flogen George Lowe und ich zu unseren Familien nach Neuseeland zurück. Unterwegs machte ich in Australien Station, um eine junge Musikstudentin am Konservatorium von Sydney zu besuchen. Louise Mary Rose war die Tochter des angesehenen Aucklander Rechtsanwalts J. H. Rose. Er war Präsident des New Zealand Alpine Club gewesen, daher kannte ich die Familie schon viele Jahre und schätzte sie sehr.

Für Louise empfand ich eine besondere Zuneigung, obwohl ich elf Jahre älter war als sie. Ich machte ihr einen Heiratsantrag und bat sie, mich auf einer Vortragsreise nach England zu begleiten. Etwas verwirrt nahm sie meinen Antrag an, und ich war überglücklich.
Als George und ich in einem Flugboot vom Typ Solent über dem Seeflughafen von Auckland kreisten, sahen wir, daß sich eine große Menschenmenge versammelt hatte. Uns waren solche Versammlungen nichts Neues mehr, aber bisher kannten wir sie nur im Ausland, wo es uns schwergefallen war, die Sache sehr ernst zu nehmen.
Hier empfingen uns nun die eigenen Landsleute. Wir waren mit ihnen auf dieselben Schulen gegangen und hatten uns dieselben Fußballspiele angesehen. Sie kannten alle unsere Schwächen und ließen sich von dem Wirbel, den die Presse um uns veranstaltet hatte, bestimmt nicht beeinflussen. Weshalb waren sie in so großer Zahl hergekommen?
Etwas verstört blickten wir uns an. Das Flugzeug landete in einer Gischtwolke und schwamm dann bis an das Dock. Es war ein sonniger Winternachmittag, und als wir ausstiegen, schüttelte man uns die Hand, ließ uns hochleben, und es flossen sogar ein paar Tränen, und alles nur, weil wir einen Berg bestiegen hatten. Es war ergreifend, und es fiel mir schwer, meine Gefühle zu kontrollieren.

In den folgenden Wochen gab es viel zu tun. Überall in Neuseeland mußte ich Vorträge halten, an Empfängen teilnehmen und schließlich mein Bankkonto überziehen, um mit Louise nach Europa fliegen zu können. An ihrem 23. Geburtstag, dem 3. September, fand die Hochzeit statt, und am folgenden Morgen reisten wir nach London ab.
Da die Besteigung des Everest eine Romanze im Gefolge hatte, nahm das Interesse der Öffentlichkeit noch zu. Als wir in Sydney landeten, bereitete man uns wieder einen großartigen Empfang, die Blitzlichter flammten auf, und die Journalisten bedrängten uns mit Fragen. Ich war entzückt, daß Louises überschäumende Begeisterung und ihre unbekümmerte, offene Art, die mir so sehr gefallen hatten, auch alle anderen Menschen zu beeindrucken schienen, denen sie begegnete. Bei den öffentlichen Veranstaltungen stellte ich fest, daß ich das Reden und die Erfüllung anderer gesellschaftlicher Pflichten zum großen Teil ihr überlassen konnte, während ich mich im Hintergrund hielt und sie bewunderte. Der erste Brief, den sie nach unserer Abreise nach Hause schrieb, zeigt, wie sehr sie das neue Leben genoß.

Government House
Singapore

Liebe Eltern und Schwiegereltern,
Es kommt mir vor, als träumte ich das alles, aber ich werde Euch davon erzählen, und dann könnt Ihr selbst urteilen.
Nachdem wir uns verabschiedet hatten, mußten wir erst einen langen achtstündigen Flug hinter uns bringen, und in Sydney wurden wir an der Rose Bay von einer riesigen Menschenmenge erwartet, die zum größten Teil aus hysterischen Frauen bestand. Bevor wir Sydney wieder verließen, wurde für uns und unsere Freunde in einem privaten Raum ein Abendessen serviert. Es müssen etwa zwanzig Menschen gewesen sein, und es war sehr nett. Dann sagte man uns, wir sollten als letzte Passagiere das Flugzeug besteigen. O wie angenehm ist es, in einer Constellation zu fliegen, dieser herrlichen, großen und starken Maschine. Ich kann es unmöglich beschreiben, aber es ist wirklich ein unerhörtes Erlebnis. Die Maschinen sind sehr bequem, und man wird schrecklich verwöhnt. Der Ausblick auf die Lichter von Sydney war wunderschön. Die Stadt sah größer aus als sonst. Der Flug war sehr angenehm, und wir schliefen die meiste Zeit. In Darwin war es heiß und feucht. Ein Beamter von Quantas nahm uns in seinem Wagen nach Berrimah mit, zu einem Landhaus von Quantas, fünfzehn Kilometer außerhalb von Darwin. Dort hatten wir mit den Beamten eine wichtige Besprechung. Die Rückfahrt zum Flughafen von Darwin war sehr interessant, denn jetzt war es hell, und wir sahen etwas von der Gegend, einer flachen, öden Landschaft – recht häßlich. Alle Häuser standen auf Pfählen. Das einzig wirklich Erfreuliche bei unserem Aufenthalt war ein Vogel, der bei Sonnenaufgang zu singen anfing. Er klang wie ein australischer Würger und sang italienische Opernarien.
Dann überflogen wir den Timorsee. Wir hatten einen sehr interessanten Flug nach Java und sahen viele Inseln und mächtige Vulkane. Zwei waren mehr als 4000 Meter hoch. Der Pilot umkreiste einen dieser Berge und flog fast in den Krater hinein. Dabei erklärte er uns alle Sehenswürdigkeiten. Ich ging nach vorn in das Cockpit, was mir viel Spaß machte. Ich habe mir auch die Küche angesehen und bewunderte die Kartoffelchips so, daß der Pilot Ed und mir zum Frühstück eine große Schüssel davon bringen ließ. Ich aß so viel, daß mir fast schlecht wurde. Aber nach einem guten Mittagessen mit Wein, Nüssen, Früchten und allem, was sonst dazugehört, fühlte ich mich wieder viel besser.

In Djarkarta war es so heiß, daß ich noch eine halbe Stunde nach dem Einsteigen ins Flugzeug wie ein Fisch auf dem Trockenen nach Luft schnappte. Bald darauf überflogen wir den Äquator. Jetzt bin ich also eine richtige Weltreisende. Um 3.30 Uhr kamen wir nach Singapur, wo uns der Adjutant und andere empfingen. In einem kühlen Raum mit Klimaanlage bekam ich einen Strauß herrlicher Orchideen geschenkt, und es folgte der übliche Aufmarsch der Presse. Dann fuhren wir in einem Daimler des Vizekönigs zum Government House, wo uns das Hauspersonal mit tiefen Verbeugungen begrüßte. Die Wachen am Portal präsentierten das Gewehr, aber ich konnte nur kichern. Nachdem man uns in unsere Zimmer geführt hatte, nahmen wir ein Bad und ruhten uns aus. Das Apartment besteht aus einem mit Klimaanlage ausgestatteten Schlafzimmer, einem Wohnzimmer, einem Schreibzimmer, einem Ankleidezimmer, einer Veranda und einem Badezimmer. Kaum hatte ich meine Kleider abgelegt, wurden sie auch schon von einer »Amah« ergriffen und zum Waschen fortgebracht. Nach einer kurzen Ruhepause gingen wir nach unten, wo uns Seine Exzellenz und Commander Clark, der Adjutant, begrüßten. Im Garten wurden Getränke angeboten, und wir blieben so lange sitzen, bis ich anfing, mir wegen der Ameisen verzweifelt die Beine zu kratzen. Daraufhin bat uns Seine Exzellenz hinein. Um 20.00 Uhr begann das Dinner mit zehn Personen. Es war eine für mich etwas beunruhigende Angelegenheit, aber ich habe es hinter mich gebracht. Wir saßen noch bis 22.30 zusammen und unterhielten uns. Es fiel uns aber schwer, in der Hitze wachzubleiben.

Am nächsten Tag waren wir zum Lunch beim Commissioner General, Mr. Malcolm Macdonald, eingeladen. Malcolm Macdonald ist eine imponierende Erscheinung. Als er zum Essen kam, setzte er sich auf die Stuhlkante und fragte mich, ob Ed nicht lieber die Krawatte abnehmen würde. Ich sagte ja. Es war reizend, gar nicht steif, und das Haus ist sehr hübsch. Nach dem Essen zeigte er uns seine Porzellan- und Teppichsammlung. Er besitzt die schönsten Stücke aus der Zeit der Sung Ming Chang Dynastie. Vieles davon ist cremefarben und gelb, und Malcolm und ich stimmten darin überein, daß Gelb für Porzellan eine der schönsten Farben sei. Am Nachmittag gingen wir im Park des Government House spazieren, machten Aufnahmen und filmten. Am Abend fand ein großartiges Dinner statt, an dem unter anderen auch zwei Sultane teilnahmen. Ich trug mein Hochzeitskleid. Bis dahin hatte ich meist das schwarze Kleid mit den Margariten angehabt. Nach dem Dinner gingen wir ins Theater. Die Schauspieler wa-

ren gut, das Publikum festlich angezogen und das Ganze sehr aufregend. Malcolm Macdonald stellte Ed und George vor und sagte in seiner Rede sehr schmeichelhafte Dinge über mich. Er ist ein sehr guter Redner, und ich war erstaunt, wie geschickt er das alles formulierte. Er lud uns ein, ihn bei unserer nächsten Durchreise wieder zu besuchen. Ed machte das alles viel Spaß. Alle diese Leute von der Regierung usw. schienen ihn zu mögen. Nach dem Vortrag fuhr ich mit Ed und dem Gouverneur im Rolls-Royce nach Hause. Gewöhnlich benutzten wir einen Humber, der ebensogut ist . . .

Das Leben ist zu schön, um wahr zu sein! Jetzt versuchen wir fieberhaft, unsere Finanzen in Ordnung zu bringen und zu packen. Heute abend essen wir oben in unserem Zimmer, denn Ed und George müssen Vorträge halten, und um 20.00 Uhr findet ein offizielles Essen beim Gouverneur statt. Ich bleibe hier oben, um die Eintragungen in meinem Tagebuch zu vervollständigen und mich wieder etwas zu fangen.

Alles Liebe

Louise.

In London mieteten wir eine kleine Wohnung in South Kensington, und ich begann eine Vortragsreihe, die mich durch ganz Großbritannien führte. Zur Premiere des Films über den Mount Everest machten wir einen Abstecher nach Brüssel, und ich lernte eine kurze Ansprache auf französisch auswendig. Sie fing mit den Worten an: »Je suis très heureux d'être ici . . .« Seither habe ich sie immer wieder verwendet, wenn ich vor Franzosen sprechen mußte. Der magische Name des Mount Everest lockte Tausende zu diesen Veranstaltungen, und das Vermögen der Everestsstiftung nahm beträchtlich zu. Alle Expeditionsteilnehmer erhielten das gleiche Honorar: die Reisespesen und £ 25 für jeden Vortrag. Ich selbst bekam noch eine Extrasumme, um unseren Lebensunterhalt im Ausland zu finanzieren. Die Expedition auf den Mount Everest hat es uns zwar nicht ermöglicht, ein Vermögen zu erwerben. Das hatten wir aber auch nicht erwartet. Die meisten von uns waren jedoch der Ansicht, daß die finanzielle Seite der Angelegenheit vernünftig geregelt worden war. Erst mit meinem Buch *High Adventure** habe ich genug verdient, um meinen Bankkredit zurückzuzahlen und mir in Auckland ein kleines, aber bequemes Haus zu bauen.

* Ich stand auf dem Everest, Brockhaus Wiesbaden

Anfang Dezember 1953 flogen wir zu einer Vortragsreise über den Atlantik nach Amerika. Es war ein erregender Augenblick, als die Wolkenkratzer von Manhattan aus dem Dunst auftauchten, und wir wollten es kaum glauben, daß wir wirklich im Waldorf Astoria Hotel wohnen sollten. Bald lernte ich jedoch auch die rauhe Wirklichkeit des Lebens in New York kennen. Als ich bei Saks auf der Fifth Avenue die Tür für eine Dame aufhielt, drängten sich zu meinem Entsetzen wohl hundert Männer an mir vorbei, bevor ich hineinkommen konnte. Auch mußte ich in einer einzigen Woche für Trinkgelder mehr ausgeben, als ich in der gleichen Zeit in meiner Imkerei verdient hätte. Ich nehme an, viele Besucher vom Lande haben in New York die gleichen Erfahrungen gemacht.
Auf dem Dachgarten des Pierre Hotel veranstalteten unsere Verleger eine große Party anläßlich des Erscheinens meines Buchs über die Expedition. Es war eine sehr laute Angelegenheit, bei der viel getrunken wurde. Meine Hauptbeschäftigung bestand darin, »Wie bitte« zu fragen, weil ich die Fragen, die man mir stellte, in dem Lärm nicht verstehen konnte. Die Party war noch nicht zu Ende als ein Kellner auf mich zukam und mir einen Zettel überreichte. Es war die Rechnung über einige tausend Dollar. Ich stand wie vom Donner gerührt da, aber zum Glück sah es unser Gastgeber und riß mir den Zettel aus der Hand. Was er dem Kellner sagte, hätte ein Nashorn erschauern lassen.
Ein großer, imposant aussehender Mann stellte sich mir als Leiter einer bekannten Nachrichtenagentur vor. Er erzählte, einer seiner Mitarbeiter habe mit Tensing einen Vertrag über dessen Autobiographie abgeschlossen. »Wie wird er seiner Aufgabe als Schriftsteller gerecht werden können?« fragte er mich besorgt. Ich sagte, Tensing werde sicher ein gutes Buch schreiben. Die einzige Schwierigkeit läge nur darin, daß er weder englisch lesen noch schreiben könnte. Ich fürchtete, der Mann würde vom Schlag gerührt umfallen. Später übernahm James Ramsey Ullman die Aufgabe, nach Darjeeling zu reisen und gemeinsam mit Tensing an dem Manuskript zu arbeiten. Das Ergebnis war das faszinierende Buch *Tiger on the Snows.*
Sechs Wochen bereisten wir den nordamerikanischen Kontinent, ich hielt fast jeden Abend einen Vortrag, und wir nahmen an ungezählten Cocktailparties und Presseempfängen teil. Ich glaube nicht, daß wir jemals einen »normalen« Amerikaner kennengelernt haben. Wir kamen nur mit den wohlhabenden und einflußreichen Leuten zusammen. In Cleveland sagte man uns: »Kommen Sie doch in unser Haus und lernen Sie ein paar

unserer Freunde kennen.« Das Haus war so groß wie der Buckinghampalast, und wir mußten vierhundert Gästen die Hand schütteln.
Der Höhepunkt der Reise sollte die Verleihung der Hubbardmedaille der National Geographic Society durch Präsident Eisenhower im Weißen Haus sein. Wir machten uns natürlich auf eine der glänzendsten Veranstaltungen gefaßt, die wir bisher erlebt hatten. Vielleicht würde es etwas weniger formell zugehen als bei den anderen Staatsoberhäuptern, die wir kennengelernt hatten. John Hunt war aus Europa herübergekommen, und wir alle versammelten uns im Weißen Haus, das wir unter der Führung eines fröhlichen Herrn besichtigten, der mich irgendwie an einen Filmschauspieler aus längst vergangener Zeit erinnerte. Dann wurden wir in einen prächtigen, großen ovalen Raum geführt und stellten uns auf, um die Ankunft des Präsidenten zu erwarten.
Als er den Raum betrat, war ich überrascht, zu sehen, wie mager und müde Präsident Eisenhower aussah, obwohl er erst 63 Jahre alt gewesen sein kann. Er blickte uns etwas erschreckt an, und mir war sofort klar, daß er nicht die geringste Ahnung hatte, wer wir waren und was wir hier wollten. Er beugte sich zu einem seiner Begleiter hinunter, und nachdem sie längere Zeit im Flüsterton miteinander gesprochen hatten, kam er lächelnd auf uns zu und schüttelte jedem von uns die Hand. Dann bat er uns, ihm zu folgen, und wir gingen durch eine enge Passage in einen großen Raum, in dem die Übertragungsgeräte des Rundfunks standen und Kameraleute und Journalisten auf uns warteten. Die hier aufgenommene Sendung sollte über alle Stationen des Landes verbreitet werden. Wir stellten uns nebeneinander auf; der Präsident in der Mitte, John Hunt und ich links und rechts neben ihm.
Der Präsident der National Geographic Society hielt eine recht lange Einführungsansprache über seine Gesellschaft und ihre Ziele und forderte dann den Präsidenten auf, die Hubbardmedaillen zu verleihen. Nun wandte sich Eisenhower an John Hunt als den Leiter der Expedition und sagte: »Sir Edmund Hunt . . .« Nun, bisher hatte schon jeder dem Präsidenten etwas ins Ohr geflüstert, so hielt ich es auch für mein gutes Recht, das zu tun, beugte mich vor und sagte recht laut: »Sir John Hunt!« Der Präsident korrigierte sich und fuhr mit der Verleihung fort. Dann wandte er sich an mich. Alle Scheinwerfer flammten auf, und die Kameras begannen zu surren. Es war genauso, wie es mir die Journalisten geschildert hatten, als ich ihnen vorschlug, John zu interviewen. »Sie sind doch der Bursche, der auf dem Gipfel war!« Der Präsident sagte ein paar Worte und

überreichte mir die Medaille. Dann standen wir mit einigermaßen verkrampftem Grinsen im Licht der Scheinwerfer.
Wir erholten uns gerade davon, als hinter den Kameras der Ruf ertönte: »Geben Sie sie ihm noch einmal!« Ohne auch nur mit einem einzigen Gesichtsmuskel zu zucken, lächelte der Präsident weiter, trat auf mich zu, nahm mir die Medaille aus der Hand und überreichte sie mir zum zweitenmal.
Ich kann nicht behaupten, daß mir mein erster Besuch in den Vereinigten Staaten gefallen hätte. Wir sind zuviel herumgefahren und haben zuviel gearbeitet – und wir haben die falschen Leute kennengelernt: eine bestimmte Gesellschaftsklasse, mit der wir eigentlich nichts gemein hatten. Damals glaubte jeder reiche Amerikaner, alle Ausländer wollten am liebsten auf amerikanische Weise glücklich werden, und sie konnten es nicht verstehen, als ich ihnen sagte, daß es mir vollständig genügte, Neuseeländer zu bleiben. Als wir über den Pazifik zurückflogen, waren Louise und ich uns darin einig, daß es zwar eine interessante Erfahrung gewesen sei, wir es aber nicht bedauern würden, wenn wir nie wieder in die Vereinigten Staaten zurückkämen.

Ich hatte nicht viel Zeit, mich an einem ruhigen Eheleben zu erfreuen. Sechs Wochen nach unserer Heimkehr mußte ich mich von meiner jungen Frau verabschieden, um nach Nepal zu reisen. Zwar bin ich immer sehr gern zu Hause gewesen, aber mein Schicksal wollte es wohl, daß ich immer wieder in Dinge verwickelt wurde, die mich dazu zwangen, oft auf Reisen zu gehen. Ich hatte mich bereit erklärt, eine Expedition des neuseeländischen Alpine Club in das östlich des Mount Everest gelegene Barun-Tal zu führen. Dort gab es ein Dutzend ansehnlicher Gipfel zu besteigen, und wir konnten die Täler des Iswa und des Choyang erforschen.
Wir brachten unsere Ausrüstung nach Dharan und zogen dann den Flußlauf des Arun nach Norden hinauf. Auf dem in das Baruntal führenden Paß lag tiefer Schnee, und während zwei Teams in die Täler des Iswa und des Choyang vorstießen, organisierte ich den schwierigen Transport des Nachschubs über den Paß und hinauf ins Basislager am Fuß des Makalu. Das Tal hatte in der Zwischenzeit nichts von seiner Schönheit verloren. Auf beiden Seiten hoch über uns ragten gewaltige Felsspitzen und bizarre Eisgrate in den Himmel. Aber das Tal selbst war grün, und die herrliche frische Luft war erfüllt vom Duft blühender Azaleen.
Vom Basislager brachen Wilkins, McFarlane und ich mit fünf Sherpas

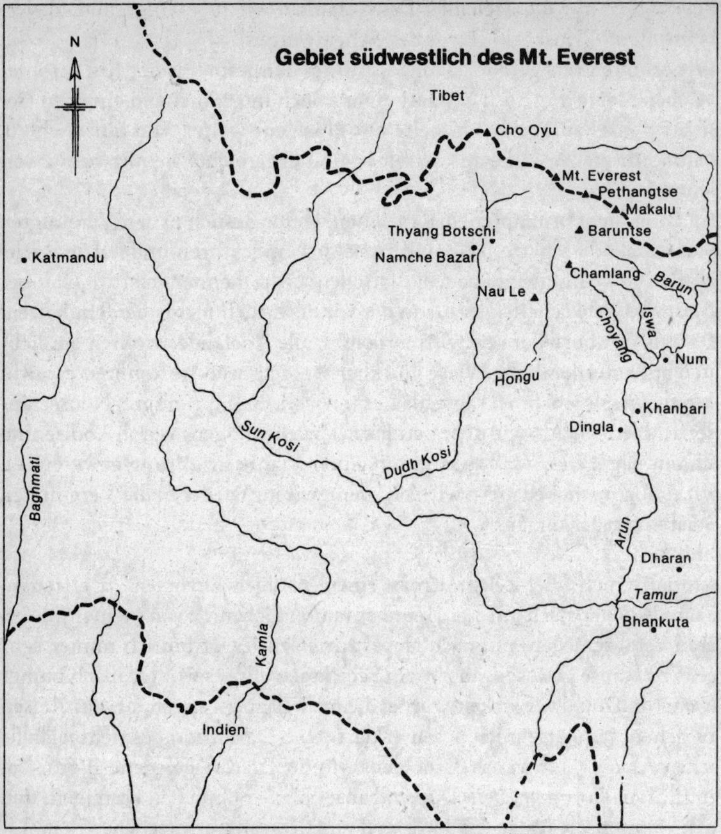

zum Barun-Gletscher auf. Obwohl wir uns noch nicht akklimatisiert hatten, arbeiteten wir uns bis auf einen 6213 Meter hohen vereisten Gipfel hinauf, von dem wir einen prachtvollen Blick auf den Everest, den Lhotse und den Makalu genossen. In *East of Everest* habe ich in einem Erlebnisbericht die Ereignisse der nun folgenden Tage geschildert.
Am nächsten Tag gingen wir den Barun-Gletscher weiter hinauf und schlugen in einer Höhe von 5734 Metern am oberen Teil des Gletschers unser Lager auf. Von hier wollten MacFarlane, Wilkins und ich einen leicht begehbar erscheinenden Gipfel im Nordosten besteigen, von dem wir annahmen, er werde uns einen guten Überblick über das gesamte

Firnfeld des Barun gewähren. Es zeigte sich, daß der Gipfel eher ein Geröllhaufen als ein richtiger Berg war, und nach einem langen und mühsamen Aufstieg über steinige Hänge und einen Schneegrat erreichten wir bei 6200 Metern den Gipfel. Es war ein sehr guter Aussichtspunkt, und Jim MacFarlane bedauerte, seinen Fototheodoliten nicht mitgenommen zu haben. Im Nordosten lagen einige leicht zugängliche Pässe, und MacFarlane wollte sehr gerne von einem dieser Pässe aus nach Tibet hinübersehen. Seine Begeisterung war so groß, daß auch Wilkins davon ergriffen wurde und sich bereit erklärte, ihn zu begleiten. Ich wollte ins Lager zurückkehren, um es aufzuräumen, denn wir planten noch am gleichen Nachmittag die Rückkehr ins Tal. Sie seilten sich an und stiegen in Richtung Paß. Ich rief ihnen zu, sie sollten sich auf keinen Fall verspäten, und schritt dann auf der leichten Seite des Berges hinunter zum Lager.

Der Nachmittag verging sehr langsam. Um 16.00 Uhr kroch ich aus dem Zelt und suchte den Gletscher nach einem Zeichen von Wilkins und MacFarlane ab, konnte aber niemanden entdecken. Jetzt wurde ich ärgerlich. Was hatten sie getan? Ich hatte sie gebeten, möglichst früh zurückzukommen, und der Nachmittag war schon fast vorbei. Heute konnten wir den Abstieg durch das Tal nicht mehr beginnen. Leicht verärgert kroch ich ins Zelt zurück. Die Zeit verging, und noch immer war nichts von ihnen zu sehen. Mein Ärger schlug in Sorge um. Die Wolken hingen über den Gipfeln, und das Wetter schien ungünstiger zu werden. Ich setzte mir eine letzte Frist. Wenn sie um 18.00 Uhr noch nicht da waren, wollte ich aufbrechen, um sie zu suchen. Es wurde immer kälter, deshalb kroch ich in meinen Schlafsack. Um 17.30 Uhr hörte ich einen schwachen Ruf. Das mußte einer meiner beiden Kameraden sein. Ich verließ den Schlafsack und schaute aus dem Zelt. Mühsam stolperte Wilkins mit blutverschmiertem Gesicht ins Lager. Er war allein.

»Wo ist Jim?«

»Er ist in eine Gletscherspalte gefallen. Ich konnte herauskommen, aber Jim ist immer noch unten.«

Wir holten Wilkins ins Zelt, gaben ihm etwas zu trinken, und er berichtete mir, was geschehen war.

Nachdem wir uns getrennt hatten, waren sie über den oberen Abschnitt des Gletschers geklettert und bis zu einem kleinen Sattel auf der Wasserscheide gekommen. Von dort hatten sie zu ihrer Freude weit hinaus auf das Hochplateau und die tibetanischen Gipfel sehen können. Nachdem sie

die Aussicht genossen hatten, waren sie umgekehrt, um ins Lager zurückzukehren. Sie waren müde und spürten die große Höhe. Augenscheinlich gab es auf dem Gletscher keine Spalten. Deshalb dachten sie beim Abstieg an nichts anderes als an das Ausruhen im Lager. Wilkins hatte die Führung übernommen, und nur ein kurzes, zehn bis dreizehn Meter langes Stück Seil trennte ihn von MacFarlane. Sie kamen an einen Buckel auf dem Gletscher, von dem es recht steil hinunterging. Hier trat Wilkins auf eine dünne Schneekruste, unter der sich unerwartet eine tiefe Gletscherspalte verbarg. Er erinnerte sich nicht mehr an den Sturz, sondern fand sich erst im tiefen, losen Schnee, dreißig Meter unterhalb der Absturzstelle auf der engen Sohle der Spalte wieder. Neben ihm lag MacFarlane. Wilkins tastete sich ab und stellte fest, daß er trotz des Absturzes aus solcher Höhe nur ganz geringe Verletzungen davongetragen hatte. Die Schneebrille hatte ihm allerdings die Stirn zerschnitten, und das Blut floß ihm in die Augen. Dann untersuchte er MacFarlane und stellte fest, daß dieser sich kaum bewegen konnte. Er hatte entweder sehr starke Prellungen oder sich etwas gebrochen.
Nun versuchte Wilkins, aus der Spalte herauszukommen. Es war unmöglich, durch dasselbe Loch hinaufzusteigen, durch das sie hinuntergefallen waren. Die Gletscherspalte war stellenweise sehr breit, verengte sich jedoch nach oben, wo sich Eisschollen über die Ränder geschoben hatten. Er begann sich entlang der Spalte einen Weg dorthin zu suchen, wo sie enger wurde. Dabei mußte er sich durch schmale Passagen hindurcharbeiten und an einem Schneebrett vorbeikommen, das an der Wand der Gletscherspalte hing. Auf dem Wege gewann er an Höhe, aber der Himmel über ihm wurde von einer dünnen Schneekruste verdeckt. Auf beiden Seiten hingen lockere und bedrohlich aussehende Eis- und Schneemassen. Die ganze Sache sah sehr gefährlich aus. Aber irgendwie mußte er hinaufkommen. Er hackte Stufen in die Wände des Spalts und zog sich zentimeterweise nach oben. Dabei hatte er ständig damit zu rechnen, daß sich eine Lawine löste, die ihn wieder auf den Boden der Spalte zurückschleuderte. Dann entdeckte er im Schneedach ein zweites Loch und arbeitete sich darauf zu. Nach zwei Stunden äußerster Anstrengungen kam er an das Loch und versuchte sich hinaufzuziehen. Im letzten Augenblick fühlte er, wie der Schnee unter ihm nachgab, und schob sich in einem Schwung an die Oberfläche. Der Eispickel blieb im tiefen Schnee zurück. Jetzt mußte er Hilfe holen, denn er konnte MacFarlane, der zu schwer verletzt war, um selbst etwas zu tun, nicht allein heraufholen. Am Rand der Gletscherspalte

fand er MacFarlanes Eispickel. Wilkins hob ihn auf und stieg vorsichtig bis zum Rand des Gletschers ab. Erschöpft und immer noch unter den Einwirkungen des Schocks stehend muß sein Weg durch die zerklüfteten Felsbrocken am Rand des Gletschers ein Alptraum gewesen sein. Der dann folgende Aufstieg zu den Zelten kostete ihn die letzten Kräfte.

Ich blickte besorgt zum Himmel auf. Es war immer noch trübe, und bald würde die Nacht hereinbrechen. Aber wir durften keine Zeit verlieren. Wir mußten hinauf und das Loch auf dem Gletscher finden, bevor es dunkel geworden war. Ich rief den fünf Sherpas meine Anweisungen zu, band schnell zwei Schlafsäcke zusammen, nahm einige Seile auf und packte Verpflegung und Wasser ein. Dann vergewisserte ich mich davon, daß die Sherpas ihre warme Bekleidung mitnahmen, denn ich wußte, wir würden erst spät in der Nacht zurück sein können. Dann stiegen wir vom Lager hinunter und am felsigen Hang neben dem Gletscher empor. Das lose Geröll ließ uns nur mühsam vorankommen. Ich suchte verzweifelt nach irgendwelchen Spuren und sah plötzlich zu meiner Erleichterung Wilkins' Mütze auf einem Stein. Von hier führten verwischte Spuren in das unbestimmte Weiß des Gletschers. Ich unterdrückte zunächst den Impuls, ihnen zu folgen, und wartete ungeduldig auf die Sherpas, die etwas zurückgeblieben waren. Nun seilten wir uns an und gingen vorsichtig auf der Spur von Wilkins weiter. Sie führte weit hinaus auf den Gletscher. Das Licht war schon sehr schwach, und ich machte mir Vorwürfe, zu spät an eine Rettungsaktion gedacht zu haben.

»Jetzt werden wir ihn nicht mehr finden können!« Dann sah ich etwa zwanzig Meter vor uns ein kleines rundes, schwarzes Loch im Schnee.

»Das muß es sein!« Ich lief darauf zu, aber die Sherpas hielten mich am Seil fest. Wilkins hatte mich ja vor den überhängenden Schneewächten am Rand der Gletscherspalte gewarnt. Deshalb legte ich mich auf den Bauch und kroch vorsichtig an das Loch heran. Dann blickte ich in die schwarze Tiefe hinunter.

»Hallo, Jim!«

Einen spannenden Augenblick lang blieb es still, aber dann hörte ich zu meiner großen Erleichterung einen schwachen Laut. Ich fragte MacFarlane, wie es ihm ginge. Seine Antworten kamen nur zögernd, schienen aber ganz vernünftig zu sein. Er sagte, es ginge ihm relativ gut, und er sei nicht schwer verletzt. Er glaube aber, er habe sich einen Finger gebrochen. Am schwersten zu ertragen sei der Durst. Ich zog die Taschenlampe heraus und richtete den Lichtkegel nach unten. Die kalten, blanken Wände

der Spalte wurden lebendig, und zu meinem großen Schrecken sah ich, wie tief sie war. Ich konnte den Boden nicht sehen. MacFarlane rief herauf, er könnte das Licht oder dessen Spiegelung sehen. Ich sagte ihm, ich würde ein Seil hinunterlassen. Dann kroch ich zu den Sherpas zurück, holte ein zweites Seil und schob mich wieder zu dem Loch vor. Meine Position an dieser Stelle war recht gefährlich, denn ich konnte im Licht der Taschenlampe erkennen, daß ich auf einer dünnen überhängenden Schneewächte lag. Wenn sie abbrach, würde MacFarlane wahrscheinlich verschüttet werden. Vorsichtig ließ ich das Seil hinunter. Es verschwand aus dem Lichtkegel, hatte die Sohle der Spalte aber noch nicht erreicht. MacFarlane schien es nicht ergreifen zu können. Seine Stimme klang sehr schwach und manchmal recht unsicher. Ich versuchte, das Seil hin und her schwingen zu lassen, in der Hoffnung, es werde ihn berühren, und er könnte es dann zu fassen bekommen – aber ohne Erfolg.
Jetzt kroch ich wieder zurück und überlegte, was zu tun sei. Es war inzwischen stockdunkel geworden. Der Wind pfiff über den Gletscher, und die Kälte nahm zu. Trotz ihrer warmen Kleidung waren die Sherpas offensichtlich unzufrieden und fühlten sich nicht wohl. Ihre Moral schien nicht besonders gut zu sein. Mir blieb nichts anderes übrig, als selbst in die Spalte hinunterzusteigen. Ich versuchte, es ihnen in meinem gebrochenen Hindustani zu erklären. Sie sollten mich an zwei Seilen hinunterlassen. Unten angekommen wollte ich MacFarlane an eines anbinden, und sie sollten ihn dann hinaufziehen. Wenn das geschehen war, wollte ich mit ihrer Hilfe folgen. Sie schienen meine Anweisungen zu verstehen, versuchten mich aber von dem Abstieg abzuhalten. Ich ging jedoch nicht auf ihre Bitten ein.
Ich band mir beide Seile um den Körper und kroch wieder über das Eisloch. Mit einem sehr ungemütlichen Gefühl ließ ich mich über den Rand gleiten und fiel in das Loch. Die Seile strafften sich, und ich hing frei. Sofort erkannte ich, daß ich einen Fehler gemacht hatte. Ich hatte mir die Seile um die Taille gebunden anstatt um die Hüften oder die Beine. Schon wurde mir die Brust zusammengeschnürt, und es fiel mir schwer, zu atmen. Ich glaubte jedoch, es bis zur Sohle des Spalts aushalten zu können. Ich rief zu den Sherpas hinauf, sie sollten mich hinunterlassen, und ruckweise ging es weiter in die Tiefe. Es schien eine Ewigkeit zu dauern. Die Spalte war nun enger geworden, und ich konnte eine der glatten, harten Wände berühren. Plötzlich hielten die Sherpas das Seil an, und ich hing daran wie ein Fisch an der Angel. So laut ich konnte, rief ich hinauf, sie sollten mich

tiefer hinunterlassen, aber nichts geschah. Verzweifelt versuchte ich, das um meine Brust geschlungene Seil etwas zu lockern. Ich wußte, lange würde ich es nicht aushalten, und dachte, »was für eine komische Art, zu sterben!« Die Sherpas reagierten immer noch nicht, und deshalb rief ich ihnen zu, sie sollten mich hinaufziehen, aber nichts geschah. Nun rief auch MacFarlane unter mir »uppa, uppa«, und es kam mir vor wie eine Gebetserhörung, als ich langsam wieder nach oben schwebte. Irgendwie mußten die Sherpas gemerkt haben, wie verzweifelt meine Lage war, denn sie zogen aus Leibeskräften, und ich kam immer schneller in die Höhe. Dann blieb ich an der überhängenden Kante der Schneewächte hängen. Das Seil schnitt in den Schnee hinein, und wieder gerieten die Leute in eine Panik. Sie zerrten wie Verrückte und versuchten, mich mit Gewalt freizubekommen. Irgend etwas mußte nachgeben; ich fühlte, wie sich meine Rippen unter dem Druck des Seils zusammendrückten, und spürte einen heftigen Schmerz in der Seite. Noch einmal rief ich ihnen zu, etwas nachzugeben, und nach einigen Augenblicken gehorchten sie. An dem glatten, schlüpferigen Eis fand ich mit den Händen keinen Halt, aber unter Aufbietung der letzten Energie konnte ich einen Arm über die Wächte bringen und hinübersehen. In der Dunkelheit erkannte ich undeutlich die am Seil zerrenden Sherpas, doch es gelang mir nicht, weiter hinaufzukommen. Allmählich verließen mich meine Kräfte. Ich flehte sie an, einer von ihnen möge so nah herankommen, daß ich seine Hand fassen konnte, um mich daran hinaufzuziehen. Aber sie weigerten sich. Wieder versuchte ich, mich hinaufzuwinden und brachte irgendwie auch den anderen Ellbogen über die Kante. Dann zogen sie mich heraus wie einen Korken aus der Flasche. Nur selten habe ich größere Erleichterung verspürt als in diesem Augenblick. Erschöpft lag ich in einer Höhe von 5948 Metern auf dem Eis, spürte, wie die Luft wieder in meine Lungen strömte und die aufgeregt schwatzenden Sherpas mir Wasser in die Kehle gossen.

Nach einiger Zeit erholte ich mich einigermaßen und zerbrach mir den Kopf darüber, was jetzt zu tun sei. Die Sherpas waren müde und froren. Ihre Moral war dem Nullpunkt nahe, und man konnte sich kaum mehr auf sie verlassen. Es sah aus, als sei unsere Chance, MacFarlane zu retten, sehr gering. Noch einmal rutschte ich an das Loch und rief hinunter: »Vielleicht müssen wir dich diese Nacht noch unten lassen, Jim. Glaubst du, daß du es aushalten kannst, wenn wir dir zwei Schlafsäcke hinunterwerfen?«

Nach einer langen Pause hörten wir Jims schwache Stimme, der uns zuversichtlich und bestimmt sagte, damit werde er sicher auskommen. Ich band zwei Schlafsäcke an das Seil und begann, sie vorsichtig über den Rand hinunterzulassen. Das Seil schien kein Ende nehmen zu wollen, und bald waren die Schlafsäcke dem Lichtkegel meiner Taschenlampe entschwunden. Dann lockerte sich das Seil, und ich wußte, sie waren auf dem Boden angekommen. MacFarlane rief herauf und sagte mir, er habe sie gefaßt, ebenso auch das Seil. Weshalb sollten wir ihn nun nicht selbst heraufziehen? Ich rief ihm zu, er solle sich das Seil umbinden. Ich wußte, es war ein Risiko, denn vielleicht gelang es ihm nicht, es sicher zu befestigen. Aber es war den Versuch wert. Nach langen Minuten meldete sich MacFarlane endlich und sagte mir, er glaube, er hänge sicher am Seil. Ich gab den Sherpas das Zeichen, das Seil hinaufzuziehen.

Sie nahmen das lose Ende auf, und im nächsten Augenblick war MacFarlane auf dem Weg nach oben. Erregt faßte auch ich mit an, um den Sherpas zu helfen. Dann ging es plötzlich nicht mehr weiter. MacFarlane war unterhalb der Wächte hängengeblieben. Ich kroch bis an den Rand und blickte hinunter. Das Seil schnitt tief in den Schnee ein, und ich konnte nichts erkennen. Ich versuchte, es freizuzerren, aber ohne Erfolg. Dann kam mir aus der Dunkelheit die nach Halt suchende Hand von MacFarlane entgegen. Ich beugte mich noch weiter hinunter, konnte sie aber nur eben berühren, bevor er sie kraftlos fallenließ und ich unter dem Eis ein fürchterliches Keuchen hörte. Wir mußten ihn wieder hinunterlassen. Ich rief den Sherpas verzweifelt zu, es zu tun, und erschreckt folgten sie meiner Anweisung. In einer Minute gab das Seil nach, und MacFarlane lag wieder am Boden der Spalte.

Vorsichtig schob ich mich an den Rand vor und rief hinunter. Es dauerte lange, bis er antwortete. Seine Stimme war schwach, aber irgendwie schien er den Mut nicht verloren zu haben. Er sagte, er habe oben ein paar schwache Momente gehabt, jetzt ginge es ihm aber wieder ganz gut. Er mußte also die Nacht unten bleiben. Ich sagte ihm, er solle in die Schlafsäcke kriechen, und er bestätigte es. Nach ein paar Minuten fragte ich, ob es ihm gelungen sei, und nach einer Pause rief er herauf: »Ja!« Wir verankerten das Ende des Seils fest im Eis und stiegen langsam ab. Ich fühlte mich zerschlagen und erschöpft, und das Atmen fiel mir schwer. Aber noch schlimmer war das Gefühl der Scham, das mich nicht loslassen wollte, weil ich den armen MacFarlane tief in der Eisspalte zurückgelassen hatte. Mein einziger Trost waren die beiden Schlafsäcke, in denen er sich warmhalten konnte.

Der Weg zurück zum Zelt war ein Alptraum. Die Sherpas waren fast ebenso müde wie ich; wir glitten ständig auf dem Geröll aus oder stolperten. Nach langer Zeit waren wir endlich im Lager. Ich legte mich neben Wilkins in meinen warmen und bequemen Schlafsack. Ständig mußte ich an MacFarlane denken, aber die Natur war mir gnädig; kaum hatte ich den Kopf auf das rauhe Kissen gelegt, als ich auch schon tief und fest einschlief.

Erschreckt fuhr ich auf und blickte auf die Uhr. Es war immer noch dunkel, und der Wind zerrte am Zelt. Es war 4.30 Uhr; ich zog den Reißverschluß auf und sah hinaus. Draußen wirbelte der Schnee durch die Luft. Meine Brust war steif und schmerzte. Aber wir mußten aufbrechen, denn ein starker Schneefall würde zur Katastrophe führen. Ich weckte die Sherpas, und wir brachten den Spirituskocher in Gang. Wilkins hatte sich gut erholt. Im schwachen Dämmerlicht verließen wir das Zelt und stiegen im leichten Schneetreiben auf. Zu meiner Erleichterung wurde es nicht schlimmer, und ich nahm an, wir würden keine besonderen Schwierigkeiten haben. Es ging sehr langsam voran, besonders über das lose Geröll, aber während des Aufstiegs klärte es sich auf, und als wir neben dem Gletscher angekommen waren, konnten wir das kleine schwarze Loch schon aus einer Entfernung von einigen hundert Metern erkennen. Wilkins und ich hatten beide wahrscheinlich die gleichen Bedenken, obwohl wir sie nicht aussprachen. Würden wir MacFarlane noch lebendig vorfinden? Wir seilten uns aneinander fest, und Wilkins sicherte mich sehr sorgfältig. Wieder kroch ich auf dem Bauch an den Rand des Lochs und blickte hinunter. Die glatten, harten Eiswände schimmerten im Morgenlicht, aber unten war es noch dunkel. Ich rief hinunter, und nach einer unerträglich lang erscheinenden Pause kam zu meiner großen Erleichterung eine Antwort. Gott sei Dank, er lebte noch. Zu meiner Verwunderung teilte MacFarlane uns mit, er habe eine ganz gute Nacht verbracht, aber jetzt fröre er und sei sehr durstig. »Es wird nicht mehr lange dauern, bis wir dich oben haben, Jim.«

Wilkins und ich befürchteten, daß wir bei dem Rettungsversuch die Schneewächte losreißen könnten, die dann MacFarlane verschütten würde. Sehr mutig erklärte Wilkins, er wolle sich auf dem sehr gefährlichen Weg zu MacFarlane abseilen, auf dem er heraufgekommen war, um den Verletzten nach oben zu bringen. Am Ende des Seils machten wir eine Schlinge, befestigten sie unter Wilkins Hüften, und nachdem wir bestimmte Signale vereinbart hatten, beobachtete ich, wie er vorsichtig in

das etwa zwanzig Meter weiter rechts gelegene, ausgezackte Loch einstieg. Langsam verschwand er aus unserem Gesichtsfeld. Es schien eine Ewigkeit zu dauern, bis er mit dem Seil unten angekommen war, und wir hatten schon mehr als dreißig Meter nachgegeben, bevor er das Zeichen gab, daß er bei MacFarlane angekommen war. Dann dauerte es wieder sehr lange, bis er uns mit einem neuen Signal aufforderte, das Seil einzuziehen. Das taten wir mit allen uns zur Verfügung stehenden Kräften. Aber nur Wilkins erschien über dem Rand der Spalte. Was er zu erzählen hatte, war eine schlimme Geschichte. Erst nach großen Schwierigkeiten war er an die Stelle gekommen, an der MacFarlane lag. Niemand, der nicht über seine ganzen Kräfte verfügte, konnte diese Strecke überwinden. MacFarlane war jedoch nicht in der Lage, sich selbst zu helfen. Im Gegensatz zu dem, was er mir erzählt hatte, war es ihm nicht gelungen, in die Schlafsäcke zu kriechen, sondern er hatte sie sich nur über die Knie gelegt. Er hatte die Handschuhe ausgezogen, und seine Hände waren kalt und erstarrt. Bei jeder Bewegung hatte er starke Rückenschmerzen und litt zudem unter den Nachwirkungen des heftigen Aufpralls. Das waren schlechte Nachrichten. Wilkins hatte versucht, eine Schlinge um MacFarlane zu binden, und nach seiner Ansicht hatten wir nur die Möglichkeit, ein Seil direkt durch das andere Loch hinunterzulassen, in der Hoffnung, daß MacFarlane es fest an die Schlinge anknüpfen könnte.
Nun gingen wir zu dem anderen Loch hinüber und ließen das Seil hinunter. MacFarlane bekam es zu fassen und rief herauf, er habe es angebunden. Jetzt begannen wir, ihn heraufzuziehen. Wir waren heute morgen alle viel frischer und stärker, das Seil kam schnell herauf, aber dann klemmte es sich fest. MacFarlane war unter der Schneewächte hängengeblieben. Wilkins lehnte sich gefährlich weit über den Rand und versuchte verzweifelt, ihn loszubekommen, aber vergebens. Also ließen wir MacFarlane wieder ganz nach unten. Wir mußten es riskieren, einen Teil der überhängenden Wächte abzuschlagen. Von zwei Seilen gehalten stießen Wilkins und Da Thondup den Rand ab und achteten darauf, daß nur möglichst kleine Eisstücke hinunterfielen. Es gelang ihnen, etwa dreißig Zentimeter abzuhacken, ohne daß sich ein größeres Stück löste. Nun wollten wir einen zweiten Versuch wagen. Wieder kam MacFarlane herauf, blieb aber wiederum an der Wächte hängen. Ich beugte mich hinüber und sah ihn ein kurzes Stück unter mir. Selber gesichert beugte ich mich weiter hinunter und erfaßte mit einer Hand das um seinen Körper geschlungene Seil. Mit aller Kraft zog ich ihn nach vorn. Er kam los, und im nächsten

Augenblick hievten wir ihn mit einem mächtigen Ruck über die Kante. Wir legten ihn auf eine behelfsmäßige Tragbahre. Seine Kleider waren hart gefroren, deshalb zogen wir ihm unsere eigenen Sachen über. Die größte Sorge machten uns seine Hände und Füße. Die beim Absturz in den Spalt zerschundenen Hände waren blauweiß, steif gefroren und verkrümmt wie Klauen. Als wir ihm die Stiefel auszogen, stellten wir fest, daß auch die Füße hart und leblos waren. Aber seelisch war er in glänzender Verfassung, fröhlich wie immer, und er sagte, es gefiele ihm viel besser, den Gletscher hinuntergetragen zu werden, als selbst zu gehen. Wir wußten, daß wir ihn so schnell wie möglich in die sauerstoffreichere Luft des niedrigeren Niveaus hinunterbringen mußten, wo er von Dr. Michael Ball ärztlich versorgt werden konnte. Mit einem Seil banden wir drei Packrahmen zu einer Tragbahre zusammen. Darauf legten wir eine aufgeblasene Luftmatratze. Jim lag jetzt in einem Schlafsack, und vorsichtig hoben wir ihn hinauf. Bis an das Geröllfeld neben dem Gletscher zogen wir ihn wie auf einem Schlitten und trugen ihn die letzte Strecke hinunter. Das war sehr schwere Arbeit. Einen Menschen zu tragen ist nie ganz leicht, aber auf 5800 Metern war es ungeheuer anstrengend. Die fünf Sherpas bewährten sich großartig, und Wilkins und ich lösten uns an der Tragbahre ab. Wir glitten und stolperten über die Felsblöcke und Steine und mußten nach Atem ringend immer wieder nach etwa zwanzig Metern eine Pause einlegen. Ich hatte heftige Schmerzen in der Brust, und auch Wilkins schien am Ende seiner Kräfte zu sein. Wir erkannten, daß wir ihn nicht bis an die Zelte schaffen konnten. Als wir daher an eine einigermaßen ebene kiesige Stelle kamen, durch die ein kleiner Bach floß, blieben MacFarlane und Wilkins dort, während die Sherpas und ich hinübergingen und langsam zu den Zelten aufstiegen. Am dringendsten brauchten wir jetzt ärztliche Hilfe.

Vier Sherpas bauten die Zelte ab, um das Lager dort aufzuschlagen, wo MacFarlane lag. Der fünfte Sherpa, Kancha, und ich aßen eine Kleinigkeit und brachen mit leichtem Gepäck auf, um hinunter ins Tal zu gehen. Von der Sorge getrieben, schlug ich auf den Terrassen oberhalb des Barun-Gletschers ein schnelles Tempo an. Es schneite wieder, und es wehte ein starker, kalter Wind. Aber wir kamen relativ leicht voran. Auf der Gletschermoräne mußten wir allerdings von einem Felsblock zum anderen springen, und bei jedem Sprung spürte ich einen heftig stechenden Schmerz in der Brust, so daß ich allmählich zurückblieb. Ich wußte, an diesem Tage würde ich es nicht mehr schaffen, bis zum Lager hinunterzukommen. Es war viel zu weit. Auf einer kleinen ebenen Kiesstelle neben ein paar Eisblöcken in der Mitte des Gletschers wartete Kancha auf mich, und ich beschloß, hierzubleiben. Wir schlugen das kleine Zelt auf und krochen hinein. Ich war zu müde, um zu essen, und schlief sofort ein. Die Welt um mich her versank.

Es war immer noch dunkel, als wir am folgenden Morgen aufwachten. Ich wollte zur Frühstückszeit im Basislager sein, bevor die anderen zu irgendwelchen Unternehmungen aufgebrochen waren. So stolperten wir die Hänge hinunter. Ich war steif, und alle Glieder schmerzten mir. Deshalb konnte ich nur langsam gehen. Um 8.00 Uhr überquerten wir den Fluß und begannen den Aufstieg zum Basislager. Wir wurden mit lauten Zurufen begrüßt, und zu meiner Erleichterung erkannte ich, daß eine Menge Leute im Lager waren. Als George Lowe mit energischen Schritten auf mich zukam, fiel mir ein Stein vom Herzen. Auch alle anderen waren da und sahen frisch und gesund aus. Ich erzählte ihnen die ganze Geschichte und überließ die Rettungsaktion jetzt ganz diesen sachkundigen und erfahrenen Männern.

Die Rettungsmannschaft brauchte vier Tage für den Transport von Jim bis zum Basislager. Ich erholte mich einigermaßen während dieser Zeit, litt jedoch noch immer unter Atembeschwerden. Wenn ich husten mußte oder tief atmen wollte, spürte ich einen stechenden Schmerz. Eine Röntgenaufnahme zeigte später, daß ich mir drei Rippen gebrochen hatte. Jim kam in recht guter Verfassung im Lager an, hatte aber böse Erfrierungen an den Füßen, und auch die Hände waren leicht erfroren. Wir beschlossen, ihm eine ausreichende Ruhepause zu gönnen, bevor wir ihn wieder nach Indien zurückbrachten.

Der 8476 Meter hohe Mount Makalu gehörte nicht zu den Gipfeln, die wir eigentlich hatten besteigen wollen, aber die Entdeckung, daß es auf der Nordseite bestimmte Möglichkeiten gab, hatte uns angeregt. Wir verfügten nicht über die Bekleidung und Ausrüstung, um in sehr große Höhen vorzustoßen, trotzdem machte sich die Mannschaft zu einer umfangreichen Erkundungsunternehmung auf. Camp III wurde auf 6344 Metern und Camp IV auf 6415 Metern eingerichtet. Eine starke Gruppe unter der Führung von Charles Evans ging auf eine Höhe von mehr als 7000 Metern hinauf, und alles entwickelte sich sehr günstig. Ich konnte es nicht ertragen, beiseite zu stehen, und obwohl mir meine Rippen noch zu schaffen machten, beschloß ich, mich an dem Unternehmen zu beteiligen. Ich stieg ohne allzu große Schwierigkeiten durch die Lager auf, und erst im

Camp III fühlte ich mich nicht mehr ganz so wohl. In dieser noch mäßigen Höhe hatte ich schon Schwierigkeiten beim Atmen, und bei jedem Husten schmerzte mir die Brust. Wahrscheinlich hätte ich wieder zurückgehen sollen, aber es lag mir sehr viel daran, mitzumachen und beide Expeditionsärzte sagten mir, meine Rippen seien wohl eher geprellt als gebrochen.

Als Evans mit einem optimistischen Bericht über die vor uns liegende Route zurückkam, beschloß ich, den Aufstieg zu wagen. Hardie, Lowe, Wilkins und ich wollten zum Camp IV hinaufgehen und am folgenden Tag das Camp V auf einer Höhe von 7015 Metern einrichten. Von Camp V aus konnten wir wahrscheinlich den Makalu-Paß erreichen. Auf den steilen Hängen oberhalb von Camp III übernahm ich die Führung, aber zu meiner Enttäuschung verließen mich meine Kräfte, und ich war dankbar, als George die Aufgabe übernahm, die Stufen zu treten. In Camp IV auf 6710 Metern angekommen war ich sehr froh, in ein Zelt kriechen zu können.

Nach einer sehr unangenehmen Nacht war ich am Morgen zu schwach, um weiterzugehen. Die anderen Mitglieder des Teams arbeiteten an der vor uns liegenden Route, aber das Wetter wurde schlechter, und sie kehrten bald in die Zelte zurück. Nach einer zweiten schlechten Nacht fühlte ich mich am Morgen recht scheußlich und erkannte, daß ich wieder hinuntergehen müßte. Ich fing an, mich anzukleiden, wurde aber mit meinen Schuhen nicht fertig. George wurde auf meinen miserablen Zustand aufmerksam und sah, daß ich möglichst rasch in ein tiefer gelegenes Lager hinunter mußte, denn wir hatten auf dieser Expedition keinen Sauerstoff mitgenommen. Den ersten langen Hang schaffte ich noch, aber als ich wieder eine Strecke steigen mußte, versagten mir die Kräfte, und mir wurde schwarz vor Augen. Eine Zeitlang hatte ich schreckliche Halluzinationen und glaubte, an den Eisklippen des Makalu zu hängen, während rings um mich Lawinen niedergingen und Menschen um Hilfe schrien. Als ich wieder zu Bewußtsein kam, war George dabei, mich auf einer Behelfsbahre festzubinden. Es folgte eine lange Zeit, in der ich nur halb bei Bewußtsein war, fieberte, mich außerordentlich unwohl fühlte und dabei auf der Bahre unsanft durchgerüttelt wurde. Hier habe ich zum ersten und bisher einzigen Mal daran gedacht, daß es eigentlich viel leichter wäre, zu sterben. Als ich wieder ganz zu mir kam, lag ich im Camp III. Charles Evans untersuchte mich und sagte mir mit ruhiger Stimme, ich würde mich sicher bald ganz erholt haben, aber ich konnte heraushören, daß er sich sorgte. Ich hatte das schreckliche Gefühl, ersticken zu müssen und vollkommen ausgetrocknet zu sein. Die drei Tage, die die Sherpas brauchten, um mich zum Camp I hinunterzutragen, erschienen mir wie eine Ewigkeit.

In der sauerstoffreichen Luft des Camp I begann ich, mich zu erholen – zuerst langsam und dann sehr rasch. Die Ärzte haben allerdings nie feststellen können, was mir fehlte. Vielleicht war es eine komplizierte Lungenentzündung gewesen. Zehn Tage nach meinem Zusammenbruch konnte ich ganz bequem zum Basislager hinuntergehen, mußte aber doch zugeben, daß ich zu schwach war, um in dieser Saison an weiteren Besteigungen teilzunehmen. Die anderen Expeditionsteilnehmer führten noch zahlreiche Unternehmungen durch, deren Höhepunkt der spektakuläre Erfolg an dem 7200 Meter hohen Baruntse war.

Mit MacFarlane und einer Gruppe kräftiger Träger ging ich talabwärts. Damit hatte ich wenigstens die nützliche Aufgabe übernommen, ihn in ein Krankenhaus zu bringen. Der Marsch war eine ziemliche Strapaze, und an den zwanzig Tagen, die er dauerte, hatten wir es mit der Hitze, Regen, Fliegen und tiefem Schlamm zu tun, bevor wir endlich an die Eisenbahnkopfstation an der indischen Grenze kamen und allmählich die Heimreise antreten durften.

12.
Der antarktische Kontinent

Achtzehn Monate führte ich das geregelte Leben eines Familienvaters, soweit mir das überhaupt je gelungen ist. Ich arbeitete mit meinem Bruder in der Imkerei, schrieb das Buch *High Adventure,* ließ mir ein Haus bauen, machte die Erstbesteigung des Mount Magellan in den neuseeländischen Südalpen und wurde Vater eines Sohnes. Ich lehnte das verlockende Angebot ab, in Japan Vorträge zu halten, weil es mir zu Hause besser gefiel. Das Familienleben machte mir Freude, und ich war gern mit Louise zusammen. Zwischen uns hatte sich ein kameradschaftliches Verhältnis entwickelt, von dem ich annahm, es werde von Dauer sein. Wir teilten alle Pflichten, trafen gemeinsam Entscheidungen, und obwohl Louise sehr temperamentvoll sein konnte, wenn man sie provozierte, gingen diese Temperamentsausbrüche schnell vorbei. Meist war sie besonnen und freundlich genug, um meine periodisch wiederkehrende Ruhelosigkeit zu ertragen, ja mich sogar darin zu bestärken. Ich wußte, welch großes Glück es für mich bedeutete, sie gefunden zu haben, und ich kann mich nicht erinnern, mir in den vergangenen zwanzig Jahren auch nur ein einziges Mal eine andere Gefährtin gewünscht zu haben.

Mitte 1955 unternahm ich mit George Lowe eine Vortragsreise nach Afrika, das ich schon immer hatte besuchen wollen. Besonders Südafrika beeindruckte mich. Das Klima im Winter war herrlich, ebenso die Landschaft. Die Menschen, die wir kennenlernten, waren sehr natürlich, begegneten uns mit großer Freundlichkeit, und das Leben, das sie führten, war ungewöhnlich angenehm. Das einzige Problem waren die armen Bantus, obwohl man uns einzureden suchte, sie seien am glücklichsten, wenn man ihnen vorschrieb, wohin sie zu gehen und was sie zu tun hätten. George und ich stellten sehr bald fest, daß viele Südafrikaner eine ganz andere Haltung einnahmen als wir. Eines Tages spazierten wir in Johannesburg in Begleitung eines Mannes, der sich als »inoffizieller Vertreter Neuseelands« bezeichnete, eine Straße entlang. Dabei versperrte uns ein magerer alter Bantu den Weg, der vor uns hin und her torkelte. Vielleicht war er betrunken, aber es war vielleicht auch nur seine Art zu gehen. Unseren Begleiter ärgerte das so, daß er den Mann in den Rinnsteig stieß. Wir waren nahe daran, mit ihm das gleiche zu tun. Was mich bei diesem Vorfall am meisten beeindruckte, war der resignierte Blick des Bantu. Er hatte diese Behandlung erwartet. Meist waren wir mit englischsprechenden Südafrikanern zusammen, und viele von ihnen bedauerten es damals, daß ein so großer Wert auf die Apartheid gelegt wurde. Sie hofften noch auf gewisse politische Veränderungen, aber ihr Einfluß schien allmählich geringer zu werden.

Am 9. Juli erhielt ich in Johannesburg ein Telegramm aus Neuseeland, mit dem ich eingeladen wurde, die Leitung einer neuseeländischen Expedition in die Antarktis zu übernehmen.

»Die letzte große Forschungsreise«, so nannte die Presse 1953 die Pläne von Dr. Vivian Fuchs zur ersten Überquerung der Antarktis über den Südpol. Vor vierzig Jahren war Ernest Shackleton zu dem gleichen Unternehmen aufgebrochen, mußte jedoch aufgeben, als sein kleines Schiff im schweren Packeis des Weddell-Meeres zertrümmert wurde. Die Rückreise Shackletons über das Eis und durch die gefährlichen Stürme des Südmeers hatte mich schon als Jungen gefesselt und begeistert. Was war das für ein Mann! Jetzt wollte Fuchs es noch einmal versuchen und dabei mit modernster Ausrüstung und Flugzeugen ein wissenschaftliches Programm durchführen. George Lowe sollte sich an der Expedition beteiligen, und auf Bitten von Fuchs arrangierte er eine Zusammenkunft zwischen Fuchs und mir.

Vivian Fuchs war ein untersetzter, kräftiger Mann, der einen entschlossenen und harten Eindruck machte. Er erschien zunächst grob, ja ungehobelt, bis er anfing, über seine Pläne zu sprechen. Dann beflügelte ihn seine Begeisterung. Er erläuterte die Einzelheiten des Vorhabens, zeigte mir mit dem Pfeifenstiel die geplante Route auf einer großen Karte der Antarktis und ließ sich von seinem Temperament völlig hinreißen, obwohl er alles sicher schon hundertmal erzählt hatte.

Ich mußte zugeben, die Sache klang interessant. Doch was hatte ich damit zu tun? Schon bei unserem ersten Zusammensein hatte ich das Gefühl, daß Fuchs und ich zwei völlig verschiedene Menschen waren. Er war viel ernster und entschlossener als ich, legte besonders großen Wert auf den wissenschaftlichen Aspekt der Reise und spielte das Abenteuerliche daran herunter. Aber im Lauf der Zeit stellte sich doch heraus, daß auch ich mich dabei nützlich machen könnte. Fuchs brauchte eine Hilfsexpedition, die an die gegenüberliegende Seite des antarktischen Kontinents südlich von Neuseeland ging, um dort eine Basis einzurichten und auf dem Wege zum Pol Depots anzulegen. Er sagte, es wäre eine große Hilfe, wenn er von der neuseeländischen Regierung finanzielle und materielle Unterstützung bekäme. Vielleicht gelänge es mir, die öffentliche Meinung in Neuseeland in diesem Sinne zu beeinflussen. Er schlug mir vor, die von Neuseeland ausgerüstete Expedition zu leiten.

Nach dem Treffen mit Fuchs war ich von seiner Entschlußkraft und Energie sehr beeindruckt, verspürte jedoch wenig Lust, mich zu beteiligen. Aber vielleicht war er ein guter Psychologe, vielleicht entwickelten sich die Dinge auch in der richtigen Richtung, denn 1954 und 1955 beschäftigte ich mich immer intensiver mit der Organisation der neuseeländischen Hilfe für diese Überquerung. Dabei steigerte sich mein Interesse zusehends, denn ich glaubte, das Unternehmen auf dem südlichen Kontinent könnte zu einem großen Abenteuer werden. Nur zögernd gab die neuseeländische Regierung dem Druck der öffentlichen Meinung nach und erklärte sich bereit, eine Summe von £ 50000 ($ 120000) zur Verfügung zu stellen. Später ernannte sie das Ross Sea Committee, das die Aufgabe übernahm, die von Neuseeland ausgerüstete Expedition zu betreuen. Das Ross Sea Committee hatte mir das Telegramm geschickt, das mich einlud, die Expedition zu leiten. Ich sagte zu, aber nicht, ohne mir um meine Familie gewisse Sorgen zu machen.

Von Südafrika fuhr ich zu einer internationalen Antarktik-Konferenz nach Paris und hielt mich anschließend einen Monat mit Fuchs und den Mitgliedern seiner Expedition in London auf. Als ich nach Neuseeland zurückkehrte, war ich begeistert und hatte hochgesteckte Pläne. Nur die fast masochistischen Vorstellungen einiger Traditionalisten unter den britischen Expeditionsteilnehmern, die glaubten, es sei eine Tugend, große Unbequemlichkeiten auf sich zu nehmen, gefielen mir nicht. Ich war entschlossen, meine Expedition so durchzuführen, daß sie allen Beteiligten Freude machte, zum Erfolg führte, und wir dabei so bequem wie möglich lebten.

Mit den meisten Mitgliedern des Ross Sea Committee kam ich sehr gut aus. Nur wenige von ihnen hatten zwar Expeditionserfahrungen, aber alle waren Fachleute, die auf ihren Wissensgebieten Beachtliches geleistet hatten. Zur Vorbereitung der Expedition mußten wichtige Entscheidungen getroffen werden. Wir hatten allen Teilnehmern ihre Aufgaben zuzuweisen, die Geldmittel zu beschaffen, ein Schiff zu chartern, die Unterkünfte bauen zu lassen und die gesamte Ausrüstung zusammenzustellen.

Eine große Zahl begeisterter junger Leute meldete sich zur Teilnahme, es war aber nicht sehr schwierig, die richtige Auswahl zu treffen. Begeisterung und körperliche Leistungsfähigkeit genügten nicht. Jeder mußte über bestimmte Fachkenntnisse verfügen, um auf einem Spezialgebiet eingesetzt zu werden. Ein Beispiel dafür waren die beiden Hundeführer aus Großbritannien. Dr. George Marsh sollte im Basislager die Aufgaben des Expeditionsarztes übernehmen, und Lieutenant Commander Richard Brooke war ein ausgebildeter Landvermesser und geübter Bergsteiger.

Ein Unterausschuß nahm die Auswahl der Teilnehmer vor. Dr. Falla (jetzt Sir Robert Falla) hatte den Vorsitz übernommen. Er war ein hervorragender Wissenschaftler, Verwaltungsfachmann und erfahrener Psychologe (er hatte zum Beispiel verständliche Vorbehalte im Hinblick auf meine Eignung zum Expeditionsleiter). Im allgemeinen überließ man mir die Entscheidung, aber einige von Dr. Falla vorgeschlagene Leute waren scharfe Konkurrenten auf den verschiedensten Fachgebieten. Deshalb ging es schließlich nicht ohne einen gewissen »Kuhhandel« ab. Ich nahm zwei seiner Leute in die Mannschaft auf, um die Widersprüche gegen meine Leute zu entkräften, und auf diese Weise wurden fast alle Differenzen ausgeräumt.

Die Männer, die sich als Spezialisten um die Teilnahme bewarben, wurden zunächst von Fachleuten auf ihre technische Eignung geprüft. Dann erst trafen wir die Entscheidung. Es war wichtig, einen guten Funktechniker mitzunehmen, um die Nachrichtenverbindungen sicherzustellen. Er wurde sehr sorgfältig ausgewählt. Am Schluß mußten wir uns zwischen zwei erfahrenen alten Marine-Unteroffizieren entscheiden. In dem Abschlußgespräch mit mir redete mich der eine nach fast jedem Satz mit »Sir« an. Dann war Peter Mulgrew an der Reihe. Er war höflich, korrekt und interessiert, aber »Sir« sagte er kein einziges Mal. Peter war klein von Wuchs und aktiv, ein begeisterter Wanderer und Bergsteiger. Man hatte ihm gesagt, er werde sich fast die ganze Zeit im Basislager aufhalten müssen, aber immer wieder bat er darum, sich auch an einigen Exkursionen beteiligen zu dürfen. Diese Haltung gefiel mir. Damals wußte ich es noch

nicht, aber später entwickelte sich zwischen uns eine Freundschaft fürs Leben.
Der Ausschuß bat die neuseeländische Armee, uns gründlich ärztlich untersuchen zu lassen. Den meisten von uns wurde ohne weiteres die Eignung zugesprochen, nur Harry Ayres wurde abgelehnt, weil er Krampfadern hatte, und die Militärärzte ließen sich auch dadurch nicht umstimmen, daß wir ihnen sagten, was für ein leistungsfähiger Bergsteiger er sei. Nach einem scharfen Disput zwischen den Spezialisten der Armee und mir beschlossen wir, einen zivilen Facharzt zu konsultieren. Dieser Spezialist hatte im Sommer zuvor mit Harry eine größere Bergtour unternommen und war von seinen Leistungen sehr beeindruckt. Harry erhielt daher die Erlaubnis, sich an der Expedition zu beteiligen. Ärztliche Untersuchungen sind sicher wichtig, man muß aber auch bedenken, was der Betreffende in der Praxis zu leisten vermag. Harry bewies später, daß die Krampfadern ihn nicht besonders behinderten, als er weite Erkundungsfahrten mit dem Hundeschlitten unternahm, und noch heute geht er regelmäßig in die Berge.
Die Beschaffung der notwendigen Geldmittel erwies sich als der schwierigste Teil der Expedition. Wir hatten viele freiwillige Helfer, aber für mich waren die zahlreichen Reisen und Vorträge eine große Belastung. An einem Tag hielt ich vier Vorträge und legte eine Strecke von etwa 800 Kilometern zurück.
Ein örtliches Komitee wollte mehr tun als alle anderen und bereitete für die Werbeveranstaltung ein Feuerwerk vor. Es wurde ein geeigneter Platz gemietet, man kaufte eine große Menge Feuerwerksraketen und rührte die Werbetrommel. Aber kurz vor Beginn der Versammlung fing es an zu regnen. Nur wenige Menschen kamen und sahen, wie die Raketen im trüben Regenhimmel verschwanden, während der Guß sich verstärkte. Es dauerte Monate, bis die so entstandenen Schulden bezahlt werden konnten.
Der Plan, eine Expedition in die Antarktis auszurüsten, wurde bald in ganz Neuseeland bekannt, wenn auch nur wenige Menschen eine zutreffende Vorstellung von dem Sinn dieses Unternehmens hatten. In einem kleinen Landgasthof soll ein Farmer seinen Nachbarn gefragt haben: »He, Bill, wie ist das eigentlich mit der Antarktis? Wie viele Schafe halten sie dort pro Hektar?« Aber das Interesse war groß, und die Öffentlichkeit unterstützte den Gedanken.
Der Aktionsplan hatte inzwischen bestimmte Formen angenommen. Im

Louise und
Peter Hillary 1956

antarktischen Sommer 1955/56 wollte Fuchs mit einer Expedition nach Süden in das Weddell-Meer gehen und die Shackleton-Basis einrichten. Eine kleine Gruppe sollte dort überwintern und alles so weit vorbereiten, daß Fuchs mit dem Hauptteil der Expedition im Sommer 1956/57 in dieser Basis untergebracht werden konnte. Es war geplant, daß ich im Dezember 1956 von Neuseeland aus per Schiff mit meiner Expedition in den McMurdo-Sund fahren und die Scott-Basis einrichten würde. Beide Gruppen sollten, nachdem sie überwintert hatten, im Frühjahr in Richtung auf den Pol aufbrechen. Dabei wollte Fuchs die Überquerung der Antarktis bewerkstelligen, und ich hatte etwa 400 Kilometer landeinwärts ein Depot anzulegen. Für Februar 1958 war das Ende des Unternehmens angesetzt, und beide Gruppen sollten Ende Februar vom McMurdo-Sund aus die Heimreise antreten.

Unsere neuseeländische Expedition wurde besonders dadurch unterstützt, daß die Regierung beschloß, sich intensiv am internationalen geophysikalischen Jahr zu beteiligen. Eine Gruppe von fünf Wissenschaftlern, ausgerüstet mit den modernsten wissenschaftlichen Geräten, würde sich uns anschließen. Meine Teams sollten in den Bergen von Viktorialand biologische Forschungen und eine Reihe von geographischen Vermessungen vornehmen. Zunächst war vorgesehen, daß wir als Hilfsexpedition nur recht bescheidene Aufgaben übernahmen, aber jetzt war eine umfangreiche neuseeländische Expedition daraus geworden.

Mit der Zusammensetzung meiner Gruppe war ich sehr zufrieden und glaubte, wir würden unsere Aufgaben zufriedenstellend lösen können. Unsere Schwäche lag vor allem darin, daß wir kaum irgendwelche Erfahrungen in der Antarktis hatten. Es stand uns noch ein Sommer zur Verfügung, um das nachzuholen, und wir hatten das Glück, sieben unserer Leute nach Süden schicken zu können.

Harry Ayres begleitete die Australian Antarctic Research Expedition in den dieser Expedition zugeteilten Sektor auf dem Kontinent und brachte bei seiner Rückkehr 25 kräftige Schlittenhunde mit. Der älteste Wissenschaftler in unserem Team, Dr. Trevor Hatherton, und der tüchtige Geologe Bernie Gunn besuchten als Begleiter der ersten amerikanischen Unternehmung »Deep Freeze« den McMurdo-Sund und erkundeten geeignete Lagerplätze und Anmarschwege zum Polarplateau. Schließlich wurden drei von uns aufgefordert, mit Fuchs auf der *Theron* in das Weddell-Meer zu fahren. Dabei sollten mich mein stellvertretender Expeditionsleiter Bob Miller, der die Vermessungsarbeiten leitete, und ein Major der Luftwaffe, John Claydon, der als Flugleiter eingeteilt worden war, begleiten.

Wir gingen in Montevideo an Bord des 900-Tonnen-Schiffs *Theron* und fuhren über den vom Sturm aufgewühlten Ozean nach Süden. Der Kapitän war der Norweger Harold Maro, der etwa so alt war wie ich. Er machte den Eindruck eines erfahrenen Seemannes. Ich hatte das Gefühl, wir könnten uns ihm ohne weiteres anvertrauen, war aber doch froh, als wir die öde, gebirgige Insel South Georgia erreichten und endlich festen Boden unter den Füßen hatten. Hier besuchten wir einige norwegische Walfängerstationen und nahmen Treibstoff auf. Dann ging die Reise nach Süden weiter, es wurde merklich kälter, und wir stießen auf die ersten Eisberge. Meine Erregung wuchs, als wir den südlichen Polarkreis überquerten.

Mit Kapitän Harold Maro kam ich gut aus und lernte ihn zu schätzen und zu bewundern. Er war einer der bekanntesten Robbenfänger in den ostka-

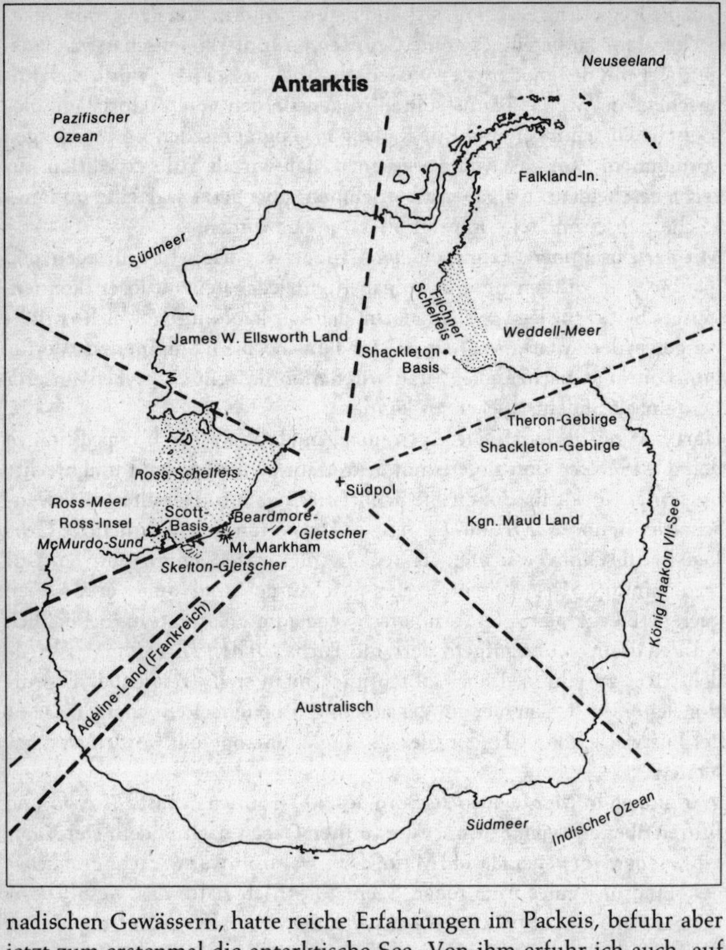

nadischen Gewässern, hatte reiche Erfahrungen im Packeis, befuhr aber jetzt zum erstenmal die antarktische See. Von ihm erfuhr ich auch, auf welchem ungewöhnlichen Kurs wir das Weddell-Meer ansteuerten. Bunny Fuchs glaubte, im Weddell-Meer befänden sich zwei weite Gebiete, in denen das schwimmende Eis von zwei unabhängigen Meeresströmungen mitgenommen würde, welche diese Eismassen auf einem kreisförmigen Kurs hielten. Wenn wir auf den Punkt treffen würden, an dem sich die beiden Strömungen begegneten, dann würden wir wahrscheinlich auf

offenes Wasser stoßen und könnten auf kürzerem Wege viel schneller zur Vashel Bay am Südende des Weddell-Meeres kommen.
Harold Maro war von dieser Idee nicht sehr begeistert und hätte es vorgezogen, den nach Osten führenden, erprobten Kurs durch die offene Wasserrinne zu nehmen, die man gewöhnlich an den Eisklippen der Caird-Küste antraf. Aber er hatte sich mit dem neuen Vorschlag einverstanden erklärt und hoffte, daß sich Bunnys Theorie bestätigen werde. Ich versuchte, von Bunny Näheres über seinen Plan zu erfahren, aber er sprach nicht gern darüber. Es war ein ziemliches Risiko; wenn das Unternehmen jedoch gelang, würden wir viel Zeit sparen.
Ich war in derselben Kabine untergebracht wie Bunny und hatte den peinlichen Verdacht, daß er es deshalb eingerichtet hätte, um mich ständig unter seiner väterlichen Obhut zu haben. Er behandelte mich zwar sehr freundlich, ließ es mich jedoch deutlich merken, daß ich nur als »Beobachter« mitfuhr. Nie durfte ich an den regelmäßigen Besprechungen seines Exekutivausschusses teilnehmen (obwohl meine beiden Expeditionsmitglieder mehrmals dazu eingeladen wurden). Ich hätte mich nicht darüber ärgern sollen, tat es aber doch. Ich fühlte mich als Außenseiter, dem man keine Verantwortung übertragen wollte, und das war nicht die richtige Grundlage für eine Zusammenarbeit in den folgenden zwei Jahren.
Am Donnerstagmorgen, dem 22. Dezember, hatten wir schweren Seegang, und kaum jemand interessierte sich für das Mittagessen. Rings um das Schiff sahen wir mehrere Eisberge, und am Nachmittag kamen wir in ein Seegebiet, in dem überall Eisschollen auf den Wellen trieben. Um 18.00 Uhr stießen wir auf das erste leichte Packeis. Wie durch ein Wunder wurde die See ruhig, das Wetter besserte sich, wir kamen alle auf Deck hinaus und erlebten erregt den Zusammenstoß des Schiffes mit der ersten größeren Eisscholle. Unsere Position lag auf 63° 50′ Süd, 30° 20′ West, und damit waren wir endlich in der Antarktis. Kapitän Maro kletterte selbst in den Ausguck und lenkte das Schiff von dort. Dabei leitete er es sicher durch das Eis und bewies seine Tüchtigkeit als Steuermann im Packeis. Die Lufttemperatur war auf – 3 Grad Celsius gefallen, und die Wassertemperatur lag etwa ebensotief.
Wir fuhren einige Stunden weiter und kamen recht gut voran. Als ich um 23.30 Uhr zu Bett ging, war es noch recht hell, und die Sicht war gut. Immer wieder wachte ich auf und spürte, wie das Schiff unter der schwer arbeitenden Maschine vibrierte und ab und zu einen Stoß erhielt, wenn es eine größere Scholle rammte. Die ganze Nacht und den folgenden Tag

blieben wir auf südlichem Kurs und hatten dabei die Unterstützung eines steifen Nordostwinds. Nach den ersten vierundzwanzig Stunden im Packeis hatten wir 160 Meilen zurückgelegt.

Drei Tage – es war jetzt Weihnachten – fuhren wir weiter nach Süden, immer in der Hoffnung, die offene See zu erreichen. Am 26. Dezember kamen wir auf eine größere eisfreie Wasserfläche, ließen unser Flugzeug vom Typ Auster zu Wasser und unternahmen damit einen kurzen Erkundungsflug. John Lewis meldete, er habe einige nach Süden führende Fahrrinnen entdeckt, aber in jeder anderen Richtung schweres Packeis festgestellt. Da wir immer noch möglichst schnell nach Süden wollten, waren das gute Nachrichten. Das Schiff setzte sich in Bewegung, aber unsere Hoffnung, rascher voranzukommen, wurde bald enttäuscht. Wir kamen in sehr schweres Packeis, das an unser kleines Fahrzeug fast zu hohe Anforderungen stellte. An einer Stelle dauerte es fast drei Stunden, bis Kapitän Maro das Schiff wieder freibekam. Wir fanden zwar einige offene Fahrrinnen und überwanden sie verhältnismäßig rasch, mußten streckenweise aber doch eine Menge Eis an der Oberfläche zerbrechen, um durchzukommen. Je weiter wir kamen, desto härter schien das Eis zu werden und desto langsamer wurde die Fahrt. Der Wind wehte jetzt recht kräftig von Osten, und das war vielleicht die Ursache für die größten Schwierigkeiten – das Eis wurde zusammengeschoben und bildete bald ein unüberwindliches Hindernis.

Noch fünf Tage kämpften wir gegen das entsetzliche Packeis an und kamen so gut wie überhaupt nicht voran. Zu Neujahr steckten wir fest im Eis. Der Wind kam von Süden und frischte auf. Wir hofften, damit werde sich der Druck des Eises lockern, und wir könnten freikommen. Statt dessen verstärkte sich der Druck im Verlauf des Nachmittags erheblich, und das Fahrzeug bebte unter den gewaltigen Energien. Am Abend schien es etwas besser zu werden, und wir kamen ein paar Meter weiter voran. Aber das Schiff war bald wieder festgefahren. Ich kletterte auf den Mast, um mich umzusehen, und mußte feststellen, daß wir ringsum von Eisschollen umgeben waren, die bis an den Horizont reichten, wo ich zahlreiche Eisberge erkannte. Es war ein furchterregender Anblick, und mir wurde klar, daß sich unsere Reise nicht nur erheblich verzögerte, sondern auch die Gefahr bestand, daß das Schiff schwer beschädigt wurde. Wir mußten mit allen Möglichkeiten rechnen, wenn sich der Druck, mit dem die Eismassen zusammengeschoben wurden, noch wesentlich vergrößerte.

An den folgenden beiden Tagen gelang es uns nicht, auch nur einen Zoll

weiterzukommen, denn das schwere Packeis bildete rings um uns ein unüberwindliches Hindernis. Ich war einen großen Teil der Zeit damit beschäftigt, den Schnee und das Eis von den Schiffswänden zu kratzen, und bald beteiligte sich die Hälfte der Expeditionsteilnehmer an dieser Arbeit. Unsere beiden Sprengstoffexperten zündeten im Umkreis des Schiffes vier kleine Ladungen, aber auch das half nichts. Wir waren wahrscheinlich alle davon überzeugt, daß der Abkürzungskurs von Bunny eine Fehlkalkulation war, und wir konnten nur noch hoffen, in nördlicher Richtung in offenes Wasser zu kommen, um dann auf dem bisher üblichen Kurs weiter ostwärts ans Ziel zu gelangen. Es half uns nichts, als wir erfuhren, daß die *Tottan* der Royal Society, die ebenfalls ein Basislager im Weddell-Meer einrichten sollte, an der Küste eine offene Fahrrinne gefunden hatte, gut vorankam und sich zehn Grad südlich von uns befand, ohne auf Schwierigkeiten zu stoßen. Für Bunny muß es hart gewesen sein. Ich mußte ihn bewundern, wie er sich hartnäckig weigerte, seinen Optimismus aufzugeben.
Nach meiner Ansicht brachte der 4. Januar in vieler Hinsicht den Wendepunkt auf dieser Expedition. Den ganzen Vormittag blieben wir bewegungslos im Eis stecken und nahmen diesen Umstand resigniert zur Kenntnis. Nach dem Mittagessen standen einige von uns an der Reeling, und wir unterhielten uns darüber, was wir unternehmen könnten, um uns aus dieser unangenehmen Lage zu befreien. Wir stellten fest, daß das Schiff von Eisschollen umgeben war, die jeweils ein paar Pfund bis zu ein paar Tonnen wogen. Sie waren alle dicht zusammengeschoben, aber vielleicht wäre es möglich, einige freizuschlagen und in die kleine offene Wasserstelle am Heck zu stoßen, die dort durch das Arbeiten der Schraube entstanden war. Es schien einen Versuch wert zu sein, und deshalb ergriffen wir alle vorhandenen Werkzeuge, sprangen über Bord und machten uns an die Arbeit.
Mit Brechstangen, Picken, Spaten und Bootshaken lockerten wir die schweren Eisblöcke und stießen sie ins Wasser. Das war harte Arbeit, aber da sich fast die ganze Besatzung daran beteiligte, war das Schiff bald frei. Immer wieder ließ Kapitän Maro die Maschine anlaufen und versuchte, ein Stück weiterzukommen. Zu unserer großen Freude war es am späten Abend frei, und wir konnten die Stelle verlassen, an der wir ganze fünf Tage festgesessen hatten. Wir hatten bewiesen, daß wir mit vereinten Kräften selbst etwas unternehmen konnten, um uns aus dieser unangenehmen Lage zu befreien.

Doch in den folgenden achtzehn Tagen ging es nur sehr langsam in nördlicher Richtung weiter. Wir mußten mit zahlreichen Schwierigkeiten fertig werden. Das Ruder verbog sich, eine Stahltrosse wickelte sich um die Schraube, und immer wieder mußte das Schiff dem ungeheuren Druck riesiger Eismassen standhalten. Doch nachdem alles wieder in Bewegung geraten war, begann die Sache, mir Freude zu machen. Die Hälfte der Zeit waren wir außerhalb des Schiffes damit beschäftigt, das Eis aufzuhacken, zu sprengen und das Schiff allmählich hindurchzubugsieren. Wenn wir es ein paar hundert Meter weiterbekommen hatten, war es für uns jedesmal ein großer Triumph. Es läßt sich schwer sagen, wie sehr unsere Arbeit das Vorwärtskommen beschleunigte. Vielleicht machte es einen Tag aus, vielleicht aber auch eine Woche. Aber die Moral aller Expeditionsteilnehmer wurde erheblich gestärkt. Wir hatten das Gefühl, etwas Nützliches getan und uns durch unsere eigenen Anstrengungen befreit zu haben.
Am 22. Januar um 19.00 Uhr durchbrachen wir das letzte Packeis und erreichten die offene See. Wir befanden uns jetzt schon 32 Tage im Weddell-Meer und waren wieder an unserem Ausgangspunkt. Vier Tage später machten wir am östlichen Horizont einen dunklen Streifen aus, und als wir näher kamen, stellten wir fest, daß es die Klippen an der Küste des antarktischen Festlandes waren. Es war ein großer Augenblick; wir standen alle an der Reeling und freuten uns am Anblick der gewaltigen Eisklippen, und obwohl in der Fahrrinne noch zahlreiche Eisberge und Packeis schwammen, machte das Schiff gute Fahrt und stieß auf keine Hindernisse mehr.
Am Morgen des 27. Januar waren wir auf 74° Süd und fuhren zwischen großen Eisbergen die Küste entlang. Die Sonne kam heraus, und was wir hier zu sehen bekamen, war viel schöner, als ich es mir je vorgestellt hatte. Wir machten ungezählte Aufnahmen, und der Tag ging schnell vorbei. Am Abend behielten wir die Eisklippen genau im Auge, um die Halley-Bucht nicht zu übersehen, wo die Expedition der Royal Society ihr Basislager eingerichtet hatte. Um 21.00 Uhr waren wir bei 75° 30′ Süd angekommen, als jemand am Rand des Eises zwei schwarze Flecke ausmachte. Kapitän Maro steuerte darauf zu, und bald konnten wir die andere Gruppe begrüßen. Wir wurden herzlich empfangen und waren beeindruckt davon, wie weit die Errichtung des Lagers schon gediehen war. Obwohl diese Expedition später als wir in London aufgebrochen war, hatte sie uns bereits um drei Wochen überholt.
Am 28. Januar um 14.00 Uhr verabschiedeten wir uns von der Expedition

der Royal Society und fuhren weiter die Küste hinunter. In der breiten Fahrrinne zwischen den Eisklippen des Kontinents und dem viele hundert Meilen breiten Packeisgürtel wurden wir kaum noch aufgehalten. Stundenlang fuhren wir an dem von vielen Spalten zerrissenen riesigen Dawson Lambton-Gletscher vorbei, der zwischen den gewaltigen Eisbergen herausquoll, die von ihm abgebrochen waren. Auf der Fahrt mußten wir nur wenige schmale Packeisstreifen überwinden. Die Farben waren unvergleichlich schön; das Samtblau des Meeres und das hellere Blau des Himmels; das blendende Weiß des Schnees und der weiße Gischt vor dem Schiffsbug; die unendlichen Schattierungen von Grün und Blau in den Eisklippen über uns und den Eisblöcken im Wasser unter uns; die schwarzen Rücken der Robben und Pinguine, die sich nicht von uns stören ließen und die leuchtenden Farben an Bord der *Theron* selbst. Ich blieb die ganze Nacht wach, um dieses Schauspiel zu genießen.

Es war ein gewaltiger Anblick, zum erstenmal die schwarzen Nunataker, die Küstenberge der Vahsel-Bucht, zu sehen, den ersten bloßen Fels, der uns in der Antarktis zu Gesicht kam. 28 Meilen weiter fiel das Eisschelf von den hohen Klippen allmählich hinunter bis auf einen etwa eine Meile breiten Streifen Meereseis. Hier gab es wohl eine gangbare Route hinauf auf das ebene Plateau auf der Höhe des Schelfs. Nach einem Erkundungsflug glaubte Bunny, einen Weg vom Filchner-Eisschelf zum Festlandeis gefunden zu haben. Diese Stelle erfüllte daher die Grundvoraussetzungen; das Schiff konnte vor der Küste anlegen, und es gab eine Route zum Pol. Bunny beschloß, das Basislager hier einzurichten.

Am Montag, dem 30. Januar um 8.00 Uhr, begannen wir, die Ladung der *Theron* zu löschen. Leider waren die Traktoren und Amphibienfahrzeuge vom Typ Weasel so tief im Schiffsrumpf verstaut, daß wir zunächst ohne sie auskommen mußten. Nach allem, was ich über Expeditionen in die Polargebiete gelesen hatte, war es ein großer Fehler, das Material auf einer Eisfläche abzuladen, die bei Sturm auseinanderbrechen konnte, aber wir hatten offenbar keine andere Wahl. Das Material wurde mit dem Schiffskran auf Schlitten geladen, die wir dann mit der Hand fortzogen und auf einer glatten Eisfläche entluden. Es waren sehr schwere Kisten darunter, und für unsere ungeübten Muskeln war es harte Arbeit. Als wir es um 23.00 Uhr endlich geschafft hatten, waren wir rechtschaffen müde und konnten befriedigt einen großen Stapel Ausrüstung betrachten, der neben dem Schiff auf dem Eis lag. Ich dachte allerdings mit einiger Sorge daran, was geschehen könnte, wenn das Wetter plötzlich umschlug, war aber zu erschöpft, um mich von so trüben Gedanken vom Schlaf abhalten zu lassen, und kroch zufrieden in die Koje.

Am folgenden Morgen wachte ich mit steifen Gliedern und Muskelkater auf. Als ich an Deck kam, stellte ich fest, daß es sehr kalt geworden war und ein steifer Wind wehte. Die Lufttemperatur lag bei + 4 Grad Celsius. Trotz der verhältnismäßig späten Stunde war ich der erste. Die schwere Arbeit am vergangenen Tag hatte auch die anderen stark mitgenommen. Heute holten wir auch die Fahrzeuge aus dem Schiffsrumpf, und der größte Teil des Vormittags verging damit, die beiden Fergusontraktoren und die beiden Amphibienfahrzeuge vom Typ Weasel auf das Eis zu bringen. David Pratt und Roy Homard setzten sie in Gang, und bald konnten wir alle vier Fahrzeuge einsetzen, um die Ausrüstung zum Fuß der etwa eine Meile von hier entfernten Klippen zu bringen. Dadurch wurde der am Tag zuvor ausgeladene Materialstapel erheblich kleiner. Die Weasels bewährten sich sehr gut auf dem Schnee, waren jedoch technisch nicht ganz zuverlässig. Die Fergusons andererseits waren nichts anderes als umgebaute landwirtschaftliche Traktoren. Als ich bei der Vorbereitung der Expedition damit rechnete, mit Fergusontraktoren ausgerüstet zu werden, hatte ich ein solches Fahrzeug gründlich getestet. Die leuchtend rot lackierten Traktoren waren in der weißen Schneelandschaft schon von weitem zu sehen, und bald stellte ich fest, welches ihre Vorzüge und Nachteile waren. Auf hartem Untergrund und in einigermaßen ebenem Gelände waren sie sehr gut zu brauchen, aber im Tiefschnee oder an steilen Hängen blieben sie stecken. Die größten Schwierigkeiten hatten wir mit der Lenkung, aber nach einiger Zeit wurde ich auch damit recht gut fertig und arbeitete gern mit dem Fahrzeug.

Eine der größten Sorgen bereitete uns der Umstand, daß die meisten Fahrer völlig ungeübt waren; nicht nur, daß sie noch nie auf einem Amphibienfahrzeug oder Traktor gesessen hatten, einige konnten sogar nicht einmal Auto fahren.

Am 1. Februar kam ich verschlafen an Deck und stellte fest, daß es viel wärmer geworden war und am Nordhimmel dunkle Wolken hingen. Bunny machte sich große Sorgen um eines der Amphibienfahrzeuge, das ausgefallen war, und wollte es unter allen Umständen wieder in Gang bringen. Er befahl, das Material in dem Teil des Schiffes auszuladen, in dem die Ersatzteile lagen. Mir kam das etwas gewagt vor, und ich fragte, ob das angesichts des Wetterumschwungs vernünftig sei. Aber er wollte nicht auf mich hören. Nun entluden wir das Schiff so schnell wie möglich,

und als wir gegen Mittag die Ersatzteile gefunden hatten, lag ein riesiger Stapel Ausrüstung neben dem Schiff auf dem Eis. Das Wetter sah bedrohlich aus, und wir legten nur eine ganz kurze Mittagspause ein. Am frühen Nachmittag frischte der Nordwind auf, und es begann ein Schneetreiben. Das Schiff fing an, bedenklich zu schaukeln und sich am Rand des Eises zu reiben. Schwere Brecher ergossen sich über das Eis und durchnäßten das dort aufgestapelte Material. Unter Aufbietung aller Kräfte versuchten wir, möglichst viel mit Schlitten bis zu dem Landestreifen des Flugzeugs zu bringen, den wir auf halbem Wege zur Küste eingerichtet hatten. Bald lag jedoch der Rest der Ausrüstung in tiefen Pfützen.
Es fiel mir schwer, den Traktor in der Spur zu halten, obwohl ich mir die Mühe gemacht hatte, die Fahrspur landeinwärts mit Fähnchen zu kennzeichnen. Man konnte im Schneetreiben nicht mehr die Hand vor Augen sehen, und so fuhr ich nur nach Gefühl von einem Fähnchen zum nächsten, während der Schnee mir unbarmherzig in das ungeschützte Gesicht und die Augen wehte. Gegen 17.00 Uhr erreichte der Sturm seinen Höhepunkt, der Wind heulte von der See heran, und große Wellen schäumten über den Rand des Eises.
Ich kam eben über den Landestreifen zurück, um eine neue Ladung zu holen, als vor mir im Schneetreiben George Lowe auftauchte. Er winkte mir, zu halten, kam heran und schrie mir ins Ohr: »Die beiden Haltetaue sind gerissen, und das Schiff mußte ablegen. Harold Maro wird möglichst bald zurückkommen. Wir lassen die Fahrzeuge auf dem Landestreifen stehen und gehen zurück an den Rand des Eises!« Ich war einverstanden und fuhr langsam zu den anderen geparkten Fahrzeugen zurück. Gegen den Wind ankämpfend gingen wir auf der Fahrspur bis an den Rand des Eises, wo uns ein wüster Anblick erwartete. Der Gischt wirbelte hoch in die Luft, während die Brecher gegen das Eis schlugen. Die *Theron* lag dicht vor der Küste, hob sich mit jeder herankommenden Welle hoch über unsere Köpfe und verschwand, wenn sie in einem Wellental versank, aus unserem Gesichtsfeld. Etwa acht unserer Männer standen hier auf dem Eis, und wir befanden uns in einer sehr unangenehmen Lage, denn wir hatten weder Zelte noch sonst irgendwelche Ausrüstung zur Verfügung. Irgendwie mußten wir an Bord kommen. Wir setzten unsere ganze Hoffnung auf die Tüchtigkeit des Kapitäns, der sicher etwas für uns tun würde. Der Anblick, der sich uns bot, war sehr entmutigend. Viele Kisten lagen im Wasser und waren ganz der Wut der Elemente preisgegeben. Es gelang uns jedoch, auf einen hohen Eisblock hinaufzukommen, der nicht vom Wasser überspült

wurde, und von dem aus wir hofften, auf das Schiff gelangen zu können. Bis dorthin mußten wir durch das Wasser waten, das die Eisfläche schon überschwemmt hatte.
Wir waren noch nicht lange dort, als ein großer schwimmender Eisblock vom Wind herangetrieben wurde und so heftig gegen den Rand stieß, daß die Schollen, auf denen wir standen, erbebten. Doch jetzt war auch der Augenblick gekommen, auf den Kapitän Maro gewartet hatte. Auf der Leeseite unseres Standorts war das Wasser verhältnismäßig ruhig. Mit gewohnter Geschicklichkeit steuerte er das Schiff dorthin und kam längsseits des Eisrandes. Im nächsten Augenblick schwebte die Reeling über uns, wir sprangen hinauf, wurden nach oben gezogen und fielen auf das Deck. Nach wenigen Sekunden waren wir alle an Bord des Schiffes, das nach kurzer Zeit einige hundert Meter aus der Brandung heraus war und gegen den Sturm hinausfuhr.
Am folgenden Morgen lagen wir mehrere Meilen von der Küste entfernt in der schweren See. Aber am frühen Nachmittag drehte der Wind, und die See beruhigte sich. Wir fuhren rasch zurück, um festzustellen, was am Eisrand geschehen war und wie es den fünf Männern ging, die an der Lagerstelle zurückgeblieben waren. Zu unserer großen Erleichterung sahen wir ein paar Gestalten auf dem Eis und stellten fest, daß sie alles glücklich überstanden hatten. Bald waren wir wieder an der alten Stelle, wo wir das Material ausgeladen hatten, und hörten von den anderen, unter welchen Schwierigkeiten sie die Nacht zugebracht hatten. Wir gingen sofort daran, die durchnäßten Sachen, auf denen sich schon eine Eiskruste zu bilden begann, an den Fuß der Klippen zu bringen. Später mußten wir feststellen, daß der Inhalt der Kisten zum großen Teil unbrauchbar geworden war.
Drei Tage arbeiteten wir schwer, um die gesamte Ausrüstung an die Klippen zu bringen. Die Stimmung an Bord war recht gespannt, und wir beobachteten aufmerksam das Packeis nördlich von uns. Jeder war sich der Tatsache bewußt, daß wir uns tief im Weddell-Meer befanden, die Zeit verstrich und wir ganz auf uns selbst gestellt waren. Niemand wollte im Eis festgehalten und gezwungen werden, hier zu überwintern, denn dann hätte Bunny die Überquerung der Antarktis um ein Jahr verschieben müssen, und Kapitän Maro hätte ein ganzes Jahr verloren. Nach dem Mittagessen näherten sich das Packeis und einige mittelgroße Eisberge dem Schiff. Es entstand fast eine Panik, und der Kapitän sagte uns, wir würden bald auslaufen müssen. Den ganzen Nachmittag arbeiteten wir, um die Ausrüstung so schnell wie möglich an den Fuß der Klippen zu schaffen.

Nach dem Tee unternahmen John Lewis und Kapitän Maro einen Erkundungsflug mit der Auster und kamen mit der Nachricht zurück, daß die Lage zwar nicht so gefährlich sei, wie sie aussah, aber das Eis nördlich von uns erheblich zugenommen habe. Bis 1.30 Uhr arbeiteten wir ununterbrochen weiter und hatten das Schiff jetzt bis auf zehn Tonnen Kohle restlos entladen. Um auch das noch zu tun, waren wir zu müde, und da es nicht so aussah, als würde uns das Packeis von neuem einschließen, gingen wir zu Bett.

Als wir am 6. Februar an Deck kamen, sah es aus, als seien alle unsere Befürchtungen unbegründet gewesen, denn das Wetter war klar und kalt, und das Packeis war verschwunden. Wir waren von den Anstrengungen des Vortages noch sehr erschöpft und mußten beim Ausladen der Kohle sehr gegen die Müdigkeit ankämpfen. Zur Mittagszeit war das Schiff leer und der erste Teil unserer Aufgabe erfüllt.

Der größte Teil der Ladung befand sich jetzt auf dem Meereseis am Fuß der Klippen. Nun mußten wir das Material an die Stelle hinaufschaffen, an der das Lager eingerichtet werden sollte. Mit Flaggen bezeichneten wir die Plätze für die einzelnen Depots. Einige von uns bauten aus der Kiste, in der die Schneeraupe verpackt gewesen war, einen Wetterschutz, der den hier überwinternden Männern zur Verfügung stehen sollte, solange sie nur über ihre Zelte verfügten. Jetzt bestand die Hauptaufgabe darin, die Einzelteile der Unterkunftshütte hinaufzubringen, die noch vor Einbruch des Winters aufgestellt werden sollte. Im Winter sei es nicht möglich, eine Hütte zu bauen, Lebensmittel und Brennstoff ließe sich aber auch dann noch aus den Materialdepots herausholen. Das war die Begründung für diese Eile, deren Richtigkeit ich allerdings bezweifelte. Wir schleppten die Hüttenteile nach oben und ließen dafür den größten Teil des Brennstoffs und der Lebensmittel in dem Depot auf dem schwimmenden Eis. Als wir uns hinlegten, war es sehr kalt geworden, und von der offenen Wasserfläche stieg Nebel auf.

In der Nacht hatten wir starken Frost, und morgens früh war die Temperatur auf – 20 Grad Celsius gesunken. Das Wetter war gut, der Wind hatte sich gelegt, und auf dem Wasser hatte sich eine neue dünne Eisschicht gebildet. Den ganzen Vormittag schafften wir das Material ins Lager, aber als wir zum Mittagessen zum Schiff zurückkehrten, stellten wir fest, daß der Wind umgeschlagen war und von Norden schweres Packeis herankam. Es schob das neue Eis vor sich her, und wir sahen, wie Welle um Welle neuen Eises auf uns zukam, das ständig dicker wurde, bis es an manchen

Stellen sechs Zoll stark war. Der letzte Augenblick war gekommen, und die Zeit für den Aufbruch wurde auf 15.00 Uhr festgelegt. Die Expeditionsteilnehmer, die hier überwintern sollten, warfen den Rest ihrer Ausrüstung schnell auf das Eis, wir verabschiedeten uns, die letzten Anweisungen wurden gegeben, und während wir an der Reeling standen und winkten, legte das Schiff ab. Verloren und einsam blieben die zehn Mann auf dem Eis zurück. Nur selten ist eine Gruppe von Forschern so spät im Jahr und mit einer solchen Menge unerledigter Arbeiten in der Antarktis zurückgelassen worden.

Unsere Leute hatten dann auch mit einer ganzen Reihe von Schwierigkeiten zu kämpfen. Den größten Teil des Winters verbrachten sie auf engstem Raum in der aus der Schneeraupenkiste gebauten Behelfshütte. Die Eisfläche auf dem Meer zerbarst bei einem schweren Sturm, und das am Fuß der Klippe angelegte Depot mit fast dem gesamten Brennstoff wurde auf die See hinausgetrieben und ging verloren. Die Gruppe mußte hart ums Überleben ringen. Die Besatzung der *Theron* hatte es dagegen leichter. Zwei Stunden kämpften wir gegen das rasch näher kommende Packeis an. Doch als wir es überwunden hatten, konnten wir ohne größere Schwierigkeiten nach Norden weiterfahren.

Unsere Erfahrungen gaben mir auf der Heimreise über den Atlantik viel zu denken. Ich hatte das Gefühl, wir hatten das Unternehmen recht dilettantisch angepackt, wenn auch mit großer Energie, und zu viele leicht vermeidbare Fehler gemacht. Doch wir hatten Erfahrungen gesammelt, und in mancher Hinsicht war es für mich die beste Vorbereitung auf die Expedition in die Antarktis gewesen. Ich hatte aus erster Hand gelernt, was man tun und was man unterlassen mußte. Beim Verlassen des Weddell-Meers war unsere Gruppe zu einem leistungsfähigen Team geworden. Jetzt konnten wir uns auch an größere Unternehmungen wagen.

13. Ein Winter auf dem Eis

Im April 1956 kehrte ich mit der Überzeugung nach Neuseeland zurück, daß ich meine Expedition so leiten müßte, wie ich es selbst für am richtigsten hielt. Wenn wir 400 Kilometer südlich des McMurdo-Sunds ein Depot für die Expedition anlegten, die den Kontinent überqueren sollte, dann würde das zwar große Mühe machen, aber wir würden auch reichlich Zeit haben, umfangreiche Erkundungen durchzuführen und vielleicht sogar noch weiter nach Süden gegen den Pol vorzustoßen. Die Finanzierung konnte natürlich zu einem Problem werden, und ich durfte weder von Fuchs noch von dem Ross Sea Committee erwarten, daß ihnen eine Erhöhung des Budgets angenehm sein würde. Ich ging unsere Liste für Verpflegung und Ausrüstung sehr genau durch und stellte fest, daß es möglich war, ohne allzu große Mehrkosten notwendige Ergänzungen zu beschaffen.

Mit den Fahrzeugen stand die Sache anders – und ich brauchte viele Fahrzeuge. Die technisch komplizierten und teuren Schneeraupen, die Bunny verwendete, konnten wir uns nicht leisten, so gern wir sie gehabt hätten. Wir mußten uns also mit dem Fergusontraktor begnügen. Die Herstellerfirma in Großbritannien lieh uns drei Traktoren, und auf gutes Zureden stellte uns auch die neuseeländische Vertretung einen zur Verfügung. Ohne mir große Hoffnungen zu machen, erkundigte ich mich bei den Amerikanern, ob sie uns vielleicht ein paar Schneefahrzeuge überlassen könnten. Ich wollte es kaum glauben, als ich die Mitteilung erhielt, daß Admiral Dufek, der Leiter des amerikanischen Unternehmens »Deep Freeze«, uns zwei Amphibienfahrzeuge vom Typ Weasel nach Süden mitbringen wollte. Später zeigte es sich, daß dieses Angebot typisch für die Großzügigkeit des Admirals und seiner Leute war.

Trotz aller Anstrengungen, die ich unternahm, die Expedition mit Motorfahrzeugen auszurüsten, mußte ich erkennen, daß es sich dabei nur um ein Experiment handelte. Unsere verschiedenen wissenschaftlichen Exkursionen und das Anlegen der Depots würden trotz allem in erster Linie mit Hilfe von Schlittenhunden und zwei kleinen Flugzeugen bewerkstelligt werden müssen. Fuchs hatte vorgeschlagen, wir sollten von einer Basis am Fuß des Ferrar-Gletschers diesen Gletscher hinaufgehen, um dann auf einer relativ kurzen und direkten Route über das Polarplateau das am weitesten gelegene Depot am Mount Albert Markham zu erreichen. Dazu mußten wir vom Basislager aus etwa 400 Kilometer zurücklegen. Für die Erledigung unseres umfangreichen Programms einschließlich Vermessungen und geologischen Erkundungen brauchten wir sechs Hundegespanne mit zusammen etwa 60 Hunden. Hunde zu beschaffen war nicht einfach. Im Zoo von Auckland wurden Schlittenhunde gezüchtet, und man stellte uns einige von ihnen zur Verfügung. 25 sehr gute Hunde bekamen wir von der australischen Basis in der Antarktis. Ein Dutzend importierten wir aus Grönland.
Am Fuß des Tasman-Gletschers in Neuseeland richteten wir einen großen Zwinger ein. George Marsh und Richard Brooke begannen dort mit anderen Expeditionsteilnehmern die Ausbildung der Hundegespanne. Zuerst spannten sie sie vor das Chassis eines alten Autos und galoppierten damit über die Landstraßen. Nachdem es zu schneien begonnen hatte, konnten sie mit der eigentlichen Schlittenhundausbildung beginnen.
Die Hundeausbildung erreichte ihren Höhepunkt, als sich im August alle Expeditionsteilnehmer zum gemeinsamen Training am Tasman-Gletscher versammelten. Der 30 Kilometer lange Gletscher mit seiner dicken winterlichen Schneeschicht bot genügend Raum für die Landungen des Kufenflugzeuges und lange Übungsfahrten mit den Hundeschlitten. Jeder Teilnehmer hatte die Möglichkeit, sich mit der Ausrüstung vertraut zu machen, die wir im Süden verwenden wollten, und alle übten sich im Fahren mit dem Fergusontraktor.
Mitte September war die Ausbildung der Hunde beendet. Sie waren nicht mehr so fett, sondern schlank und stark und sahen großartig aus. Sie hatten täglich beladene Schlitten über zwanzig Kilometer den Gletscher hinauf- und hinuntergezogen, und das war ihnen ausgezeichnet bekommen.
In den letzten Monaten vor unserer Abreise hatten wir alle sehr viel zu tun. Wir verfügten über große Mengen von Ausrüstung und Verpflegung, aber als das Expeditionsschiff H.M.N.Z.S. *Endeavour,* das mit Spe-

zialausrüstung aus dem Vereinigten Königreich beladen war, in Wellington eintraf, erlebten wir eine große Enttäuschung. Beim Öffnen des unteren Stauraums waren wir entsetzt, festzustellen, daß Seewasser eingedrungen und ein großer Teil der Ladung unbrauchbar geworden war. Wir arbeiteten rund um die Uhr, um festzustellen, wie groß die Verluste waren und was in Neuseeland ersetzt werden konnte. Dann saßen wir viele Stunden am Telefon, riefen die Herstellerfirmen in ganz Neuseeland an, erteilten neue Aufträge und baten um möglichst kurze Lieferfristen. Wenn unsere Forderungen von vielen Firmen auch schwer zu erfüllen waren, wurde uns doch von allen die rechtzeitige Auslieferung vor der Abreise von Wellington zugesagt – und die Zusagen wurden eingehalten. Zum Glück konnte fast alles aus Lagerbeständen in Neuseeland ersetzt werden. Der Rest kam per Luftfracht aus dem Vereinigten Königreich.
Diese Katastrophe brachte uns eine Menge Extraarbeit, aber auch gewisse Vorteile. In vielen Fällen konnten wir die beschädigte Ausrüstung und die verdorbene Verpflegung durch besser geeignetes Material ersetzen, und da wir diese Dinge jetzt selbst einkaufen und verpacken mußten, wußten wir auch, wo sie sich befanden.
Die acht Monate nach meiner Rückkehr aus dem Weddell-Meer sind wahrscheinlich die arbeitsreichste Zeit meines Lebens gewesen. Ich mußte Vorträge halten und Geldmittel beschaffen, planen und ausbilden, kaufen und verpacken. Es war eine hektische Zeit, aber ich erlebte auch viel Erfreuliches. Das Leben komplizierte sich für mich, als Louise eine Tochter zur Welt brachte und ich versuchte, mein Haus und Grundstück einigermaßen in Ordnung zu bringen.
Meine Mitarbeiter waren ebenfalls vollauf beschäftigt gewesen. Bob Miller und Arthur Helm, der Sekretär des Ross Sea Committee, arbeiteten unermüdlich, John Clayden kümmerte sich um die Flugzeuge, Jim Bates um die Traktoren und Ersatzteile, Peter Mulgrew und Ted Gawn verpackten mit besonderer Sorgfalt die empfindlichen Funkgeräte, und Dutzende anderer Fachleute unterstützten uns, unter ihnen Architekten, Ingenieure, Wissenschaftler, Geschäftsleute und die drei Wehrmachtsteile. Auch die Öffentlichkeit war auf unserer Seite, und das allein stärkte unseren Mut ganz wesentlich.
Ende Dezember begannen wir mit dem Beladen der *Endeavour* (deren Lecks inzwischen dicht gemacht worden waren). Dabei achteten wir darauf, daß die Dinge, die wir zuerst brauchen würden, im oberen Teil des Laderaums verstaut wurden. An Deck standen die fahrbereiten Ferguson-

traktoren, und dort wurden auch die Hunde und Schlitten untergebracht. Auf dem Heck wurde das Flugzeug vom Typ Auster vertäut. Eine weitere Maschine befand sich zerlegt im Schiff.

Am 21. Dezember 1956 nahmen wir Abschied von Neuseeland, und wie immer ging ich mit gemischten Gefühlen an dieses neue Unternehmen. Ich war erleichtert, die vorbereitenden organisatorischen Arbeiten hinter mir zu haben. Ich freute mich über meine tüchtigen Mitarbeiter und hatte volles Vertrauen zu ihnen. Erregt und nicht ganz ohne Furcht sah ich den Anforderungen entgegen, die uns erwarteten, und hatte gewisse Zweifel an meiner Fähigkeit, alle Aufgaben, die auf mich warteten, richtig erfüllen zu können. Bisher hatte ich nicht an die Trennung von Louise und unseren beiden kleinen Kindern denken wollen, aber jetzt konnte ich es nicht mehr vermeiden. Als wir vom Kai ablegten, sah ich meine kleine Familie allmählich im Dunkeln verschwinden. Irgend jemand stimmte das traurige Lied »Now is the Hour« an, und ich war froh, daß in der Dunkelheit niemand die Tränen sah, die mir über die Wangen liefen. Sechzehn Monate würde ich sie nicht wiedersehen. Was würde in dieser Zeit aus ihnen geworden sein?

Unsere Reise zum McMurdo-Sund war sehr abwechslungsreich. Zeitweilig war der Himmel blau, und die Sonne spiegelte sich in den Wellen. Aber dann gerieten wir in den wildesten Sturm, den ich je erlebt habe. Wir fuhren Hunderte von Meilen durch einigermaßen lockeres Packeis und blieben schließlich doch im schweren Eis stecken. Sogar die Stelle, an der wir am Butter Point das Lager aufschlagen wollten, erwies sich als unzugänglich und gefährlich. Wir hatten Glück, die Traktoren, mit denen wir das Gelände erkundeten, wieder auf das Schiff zurückzubekommen, bevor das Eis bei starkem Ostwind auseinanderbrach. Daß wir hier nicht an Land gegangen waren, erwies sich später als richtig, denn wir fanden am Pram Point auf der Ross-Insel, nur zwei Meilen von der amerikanischen Basis am Hut Point entfernt, eine viel günstigere Stelle für die Scott-Basis.

Das Entladen, das wir rund um die Uhr in zwei Schichten bewerkstelligten, ging reibungslos vonstatten. Das Material wurde von den Kränen direkt auf die Schlitten gehoben und dann von unseren fünf Fergusontraktoren 15 Kilometer über das Eis der Bucht an Land gebracht, um auf dem kiesigen Strand am Pram Point neben den Zelten abgeladen zu werden. Die Hütten wurden schon zusammengesetzt von der *Endeavour* heruntergebracht. Das erleichterte das Aufstellen ganz wesentlich. Sie bestanden aus großen, genau zusammenpassenden, isolierten Platten, und da wir sie schon vor der Abreise in Wellington zusammengesetzt hatten, waren die für ihre Aufstellung Verantwortlichen schon ganz mit ihnen vertraut. Am Morgen des 14. Januar wurde der Boden der Meßhütte ausgelegt, um 21.00 Uhr stand die Hütte an Ort und Stelle, und wir hatten für jedes Wetter einen ausreichenden Schutz. Es war ein solides Gebäude, auf das wir sehr stolz waren.

George Marsh teilte mir mit, sein Team habe festgestellt, daß der untere Teil des Ferrar-Gletschers nicht mit Hundeschlitten zu befahren sei. Das war ein schwerer Rückschlag, denn unsere Pläne gründeten sich vor allem darauf, daß wir von diesem Gletscher aus in Richtung auf den Pol vorgehen sollten. Am 15. Januar hatten wir unser Flugzeug von Typ Beaver zusammengebaut und absolvierten einen erfolgreichen Probeflug. Wenige Minuten später befanden wir uns auf dem Flug über den McMurdo-Sund nach Butter Point. Wir überflogen den unteren Teil des Ferrar-Gletschers in beiden Richtungen, um festzustellen, ob die Beurteilung von George Marsh richtig war, aber schließlich mußte ich ihm recht geben. Der Gletscher bestand aus einer Reihe von Schmelzwasserlöchern und Eisspitzen und war von tiefen Spalten durchzogen, in denen große Wassermassen zur See hinunterströmten.

Das Ausladen ging so gut voran, und die Gebäude konnten so rasch aufgestellt werden, daß wir jetzt schon sahen, die Scott Basis würde vor der angesetzten Zeit fertig sein. Dieser Vorteil wurde durch meine Sorge aufgewogen, bald einen gangbaren Weg durch die Berge zu finden. Ich dachte daran, daß Bernie Gunn mir von einem Flug mit einer amerikanischen Maschine im vergangenen Sommer erzählt hatte. Damals waren sie den Skelton-Gletscher hinaufgeflogen, der südlich des Ferrar-Gletschers liegt, und Bernie war überzeugt, es sei der Mühe wert, ihn als möglichen Zugang zum Plateau zu erkunden. Am 18. Januar unternahm ich einen herrlichen Flug mit John Claydon über das Ross-Schelf-Eis und am großen Graben den Skelton-Gletscher hinauf. Die weiten, von Spalten durchzogenen Schneeflächen am oberen Teil des Gletschers führten hinaus auf das polare Plateau. Überall stellte ich Risse und andere Hindernisse fest, aber nirgends hatte ich den Eindruck, daß wir nicht durchkommen könnten. Ich beschloß, sofort eine Erkundung mit Hundeschlitten durchzuführen.

Wir konnten Zeit sparen, wenn wir zwei Hundegespanne mit dem Flugzeug zum Skelton-Gletscher brachten. John Claydon, Richard Brooke und ich flogen hin und suchten aus der Luft nach einer für ein Depot geeigneten Stelle. Neben einer Moräne, etwa 30 Kilometer gletscheraufwärts, entdeckten wir eine ebene Schneefläche. Wir gingen ein paarmal tief hinunter, und der Schnee sah so gut aus, daß John die Landeklappen ausfuhr und zur Landung ansetzte. Ich sah, wie wir uns der Schneefläche näherten, und erst als sich der Gesichtswinkel kurz vor dem Aufsetzen änderte, erkannte ich zu meinem großen Schrecken, daß die Oberfläche, die von oben so glatt ausgesehen hatte, von zahlreichen Unebenheiten übersät war, die teilweise mehr als einen Meter hoch waren.

Als wir den Boden berührten, krachte es gewaltig. Der Schnee war stahlhart. Während wir von einer Erhebung zur anderen schleuderten, wurden wir in den Sitzen hin und her geworfen. Es schien, als müsse das Flugzeug im nächsten Augenblick auseinanderbrechen. John reagierte sofort. Er gab Vollgas und versuchte, durchzustarten. Der Propeller sog sich in die Luft hinein, zweimal krachte es noch laut, und dann waren wir sicher in der Luft. John sah einigermaßen ruhig aus, aber Richard und ich waren bleich geworden und mußten zugeben, daß wir ziemliche Angst gehabt hatten. Es überraschte mich, später festzustellen, daß die Kufen sich trotz des harten Aufsetzens nicht gelöst hatten. Nichts schien beschädigt zu sein. Obwohl unser Selbstvertrauen nach diesem Erlebnis etwas gelitten hatte, flogen wir zum unteren Teil des Gletschers, wo der Boden sehr eben zu sein schien, und John landete glatt. Dies war die ideale Stelle für ein Depot, und wir flogen sofort vier unserer Hundeführer und zwei Gespanne dorthin. Am 28. Januar brach dieses Team zur Erkundung des Gletschers auf.

An den folgenden zehn Tagen löschten wir den Rest der Ladung der *Endeavour* und flogen große Mengen von Ausrüstung und Proviant zum Skelton-Depot. Mit besonderem Interesse verfolgten wir, wie die Hundeschlitten vorankamen, die mit schlechtem Wetter, Gletscherspalten und weichem Tiefschnee zu kämpfen hatten. Am 9. Februar erreichten sie das 2400 Meter hohe polare Plateau und konnten melden, daß sie die Route über den Skelton-Gletscher festgelegt hatten. Wir flogen ihnen mit beiden Maschinen nach, fanden ohne weiteres ihr Lager auf der weiten Schneefläche und landeten neben den Schlitten. Es war ein ziemlicher Schock, aus dem geheizten Flugzeug in den Wind hinauszukommen, wo die Temperatur bei etwa – 23 Grad Celsius lag. Aber es war ein großartiges Erlebnis. Jetzt konnten wir die Hunde, die ihre Aufgabe glänzend gelöst hatten, wieder ins Tal hinunterschicken, aber die Piloten mußten möglichst schnell weiteres Material heranschaffen, um das Depot auf dem Plateau

zu vervollständigen. Am 12. Februar war das Depot aufgefüllt, und wir verfügten 450 Kilometer vom Basislager entfernt über reichliche Vorräte an Verpflegung und Brennstoff.
Am 22. Februar lichtete die *Endeavour* die Anker und trat die Heimreise nach Neuseeland an. Die Mannschaft, die das Lager aufgebaut hatte, fuhr mit. Wir waren diesen Leuten zu großem Dank verpflichtet, denn sie hatten für uns an der Scott-Basis eine sehr bequeme und schöne Unterkunft gebaut. Mit stürmischem Wetter, bedecktem Himmel und kürzer werdenden Tagen kündete sich der Winter an, und wir mußten uns beeilen, mit allen noch im Freien zu erledigenden Aufgaben fertig zu werden. Am 28. Februar besserte sich das Wetter, und wir holten die Hundegespanne und ihre Führer vom Skelton-Depot zurück. Zum erstenmal war die ganze 23 Mann starke Expedition im Basislager versammelt.
Am 5. März nahmen wir die erste Funkverbindung zur Shackleton-Basis auf, und ich führte ein langes Gespräch mit Bunny Fuchs und George Lowe. Es war interessant, aus erster Hand zu erfahren, wie sie vorangekommen waren. Bisher hatten wir unsere Nachrichten aus widersprüchlichen Berichten der Zeitungen und Radiosendungen erhalten. Wir freuten uns, zu hören, daß sie bequem in ihrer Hütte untergekommen waren und sich jetzt auf die Überwinterung vorbereiteten. Mit einem Flugzeug hatten sie eine kleine Vorausbasis eingerichtet, die sie »South Ice« benannt hatten. Sie lag etwa 380 Kilometer südlich der Shackleton-Basis, und drei Mann sollten dort überwintern. Ihre Stimmen klangen zuversichtlich, und die Männer schienen mit dem bisherigen Verlauf des Unternehmens zufrieden zu sein. George Lowe erzählte uns die Einzelheiten, die uns alle so brennend interessierten. Er berichtete, wer welche Aufgabe übernommen hatte, wie die Fahrzeuge sich bewährten, mit welchen Schwierigkeiten sie hatten kämpfen müssen und welches ihre Pläne für die nächste Zeit waren. Wir kamen überein, jede Woche die Funkverbindung aufzunehmen, aber so positiv wie beim ersten Mal verlief das Gespräch später nie wieder.
Der Winter stand vor der Tür. Trotzdem war ich entschlossen, mit den Traktoren noch eine größere Exkursion zu unternehmen, um festzustellen, wie sie sich unter schwierigen Bedingungen bewährten. Eine meiner liebsten Abenteuergeschichten findet sich in dem Buch *The Worst Journey in the World* von Aspley Cherry-Gerrard, der beschreibt, wie Wilson und seine Expedition im Winter 1911 unter äußerst schwierigen Bedingungen einen Vorstoß zum Cape Crozier unternahmen, um eine Kolonie

Ein Fergusontraktor in einer Eisspalte

Königspinguine zu beobachten. Ich beschloß, die gleiche Exkursion mit zwei Fergusontraktoren durchzuführen, die ich wegen der gefährlichen Gletscherspalten mit zwei sehr starken Terylenseilen zusammenband. Jeder Traktor sollte drei mit anderhalb Tonnen Fracht beladene Schlitten ziehen, und ich glaubte, wenn uns dieses Unternehmen gelang, dann würden wir die Reise nach Süden zuversichtlicher antreten können.

Am 19. März wurden die Tage schon kürzer, aber erst jetzt waren die Traktoren wieder fahrbereit. Ellis, Bates, Mulgrew und ich fuhren mit ihnen über die durch den Druck des Eises entstandenen Rippen hinaus auf das Ross-Schelf-Eis. Mein Traktor brach in einen Spalt ein, und als wir ihn wieder freibekommen hatten, wurden wir durch weichen Schnee und schlechte Sicht aufgehalten. Am Abend schlugen wir unser Lager nur 18 Kilometer von der Ausgangsbasis entfernt auf. Am nächsten Tag kamen wir nicht schneller voran. Wir überquerten die berüchtigte »windstille Bucht«, wo die Expedition von Wilson auf große Schwierigkeiten gestoßen war, und ich mußte befürchten, daß der tiefe Schnee ein zu großes Hindernis für uns sein werde. Bei Einbruch der Nacht hatten wir auch an diesem Tag nur 18 Kilometer bewältigt.

Am dritten Morgen war unsere Stimmung sehr pessimistisch, denn der weiche Schnee schien nicht aufhören zu wollen. Zu unserer Erleichterung wurde es etwas besser, als wir in einer Entfernung von etwa 50 Kilometern von der Scott-Basis um den »Terror Point« herumkamen. Hier war der Schnee hart, und wir konnten im dritten Gang mit einer Geschwindigkeit von 10 Kilometern in der Stunde fahren. So ging es einige Stunden weiter, bis wir in einen tiefen Graben zwischen dem Ross-Schelf-Eis und den Hängen des Mount Terror gelangten. Wilson hatte hier große Schwierigkeiten mit den Gletscherspalten gehabt. Deshalb fuhren wir sehr vorsichtig weiter. Die Risse, auf die wir stießen, waren nicht allzu gefährlich, also wurden wir mit der Zeit ungeduldig und beschleunigten wieder das Tempo. Dabei überquerten wir zahlreiche Eisspalten, ohne daß etwas geschehen wäre. Nach einiger Zeit kamen wir an eine Fläche, auf der sich das Eis so übereinandertürmte, daß wir ausweichen mußten und schräg auf die vereisten Hänge des Mount Terror hinauffuhren. Mit rutschenden Ketten kamen wir immer höher, und der Hang rechts von uns fiel immer steiler ab. Schließlich wurde es unmöglich, noch weiter quer über den Hang zu fahren, und wir konnten nur entweder steil hinauf oder wieder dorthin zurück, woher wir gekommen waren.

Wir wendeten die Fahrzeuge hangaufwärts und fuhren Zoll um Zoll die sehr starke Steigung hinauf. Mein Traktor hatte die schwerste Last zu ziehen, und der Boden wurde zu glatt. Die Ketten wollten nicht mehr greifen. Ich blieb eine Zeitlang stehen und überlegte, ob ich schnell genug würde abspringen können, wenn der Traktor ins Rutschen kam und auf das einige hundert Fuß unter mir liegende Schelf stürzte. John, der ein sehr geschickter Fahrer war, hatte seinen Traktor inzwischen hinaufgebracht und die Schlitten an einem sicheren Platz abgestellt. Nun kam er zurück, um mich mit einem Seil nachzuziehen. Am späten Abend kamen wir in eine tief verschneite Senke, etwa 300 Meter oberhalb des Schelfs, und schlugen unser Lager am Fuß der Bergkuppe auf. Hier waren wir Wind und Wetter stark ausgesetzt, aber wir richteten uns recht bequem auf dem festen Schnee ein und banden alles fest, damit es nicht vom Sturm fortgeweht werden konnte. An diesem Tage hatten wir 36 Kilometer zurückgelegt, und die Scott-Basis lag etwa 75 Kilometer hinter uns.

Die ganze Nacht zerrte der Wind an unseren Zelten und legte sich auch am Morgen nicht. Nur ungern krochen wir ins Freie, um nach der primitiven Steinhütte zu suchen, die Wilson und seine Leute vor 46 Jahren hier gebaut hatten. Als wir sie nach vier Stunden noch nicht gefunden hatten,

kehrten wir ins Lager zurück. Mulgrew und ich nahmen uns noch einmal das Buch *The Worst Journey in the World* vor und lasen den entsprechenden Abschnitt. Die Hütte mußte ganz in unserer Nähe sein, und schließlich fanden wir sie nur wenige hundert Meter von unserem Zelt entfernt. Sie stand an einer exponierten Stelle an einem felsigen Kamm oberhalb des Ross-Schelf-Eises. Wir fanden nur noch die lose übereinandergeschichteten Steine des Mauerwerks und darin einen alten Schlitten, ein paar Reagenzgläser, unbelichtete Filmrollen und andere zurückgelassene und unbrauchbare Ausrüstungsgegenstände. In der Dunkelheit der Polarnächte mußte dies ein sehr ungemütlicher Aufenthaltsort gewesen sein.
Nach einer recht stürmischen Nacht bei Temperaturen um – 35 Grad Celsius entschlossen wir uns zur Rückkehr ins Basislager. Wir hatten eine ziemliche Strecke vor uns, und der Winter rückte immer näher. Es war nicht leicht, die Traktoren und Zelte aus dem tiefen Schnee herauszuschaufeln, und wir konnten deshalb erst um 13.30 Uhr aufbrechen. Bevor wir den steilen vereisten Hang hinunterfuhren, hängten wir die vier Schlitten hinter meinen an der Spitze fahrenden Traktor, während Jim am langen Seil den Schluß bildete und als Bremser hinterherfuhr. Wir kamen ohne besondere Zwischenfälle die gefährlichen Hänge hinunter, denn die einzelnen Fahrzeuge hielten einen so großen Abstand voneinander, daß sich eines immer auf sicherem Boden befand. Trotzdem atmeten wir auf, als wir unten ankamen. In der Senke fuhren wir mit Höchstgeschwindigkeit auf den »Terror Point« zu. Das Wetter war gut, es wurde aber ständig kälter. Um 20.00 Uhr zeigte das Thermometer – 43 Grad Celsius an, und wir mußten uns durch tiefen, weichen Schnee vorwärtskämpfen. Wir fuhren viele Stunden weiter und hielten nur an, um aufzutanken. Zu unserem Glück waren unsere Spuren von der Herfahrt noch nicht verweht, und auch nach Einbruch der Dunkelheit konnten wir sie im Scheinwerferlicht erkennen und waren deshalb einigermaßen sicher, daß wir nicht unvermutet in irgendwelche Eisspalten gerieten.
Die Fahrt wurde auf die Dauer entsetzlich eintönig, und die Kälte drang uns bis ins Mark. Wenn man selbst am Steuer saß, war es nicht so schlimm, denn das Fahrerhäuschen aus Segeltuch gewährte einen gewissen Schutz, und man hatte das Empfinden, auch der Motor gäbe etwas Wärme ab. Aber solange man nicht selbst fuhr, konnte man nur auf einem Schlitten frieren. Wenn die Kälte zu unangenehm wurde, sprang man hinunter und lief in der dicken Winterkleidung ein Stück neben den Traktoren her. Dabei erwärmte man sich wieder, geriet aber so außer Atem,

daß man es nicht lange aushielt. In den »Ruhepausen« hatte ich Zeit, nachzudenken, und beschloß, auf den Fahrzeugen irgendeinen Wetterschutz anzubringen.

Kurz vor Mitternacht gerieten wir in Nebel, und neue Schwierigkeiten machten uns zu schaffen. Es fing damit an, daß die Scheinwerfer an meinem Traktor versagten und ich in der Dunkelheit und im Nebel hinter den anderen herfahren mußte. Um Mitternacht hielten wir, um aufzutanken, aber dann wollte Jims Motor nicht mehr anspringen. In der Kraftstoffzuleitung war Kondenswasser gefroren. Jim und Murray versuchten auf sehr drastische Weise Abhilfe zu schaffen. Sie nahmen eine Lötlampe und erwärmten mit der Flamme die Kraftstoffzuleitung und den Tank. So gelang es ihnen, das Eis aufzutauen, und die Leitung war wieder frei. Während sie an dem Fahrzeug arbeiteten, warteten Peter Mulgrew und ich aus sicherer Entfernung darauf, daß der Tank explodierte. In der bitteren Kälte wurde die Batterie in Jims Traktor nicht mehr aufgeladen, und bei dem schwachen Licht verloren wir immer wieder die Spur. Wir wußten, daß wir nicht mehr weit vom Basislager entfernt waren. Deshalb banden wir die Fahrzeuge für die letzten Meilen über die Risse und Wellen, die durch den Druck der Eisschollen entstanden waren, mit Seilen zusammen. Irgendwie fanden wir die Spur wieder und kamen kurz vor 4.00 Uhr morgens zum Basislager. Es war ein langer, anstrengender Tag gewesen. In vierzehn Stunden hatten wir 75 Kilometer zurückgelegt und dabei etwa 40 Liter Kraftstoff für 100 Kilometer verbraucht. Ich hatte mich von der Zuverlässigkeit der Traktoren überzeugt und wußte jetzt, daß meine Ingenieure sie notfalls auch reparieren konnten. Wir beschlossen, an den Fahrzeugen noch gewisse Verbesserungen vorzunehmen, damit sie zu Beginn der Frühjahrsexpedition in tadellosem Zustand waren.

Der lange, dunkle antarktische Winter war viel weniger schlimm als sein Ruf. Wir hatten viel zuviel zu tun, um uns zu langweilen. Die organisatorischen Arbeiten im Basislager kosteten in der Dunkelheit mehr Zeit, und unsere Wissenschaftler waren vollauf beschäftigt. Die Hundeführer arbeiteten wochenlang an der Instandsetzung der Schlitten und Ausrüstung, und die Hunde mußten gepflegt und gefüttert werden. Auch an den Flugzeugen gab es genug zu tun. In den mondhellen Nächten unternahmen wir Flüge mit der Auster und landeten auf dem mit Öllampen gekennzeichneten Landestreifen.

Die wichtigste Arbeit, die während der Wintermonate erledigt werden mußte, bestand wahrscheinlich in der Pflege der Fahrzeuge und Schlitten, die wir für die Reise nach Süden brauchten. Murray Ellis und Jim Bates überholten drei Fergusontraktoren und brachten über den Fahrersitzen starke Überrollbügel an. Außerdem dichteten sie die Fahrerhäuschen aus Segeltuch ab, um die Fahrer besser gegen den Wind und die Kälte zu schützen. Auch an den Ketten nahmen wir Verbesserungen vor, damit sie im Tiefenschnee besser griffen. Anstelle der Stahlkufen brachten wir an den Schlitten neue Kufen aus dem Kunststoff Tufnol an. Auf der Exkursion zum Cape Crozier hatten wir sehr unter der Kälte gelitten, und deshalb baute ich ein geschlossenes Fahrzeug auf Kufen, das wir »Caboose« nannten. Der Rahmen bestand aus zusammengeschweißten Rohren und Winkeleisen. Er wurde mit Sperrholz verschalt, über das wir einen dicken Überzug aus grünem Segeltuch spannten. Die Innenmaße waren nur 4 mal 1.30 Meter, aber trotzdem hatten Kojen, Schränke, eine Küchenbank mit dem Primuskocher und die Funkausrüstung darin Platz. Obwohl das Fahrzeug einem altmodischen Kastenwagen sehr ähnlich sah, waren wir sehr stolz darauf. In der Garage wurde ständig gearbeitet, und die Stimmung hing davon ab, wie gut oder wie schlecht wir mit unseren Vorbereitungen vorankamen. Immer wieder verbesserten wir die Ausrüstung und paßten sie den Bedingungen an, die wir vorgefunden hatten.

Das Leben im Basislager wurde bald zur geregelten Routine. Wir teilten uns die allgemeinen Pflichten, und jeder mußte abwaschen, ausfegen, Schnee und Eis holen, um den Wasserbedarf zu decken, die Öfen und Kocher mit Brennstoff füllen, der in Hunderfünfzig-Kilo-Fässern im Depot lagerte. Für die Freizeit standen uns eine Bibliothek, ein Radio und ein reichlicher Vorrat an alkoholischen Getränken zur Verfügung. In der Messe ging es immer fröhlich zu, und kaum jemand beschwerte sich über die Eintönigkeit, wie das sonst oft geschieht, wenn man auf engem Raum zusammenleben muß.

Wir hatten eine hervorragende Funkverbindung mit Neuseeland, und ich konnte zweimal wöchentlich mit Louise sprechen. Trotzdem vermißten viele von uns ihre Frauen und Kinder – ich natürlich auch. Es bedeutete viel für uns, von unseren Familien zu hören und zu erfahren, wie sich ihr Leben abspielte. Aber manchmal war es auch deprimierend, den Hörer hinlegen zu müssen und daran erinnert zu werden, daß draußen alles kalt und dunkel war und zweitausend Meilen und ein stürmischer Ozean uns von der Heimat trennten.

Das Winterwetter war im großen und ganzen viel besser, als ich erwartet hatte. In den klaren Mondnächten fiel die Temperatur zwar oft bis auf

– 51 Grad Celsius, aber wir konnten bequem auf dem Meereseis spazierengehen und kurze Ausfahrten mit den Hundeschlitten unternehmen. Dafür erhoben sich an manchen Tagen heftige Stürme, und einmal hatten wir fünf Tage lang nie weniger als Windstärke 10. Dabei sorgte ich mich um das Dach unserer Generatorstation, und als der Sturm am heftigsten wütete, mußten wir hinausgehen und es mit Seilen sichern. Der in der Dunkelheit vom McMurdo-Sund herwehende Wind war erstaunlich stark, und ich war froh, als er sich legte und noch alle Gebäude standen.
Die für die wissenschaftlichen Exkursionen zusammengestellten Teams bestanden aus energischen und fachkundigen Männern. Ich war entschlossen, ihre Fähigkeiten im Frühjahr und Sommer voll auszunutzen. Hier ergab sich eine wunderbare Gelegenheit, Tausende von Quadratkilometern unerforschten Gebiets in unserer unmittelbaren Nähe zu erkunden. Unsere erste Aufgabe sollte es sein, das von Fuchs gegenüber dem Mount Albert Markham gewünschte Depot anzulegen. Diese Stelle lag etwa 320 Kilometer südlich des Depots auf dem Plateau. Ich beschloß, noch ein weiteres Vorratslager – das Depot 700 – etwa 650 Kilometer südlich des Depots auf dem Plateau bzw. 800 Kilometer vor dem Südpol einzurichten. Das würde viele Vorteile bringen. Wir konnten mit den Hundegespannen in die gebirgige Gegend hinter dem Beardmore-Gletscher fahren und dieses Gebiet vermessen. Für Fuchs ergäbe sich daraus ein weiterer Sicherheitsfaktor, und das Depot käme auch uns zustatten, wenn ich mich entschloß, weit in das Innere des Kontinents vorzustoßen.
Mit einem begeisterten Bericht schickte ich eine Zusammenfassung meiner Vorhaben an das Ross Sea Committee, und zwar nicht, um dessen Erlaubnis zu erwirken, denn ich glaubte für die Unternehmungen der Expedition allein verantwortlich zu sein, sondern um sie wissen zu lassen, was ich im Sinne hatte, und weil ich um eine zusätzliche Versorgung mit Brennstoff und Verpflegung bitten wollte. Zu meiner Überraschung verbot mir der Exekutivausschuß die Ausführung einer ganzen Reihe von Vorhaben und verlangte schärfere Sicherheitsvorkehrungen für den Fall, daß eine Katastrophe einträte, was allerdings unwahrscheinlich sei. Ich wollte den Ausschuß zwar nicht verärgern, war aber doch überzeugt, daß wir fähig waren, mein Programm zu verwirklichen. Ich tat, als habe dieser Meinungsaustausch nicht stattgefunden, modifizierte meine Pläne geringfügig und bereitete mich außerdem darauf vor, bis zum Pol vorzustoßen, wenn es mir gelänge, genügend Kraftstoff zum Depot 700 zu bringen. Als Leiter einer bloßen Hilfsexpedition war ich eigentlich nicht geeignet.

Wenn wir alles geleistet hatten, was man von uns erwartete – und sogar mehr –, dann konnte ich nicht einsehen, weshalb nicht auch wir ein interessantes Unternehmen anpacken sollten.
Ich brachte viele Stunden damit zu, unsere Versorgung für das Unternehmen im Sommer zu organisieren. Bei den Gesprächen, die ich quer über den Kontinent mit Bunny Fuchs führte, klang seine Stimme in dem knakkenden und rauschenden Lautsprecher, als käme sie von einem anderen Planeten. Man hatte kaum das Gefühl, daß wir beide am gleichen Unternehmen beteiligt waren. Ich erzählte ihm von meiner Absicht, das Depot 700 einzurichten, und ihm schien dieser Vorschlag zu gefallen. Ich bat ihn um eine Liste der Gegenstände, die am weitesten entgegengebracht werden sollten, und er versprach, sie mir später durchzusagen. Ich habe diese Liste jedoch nie bekommen, und nach ungefähr einem Monat stellte ich sie selbst zusammen, nachdem ich ungefähr berechnet hatte, was seine Fahrzeuge brauchten. Ich glaube, die Verschiedenartigkeit unserer Temperamente war schuld an unseren Kommunikationsschwierigkeiten. Ich verlangte ständig nach neuen Informationen, war schnell von Entschluß und bereit, das Programm zu ändern, wenn sich eine bessere Lösung anbot. Bunny plante sehr sorgfältig voraus und hielt starr und unerschütterlich an seinen Entschlüssen fest, wenn er sich einmal entschieden hatte. Ich betrachtete meine Expedition mit der Zeit immer mehr als ein selbstständiges Unternehmen und hatte mit dessen Vorbereitung so viel zu tun, daß ich kaum dazu kam, mir um die Probleme von Bunny Sorgen zu machen.
Der Winter ging erstaunlich schnell vorüber, und bald lag die Wintersonnenwende hinter uns. Jetzt wurde uns bewußt, wieviel wir noch zu tun hatten, und das Arbeitstempo nahm zu. Am 1. August war es um die Mittagszeit schon recht hell, und wir hatten uns an den Wechsel von Tag und Nacht gewöhnt. Im Lauf des Monats wurden die Farben, die mittags am Nordhimmel erschienen, immer prächtiger, ein Anzeichen dafür, daß wir bald wieder die Sonne sehen würden.
Am Morgen des 23. August war der Himmel klar, und die Temperatur lag bei –22 Grad Celsius. Um 11.00 Uhr erglühten die Berge im Westen in einem herrlichen rosenfarbenen Licht, und um 13.30 Uhr leuchtete das Eis auf dem Meer hinter Cape Armitage hell auf. Der Observation Hill wurde von der Sonne beschienen. Die Scott-Basis lag noch im Schatten; deshalb liefen wir in den Sonnenschein hinauf wie Motten, die von der Kerzenflamme angezogen werden. Jetzt konnten wir uns vorstellen, wie es wär-

mer werden würde, und freuten uns darauf, den riesigen roten Feuerball über den Horizont gleiten zu sehen. Ich konnte verstehen, weshalb so viele alte Völker der Sonne göttliche Verehrung entgegengebracht hatten.

Die Wiederkehr der Sonne war das Signal für die Beschleunigung des Arbeitstempos in der Scott-Basis, und wir verwandten viele Stunden auf die Vorbereitung der ersten Frühjahrsexkursionen, bei denen Fahrzeuge und Ausrüstung erprobt und Männer und Hunde trainiert werden sollten. Anfang September unternahmen wir im kalten Dämmerlicht des antarktischen Frühjahrs die ersten größeren Ausfahrten.

Wir legten Depots an, erforschten interessante Gebiete und fuhren Hunderte von Kilometern über Eis und Schnee. Gekräftigt und voller Selbstvertrauen versammelten wir uns dann im Basislager, um die Ausrüstung instand zu setzen, unsere Pläne zu überprüfen und die letzten Vorbereitungen zu treffen. Die sechs Hundegespanne würden weite Strecken zurücklegen müssen. Dabei sollten Tausende von Quadratkilometern erkundet, kartographisch vermessen und geologisch erforscht werden. Die Arbeit der Mannschaften mit den Hundeschlitten würde von den beiden Flugzeugen unterstützt und aufeinander abgestimmt werden. Dazu mußte die Funkverbindung mit dem Basislager und mit mir aufrechterhalten werden, wenn auch ich mich auf dem Marsch befand. Unsere beiden Piloten waren verantwortlich für Such- und Rettungsaktionen, und ich war überzeugt, mich in jeder Lage auf sie verlassen zu können.

An unserer wichtigsten Aufgabe änderte sich nichts. Nach wie vor wollten wir so rasch wie möglich das Depot 700 einrichten. Dieses Vorratslager würde außerhalb der Reichweite unseres Beaverflugzeugs liegen, wenn es an der Scott-Basis startete. Deshalb mußte John Claydon auf dem Ross-Schelf-Eis ein Kraftstoffdepot anlegen. Ich machte mir Gedanken darüber, was aus meinen Plänen werden würde, wenn die Beaver auf einem dieser Versorgungsflüge in Schwierigkeiten geraten sollte. Die Hundegespanne konnten, wenn sie von Flugzeugen versorgt wurden, weite Strecken bewältigen, aber für die Beförderung von Lasten waren sie nur begrenzt geeignet. Wenn wir jedoch auch die Traktoren einsetzten, konnten wir doppelt sicher sein, unsere Aufgabe zu erfüllen. Ich war überzeugt: Würden wir vom Depot auf dem Plateau voll beladen aufbrechen, wären wir bestimmt in der Lage, das Depot 700 allein mit den Traktoren anzulegen.

Alle meine Pläne stützten sich auf diese Voraussetzung. Die Traktoren übernahmen die wichtigste Aufgabe, und die Hundegespanne sollten nur für Erkundungsaufgaben und in Notfällen eingesetzt werden. Sobald die

Peter Mulgrew in der Antarktis

Traktoren auf dem Plateau angekommen waren, konnten wir mit einer vollen Ladung Kraftstoff aufbrechen und sicher sein, daß die Einrichtung des Depots 700 gelang. Aber vorher mußten wir die Traktoren zu dem Depot auf dem Plateau bringen.

Im Winter hatten sich vier Expeditionsteilnehmer ganz besonders intensiv um die Traktoren gekümmert. Wir bezeichneten uns als die »alte Firma«. In dieser Besetzung waren wir auch zum Cap Crozier gefahren, und zwar Jim Bates, Murray Ellis, Peter Mulgrew und ich. Peter hatte sich im Basislager auch sehr gut als Funker bewährt, war aber nie gern untätig im Lager zurückgeblieben. Immer häufiger beteiligte er sich an den Exkursionen, und ich nehme an, er hatte sich schon selbst zur Teilnahme an der Fahrt nach Süden eingeteilt, bevor ich daran gedacht hatte. Mit seiner technischen Geschicklichkeit als Funker hatte er sich auf den weiten Exkursionen unentbehrlich gemacht; wir hatten stets Verbindung mit der Basis und der Außenwelt gehabt, ja manchmal hatte ich sogar das Gefühl, wir täten auf diesem Gebiet zuviel. Jim Bates war eine ganz andere Persönlichkeit; schlank und hager war er ein ausgezeichneter Skifahrer, und es war ihm offensichtlich gleichgültig, wie er aussah und was er anhatte. Jim war ein technisches Genie und hatte eine besondere Erfindergabe. Ich habe nie einen Menschen kennengelernt, der in technischen Dingen mehr Phantasie entwickelte und sich besser zu helfen wußte als er. Murray Ellis war groß, kräftig und sehr zuverlässig. Er war graduierter Ingenieur, gelegentlich etwas mürrisch, übernahm jedoch jede Aufgabe, mochte sie auch noch so unangenehm sein. In schwierigen Lagen war er der beste Gefährte, den man sich wünschen konnte.

Nur wenige Expeditionsteilnehmer am McMurdo-Sund glaubten an die Leistungsfähigkeit unserer Traktoren. Die benachbarten Amerikaner und die meisten Mitglieder der Gruppe in der Scott-Basis zweifelten daran, daß es uns gelingen werde, auch nur 80 Kilometer auf das Ross-Schelf-Eis hinauszufahren, ohne daß eine Rettungsexpedition notwendig werden würde. Für eine Fahrt den Skelton-Gletscher hinauf gaben sie uns keine Chance. Sogar Murray und Jim verloren zeitweilig den Mut, aber je stärker die anderen zweifelten, desto fester wurde mein Entschluß, ihnen zu beweisen, daß sie unrecht hatten. Peter Mulgrew jedoch murmelte immer wieder: »Laß uns bis zum Pol fahren, Ed.«

Auf der Fahrt über das Ross-Schelf-Eis nach Süden

Montag, den 14. Oktober, am späten Nachmittag verabschiedeten wir uns von unseren Freunden und fuhren mit den vier Motorfahrzeugen ab, einem Weasel und drei Fergusontraktoren. Jim Bates konnte sich uns vor dem Skelton-Depot nicht anschließen, und Dr. Ron Balham nahm für den ersten Abschnitt seinen Platz ein. Wir hatten die Fahrzeuge sehr schwer beladen, und es war äußerst schwierig, im tiefen Schnee weiterzukommen. Schon nach drei Kilometern brach einer meiner Schlitten in eine Eisspalte ein, und wir mußten zwölf Kraftstoffässer abladen, den Schlitten heraufziehen und die drei Zentner schweren Fässer wieder aufladen. Dann verteilten wir die Schlitten noch einmal auf die einzelnen Fahrzeuge, um die Lasten auszugleichen, und fuhren wenige Kilometer weiter. Nach fünfeinhalb Stunden waren wir erst 9 Kilometer vorangekommen. In Sichtentfernung von der Scott-Basis schlugen wir die Zelte auf, und ich überlegte, ob die Pessimisten nicht doch recht behalten würden . . .
Der zweite Tag fing schlecht an. Wir kamen in sehr weichen Schnee und konnten unsere Lasten nicht alle auf einmal hinterherziehen. Ich entschloß mich zu einer drastischen Maßnahme und rollte acht Fässer von den Schlitten herunter, die später nachgeholt werden sollten. Nun ging es, wenn auch langsam, weiter. Am Abend hatten wir 35 Kilometer geschafft. Am dritten Tag wurden es 50, am vierten 55 und am fünften 62 Kilometer, obwohl der Motor des Weasel immer wieder zu heiß wurde.
Es waren jetzt nur noch 80 Kilometer bis zu dem Depot, das wir im vergangenen Herbst am Fuß des Skelton-Gletschers eingerichtet hatten, und wir konnten schon die hohen Berge beiderseits des Gletschers sehen. Dann wollte der Weasel nicht anspringen, und Murray plagte sich den ganzen Tag damit ab. Kurz nach 17.00 Uhr brachte er den Motor endlich in Gang. Um 18.00 Uhr war die Traktorenkolonne fertig zur Abfahrt, und wir beschlossen, die Nacht durchzufahren und an das Depot zu kommen, ohne die Motoren kalt werden zu lassen.
Ich steuerte direkt auf die in der Ferne erkennbaren Ausläufer des Skelton-Gletschers zu und betrachtete dabei die eigenartig schöne Landschaft. Im Süden stand die Sonne wie ein glühender Ball über dem Horizont und beleuchtete mit ihren schrägen Strahlen das scharfe Relief der gezackten Eisblöcke. Dabei verwandelten sich Berge und Abgründe in ein prächtiges Muster aus Feuerflammen und tiefen Schatten. Der Himmel glühte in zartem Purpur, während die hohen Gipfel ringsumher eine dunkelrote Färbung annahmen. Wir schwammen in einem Meer herrlicher Färbung,

und solange ich diesen Anblick genoß, vergaß ich sogar die Kälte und alle Strapazen.
Um 4.00 Uhr morgens näherten wir uns dem Skelton-Gletscher. Vom Flugzeug aus waren mir die zahlreichen Eisspalten beiderseits des unteren Teils aufgefallen, und ich wußte, daß wir hier sehr vorsichtig sein mußten. Mit dem Astrokompaß stellte ich sehr genau unseren Standort in der Beziehung zu den uns umgebenden Gipfeln fest und nahm dann Kurs auf die Mitte des Gletschertals. Während wir auf dem unebenen, harten Boden weiterfuhren, spürte ich immer stärker die Müdigkeit und die Kälte. Ich war mir bewußt, daß wir aller Wahrscheinlichkeit nach damit rechnen mußten, hier auf versteckte Spalten im Eis zu stoßen. Wir konnten nur sehr vorsichtig und langsam weiterfahren. Meine Muskeln hatten sich unwillkürlich angespannt, als bereiteten sie sich auf einen plötzlichen und heftigen Sturz vor. Um 6.00 Uhr waren wir auf dem Gletscher, und ich sah mich nach dem Depot um. Bald erkannte ich etwas links von der bisher eingehaltenen Fahrtrichtung einen schwarzen Fleck und lenkte mein Fahrzeug dorthin. Während wir weiterfuhren, vergrößerte sich der Fleck, es wurden zwei und dann drei daraus, und schließlich sahen wir das Zelt, die beiden Hundegespanne und die Materialstapel. Um 7.00 Uhr kamen wir im Lager an, wo uns die Hunde mit lautem Gebell begrüßten, während Bob Miller, George Marsh und Jim Bates, die gestern hierhergeflogen waren, uns die Hände schüttelten. Für die letzten 80 Kilometer hatten wir 13 Stunden gebraucht, waren aber 24 Stunden nicht mehr zum Schlafen gekommen und daher sehr müde. Ich sah auf das Thermometer, das eine Temperatur von –34 Grad Celsius anzeigte. Dann vervollständigte ich mein Tagebuch und kroch dankbar in den Schlafsack.
Die folgenden beiden Tage blieben wir am Skelton-Depot, während Jim und Murray sich den Weasel vornahmen. Sie stellten fest, daß die Verteilerwelle gebrochen war, und es mutete uns wie ein Wunder an, daß das Fahrzeug es bis hierher geschafft hatte. Fachmännisch bauten sie den Motor aus, reparierten die schadhaften Teile und setzten alles wieder zusammen – und das alles bei Temperaturen unter –30 Grad Celsius. Am Spätnachmittag des dritten Tages fuhren wir schwerbeladen weiter den Gletscher hinauf. Der Boden war sehr hart und rauh, und wir kamen rasch voran. Die Hundeschlitten waren schon am frühen Morgen aufgebrochen, und um 21.15 Uhr erreichten wir ihr Lager. Sie hatten gute Arbeit geleistet und an diesem Tag 28 Kilometer zurückgelegt.
Am folgenden Tag wurden wir durch Schnee und Nebel aufgehalten, und

am Morgen darauf war ein starker Wind aufgekommen, so daß wir immer noch nicht weiterfahren wollten. Um die Mittagszeit des 24. Oktober flaute der Wind ab, und wir bereiteten uns zum Aufbruch vor. Kaum waren wir unterwegs, als Wind und Schneetreiben von neuem einsetzten, aber wir beschlossen, weiterzufahren. Am oberen Teil des Gletschers kamen wir auf blankes Eis und in ein Gebiet, das von langen, schmalen Rissen durchzogen war. Wir erinnerten uns an die Erkundungsfahrten im Herbst und wichen nach rechts in einen breiten Graben aus, der neben dem Gletscher nach oben führte. Hier gab es ebenso viele Spalten, aber sie waren meist nicht breiter als 60 bis 90 Zentimeter. Sie waren vielleicht nicht sehr gefährlich, aber es wirkte doch recht ungemütlich, hinter dem Traktor immer wieder offene tiefe Löcher zu erkennen.
Zum Glück wurden die Bodenverhältnisse günstiger, je weiter wir zwischen den gewaltigen Gipfeln durch die herrliche Schneelandschaft hinauffuhren. Der Wind hatte nachgelassen, obwohl noch eine recht steife Brise wehte, die uns jedoch im Vergleich mit dem Sturm, durch den wir gefahren waren, fast wie ein sanfter Frühlingshauch erschien. Jetzt ging es über festen Firnschnee auf einen auffallenden Felsblock zu, den wir Clinker Bluff tauften. Links davon ging ein gewaltiger Eissturz zu Tal, der kreuz und quer von Rissen durchzogen war. Das erschien uns nicht als die geeignete Route für uns, deshalb wandten wir uns nach rechts auf allmählich ansteigende Schneehänge zu, die nach einiger Zeit steiler wurden und in die Schulter des Mount Huggins hineinzuführen schienen. Um 20.00 Uhr hielten wir an und schlugen das Lager auf. Durch schwieriges Gelände waren wir 31 Kilometer vorangekommen. Es war der bisher anstrengendste Tag gewesen. Wir mußten alle zugreifen, um die im Wind flatternden Zelte aufzustellen, aber bald fühlten wir uns wohl und geborgen.
Bei der herbstlichen Erkundung des Gletschers hatten wir festgestellt, daß wir bald an den entscheidenden Abschnitt unserer Reise kommen würden, wo das Eis viele Spalten aufwies und der Hang bedeutend steiler wurde. Der heftige Wind und die schlechte Sicht bereiteten uns große Schwierigkeiten, und sechs Tage fuhren wir ununterbrochen bergauf. Dabei mußten wir unsere Lasten immer wieder abschnittsweise nachholen, wenn es steile Schneehänge hinaufging, und offene Gletscherspalten umfahren. Der Gedanke an die gefährlichen Spalten verließ mich nie, und ich hatte immer ein unangenehmes Gefühl in der Magengrube. Am Abend des 29. Oktober befanden wir uns auf einer Höhe von 2450 Metern nur noch 26 Kilo-

oben links: Angdoule, die Frau von Mingmatsering, mit ihrem Schmuck

oben rechts: Nima Tashi, ein bekannter Sherpaführer

Maskierter Tänzer beim Mane Rimdu-Fest

Der Ama Dablam, im Vordergrund Khumjung

Der Verfasser bei einer Begrüßungszeremonie vor der Schule von Bakanje

Die von uns unterhalb von Namche Bazar über den Dudh Kosi gebaute Brücke

Der Flugplatz von Mingbo in 4728 Meter Höhe, dahinter der Mount Taweche

links: Motorschlitten, im Hintergrund der Mount Herschel

unten: Zum Gipfel des Mount Cook über die große Traverse

meter von dem auf dem Plateau angelegten Depot entfernt. Am folgenden Morgen gegen 6.00 Uhr frischte der Wind auf, und ein heftiges Schneetreiben nahm uns völlig die Sicht. Um 10.00 Uhr klarte es ganz unerwartet auf.

Das Thermometer zeigte – 31 Grad Celsius an. Nach dem heftigen Sturm und Schneetreiben waren alle Fahrzeuge eingeschneit. Zunächst wollten die Motoren nicht anspringen, aber um 11.00 Uhr brachen wir wieder auf. Schon nach wenigen hundert Meilen wurde es sehr windig. Ich fuhr an der Spitze und war völlig geblendet, rollte aber trotzdem weiter durch den tiefen Schnee, denn ich war überzeugt, daß es hier keine Eisspalten gab. Die Temperatur war inzwischen auf – 37 Grad Celsius gefallen, und der Wind frischte weiter auf. Der einzige Punkt, nach dem ich mich richten konnte, war die im Schneetreiben kaum noch sichtbare, blasse Sonnenscheibe. So hielt ich den Kurs mit Hilfe der Sonne und des Astrokompasses, und unsere Fahrzeuge holperten über den unebenen Boden weiter. Es war unmöglich, mehr als 10 bis 12 Meter weit zu sehen, und auch am Boden ließ sich kaum etwas erkennen. An den Fahrerkabinen der Fergusontraktoren rüttelte der Wind, überall blieb der Schnee haften, und die Kälte ging uns durch Mark und Bein. Schließlich hatte ich genug, hielt an, winkte den anderen, und wir alle krochen in das »Caboose«, um etwas zu essen. Es war sehr angenehm, die steif gefrorenen Bekleidungsstücke aufzutauen und etwas Warmes in den Magen zu bekommen. Bis hierher hatten wir nur eine Strecke von etwas mehr als drei Kilometern zurückgelegt.

In der Nacht fiel die Temperatur auf – 39 Grad Celsius, und nur mit allergrößter Mühe ließen sich die Motoren am nächsten Morgen starten. Wir konnten erst um 11.00 Uhr weiterfahren und gerieten auf der Höhe des Passes in einen weiteren Schneesturm. Ich sah nur so viel von der Sonne, um einigermaßen den Kurs zu halten.

Der Boden war wieder uneben, und wir mußten einige sehr steile Geländefalten überwinden. Die Fahrzeuge liefen ohne Stocken, und wir zogen die vollbeladenen Schlitten die steilen Hänge hinauf. Am frühen Nachmittag verdichtete sich der Nebel und verdeckte auch die Sonne. Wir hielten deshalb an und nahmen eine warme Mahlzeit zu uns. Nach meiner Schätzung befanden wir uns 11 Kilometer östlich des Depots. Ich fürchtete jedoch, wir könnten bei so schlechter Sicht daran vorbeifahren. Als die Sonne am Nachmittag wieder langsam durchkam, beschloß ich den Weg fortzusetzen. Wieder übernahm ich für die erste Stunde mit meinem

Traktor die Führung und versuchte einen geraden Kurs einzuhalten. Jedesmal, wenn sich die Sonne für einige Momente blicken ließ, korrigierte ich den Kurs, und wenn sie verschwand, versuchte ich mich an den vom Wind in den Schnee gezeichneten Rippen zu orientieren. Da wir auf diese Weise immer wieder nach beiden Seiten von der Richtung abkamen, hoffte ich, die Abweichungen würden sich gegenseitig ausgleichen und uns dadurch doch ans Ziel kommen lassen.

Nach der ersten Stunde übernahm Jim Bates den Führungstraktor und fuhr nach dem gleichen Prinzip weiter. Nach zwanzig Minuten begann der Nebel sich aufzulösen, und bald klärte es sich völlig auf. Ich saß am Schluß der Kolonne im Weasel und sah, wie Jim unvermittelt seine Richtung änderte und das Tempo beschleunigte. Ich blickte auf und entdeckte einige Kilometer vor uns am Horizont ein winziges schwarzes Dreieck, ein Zelt. Es war das Depot auf dem Plateau.

Nur selten bin ich so erleichtert und froh gewesen. Vor Begeisterung fing ich an, aus Leibeskräften zu rufen und zu singen. Wir hatten mit so vielen Unsicherheitsfaktoren rechnen müssen und waren dabei oft nur durch einen glücklichen Zufall weitergekommen. Aber jetzt hatten wir es geschafft – trotz aller Zweifel der anderen und trotz der eigenen Befürchtungen. Wir waren am Ziel, und dies war einer meiner glücklichsten Augenblicke!

14.
Wettrennen zum Pol

Samstag, 4. Januar 1958
Sir Edmund Hillary, der Eroberer des Mount Everest, und die zu Tode erschöpften Mitglieder seiner antarktischen Expedition erreichten heute den Südpol und legten sich sofort zum Schlafen hin. Sie sind die Gewinner des Wettrennens über die Antarktis und die ersten Menschen, die seit 46 Jahren zum Pol vorgestoßen sind. *Daily News Chicago*

Die Traktoren und Hundegespanne sollten von dem Depot auf dem Plateau möglichst viel Material mitnehmen, und deshalb mußten große Mengen von Kraftstoff und Verpflegung auf dem Luftwege dorthingeschafft werden. Das Wetter war außergewöhnlich unzuverlässig, und es gab lange Perioden, in denen die Flugzeuge nicht starten konnten. Im Depot selbst schienen wir vom Pech verfolgt zu werden. Zuerst verrenkte sich Murray Ellis das Rückgrat und mußte ausgeflogen werden. Dann fiel Peter Mulgrew vom Dach des »Caboose« und brach sich drei Rippen, und auch er mußte uns verlassen. So blieben nur zwei Mitglieder der »alten Firma« zurück, Jim Bates und ich. Das war ein böser Rückschlag. Wir brauchten vier Fahrer, um die Reise fortsetzen zu können, und deshalb nahm ich unseren zweiten Funker Ted Gawn und den Kameramann Dereck Wright für die Sommermonate mit. Bob Miller und George Marsh hatten zunächst ihre Schlitten voll beladen, aber als es sich zeigte, daß die Hunde die schweren Lasten nicht ziehen konnten, luden wir das Material auf die Traktoren um. Unter einigen Schwierigkeiten brachten wir die Schlittenkolonne auf den Weg, aber schon bald kam die Funkmeldung, daß sie in ein Gebiet mit sehr weichem Schnee gekommen sei. Mein Optimismus wurde auf eine harte Probe gestellt.

Die Pechsträhne im Depot war noch nicht zuende. Ich mußte mich nach dem Eintreffen des ersten amerikanischen Flugzeugs bei der Gruppe, die in der Antarktis überwintert hatte, angesteckt haben, denn ich bekam hohes Fieber und starke Gliederschmerzen. Als wir am 21. November aufbrachen, war ich nicht sehr leistungsfähig, die Schneeverhältnisse waren ungünstig, und wir kamen nur langsam voran. Unsere Gesamtladung wog elf Tonnen, und der Weasel bewährte sich hervorragend im tiefen Schnee. Oft zog dieses Fahrzeug allein fünf Tonnen. Es läßt sich nur vermuten, wie sehr die Überbelastung dem Getriebe geschadet hat. Aus Erfahrung hatten wir gelernt, wie sich die Fergusontraktoren im Tiefschnee am besten einsetzen ließen. Der Traktor an der Spitze schleppte keine Schlitten, sondern übertrug die ganze Zugkraft über ein Seil auf den zweiten Traktor. Hinter dem zweiten Traktor hingen zwei Schlitten, die wieder mit dem dritten Traktor verbunden waren, der drei Schlitten zog. Die drei Motorfahrzeuge waren über eine so lange Strecke verteilt, daß zwei oder alle drei ständig gut griffen und dafür sorgten, daß die ganze Kolonne in Bewegung blieb.
Am Ende des vierten Tages erreichten wir einen von Bob Miller nach 55 Kilometern aufgerichteten Schneehaufen und erkannten daran, daß wir längst nicht so rasch vorwärts kamen wie beabsichtigt.
Von hier aus gingen wir auf einen mehr südlichen Kurs und kamen auf festem Boden schneller voran. Am 16. November schafften wir 30 Kilometer, am 17. 50 Kilometer und am nächsten Tag 34 Kilometer bei starkem Wind und ungünstigen Bodenverhältnissen. Dann besserte sich das Wetter ein wenig, und obwohl die Temperatur auf – 34 Grad gefallen war, kamen wir bei ausgezeichneten Bodenverhältnissen am 19. November 50 Kilometer weiter. Am folgenden Tag hatten wir größere Schwierigkeiten, schafften aber auch 48 Kilometer. Diese langen Fahrten bei großer Kälte zehrten an unseren Kräften, und wir beschlossen, am 20. November eine kurze Ruhepause einzulegen. Während ich mich im Schlafsack ausruhte, erhielt Ted Gawn über Funk zwei wichtige Nachrichten von der Scott-Basis. Die eine kam von Bunny Fuchs, der uns mitteilte, er werde die Shackleton-Basis am 24. November mit dem Gros seiner Fahrzeuge verlassen und rechne damit, 32 Kilometer am Tage zurückzulegen. Wenn diese Berechnung stimmte, dann mußten sie etwa am 9. März in der Scott-Basis eintreffen. Das waren schlimme Nachrichten, denn falls sie sich verspäteten, würden sie noch einen Winter in der Antarktis bleiben müssen – und das gleiche Schicksal blühte auch mir. Das wollte ich auf

keinen Fall. Mir war es vollkommen unverständlich, weshalb Fuchs so spät aufbrach. Wir befanden uns schon mehr als fünf Wochen auf der Reise nach Süden und hatten 530 Kilometer hinter uns gebracht. Selbst mit ihren schnelleren und stärkeren Fahrzeugen konnten sie es sich bei den riesigen Entfernungen, die vor ihnen lagen, nicht leisten, leichtsinnig zu sein. Bunny schien nicht begriffen zu haben, mit welcher Energie wir nach Süden vorstießen, und schlug vor, wir sollten das Depot schon nach 600 und nicht erst nach 700 Meilen anlegen. Vielleicht wünschte er aber auch gar nicht, daß wir so weit vorstießen. Da uns nur noch 400 Kilometer vom Depot 700 trennten, war es für mich selbstverständlich, daß wir an der vereinbarten Stelle mit genügend Reserven eintreffen mußten. Jetzt dachte ich vor allem daran, was wir nach Erledigung dieser Aufgabe unternehmen wollten.

Die zweite Nachricht war ermutigender. Das Ross Sea Committee hatte eine Sitzung abgehalten und teilte uns mit: »Wenn Sie sich darauf vorbereitet haben, bis zum Pol vorzustoßen, dann wird der Ausschuß Sie in jeder Weise unterstützen, sobald die offizielle Genehmigung aus London vorliegt.« Als wir wieder auf unseren Traktoren saßen, waren es nur noch 57 Kilometer bis zu der Stelle, an der das Depot 480 angelegt werden sollte, und ich wollte diese Strecke in einem Zuge zurücklegen. Aber es ging nicht so glatt, wie ich gehofft hatte. Wir mußten 8 Kilometer zurückfahren, um ein Benzinfaß aufzuladen, das vom Schlitten gefallen war. Wetter- und Bodenverhältnisse wurden schlechter, und nach einem sehr mühevollen und schwierigen Tag hatten wir nur 28 Kilometer hinter uns gebracht.

Der Morgen des 23. November begrüßte uns mit einem Schneesturm, und Fahrzeuge und Schlitten waren tief eingeschneit. Um 11.30 Uhr waren die Wetterverhältnisse immer noch ungünstig, aber wir hielten es für besser, aufzubrechen, als untätig herumzusitzen. Ich steuerte den Führungstraktor im Stehen, blickte oben aus der Fahrerkabine heraus und bewältigte auf diese Weise die ersten drei Kilometer in sehr unebenem Gelände. Dabei war es nicht leicht, einen genauen Kurs einzuhalten, und ich mußte immer wieder die Richtung ändern, wenn die Sonne herauskam und ich eine genaue Peilung vornehmen konnte. Als wir in dichten Nebel kamen, gab ich auf. Wir versammelten uns im »Caboose« und warteten ungeduldig darauf, daß es sich wieder aufklärte. Kaum erschien die Sonne im Dunst, fuhren wir auch schon weiter, schafften aber bei dem schlechten Licht nur 800 Meter. Hier kippte ein Schlitten an einer hohen Bodenwelle um, die ich aus dem Fahrerhaus nicht hatte sehen können. Nachdem wir den Schlitten freigeschaufelt und mit an die Traktoren gebundenen Seilen aufgerichtet hatten, zogen wir ihn an eine ebene Stelle. Es war nichts beschädigt worden, aber wir mußten erkennen, daß es mehr Schaden als Nutzen bringen würde, wenn wir unter solchen Umständen weiterfuhren. Wir blieben bis 21.00 Uhr stehen und schalteten das Funkgerät ein. Bob und seine Leute befanden sich jetzt 70 Kilometer hinter uns und hatten mit dem gleichen ungünstigen Wetter zu kämpfen. Als wir das Funkgerät abgestellt hatten, war der Nebel immer noch so dicht, und wir setzten uns in aller Ruhe zum Essen hin. Ich hatte mich fast schon entschlossen, die Weiterfahrt für den nächsten Tag aufzugeben, als die Sonne uns plötzlich herauslockte und es möglich schien, doch noch weiterzukommen. Wir konnten es uns nicht leisten, eine günstige Wetterperiode ungenutzt verstreichen zu lassen, deshalb vertrieben wir alle Gedanken an Schlaf und Ruhe und brachen auf.

Erst nach Mitternacht waren wir wieder auf dem Treck, und es bereitete mir keine Schwierigkeiten, mit dem ersten Traktor auf dem richtigen Kurs zu bleiben, obwohl ich die Schneefläche im diffusen Licht unter dem bedeckten Himmel nicht genau sehen konnte. Allmählich veränderte sich der Charakter der Landschaft. Es ging ständig leicht bergan, und überall tauchten Eiskuppen auf, die immer größer wurden, je weiter wir kamen. Wir mußten in Schlangenlinien fahren und die Kuppen umgehen oder sogar über sie hinwegfahren, wenn es keinen anderen Ausweg gab. Da bis zum Depot 480 nur noch 28 Kilometer vor uns lagen, beeilten wir uns und freuten uns daran, wie rasch wir vorwärts kamen. Bedenklich war nur, daß die Zahl der Eiskuppen ständig zunahm und sie immer größer wurden. Am Horizont reckten sich einige ganz beachtliche Blöcke in die Höhe. In den ersten beiden Stunden legten wir fast 16 Kilometer zurück. Jim Bates saß im ersten Traktor, und ich fuhr mit dem Weasel ein paar hundert Meter hinter den Fergusons her.

Nun begannen die Fahrzeuge von mir in schmale Eisspalten einzubrechen und hinterließen dabei etwa 30 Zentimeter weite Löcher. Sie waren nicht groß genug, um gefährlich zu werden, aber man konnte daraus schließen, daß wir jetzt bald auf tiefere und breitere Spalten stoßen würden. Ich beschleunigte das Tempo des Weasel, um die Traktoren zu überholen und sie zu warnen, aber Jim fuhr mit Höchstgeschwindigkeit voran, und es gelang mir nicht, an ihn heranzukommen. Ich schoß in scharfem Tempo um eine Eiskuppe herum und mußte dann plötzlich halten, weil ich fast den

letzten Schlitten gerammt hätte. Die drei Traktoren waren stehengeblieben, und der mittlere neigte sich stark auf eine Seite. Ich ließ den Weasel stehen und ging vorsichtig weiter, um nachzusehen, was geschehen war.
Das war ein wenig erfreulicher Anblick. Der vorderste Traktor stand auf festem Boden, aber hinter ihm gähnte ein großes offenes Loch. Es war so groß, daß man kaum verstehen konnte, wie das Fahrzeug darüber weggekommen war. Der zweite Traktor war halb über den Rand gekippt, und eine Kette war in den Spalt hineingerutscht. Ich klopfte die Oberfläche des Eises vorsichtig mit dem Pickel ab und ging zu Jim an den ersten Traktor. Hier sah ich mit einigem Schaudern in die eisige Tiefe des Spalts hinter ihm. Er hatte es nur der hohen Geschwindigkeit zu verdanken, daß er nicht eingebrochen war.
Zunächst mußten wir den ersten Traktor aus der Gefahrenzone bringen. Ich untersuchte den Boden im weiten Umkreis des Fahrzeugs und stellte sehr bald fest, daß unsere Route über ein Gebiet führte, das durch ein Netz von Spalten zerrissen war. Die auf den Rissen liegenden Schneebrücken waren sehr schwach, und wir befanden uns hier in großer Gefahr. Sehr sorgfältig markierte ich eine Route über alle Spalten, die ich finden konnte, band den ersten Traktor los und sprang hinauf. Etwas nervös wendete ich ihn und fuhr langsam über die Schneebrücken zurück, wobei ich immer damit rechnen mußte, daß sie das Gewicht des Fahrzeugs nicht aushielten. Schließlich kam ich aber doch sicher bis zum Weasel zurück.
Das große Problem war jetzt, den zweiten Traktor freizubekommen. Die linke Kette steckte tief in der Spalte, aber vielleicht konnten wir ihn herausziehen, wenn wir versuchten, die drei anderen Fahrzeuge davorzuspannen. Doch erst mußten wir alle beladenen Schlitten aus der Gefahrenzone bringen. Wir untersuchten das Gelände sehr gründlich, gingen so schnell wie möglich auf unsere alte Spur zurück und zogen alle Schlitten in zwei Etappen an eine weniger gefährdete Stelle. Da wir immer wieder über die gleiche Spur gefahren waren, hatten sich alle Eisspalten geöffnet, und wir sahen, daß unser bisheriger Weg von unzähligen Rissen und Spalten durchzogen war. Nun wendeten wir uns wieder dem festgefahrenen Fergusontraktor zu. Wir banden die drei anderen Fahrzeuge mit dikken Terylenseilen zusammen, die wir dann an dem in den Spalt gerutschten Traktor befestigten. Da wir wahrscheinlich nur eine einzige Chance haben würden, ihn herauszuziehen, mußten wir alles daransetzen, es beim ersten Versuch zu schaffen, und es war sehr wichtig, daß alle drei Fahr-

zeuge gleichzeitig anzogen. Die Seile strafften sich mit einem Ruck, einen kurzen Augenblick rutschten die Ketten im Schnee, und ich dachte: »Wir werden es nicht schaffen!« Aber dann schossen wir nach vorn, und ich wußte, entweder war das Fahrzeug frei, oder das Seil war gerissen. Ich sprang aus dem Traktor, um nachzusehen, was geschehen war. Zu meiner Freude sah ich, daß der dritte Ferguson wieder auf beiden Ketten stand und wir ihn freibekommen hatten. Wir untersuchten ihn von allen Seiten, konnten aber keine Beschädigung feststellen.

Jim war ziemlich erregt und rief: »Seht nur, was für ein Loch da entstanden ist!« Zu meinem Erstaunen sah ich, daß der Boden auf einer großen Fläche eingebrochen und eine Vertiefung entstanden war, in die man ein Haus hätte hineinstellen können. Wir krochen bis an den Rand und blickten hinein. Es war ein unheimlicher Anblick. Die steilen Eiswände gingen so weit hinunter in die Tiefe, daß man hundert Traktoren hätte hineinwerfen können. Jetzt wurde mir klar, welches unwahrscheinliche Glück wir gehabt hatten. Drei Meter weiter links wäre Jims Traktor in dieses Loch gestürzt, wir hätten ihn unter allen Umständen verloren, und Jim hätten wir nur mit Hilfe des Seils das Leben retten können. Als der festgefahrene Traktor freikam, hatte er die dünne Schneebrücke über dem breiten Teil der Spalte gelockert und uns gezeigt, welcher Katastrophe wir entgangen waren. In gedämpfter Stimmung fuhren wir unsere vier Fahrzeuge in der eigenen Spur zu den Schlitten zurück. Die Tatsache, daß wir nur durch einen glücklichen Zufall einen schweren Unfall vermieden hatten, schärfte unsere Aufmerksamkeit so, daß wir jetzt überall Eisspalten zu entdecken glaubten.

Wir stellten die Traktorenkarawane wieder zusammen, fuhren mehrere Kilometer zurück und setzten uns dann in nordwestlicher Richtung in Bewegung, um zu versuchen, unter Umgehung der Spalten auf festeren Boden zu kommen. Die nächsten Kilometer fuhren wir mit äußerster Vorsicht weiter. Wir achteten genau auf die Bodenbeschaffenheit, fanden aber keine Anzeichen für Eisspalten mehr. Allmählich schöpften wir neuen Mut und erhöhten das Tempo.

Ich saß wieder auf dem Weasel und fühlte mich nach den hinter uns liegenden Aufregungen schon etwas wohler, als ich von neuem schmale Risse bemerkte, die die Spuren vor mir überquerten. Wieder waren wir auf Spalten gestoßen. Als wir hielten, befanden wir uns mitten in einer neuen, von Eisspalten durchzogenen Gegend. Wir waren zu müde, um jetzt noch etwas zu unternehmen; wir brauchten etwas zu essen und

mußten uns ausruhen. Deshalb beschloß ich, hier das Lager aufzuschlagen.
Nach einer langen Ruhepause machten wir uns im hellen Sonnenschein energischer an die Lösung unseres Problems. Durch ein Seil gesichert gingen wir voraus, stellten fest, wo die Spalten von Schneebrücken überweht waren, und markierten die Route. Ich setzte mich in den ersten Traktor und führte, obwohl mir die Sache recht unheimlich war, die Kolonne an, denn es war meine Aufgabe, auf der Route vorauszufahren, die ich selbst festgelegt hatte. Ich mußte beweisen, daß die von mir ausgesuchten Schneebrücken die Fahrzeuge auch tragen würden. Etwas nervös überquerte ich die ersten, faßte aber Mut, als sie nur wenig nachgaben, und fuhr zuversichtlich weiter über die folgenden. Alles ging gut, und bald hatte ich die gegenüberliegende Seite des gefährlichen Gebiets erreicht. Ich hielt an und ging zurück, um zu sehen, wie es den anderen ergangen war. Diesmal war es der letzte Traktor, der in Schwierigkeiten geraten war. Nachdem die ersten drei Fahrzeuge die Brücken sicher überquert hatten, hatte sich der Schnee über den Spalten gelockert, und der vierte Traktor geriet ins Schleudern, brach halb ein, konnte jedoch durch die vorausfahrenden Fahrzeuge mit dem Seil auf festen Boden gezogen werden.
Nach sechs Stunden und nachdem wir einen langen Hang hinaufgefahren waren, überquerten wir einen Bergrücken und kamen in ein weites, leicht befahrbares Becken, dessen Schneefläche so eben war, daß Flugzeuge darauf landen und starten konnten. Wir stellten die Fahrzeuge ab und schlugen das Zelt auf, denn hier wollten wir das Depot 480 einrichten. Wir waren am Ende der zweiten Etappe unserer Reise, und es war trotz aller Schwierigkeiten zweifellos die leichteste Etappe gewesen.

Neun Tage blieben wir beim Depot 480 und hatten in dieser Zeit alle Hände voll zu tun. Die Fahrzeuge mußten gewartet und repariert werden. An den Schlitten gab es kaum etwas zu tun. Die Beaver flog Material von einem Depot auf dem Ross-Schelf-Eis heran. Besonders freute ich mich darüber, daß Murray Ellis und Peter Mulgrew wieder gesund waren und mit dem Flugzeug zum Depot kamen. Unsere »alte Firma« war wieder komplett. Der fünfte Teilnehmer an der nächsten Etappe war Derek Wright, und außerdem überredete ich den Pressekorrespondenten unserer Expedition, Douglas Mackenzie, uns auf dem nächsten Abschnitt der Reise zu begleiten. Wir waren also sechs Fahrer, die sich abwechseln konnten, und das erleichterte manches.

Dienstag, den 6. Dezember, brachen wir wieder auf und ließen ein gut aufgefülltes Depot zurück. Die Lasten auf unseren Schlitten wogen jetzt 11 Tonnen. Die Traktoren, die Jim gründlich durchgesehen hatte, befanden sich in einem sehr guten Zustand. Als wir um Mitternacht eine Pause einlegten, um das Funkgerät einzuschalten und etwas zu essen, hatten wir in sechs Stunden 40 Kilometer zurückgelegt.
Das Essen war gut, aber eine Nachricht des Exekutivausschusses beunruhigte mich. Dort hieß es: »Das Depot 700 darf nicht unbemannt zurückgelassen werden, denn die Erfahrung zeigt, daß es sich dann unter gewissen klimatischen Bedingungen nicht auffinden lassen wird.« Ich wußte nicht, welche Erfahrungen hier gemeint waren, aber mir war klar, daß der eigentliche Grund für diese Anordnung in der wachsenden Sorge des Ausschusses um das langsame Tempo lag, mit dem Bunny vorankam. Ich glaubte nicht, daß es einen Sinn habe, das Depot 700 zu bemannen, und war überzeugt, daß Bunny meine Ansicht teilte. Bei der Berechnung un-

Die »alte Garde« auf der Expedition zum Südpol. Der Verfasser, Murray Ellis, Jim Bates, Peter Mulgrew, Derek Wright

serer Position mit dem Libellensextanten hatten sich Abweichungen bis zu 10 Kilometern ergeben, aber die von Bob Miller mit dem Theodoliten errechneten Zahlen würden sehr genau sein. Recht verstimmt setzte ich mich auf den ersten Traktor und fuhr wütend weiter. Nach 60 Kilometern nahmen wir Kurs genau nach Süden, und als wir anhielten, um das Lager aufzuschlagen, hatten wir an diesem Tag 85 Kilometer hinter uns gebracht, die bisher beste Leistung. Auch am folgenden Tag schafften wir 82 Kilometer, obwohl wir an einer Stelle von Eisspalten aufgehalten wurden.

Die starke Beanspruchung auf weiten Strecken machte sich jetzt am Weasel bemerkbar. Am folgenden Tag arbeiteten Jim und Murray sechs Stunden an der Kupplung. Als wir abfuhren, hörten wir im Getriebe noch immer unangenehme Geräusche und rechneten deshalb mit weiteren Schwierigkeiten. Diesmal legten wir nur 42 Kilometer zurück und waren am Ende des Tages zu müde, um noch etwas zu essen. Deshalb krochen wir sofort in die Schlafsäcke. Um 2.00 Uhr nachts ließ ich mich wecken, peilte mit dem Sextanten die Sonne an und konnte nicht wieder einschlafen, bis der Wecker um 5.30 Uhr rasselte, denn nun war es Zeit, das Funkgerät einzuschalten. Der Weasel machte mir ziemliche Sorgen. Wir mußten damit rechnen, daß er bald ausfiel, und ich glaubte kaum, daß die drei Traktoren die ganze Last würden ziehen können, besonders wenn wir wieder in weichen Tiefschnee kamen. Bob und George hatten mich gebeten, etwa 160 Kilometer vor dem Depot 700 ein kleines Zwischendepot anzulegen. Ich beschloß, statt dessen ein richtiges großes Vorratslager für Bunnys Expedition einzurichten, in dem er reichlich Kraftstoff und Öl vorfinden würde. Damit würden wir, wenn der Weasel ausfiel, einen beträchtlichen Teil der Ladung loswerden.

Auf dieser Etappe waren die Hundegespanne mehrere Tage vor uns aufgebrochen, und wir hatten sie noch nicht eingeholt. An diesem Tag stießen wir auf ihre Spuren und folgten ihnen in ein Gebiet mit vielen großen Eiskuppen, in dem wir wieder die uns schon vertrauten Anzeichen für Eisspalten feststellten. Im Zickzack fuhren wir auf eine Anhöhe und sahen in einiger Entfernung einen hohen Schneehaufen mit einer Flagge darauf. Hier sollten wir das Depot für Bob und George einrichten; am 9. Dezember um Mitternacht luden wir das Material an dieser Stelle ab und bezeichneten sie als Midway Depot. Die genaue Position war 81° 30′ Süd, 146° 9′ Ost.

Wir stapelten hier sechs Fässer Kraftstoff, acht Dosen Pemmikan (Dörrfleisch für die Hunde), drei Kisten Verpflegung und einen Kanister Petroleum. Außerdem ließen wir einen Schlitten zurück, stellten ihn senkrecht auf die Kufenenden und befestigten eine Flagge daran, damit er schon aus weiter Entfernung zu sehen war. 800 Meter beiderseits des Depots richteten wir jeweils fünf Schneehaufen auf, die wir ebenfalls mit Flaggen markierten, die es der Gruppe erleichtern sollten, das Depot zu finden. Diese Arbeit nahm fast den ganzen Tag in Anspruch. Deshalb beschloß ich, am Depot zu übernachten, um am folgenden Tag frisch zu sein, denn in den beiden nächsten Nächten wollte ich jeweils 80 Kilometers schaffen, um bis zum Depot 700 zu kommen.

Es ist erstaunlich, wie manchmal alle Berechnungen über den Haufen geworfen werden. Wir brachen unter den besten Voraussetzungen vom Midway Depot auf, aber schon nach etwa 200 Metern fing der Weasel bedenklich an zu klappern. Wir stellten fest, daß ein Zahnrad im Differential gebrochen war, und da wir keine Ersatzteile hatten, konnten wir den Schaden nicht beheben. Wir beschlossen, den Weasel so lange mitzunehmen, bis er völlig den Dienst versagte, und ihn dann stehenzulassen.

Zunächst ging es recht flott weiter, aber nach 16 Kilometern begannen die Fahrzeuge in Eisspalten einzubrechen. Bob Miller hatte uns vor diesem Gebiet gewarnt und einen Funkspruch geschickt, in dem es hieß, 16 Kilometer südlich der ausgeflaggten Stelle befänden sich Eisspalten, die jedoch harmlos seien. Wir sahen auch die Spuren der Hundeschlitten, die ohne einzubrechen über sehr schwache Schneebrücken gefahren waren. Doch für uns erwiesen sich die Spalten als durchaus gefährlich; sie waren tief und breit. Wenn wir sie im rechten Winkel überquerten, verringerten wir zwar die Gefahr, aber angenehm war es nicht. An einer Stelle mußten wir zwischen zwei breiten Spalten scharf wenden. Die Kette eines Traktors geriet dabei an eine Verbindungsstange und riß. Das Fahrzeug stand nun in einer sehr ungünstigen Stellung zwischen zwei tiefen Spalten. Murray und Jim reparierten es mit gewohnter Geschicklichkeit, aber es dauerte lange. Als wir weiterfuhren, mußten wir damit rechnen, daß die Schneebrücken das Gewicht der Fahrzeuge nicht aushalten würden, doch wider Erwarten ging alles glatt. Endlich lag das fünf Kilometer breite, von Eisspalten durchzogene Gebiet hinter uns, doch wir hatten achteinhalb Stunden gebraucht, um es zu überwinden. Einige Kilometer rollten wir fröhlich durch ebenes Gelände. Dann lenkte ich den Führungstraktor auf einen unebenen Hang, der nicht sehr vertrauenerweckend aussah, aber die einzige Möglichkeit zum Weiterkommen bot. Sehr bald holperte mein Traktor

auch schon über die nächste Spalte, und das veranlaßte mich, anzuhalten und das Lager aufzuschlagen.
Jim und Murray bemühten sich stundenlang um den Weasel und versuchten verzweifelt, ihn zu reparieren, aber ohne Erfolg. Über Funk erhielten wir eine Menge neuer und zum Teil guter Nachrichten. Unser Team im Norden hatte reiche Kohlevorkommen und sehr gut erhaltene Fossilien entdeckt, und Bunny Fuchs kam schneller voran als erwartet.
Zu unserem großen Kummer mußten wir den Weasel stehenlassen und verteilten seine Ladung auf die Schlitten. Die drei Fergusontraktoren schleppten jetzt 8 Tonnen, und der aufgegebene Weasel sah in der Schneewüste sehr traurig und verlassen aus. Bald hörten die Eisspalten wieder auf, und trotz der schweren Lasten, die die Fahrzeuge ziehen mußten, kamen wir gut voran. 92 Kilometer vor dem Depot 700 bezogen wir ein neues Lager und hörten über Funk, daß Bob und George 23 Kilometer vor dem Depot angekommen waren. Zwischen Hundeschlitten und Traktoren hatte sich ein kleines Wettrennen entwickelt, und ich beschloß, das Depot auf einem Gewaltmarsch in einem Tag zu erreichen. Wenn auch der Weasel ausgefallen war, ging ich doch einigermaßen zufrieden schlafen.
Eine Zeitlang wurden wir durch schlechtes Wetter aufgehalten, fuhren aber dann nach Südosten weiter in der Absicht, auf Bobs Schlittenspuren zu stoßen. Wir fanden sie nach einer halben Stunde. Dann gerieten wir in tiefen Schnee, der die Fahrzeuge stark beanspruchte. Das Vorwärtskommen wurde immer schwieriger, bis wir anhalten mußten, um die Lasten etappenweise weiterzubringen. Das nahm viele Stunden in Anspruch, und jetzt hätten wir den Weasel gut gebrauchen können. Endlich hatten wir den Tiefschnee hinter uns und fuhren einen unebenen Hang hinauf, auf dem der Boden fester war. Murray brach mit seinem Fahrzeug in einen gefährlichen Spalt ein, konnte aber gerade noch hinüberkommen. Wir suchten nach geeigneten Schneebrücken über vier weitere tiefe Risse und brachten die Traktoren sicher hinüber. Als der Tag sich neigte, hatten wir nur 27 Kilometer geschafft.
Am 14. Dezember kamen wir zunächst gut voran, mußten aber wieder mehrere Kilometer Tiefschnee überwinden, wobei wir die schweren Lasten wiederum etappenweise voranbrachten, was viele Stunden und eine Menge Kraftstoff kostete. Anschließend gelangten wir auf ein Plateau mit weichem Schnee und vielen Schneewehen, konnten aber doch ein flottes Tempo halten. Nach 13 Stunden Fahrt waren es nur noch 16 Kilometer

bis zum Depot 700. Ich fuhr den ersten Traktor, und es ging auf festem Grund eine lange Steigung hinauf. Hier passierten wir eine große Zahl von Eiskuppen. Sie waren immer ein Anzeichen für Eisspalten gewesen, und Bob Miller hatte uns auch vor dieser Gegend gewarnt. Diesmal sah ich die Risse, bevor wir in sie hineingerieten, und bat Murray und Jim, die eine Ruhepause eingelegt hatten, nach vorn zu gehen und die Route festzulegen.

Sie untersuchten den Schnee sehr gründlich, markierten die Spalten und fanden geeignete Übergänge. Dann winkten sie mir, ihnen zu folgen. In vielen Windungen fuhr ich den Traktor durch die Eiskuppen und über die Schneebrücken und kam ganz gut vorwärts. Dann hielt ich vor einer sehr breiten Spalte an. Murray und Jim untersuchten sie genau, um festzustellen, ob die Brücke das Gewicht des Traktors tragen würde. Sie schienen einige Zweifel zu haben, denn sie ließen sich viel Zeit und führten ein langes Gespräch, bevor sie mich heranwinkten. Sie meinten, ich sollte mich möglichst beeilen.

Ich gab das Zeichen zum Anfahren, brachte meinen Motor auf Touren und fuhr auf die Brücke zu. Mit größter Anspannung rollte ich bis auf die Mitte der Brücke, und alles schien glattzugehen. Dann hörte ich plötzlich ein dumpfes Krachen unter mir, und der Traktor kippte steil nach rückwärts. Ich fiel fast aus dem Sitz, war aber geistesgegenwärtig genug, um mich nach vorn zu lehnen und Vollgas zu geben. Die Brücke war eingestürzt, und ich rutschte mit dem Traktor nach. Wenige schreckliche Augenblicke hingen wir am Rand der Spalte, während die Ketten sich in den Schnee wühlten und die Nase des Fahrzeugs sich steil aufrichtete. Dann schaffte es der Motor, wir kletterten die Steilwand hinauf und kippten auf der anderen Seite des Spalts auf festen Boden.

Ich stellte den Motor ab und sprang hinaus, um mir die Sache anzusehen. Hinter mir gähnte ein Riesenloch, in dem der ganze Traktor Platz gehabt hätte, und ich konnte kaum verstehen, wie ich herübergekommen war. Hätte der Motor ausgesetzt, wäre ich verloren gewesen. Nach einigem Suchen fand ich einen besseren Übergang und brachte auch die anderen Fahrzeuge in Sicherheit. Wir waren jetzt 15 Stunden unterwegs, hatten 55 Kilometer hinter uns und waren todmüde. Ich ließ das Lager aufschlagen, denn die nächsten Spalten wollte ich für den folgenden Morgen aufsparen. Es hatte sich als falsch erwiesen, abgespannt und müde an schwierige Probleme heranzugehen.

Nach einer ruhigen Nacht fühlten wir uns kräftiger, Peter Mulgrew und ich seilten uns aneinander, gingen voraus und suchten nach Spalten und geeigneten Übergängen. Ich glaube, für diese Aufgabe eignete ich mich am besten, aber ich hatte immer eine Art Schuldgefühl, wenn ich sie übernahm und es dann den anderen überließ, die Fahrzeuge über die von mir ausgewählte Route zu steuern. Zuerst fuhren wir mit der ganzen Kolonne über eine ebene Fläche, und dann ging es einen Hang hinauf, wo die Spalten breiter, aber die Schneebrücken fester wurden. An der letzten breiten Spalte schienen die Übergänge jedoch recht unsicher zu sein. Die einzige Brücke, die wir zunächst finden konnten, wirkte zu schwach, aber nachdem wir sie genau untersucht hatten, glaubte ich doch, sie werde das Gewicht des Traktors tragen, und winkte Jim Bates mit seinem Fahrzeug heran.

Jim hatte fast die Brücke überquert, als sie in sich zusammenbrach und der Traktor hineinrutschte. Zum Glück verklemmte sich das Führerhaus an der Steilwand der Spalte, und der Traktor blieb schräg darin hängen. Jim kletterte unverletzt heraus, aber er hatte großes Glück gehabt. Die Wände des Spalts gingen viele hundert Fuß steil nach unten in die dunkle Tiefe.

Auf einem weiten Umweg nach Osten brachten wir die anderen beiden Traktoren und die Schlitten hinüber, aber dieser Zwischenfall hatte uns recht nervös gemacht. Von Eisspalten wollten wir nichts mehr wissen. Nun schaufelten wir bis zu den Vorderrädern des eingebrochenen Fahrzeugs eine lange Rampe aus, banden die beiden anderen Traktoren mit Seilen daran fest und zogen den Ferguson aus dem Spalt heraus wie einen Korken aus einer Flasche. Nur ein landwirtschaftlicher Traktor konnte eine so rauhe Behandlung aushalten.

Das jetzt anschließende unebene Gelände überwanden wir in schnellem Tempo. Bis zum Depot 700 waren es nur noch 11 Kilometer, und wir wollten es so schnell wie möglich erreichen. Als wir einen breiten und hohen Bergrücken hinauffuhren, blickten wir uns nach dem Lager und den Hunden um. Auf vielen hundert Kilometern hatten wir keinen besonders markanten Punkt mehr in der Landschaft gesehen, nur die breiten Bodenwellen auf dem Plateau. Jetzt erblickten wir endlich einen richtigen Berg. Vom Kamm des Rückens aus sahen wir weit im Osten ein mächtiges Massiv. Es war das 4600 Meter hohe Markham-Gebirge auf der Südseite des Nimrod-Gletschers. Wenige Augenblicke später kam unter uns ein weites, beschneites Becken in Sicht, und in einer Entfernung von etwa drei Kilometern erkannten wir einen schwarzen Fleck: das Zelt.

Zwei Kilometer vor dem Lager blieben wir noch einmal stecken und mußten die Lasten in Etappen weiterbefördern. Nachdem wir einen Zweitonnenschlitten stehengelassen hatten, krochen wir im niedrigen Gang weiter und pflügten bis zum Lager eine tiefe Furche in den Schnee. Nun kamen uns auch Bob und George entgegen. Wir freuten uns mächtig, sie wiederzusehen, fuhren mit den Traktoren bis an ihr Zelt und suchten uns den geeigneten Platz für unser Lager. Die Hunde begrüßten uns mit lautem Gebell, und wir waren glücklich, endlich das Depot 700 erreicht zu haben. Unsere Hauptaufgabe war damit eigentlich gelöst. Es war das letzte für Bunny Fuchs angelegte Depot und der Anlaß für unser ganzes Unternehmen. Daß wir es mit einer so starken Gruppe und in relativ kurzer Zeit erreicht hatten, rechtfertigte unsere Mühen.

Am ersten Tag im Depot 700 war das herrlichste Wetter, und die Temperatur stieg bis auf – 16 Grad Celsius. Wir nahmen die Funkverbindung mit dem Basislager auf und erfuhren, daß wegen des ungünstigen Wetters im McMurdo-Sund niemand zu uns herausfliegen konnte. Ich kroch wieder in den Schlafsack und fühlte mich wohl wie lange nicht. Seit zwei Monaten war ich mit den Traktoren unterwegs und hatte als einziges Mitglied der »alten Firma« die ganze Reise mitgemacht. Jetzt fühlte ich die Nachwirkungen unserer Kämpfe mit den Eisspalten, der Sorge um den Kraftstoffverbrauch und um das langsame Weiterkommen von Fuchs. Nun hätte ich mein Unternehmen abbrechen, nach der Scott-Basis zurückkehren und mich benehmen können wie ein normaler Expeditionsleiter . . .

Eigentlich hatte ich an diesem Tage nur ausruhen wollen, aber es kam doch zu lebhaften Diskussionen und einer gründlichen Gewissenserforschung. Bob und George hatten mit dem Anlegen des Depots ihre Aufgaben erfüllt und konnten sich jetzt der interessanteren Arbeit der geographischen Vermessungen und geologischen Forschungen zuwenden. Bob lag viel daran, mit zwei Traktoren ein Hilfsdepot weiter östlich anzulegen, aber ich scheute den dadurch bedingten erheblichen Mehrverbrauch an Kraftstoff und wollte nicht so viel Zeit opfern. Die beiden Hundeführer waren auf ihrem Gebiet sehr tüchtig, interessierten sich aber nicht besonders für die Traktoren und hatten auch nichts für meine Idee übrig, noch weiter nach Süden vorzustoßen. Nur ungern stimmten sie dem Vorschlag zu, ihr Depot durch die Beaver anlegen zu lassen, auch wenn das viel leichter zu bewerkstelligen war. Ich wußte natürlich, daß alle diese Widerstände gut gemeint waren und mich davon abhalten sollten, mit den Traktoren weiterzufahren, aber ich ließ mich von meinem Entschluß nicht abbringen.

Zum Abschluß dieses etwas kontroversen Vormittags kamen Murray und Jim von ihrem Zelt herüber, um uns zu sagen, was sie von meinen Plänen hielten. Sie waren der Ansicht, daß sich die Fergusontraktoren bei günstigen Bodenverhältnissen gut bewährt hätten, hatten jedoch ihre Zweifel im Hinblick auf die Möglichkeit, daß wir auch weiter auf tiefen Schnee und breite Eisspalten stießen. Bis zum Pol waren es noch 800 Kilometer, und auf einem so langen Weg konnte uns der Kraftstoff ausgehen. War es daher vernünftig, bis in eine Gegend vorzustoßen, wo wir uns außerhalb der Reichweite der Beaver befinden würden?

Nach diesen Gesprächen war ich recht deprimiert und setzte mich allein in die Sonne, um alles noch einmal zu überdenken. Ich sah zu unseren schwer mitgenommenen Traktoren hinüber und fragte mich ärgerlich, weshalb wir uns mit so wenig für das Fahren im tiefen Schnee geeigneten Fahrzeugen in dieses Abenteuer gestürzt hätten. Was meine Pläne betraf, so war ich überstimmt. Sollte ich also das Unternehmen jetzt abbrechen, wie alle anderen es wünschten?

Ich war überzeugt, daß das Vorhaben gelingen konnte, auch wenn es mit ziemlichen Risiken verbunden war. Wenn es gar nicht anders ging, mußten wir ein oder sogar zwei Fahrzeuge aufgeben. Wir führten Schlitten mit, die auch von Menschen gezogen werden konnten, und im Notfall würden wir zu Fuß weitergehen, wie Captain Scott es vor 46 Jahren getan hatte. Sicherlich war ich irgendwie von meiner Idee besessen, und ich habe wahrscheinlich nie ernsthaft daran gedacht, umzukehren. Ich überlegte mir sogar, wie ich mich versorgen würde, wenn ich allein mit nur einem Traktor nach Süden weiterführe, obwohl ich sicher damit rechnete, daß Peter Mulgrew mich unter keinen Umständen im Stich lassen würde.

Trotz meiner schlechten Laune ging der Tag rasch vorüber, und nachdem wir reichlich gegessen und gut geschlafen hatten, waren wir wieder in ganz normaler Verfassung. Niemand sprach mehr darüber, ob wir die Reise fortsetzen sollten oder nicht. Zu unserer freudigen Überraschung erfuhren wir durch einen Funkspruch, daß Fuchs damit rechnete, zwischen Weihnachten und Neujahr am Pol zu sein. Daraus entnahmen wir, daß er gut vorangekommen war. Wenn wir zur Zeit des Eintreffens von Bunny selbst nur noch zwei Tagereisen vom Pol entfernt waren, dann würde er sicher nichts dagegen einzuwenden haben, daß auch wir unser Vorhaben beendeten. Die Zeitungen berichteten unter großen Schlagzeilen über unser »Wettrennen zum Pol«, aber ich hatte nie die Absicht gehabt, vor Fuchs an den Pol zu kommen. Wenn wir uns beeilten, konnten wir zugleich eintreffen, und das wäre ein phantastisches Ergebnis, das große Anstrengungen kosten würde. Nur der sehr ehrgeizige Mulgrew wollte wirklich erreichen, daß wir das Rennen machten. Jedenfalls war er ehrlich genug, es zuzugeben. Ich schickte Bunny einen Funkspruch, in dem ich ihm sagte, wie ich mich über die Nachrichten freute, und mitteilte, daß wir eine weiter nach Süden führende Route erkunden wollten.

Nach einem gelungenen Flug von der Scott-Basis zum Depot auf dem Ross-Schelf-Eis, wo er die Beaver aufgetankt hatte, kam John Claydon zum Depot 700. Wir waren hocherfreut, ihn wiederzusehen, die neuesten Nachrichten aus dem Basislager zu hören und die Post in Empfang zu nehmen, die sich dort angesammelt hatte. Nach dem dritten Flug brachte er die Nachricht mit, daß Fuchs das South Ice Depot nicht vor Weihnachten verlassen wollte. Er mußte noch 880 Kilometer bis zum Pol zurücklegen und konnte unter keinen Umständen bis Neujahr dort eintreffen. Wir waren bitter enttäuscht. Wir hatten gute Nachrichtenverbindungen zu allen Stellen, die etwas mit der Expedition zu tun hatten, nicht nur zu der Gruppe, die das antarktische Festland überqueren wollte. Alle unsere Pläne waren über den Haufen geworfen. Nach ihrem letzten Versorgungsflug startete die Beaver und ließ einen reichlichen Vorrat an Proviant und Kraftstoff sowie fünf Mann und drei Traktoren im Depot zurück. Die Scott-Basis lag 1168 Kilometer hinter uns, und bis zum Südpol waren es 800 Kilometer. In gedrückter Stimmung blickten wir dem Flugzeug nach, das am östlichen Horizont verschwand.

Am 20. Dezember brachen wir mit 20 Fässern zu je 160 Litern Kraftstoff auf. Das genügte, um uns bis zum Pol zu bringen, wenn der durchschnittliche Kraftstoffverbrauch der gleiche blieb wie bisher. Aber über Reserven verfügten wir nicht. Wir steuerten nach Südwesten in der Hoffnung, dabei die Spalten zu vermeiden, die uns bisher so oft aufgehalten hatten. Die Schlitten waren nicht mehr so schwer beladen, aber tiefer Schnee und viele Schneewehen zwangen uns zu einem langsamen Tempo. Nach 44 Kilometern mußten wir zwei breite Spalten überwinden und stellten vier weitere fest. Wir hatten 24 Stunden nicht geschlafen, und es wurde Zeit, eine Ruhepause einzulegen. Um 5.30 Uhr empfingen wir einen Funkspruch von Bunny, in dem er bestätigte, daß auch seine Gruppe Schwierigkeiten mit Eisspalten hatte und er in ein oder zwei Tagen am South Ice Depot eintreffen werde. Auch der Ausschuß wies mich an, bis dahin nicht über das Depot 700 hinaus vorzustoßen, das jetzt bereits 44 Kilometer hinter uns lag. Ich setzte den folgenden Funkspruch an Bunny ab:

An Fuchs persönlich.
Habe die Depots wie vorgesehen aufgefüllt. Verließ D 700 gestern mit drei Fergusons und 20 Kraftstoffässern in der Absicht, die Route auf weiteren 320 Kilometern zu erkunden und, wenn ich gut vorankomme, zum Pol vorzustoßen. Habe gestern unter schwierigen Bedingungen 44 Kilometer zurückgelegt. Wurde von Eisspalten aufgehalten. Werde weiter nach Süden vorstoßen, wenn Fahrzeuge und Kraftstoff unser sicheres Vorwärtskommen gewährleisten; entweder durch das Anlegen eines weiteren Depots oder andere von Ihnen vorzuschlagende Maßnahmen. Bis ich Ihre Antwort erhalte, werde ich 160 Kilometer über D 700 hinaus vorgehen und Gebiete mit Eisspalten kennzeichnen . . .
Beste Wünsche für ein rasches Vorwärtskommen vom South Ice Depot.
Ed Hillary.

Die nächsten zwei Tage hatten wir zuviel mit Eisspalten zu tun, um an irgend etwas anderes zu denken, und kamen nur sehr langsam weiter. In einem von besonders vielen Spalten durchzogenen Gebiet hatten wir großes Glück, daß wir nicht das »Caboose« und sogar einen Traktor verloren. Am dritten Tag gingen wir wieder auf südlichen Kurs und kamen bedeutend besser voran. Am 24. Dezember um 8.00 Uhr morgens hatten wir 74 Kilometer hinter uns gebracht und auf der ganzen Strecke keine einzige Spalte gesehen. Das Depot 700 lag jetzt 176 Kilometer hinter uns.
Am Heiligen Abend erhielten wir gute Nachrichten von Fuchs, der uns mitteilte, er werde am 25. Dezember vom South Ice Depot aufbrechen, und uns über die Einzelheiten seiner Pläne informieren. Ich war froh, von ihm zu hören, denn nun wußte ich, wo er sich befand, daß er keine weitere Hilfe brauchte und auch gegen unser Vorstoßen nach Süden nichts einzuwenden hatte. Für den Fall, daß er es sich noch anders überlegen sollte, beschloß ich, einen Tag zu warten und dann zum Pol aufzubrechen.
In den nächsten 24 Stunden erholten wir uns gut. Wir waren in bester Stimmung, hörten mit großem Interesse eine Weihnachtssendung im neuseeländischen Rundfunk und die Stimmen unserer Angehörigen. Wir veranstalteten sogar ein kleines Festessen, und Murray Ellis spendierte eine Flasche Brandy. Bei dieser Gelegenheit nahmen wir Derek Wright offiziell als fünftes Mitglied in die »alte Firma« auf.
Am ersten Weihnachtsfeiertag um 19.00 Uhr waren wir marschbereit. Jetzt hatten wir nur noch ein Ziel im Auge; so schnell wie möglich zum Pol zu kommen. Zwölfeinhalb Stunden später schlugen wir das Lager auf,

nachdem wir 91 Kilometer gefahren waren und dabei nur ein kleines Gebiet mit schmalen Eisspalten überquert hatten. An den folgenden beiden Tagen waren die Verhältnisse nicht so günstig. Wir kamen in Höhen von mehr als 3000 Metern, und oft war die Sicht schlecht. Doch immerhin waren wir mit Tagesleistungen von 70 und 64 Kilometern gut vorangekommen und befanden uns jetzt auf halbem Wege zwischen dem Depot 700 und dem Südpol. Aber wir waren so erschöpft, daß uns nichts mehr freute. Wir fühlten uns von aller Welt abgeschnitten, und wenn irgendein Unglück geschah, wußten wir, daß uns wohl niemand finden würde.
Als Peter mir einen Funkspruch von Fuchs übergab, konnte ich kaum glauben, was darinstand. Bunny war im Begriff, das South Ice Depot zu verlassen – und machte sich Sorgen um den Kraftstoff. Er bat mich, in einer »angemessenen« Entfernung vom Depot 700 ein weiteres anzulegen, und verlangte, ich sollte den Versuch, zum Pol vorzustoßen, aufgeben.
Ich brauchte keine schwierigen Berechnungen anzustellen. Wir hatten gerade genug Kraftstoff, um entweder zum Pol oder zurück zum Depot 700 zu kommen. Die einzige Möglichkeit, noch ein Depot anzulegen, hätte darin bestanden, hier zu bleiben und zu hoffen, Bunny werde eintreffen, bevor unsere Verpflegung verbraucht war. Viel leichter und sicherer wäre es, mit dem Flugzeug weitere Kraftstoffreserven an das Depot 700 zu bringen oder sich aus ein paar Fässern zu versorgen, die die Amerikaner am Pol hinterlassen hatten. Ich hatte den unfreundlichen Verdacht, Bunny wollte uns auf diese Weise davon abbringen, an den Pol zu kommen, ohne es direkt zu sagen. Ich hatte nicht die Absicht, einen Monat oder noch länger irgendwo im Niemandsland zu sitzen, während uns der Proviant ausging, und meine Gefährten bestimmt auch nicht. Ich beschloß daher, mit der Beaver weiteren Kraftstoff zum Depot 700 einfliegen zu lassen, selbst aber den Treck zum Pol fortzusetzen. Das teilte ich Fuchs auch mit.
(In Wirklichkeit hatte seine Gruppe genügend Kraftstoff. Wir hatten an den verschiedenen Depots 50 Fässser für sie bereitgestellt, und als Fuchs mit seinen Leuten an der Scott-Basis eintraf, verfügte er noch über einen Vorrat von 30 Fässern.)
Steif gefroren und müde setzten wir die Fahrt fort und schafften am ersten Tag 71, am zweiten 73 und am dritten 68 Kilometer. Wir befanden uns jetzt auf 3310 Meter Höhe, und unsere Motoren wurden außerordentlich stark beansprucht. Auch die Verwendung des Sextanten wurde immer problematischer. Das Luftbläschen in der Libelle wurde immer größer,

weil der Alkohol durch einen Riß entwich, und ich konnte keine präzisen Messungen mehr vornehmen, wußte also nicht unsere genaue Position.
Am Abend ließen wir uns vom Wecker aus dem Schlaf holen, und als wir um 19.00 Uhr abfuhren, geschah dies in recht gedrückter Stimmung. Dann kamen wir wieder – wie schon so oft – in tiefen, weichen Schnee. Aber es war nicht der Schnee, den wir gewohnt waren. Er war grundlos und so locker, daß die Fergusontraktoren ihn nicht bewältigen konnten. Immer wieder blieben wir stecken und mußten die Fahrzeuge auseinanderbinden, um Schlitten und Traktoren einzeln herauszuziehen. In sechs fürchterlichen Stunden kamen wir nur 10 Kilometer voran, und unsere Kraftstoffvorräte schrumpften zusammen; nur selten habe ich mich so hilflos gefühlt. Auch wenn die Traktoren keine Schlitten mehr ziehen mußten, war es sehr schwierig, sie voranzubringen. Wenn die Schneeverhältnisse noch ungünstiger wurden, mußten wir damit rechnen, endgültig steckenzubleiben. Das war eine böse Überraschung, und sie kam zur denkbar ungünstigsten Zeit. Wir waren viel zu weit vom Depot 700 entfernt, um dorthin zurückfahren zu können. Wir mußten weiter, auch wenn die Bodenverhältnisse immer ungünstiger zu werden schienen. Ich beschloß es noch einmal zu versuchen, bevor ich zu wirklich drastischen Maßnahmen griff. Wir schaufelten die Schlitten aus, banden die ganze Kolonne wieder zusammen und versuchten mit einem Ruck anzufahren. Aber es gelang nicht. Hundert Meter pflügten die Fahrzeuge durch den tiefen Schnee, dann blieben sie stecken, und alle drei Traktoren versanken im grundlosen Schnee.
Es blieb nichts anderes übrig, als unsere Verpflegungsreserven, das Petroleum und alles Material, das wir nicht dringend brauchten, abzuladen und zurückzulassen. Es wurde ein ganz ansehnlicher Stapel. Dann banden wir die übrigen Schlitten und die Traktoren zu einer kleinen, kompakten Kolonne zusammen: drei Traktoren, das »Caboose« und zwei beladene Schlitten. Mit diesen wenigen Fahrzeugen mußte es gelingen, weiterzukommen. Wir versuchten alles; wechselten die Schlitten aus, veränderten die Reihenfolge der Traktoren und fanden schließlich ein System, mit dem wir ganz langsam weiterkriechen konnten. Aber wir verbrauchten dabei erschreckende Mengen von Kraftstoff. Als wir nach 13 Stunden anhielten, waren wir fast 36 Kilometer weiter, eine Leistung, die ich nie für möglich gehalten hätte. Jetzt verfügten wir noch über 4 Fässer Kraftstoff und mußten damit 112 Kilometer zurücklegen.
Ich wollte auf keinen Fall einen Traktor aufgeben oder das »Caboose« zu-

rücklassen, das für mich zum Symbol unserer kleinen Kolonne geworden war. Ich hatte es selbst entworfen, beim Bau geholfen, und nur weil wir darin Schutz und Wärme gefunden hatten, war die ganze Reise einigermaßen erträglich gewesen. Wenn es uns nicht gelang, die drei Fergusontraktoren und das »Caboose« zum Pol durchzubringen, dann war unser Unternehmen so gut wie gescheitert, und ich beschloß, nur im alleräußersten Notfall auf eines dieser Fahrzeuge zu verzichten.
Als wir am nächsten Abend aufwachten, war die Temperatur auf - 33 Grad Celsius gesunken, und es wehte ein starker Wind. Der Treibschnee hatte die Schlitten stark zugeweht und war in die Traktoren eingedrungen. So mußten wir die Fahrzeuge, bevor wir die Motoren starteten, ausschaufeln und mit einem Heißluftgebläse anwärmen. Das verzögerte die Abfahrt um mehr als eine Stunde und war besonders ärgerlich, weil wir übereingekommen waren, alles daranzusetzen, so rasch wie möglich ans Ziel zu gelangen. Wir wollten bis zum Pol durchfahren. Um 20.14 Uhr hatten wir die Schlitten aus dem Schnee gezogen und fuhren ab. Die Wetterverhältnisse waren ungünstig; es war kalt und windig, und die Sicht wurde durch Nebel und Wolken behindert. Die Sonne versteckte sich immer wieder, aber sie verschwand nie sehr lange, so daß wir nicht weit vom Kurs abkamen. Langsam fuhren wir im niedrigen Gang weiter. Nach zwei Stunden ging es etwas leichter voran. Der Höhenmesser zeigte, daß wir allmählich tiefer kamen, ein günstiges Zeichen, denn der Südpol liegt auf einer Höhe von 2806 Metern. Streckenweise konnten wir jetzt sogar den dritten Gang einlegen und das Tempo wesentlich beschleunigen. Das Wichtigste war die korrekte Navigation. Bei jeder Gelegenheit peilte ich die Sonne an und stellte unsere Position fest. Zu meiner Erleichterung stimmten die Ergebnisse recht genau überein, obwohl die Luftblase in der Libelle größer wurde und das Anpeilen der Sonne erschwerte.
Zwölf Stunden fuhren wir ohne anzuhalten weiter, und am 3. Januar um 8.00 Uhr hatten wir 48 Kilometer geschafft. Wir hielten an, versammelten uns im »Caboose«, um etwas zu essen, und ich sah die elenden und abgespannten Gesichter meiner Gefährten. In gedrückter Stimmung kauten wir auf dem faden Essen herum. Um 9.00 Uhr nahmen wir Funkverbindung mit der Scott-Basis auf und erreichten die Gruppe von Bunny Fuchs zum erstenmal über Sprechfunk. Wir konnten seine Stimme nur sehr schwach hören, als er uns seine Position mit 84° 30′ Süd angab. Er befand sich also noch 608 Kilometer vor dem Pol. »Mein Gott, er fährt rückwärts!« murmelte jemand. Wir waren wirklich enttäuscht, denn nun

stellte sich heraus, daß eine frühere Meldung von ihm, nach der er schon weiter vorangekommen sein mußte, falsch gewesen war.
Mit akutem körperlichem Unbehagen kletterte ich in das Halbdunkel des Führerhauses und startete den Motor. Dann gab ich das Zeichen zur Abfahrt, trat auf die Bremse, um den Traktor auf den richtigen Kurs zu bringen, gab Vollgas und setzte mich langsam in Bewegung, während die Ketten im tiefen Schnee durchdrehten und wir nur sehr langsam einen Kilometer nach dem anderen hinter uns ließen. Um 14.00 Uhr machten wir eine kurze Essenspause, korrigierten den Kurs und fuhren weiter. Vor Müdigkeit konnten wir kaum die Augen offenhalten. Nur die antarktische Kälte, die uns durch alle Glieder kroch, hinderte uns am Einschlafen. Um 19.00 Uhr nahm ich an, wir seien auf etwa 20 Kilometer an den Pol herangekommen, und hielt nach allen Seiten Ausschau, um nur nicht daran vorbeizufahren. Nach einigen Kilometern konnte ich immer noch nichts erkennen. Es war 20.00 Uhr und Zeit für die Ablösung der Fahrer.
Eben wollte ich das Zeichen zum Halten geben, als ich plötzlich in der Ferne etwas rechts von unserer Fahrtrichtung einen schwarzen Fleck erblickte. Ich rieb mir die Augen und sah wieder hin, aber er war immer noch da. Fast automatisch lenkte ich den Traktor darauf zu. »Sicher ist es eine Flagge!« Erregt fuhr ich einige hundert Meter weiter, hielt an, sprang vom Fahrersitz und winkte den anderen aufgeregt zu. Dann rannte ich zum »Caboose« zurück, um das Fernglas zu holen. Es war eine Flagge, und bald sahen wir links und rechts eine ganze Reihe weiterer Markierungsflaggen.
Wir waren ungeheuer erleichtert. Ich glaube, keiner von uns konnte mehr ganz klar denken. Wir waren 24 Stunden unterwegs und hatten in dieser Zeit 96 Kilometer zurückgelegt.
»Die Flagge genügt mir«, sagte ich, »ich gehe jetzt zu Bett.«
Als wir am nächsten Tag, es war der 4. Januar, den Pol erreichten, hatten wir eine Reserve von 80 Litern Kraftstoff, die uns nur noch 20 Kilometer weitergebracht hätten. Was war nun das Ergebnis unseres Trecks nach Süden? Wir hatten die von Eisspalten durchzogenen Gebiete erkundet, die Route festgelegt und waren die erste Expedition gewesen, die mit Motorfahrzeugen auf dem Landwege an den Südpol gekommen war. Das bedeutete, glaube ich, schon einiges. Aber wir hatten keine wissenschaftlichen Daten über das Eis gesammelt und wußten nur wenig über seine besonderen Eigenschaften. Wir hatten bewiesen, daß man mit genügend Begeisterung und guten Mechanikern landwirtschaftliche Traktoren zum Südpol

bringen konnte. Durfte man dafür sein Leben riskieren? Die Presse ereiferte sich in zustimmenden und ablehnenden Kommentaren über unser Unternehmen, aber für mich war meine Entscheidung selbstverständlich gewesen. Ich hätte jede Selbstachtung verloren, wenn ich nicht weitergefahren wäre. Ich mußte die Reise ganz einfach fortsetzen.

Bunny Fuchs traf am 20. Januar 1958 auf der Polstation ein. Enttäuscht darüber, daß er so langsam vorangekommen war, und weil ich nicht einen zweiten Winter in der Antarktis verbringen wollte, hatte ich ihm vorgeschlagen, die Reise am Pol zu unterbrechen und im folgenden Sommer fortzusetzen. Das wollte Bunny nicht tun, und er hat bewiesen, daß er recht hatte.

Mit seinen vier starken Snow-cats fuhr er auf unserer Route in 15 Tagen zum Depot 700 zurück. Ebenso lange hatten auch wir gebraucht, dabei stellte seine Gruppe eine Reihe von seismischen Beobachtungen an. Zwei seiner Fahrzeuge wurden in den Eisspalten südlich des Depots beschädigt. Ich schloß mich ihm am Depot 700 an und übernahm für den Rest der Überquerung des Kontinents die Aufgaben des Führers und Navigators. Auf langen Strecken konnten wir den Spuren der Fergusontraktoren folgen, die vom antarktischen Sturm ausgeweht worden waren, und tagelang lag ich in meinem doppelten Schlafsack in der ungeheizten rückwärtigen Kabine eines Schneefahrzeugs und sehnte mich nach dem warmen »Caboose«. Bei schlechtem Wetter oder wenn wir auf Eisspalten stießen, erwiesen sich meine Ortskenntnisse als nützlich. Am 2. März trafen wir an der Scott-Basis ein, gerade rechtzeitig, um von der *Endeavour* nach Norden mitgenommen zu werden. Es war wunderbar, nach so langer Zeit wieder ein friedliches Leben im Kreis der Familie führen zu dürfen – während Bunny und seine Leute bei ihrem Eintreffen in London wie Helden gefeiert wurden.

15.
Wie hoch kann man steigen?

Drei volle Jahre hatte ich mich mit der Antarktis beschäftigt, und jetzt glaubte ich, es sei Zeit, ein etwas ruhigeres Leben als Familienvater zu führen. Die heftige Kontroverse in der Presse um das »Wettrennen zum Pol« hatte mich ziemlich mitgenommen. Deshalb fiel es mir nicht schwer, auf eine Vortragsreise nach Übersee zu verzichten, bei der ich über die Expedition hätte berichten sollen. Ich konzentrierte mich auf mein neues Buch und kehrte zu meiner Arbeit in der Imkerei zurück. Viel Zeit verwendete ich darauf, mein Land in Ordnung zu bringen, und übte dabei die anstrengende, aber gesunde Tätigkeit eines typischen Neuseeländers aus, der auf dem Lande lebt.

Noch immer zog es mich in die Berge. Vier Monate nach unserer Rückkehr fuhren Peter Mulgrew und ich im Winter nach Süden in die Alpen und nahmen meinen Bruder und Louise mit, die ein Kind erwartete. Wir unternahmen zwar keine spektakulären Bergtouren, aber für mich war es eine besondere Freude, daß Louise mich begleitete. Sie war stark und energisch und hatte als Studentin oft Bergwanderungen unternommen. Aber ich wußte bisher noch nicht, wie sehr sie die Berge liebte, obwohl ihr gefährliche Klettertouren nicht zusagten. Eines unserer Unternehmen sollte die Besteigung eines niedrigen Gipfels mit Namen Scott's Knob in den Bergen von Marlborough sein. Dieser Berg war zwar schon bestiegen worden, aber soweit wir wußten, nicht über den zerklüfteten Grat, der vom Branch River hinaufführte. Wir verließen die Straße am Spätnachmittag und stiegen mit schwerem Gepäck zwei Stunden das Tal hinauf, um dann in einer schönen Flußniederung, wo es reichlich Feuerholz gab, das Lager aufzuschlagen.

Die Nacht war sehr kalt, am Morgen lag über allen Wasserlöchern eine

Eisschicht, und auch am Flußufer hatte sich Eis gebildet. Auf dem Abschnitt, wo sich das Tal verengte, waren wir gezwungen, mehrmals den Fluß zu durchqueren, und das war sehr ermüdend. Um es zu vermeiden, schlugen wir uns durch dichtes Gebüsch den Hang entlang, aber das brachte uns nicht schnell genug weiter. So gingen wir wieder hinunter ins Wasser. Am Zusammenfluß des Branch River mit dem Silver Stream schlugen wir das Lager auf. Es war eine einsame Stelle, und an jedem schattigen Platz war alles von Rauhreif überzogen. Als die Sonne unterging, setzte Frost ein, aber wir hatten auch hier genügend Feuerholz. Peter hatte ein Wildschwein geschossen, und wir grillten das Fleisch über der Glut. Peter und ich brachen im Morgengrauen auf, um zu sehen, wie weit wir zum Scott's Knob hinaufkommen könnten. Es war kühl und bedeckt, und alle Gipfel lagen in den Wolken. Wir stiegen einen steilen bewaldeten Hang hinauf und kamen auf eine lange Traverse, auf der große Felsbrokken lagen. Im trüben Morgenlicht sah alles bedrohlich und düster aus. Nach drei Stunden waren wir auf dem Kamm und begannen über die steilen Klippen auf- und abzuklettern. Dabei überstiegen wir eine hohe Spitze und überraschten fünfzehn Gemsen, die auf einem Felsvorsprungästen. Wir bewunderten die Geschicklichkeit der Tiere, die über den steinigen Boden flüchteten.

Nun erreichten uns auch die Sonnenstrahlen, und die Landschaft breitete sich unglaublich wild und schön vor uns aus. Zum Teil mußten wir sehr vorsichtig sein und kamen erst um die Mittagszeit an den Fuß der Hauptwand. Ein Grat führte in Windungen hinauf. Wir seilten uns an und mußten streckenweise abwechselnd vorgehen. Dabei überquerten wir an einigen Stellen überhängende Schneewächten und schlugen Stufen in einen vereisten Steilhang, der aus einem Kessel nach oben führte.

Mittlerweile war es sehr windig geworden, das Weitergehen schien gefährlich, und unsere Begeisterung ließ nach. Ich kletterte an einer steilen vorspringenden Stelle hinauf und stellte fest, daß alle Löcher im Gestein vereist waren. Durch Zurufe verständigten wir uns und berieten, was wir jetzt tun sollten. Wir waren nur noch 60 Meter unterhalb des Gipfels, aber die letzte Strecke schien sehr schwierig zu sein, und wir wollten uns nicht verspäten. Ohne besonders enttäuscht zu sein, kehrten wir um und begannen den Abstieg.

Wir brauchten recht viel Zeit, um die Wand hinunterzukommen, und blieben auch beim Abstieg vom Grat am Seil, denn der Wind hatte aufgefrischt. Als wir an die Traverse kamen, wurde es schon dämmrig. Bei ihrer

Überquerung in ziemlicher Höhe kamen wir plötzlich nicht mehr weiter, mußten zurückgehen und die Traverse tiefer ansetzen. Auf den Klippen über uns sahen wir die Silhouetten einiger Gemsen gegen den Abendhimmel. Als wir auf dem unteren Grat ankamen, war es schon fast dunkel, und im Wald konnten wir kaum noch etwas sehen. Beim weiteren Absteigen hörten wir tief unten das Rauschen des Flusses, dann rochen wir den Rauch des Lagerfeuers und fanden so die Richtung zum Lager. Es war 19.00 Uhr, und wir waren zwölf Stunden unterwegs gewesen. Louise hatte uns eine herrliche Mahlzeit gekocht, und wir aßen mit großem Appetit. Dann lagerten wir uns um das Feuer und unterhielten uns über das Bergsteigen und vieles andere, was uns gerade in den Sinn kam. Man könnte natürlich sagen, wir hätten an diesem Tag versagt, aber es war dennoch einer der Tage, die man nie vergißt.

Das folgende Jahr brachte ich im Kreis der Familie zu und erlebte die Hoffnungen und Enttäuschungen der neuen Honigernte, die Geburt unserer zweiten Tochter, die mühsame Arbeit an meinem Buch (das Schreiben ist mir nie leichtgefallen) und die Freude, die man empfindet, wenn man aus Urwald fruchtbare Weideflächen entstehen läßt. Das alles befriedigte mich, aber ich konnte das Verlangen nicht unterdrücken, Aufgaben zu übernehmen, die höhere Anforderungen an mich stellten; etwa im Rahmen einer neuen Expedition oder in einer verantwortlichen Stellung in der Gesellschaft, im Geschäftsleben oder vielleicht sogar in der Politik. Immer wieder sagte man mir: »Machen Sie sich keine Sorgen, man wird Ihnen gute Direktorenposten oder eine Stelle in der Regierung anbieten; sicher wird man Sie zum Botschafter ernennen oder etwas Ähnliches für Sie finden.« Ich mußte feststellen, daß es in der Geschäftswelt nicht viel bedeutete, wenn man bewiesen hatte, daß man mit einem Traktor zum Südpol fahren kann. Die meisten Angebote, die ich bekam, erhielt ich von Leuten, die Zigaretten oder Haarwaschmittel verkauften und glaubten, mein Name würde ihnen bei der Werbung helfen, auch wenn ich selbst ihre Erzeugnisse nicht benutzte. Ständig wurde ich aufgefordert, Vorträge zu halten oder als Ehrengast zu ländlichen Festen zu kommen, aber ich kann mich nicht erinnern, irgendwann ein wirklich lohnendes Angebot erhalten zu haben.

Mitte 1959 bekam ich einen Brief vom Herausgeber der amerikanischen Zeitschrift *Argosy*. Dieses Magazin hatte einen Preis gestiftet, den der »Forscher des Jahres« bekommen sollte. Diesmal war die Wahl auf mich gefallen. Nun forderte man mich auf, mit meiner Frau auf Kosten der

Zeitschrift nach New York zu kommen, bei einem offiziellen Essen eine Ansprache zu halten und eine Plakette sowie einen Scheck über $ 1000 in Empfang zu nehmen. Damals dachte in Neuseeland noch niemand daran, einem die Reisekosten zu bezahlen, wenn man einen Vortrag halten sollte. Die Ehre, die eine solche Einladung bedeutete, genügte als Belohnung.
Die Reise nach New York wurde ein großer Erfolg und trug viel dazu bei, mich bekannt zu machen. Ich wurde sogar aus Chicago angerufen, und man bat mich, im Rahmen des Erziehungsprogramms einer Fernsehstation mitzuwirken. Dazu sollte ich für zwei Tage nach Chicago kommen; man werde alle Spesen übernehmen und mir ein ansehnliches Honorar zahlen.
Die Field Enterprises Educational Corporation war eine große Gesellschaft, die eine stattliche Enzyklopädie herausgab – die am meisten verkaufte der Welt – und dazu eine Reihe anderer Lehrbücher. Man nahm uns sehr gastfreundlich auf, und der Herausgeber sowie seine leitenden Mitarbeiter machten einen guten Eindruck auf mich. Die Filmaufnahmen wurden sehr geschickt gemacht, und wir verlebten eine angenehme Zeit. Eines Abends wurden wir von dem Direktor der Werbeabteilung, John Dienhart, einem selbstbewußten und gesprächigen Mann, zum Essen eingeladen. Wir begannen, über meine Pläne für künftige Expeditionen zu sprechen. Ich war bester Stimmung und erzählte John – ohne mir etwas dabei zu denken – von meiner Traumexpedition, die wissenschaftliche und bergsteigerische Belange in idealer Weise miteinander verbinden würde. Wir sollten die Geheimnisse der Akklimatisierung in großen Höhen mit effektiveren Methoden und besseren Geräten erforschen, als man sie bisher verwendet hatte. Wir wollten dabei nach dem geheimnisvollen Schneemenschen suchen und feststellen, ob er ein Fabelwesen oder ein Untier sei; und wir wollten einige hohe Gipfel im Umkreis des Mount Everest besteigen und erforschen.
Bei diesem Gespräch ließ ich mich ziemlich von meiner eigenen Begeisterung hinreißen, und ich glaube, auch John Dienhart war fasziniert. Er sagte mir, vielleicht könne seine Gesellschaft die Expedition unterstützen. Für sie wäre es eine gute Werbung, und wenn sie sich beteiligte, würde sie selbst Geschichte machen und nicht nur darüber berichten. Er war so begeistert, daß ich etwas skeptisch wurde. Dinge, die mit zu großem Schwung beginnen, verlaufen sich später leicht im Sande. John brachte uns zum Flughafen, und ich mußte ihm versprechen, einen genauen Bericht über das Vorhaben zu schreiben.

Als wir nach Neuseeland zurückkamen, versanken John Dienhart und die Field Enterprises in der Vergessenheit, bis ich ganz unerwartet einen Anruf aus Chicago erhielt und gefragt wurde, was aus meinem Bericht geworden sei. Ich setzte mich hin, verfaßte eine recht genaue Darstellung meiner Pläne und brachte den fertigen Bericht auf die Post. Nach einer Woche kam ein Telegramm: ». . . kommen Sie baldmöglichst auf unsere Kosten nach Chicago zu Besprechungen über die Expedition . . .« Ich flog nach Chicago und legte dem scharf rechnenden Direktorium der Field Enterprises meine Pläne vor. Der Präsident der Gesellschaft, Mr. Bailey K. Howard, stellte mir sehr präzise Fragen. Zu meiner großen Freude erklärte sich die Gesellschaft bereit, das Vorhaben mit $ 125000 zu unterstützen.

Das war die umfangreichste Expedition, die ich bisher auf die Beine gestellt hatte. Wir übernahmen die verschiedensten Forschungsaufgaben, und die Teilnehmer kamen aus den verschiedensten Ländern; aus Neuseeland, den Vereinigten Staaten, Großbritannien, Indien, Nepal und Australien. Anfang September 1960 versammelten wir uns in Katmandu. Die Ausrüstung wog 18 Tonnen, und wir wollten zehn Monate bleiben. Nun verteilten wir alles auf zwei Gruppen. Es wurde geplant, die Suche nach dem Yeti im Rolwaling-Tal nahe der tibetanischen Grenze zu beginnen. Der Hauptteil der Ausrüstung wurde zum Everestgebiet auf den Weg gebracht, wo die physiologischen Forschungen durchgeführt werden sollten.
Ich hatte nie recht an die Existenz des Yeti, des sagenhaften Schneemenschen, glauben können. Ich konnte mir nicht vorstellen, daß ein so großes Lebewesen in der offenen Gebirgslandschaft vorkam, ohne einwandfrei von den scharfäugigen Sherpas identifiziert worden zu sein. Es waren schon einige Expeditionen auf der Suche nach dem Yeti ausgerüstet worden, aber sie hatten ihn nicht finden können, waren jedoch davon überzeugt, daß es ihn gäbe. Im Khumjung-Kloster befand sich ein Skalp und in Thyang Botschi das Skelett einer Hand. Aber wie stand es mit den Yetis, die die Mönche von Thyang Botschi vor ihrem Kloster im winterlichen Schnee hatten herumspringen sehen? Welche Bedeutung hatten die zahlreichen Fußspuren, die beschrieben und fotografiert worden waren? Das beste Beispiel war ein Fußabdruck, den Shipton auf dem Menlung-Gletscher auf der anderen Seite der Grenze am Rolwaling-Tal gefunden hatte. Ich mußte zugeben, daß das Foto ausgezeichnet war. Der Fußabdruck war frisch und deutlich, obwohl die Abdrücke daneben verwischt erschienen

und sich nicht so klar abhoben. Da ich Shipton als großen Zyniker kannte, hatte ich den Verdacht, er hätte den Abdruck – um die Betrachter zu foppen – ein wenig korrigiert!
Was ich bisher auf diesem Gebiet gesehen und erlebt hatte, ließ keine endgültigen Schlüsse zu. 1951 hatte mir der tüchtige und erfahrene Sherpa Sen Tensing erzählt, wie er selbst einen Yeti gesehen und einige Zeit beobachtet habe. Tensing war von der Richtigkeit seiner Beobachtungen überzeugt. In den folgenden Jahren fanden George Lowe und ich auf 8000 Meter Höhe auf einem schwer zugänglichen Paß ein Büschel schwarze Haare. Unsere Sherpas versicherten uns, es seien Yetihaare – und warfen sie aus abergläubischer Furcht fort. 1954 hatten unsere Träger sich ängstlich in ihre Zelte verkrochen, weil sie gehört hatten, daß ein Yeti im Lager herumschlich. Am folgenden Tag beobachtete ich im gleichen Gebiet auf kurze Entfernung einen prächtigen Schneeleoparden, der in eleganten Sätzen durch den Schnee lief. George Lowe und ich wurden einmal sogar selbst für Yetis gehalten, als wir aus einer unerwarteten Richtung ein Hochtal herunterkamen. Zwei Hirten liefen erschreckt vor uns davon.
Ich glaubte, es wäre interessant, alle diese Hinweise methodisch zu überprüfen. Von Katmandu brachen wir am Ende des Monsuns auf und marschierten 160 Kilometer im Regen und von Blutegeln gepeinigt bis zu dem im tief eingeschnittenen Rolwaling-Tal gelegenen Sherpadorf Beding. Die Expedition wurde von den beiden Zoologen Marlin Perkings, dem Direktor des Lincoln Park Zoo in Chicago, der durch sein Fernsehprogramm »The Wild Kingdom« bekannt geworden ist, und Dr. Larry Swan, der den Himalaya schon öfter bereist hatte, begleitet. Ihre Aufgabe sollte es sein, alle Hinweise, die wir finden konnten, zu überprüfen und zu beurteilen.
Acht Tage nach unserem Eintreffen in Beding wurden wir durch heftige Regen- und Schneefälle festgehalten und werteten in dieser Zeit alle Informationen aus, die sie bei den Dorfbewohnern und den Mönchen des örtlichen Klosters hatten sammeln können. Dabei war uns unser Pressekorrespondent Desmond Doig eine unerwartete Hilfe. Als Künstler, Buchautor und romantischer Abenteurer beherrschte er die nepalesische Sprache und verstand es erstaunlich gut, das Vertrauen und die Zuneigung der Bevölkerung zu gewinnen. Wie Sherlock Holmes beschaffte er sich überall im Dorf die notwendigen Unterlagen und stieß jeden Tag auf neue

◀ Der Verfasser 1960

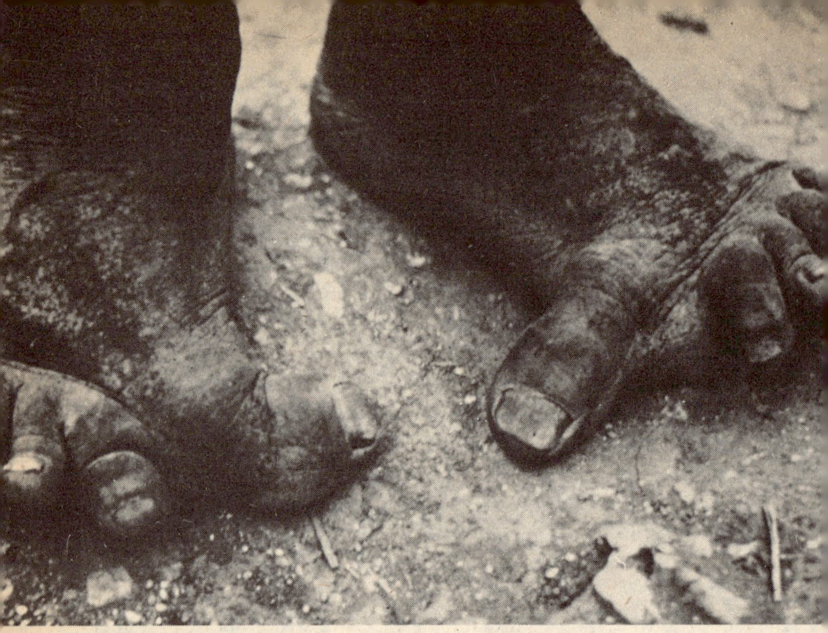

Füße eines Nepalesen mit im rechten Winkel abstehenden großen Zehen – wie beim Yeti

Ein Yetifell – vom blauen Bären

Skalp und Hand eines Yetí aus dem Kloster Pangpotsche

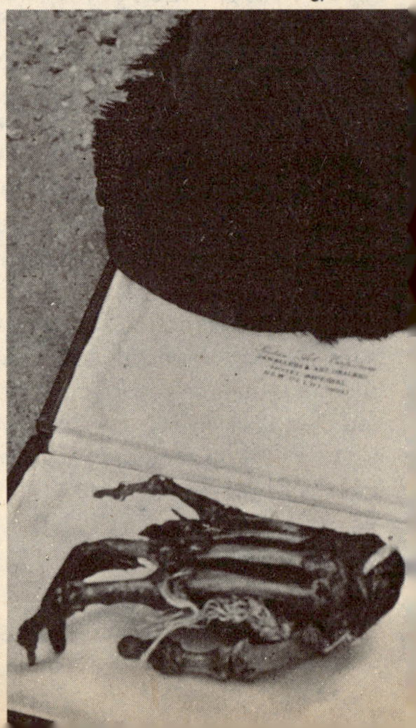

Berichte und Spuren. Wir fanden keinen einzigen Sherpa, der einen Yeti gesehen, aber mehrere, die sie gehört hatten; meist wenn der Boden im Winter von einer dicken Schneeschicht bedeckt war und die Dorfbewohner in ihren Häusern blieben. Dann hörte man, wie sie behaupteten, nachts die Stimmen der Yetis, und die ängstlichen Sherpas fanden am nächsten Morgen ihre Spuren.

Eines Tages erzählte man uns, daß es im Dorf das Fell eines Yeti gäbe. Es befand sich im Besitz eines Mönchs und seiner Frau. Der Mönch war nicht zu Hause, und seine Frau weigerte sich zunächst energisch, uns das Fell zu zeigen. Erst nach langwierigen Verhandlungen und nachdem einige Rupien den Besitzer gewechselt hatten, gehörte das Fell uns. Es war eine gut erhaltene Decke des seltenen tibetanischen blauen Bären; jedenfalls nahmen wir das an, obwohl alle unsere Sherpas steif und fest behaupteten, es sei das Fell eines Yeti, und nichts diesen Glauben erschüttern konnte.

Interessanterweise entnahmen wir aus der Beschreibung der Fußspuren des Yeti, daß der große Zeh im rechten Winkel vom Fuß abstand und manchmal sogar aus der Ferse kam. Das war schwer zu erklären, bis wir einen nepalesischen Träger fotografierten, an dessen Füßen wir eine ähnliche Deformierung feststellten.

Als sich das Wetter Anfang Oktober aufklärte, gingen wir das Rolwaling-Tal hinauf und suchten nach weiteren Spuren des Schneemenschen. Einige Wochen später wurden unsere Mühen durch die Entdeckung zahlreicher Spuren auf dem zwischen 5500 und 5600 Meter hoch gelegenen Ripimu-Gletscher belohnt. Die Sherpas behaupteten sofort, die Spuren stammten von einem Yeti, und sie schienen tatsächlich den bisher gemachten Beschreibungen zu entsprechen. Wir folgten einigen dieser Spuren auf ziemlich weite Entfernung, sahen aber nichts von den Tieren, die sie hinterlassen hatten. Die Spuren selbst konnten wir jedoch genau untersuchen. Dort wo sie sich im Schatten der Felswände oder an einer Nordwand befanden, schrumpften sie zu den kleinen Fußabdrücken eines Fuchses oder wilden Hundes zusammen, der über den Schnee gesprungen war. Wir sahen, daß mehrere Spuren unter der Einwirkung der Sonnenstrahlen geschmolzen und so zusammengelaufen waren, so daß sie sich als eindrucksvolle Yetifußabdrücke präsentierten.

Anfang November überquerten wir den 5600 Meter hohen Tashi Lapcha-Paß, der in das Gebiet von Khumbu am Fuß des Mount Everest führte. Hier setzten wir unsere Nachforschungen fort. In den Dörfern Namche Bazar und Khumjung kauften wir zwei weitere Yetifelle, die ebenfalls vom

blauen Bären zu stammen schienen. Wir befragten die Dorfbewohner und Mönche, und es zeigte sich, daß die meisten Sherpas zwar an die Existenz des Yeti glaubten, es jedoch unmöglich war, einen einzigen zu finden, der bei eingehender Befragung behauptete, eines dieser Wesen gesehen zu haben. Sogar im Kloster Thyang Botschi, das als Quelle vieler Yetigeschichten und -Schichtungen gilt, konnten wir niemanden finden, der einen Yeti gesehen hatte. Die beiden ältesten Mönche, die das Kloster seit seiner Gründung vor etwa 40 Jahren bewohnten, behaupteten, sie hätten noch keinen Yeti gesehen und könnten sich auch an keinen Fall erinnern, in dem ein Mönch dieses Klosters einem Yeti begegnet wäre.
Der Prior des Klosters Thyang Botschi war ein alter Freund von mir. Er zeigte uns dramatische Porträts des Yeti, auf denen er ein schrecklich scharfes Gebiß, spitze Klauen und einen oben spitz zulaufenden Schädel hatte. »Ich selbst habe noch nie einen gesehen«, sagte er mir, »aber wir wissen, es gibt sie. Sie werden nie einen zu Gesicht bekommen, denn die Yetis verabscheuen den Geruch von Fremden, und wenn einer ihnen in die Nähe kommt, machen sie sich unsichtbar.«
Ich besuchte Sen Tensing in der vertrauten Atmosphäre seines Hauses und befragte ihn wieder. Er wiederholte den Bericht, den er mir 1951 gegeben hatte, ergänzte ihn aber noch. Er hatte an der drei Tage dauernden Mani Rimdu-Feier in Thyang Botschi teilgenommen. Das war ein alljährlich um die gleiche Zeit gefeiertes Fest, das mit einem großen Gelage endete, bei dem die Teilnehmer reichlich alkoholische Getränke zu sich nahmen. Sen Tensing war auf dem steilen Pfad, der zum Imja-Fluß hinunterführt, nach Hause in das Dorf Phortse gegangen, als sich ihm ein Yeti näherte. Er war so geistesgegenwärtig gewesen, sich hinter einem Felsblock in den Schnee fallen zu lassen. Dort hatte er vor Furcht zitternd gelegen, als er die schweren Schritte auf sich zukommen hörte, die dann eine Weile vor dem Felsen verstummten, bis der Yeti wieder den Pfad hinuntergegangen war. Als Sen Tensing aufstand, konnte er die Spuren deutlich im hellen Mondlicht erkennen. Er ist ein intelligenter und tüchtiger Mann, und ich bin überzeugt, daß er wirklich etwas gesehen hat, bezweifle aber, daß er sich in einem Zustand befunden hat, in dem er genau beurteilen konnte, was es war . . .
In den Klöstern Khumjung, Pangpotsche und Namche Bazar haben wir einige der dort aufbewahrten Gegenstände besichtigt. In Pangpotsche befindet sich das Skelett einer Hand – lang und schmal, stellenweise aber recht knotig. Unser Mediziner meinte, es sei wahrscheinlich die Hand ei-

nes Menschen, in die man einige Tierknochen eingefügt habe. Die Skalps waren interessanter. Sie hatten die Form einer hohen, spitz zulaufenden Kappe und waren mit rauhen rötlichen und schwarzen Haaren bedeckt. Allem Anschein nach waren sie schon sehr alt. Wenn wir annahmen, daß es wirklich Skalps waren, dann gehörten sie nach ihrer Form zu keinem bisher bekannten Lebewesen und schienen die Existenz des Yeti zu bestätigen. Es bestand jedoch die Möglichkeit, daß diese Lederstücke vor vielen Jahren von Menschen aus Tierfellen hergestellt worden waren. Doig und Perkins unternahmen einen Versuch. Sie besorgten sich zwei Felle des Himalayaserow, einer Bergziegenart, deren Haar dem der Skalps sehr ähnlich war, und ließen aus Kiefernholz Formen der gleichen Größe und äußeren Gestalt schnitzen. Dann zogen sie die aufgeweichten Häute über die Formen und trockneten sie. Die daraus resultierenden Skalps unterschieden sich zwar in manchem von den Originalen, waren ihnen aber so ähnlich, daß wir annehmen konnten, auf der richtigen Spur zu sein.

Um die Skalps zu identifizieren, brauchten wir das Urteil von Fachleuten, denn sonst würden sie immer wieder zu neuen Spekulationen Anlaß geben. Der einzige Skalp, der nicht als religiöse Reliquie galt, war in Khumjung aufbewahrt. Er gehörte der Dorfgemeinschaft. Nach langen Verhandlungen mit den Dorfältesten konnten wir sie überreden, uns den Skalp für sechs Wochen zur Verfügung zu stellen – aber keinen Tag länger, weil das dem Dorf unbeschreibliches Unglück bringen werde. Doig, Perkins und ich legten die 272 Kilometer lange, unwegsame Strecke nach Katmandu gemeinsam mit dem Dorfältesten Khunjo Chumbi in neun Tagen zurück. Von dort flogen wir nach Chicago, Paris und London, und überall erregten Khunjo und der Skalp mehr Aufsehen als ein Filmstar. Zoologen, Anthropologen und andere Wissenschaftler untersuchten den Skalp und das Blaubärenfell. Sie kamen einstimmig zu dem Ergebnis, daß der Yetiskalp gar kein Skalp war. Wie wir vermutet hatten, war er aus dem Fell eines Serow hergestellt worden. Das ist eine seltene Wildziegenart. Unsere Yetifelle waren in der Tat nichts anders als die Felle des tibetanischen blauen Bären.

Aber damit war noch lange nicht alles erklärt. Unsere Theorie über die Fußspuren genügte nicht, um viele andere Arten von Fußabdrücken zu erklären, die man im Schlamm und im Schnee beobachtet hatte. Auch die Stimmen der Yetis, die viele Sherpas gehört hatten, waren nicht zu bestimmen. Aber alle Erscheinungen, denen wir nachgingen, ließen sich schließlich auf ganz normale Weise erklären.

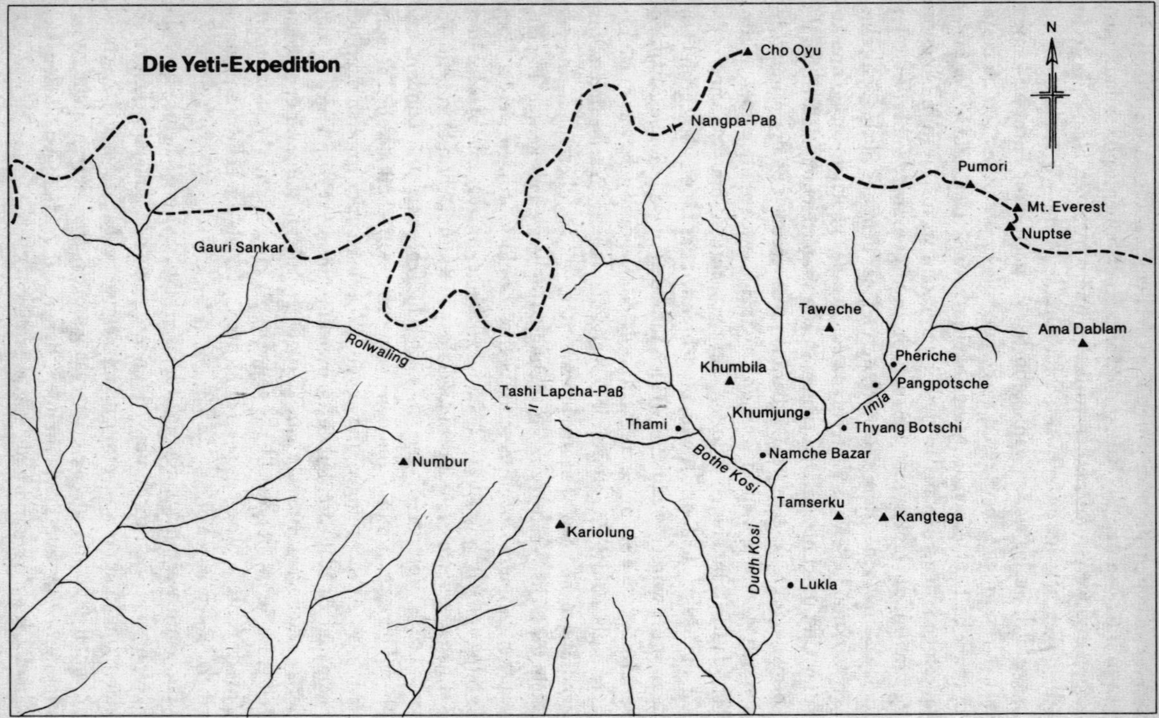
Die Yeti-Expedition
N
Cho Oyu
Nangpa-Paß
Pumori
Mt. Everest
Nuptse
Gauri Sankar
Taweche
Ama Dablam
Rolwaling
Pheriche
Khumbila
Pangpotsche
Tashi Lapcha-Paß
Imja
Khumjung
Thami
Thyang Botschi
Namche Bazar
Numbur
Bothe Kosi
Tamserku
Kangtega
Kariolung
Dudh Kosi
Lukla

Immer noch glauben die Menschen an den Yeti, denn mit dieser Vorstellung verbindet sich eine besondere Faszination, die man nicht gern aufgibt. Immer noch gibt es Berichte über Fußspuren, Begegnungen und Unglücke aus allen Teilen des Himalaya. Es gibt gute Gründe für die Annahme, daß in vielen Fällen der blaue Bär für einen Yeti gehalten worden ist. Doch vielleicht wird es eines Tages gelingen, einen in den tiefen Wäldern von Bhutan oder auf einem hohen Himalaya-Paß zu fotografieren. Aber das wird die Menschen nicht befriedigen. Sie wollen an eine fremdartige, gänzlich unbekannte Kreatur glauben und werden nicht eher zufrieden sein, als bis sie dieses unheimliche Wesen vom bequemen Lehnsessel aus auf dem Fernsehschirm betrachten können. Trotz unserer Forschungsergebnisse bleibt der Yeti Teil der Überlieferung und Mythologie der Sherpas, obwohl die meisten jungen Sherpas heute nur lachen, wenn man sie danach fragt.

Die Suche nach dem Yeti war ein interessanter und unterhaltsamer Teil unserer Expedition, nicht aber das wichtigste Forschungsprojekt. Das Band, das die ganze Expedition zusammenhielt, war eine physiologische Forschungsaufgabe. Ich hatte mich immer schon für das Problem der Anpassung an große Höhen und dafür interessiert, weshalb manche Menschen sich leichter daran gewöhnten als andere. Jeder, der zum erstenmal auf mehr als 3000 Meter hinaufkommt, spürt die Auswirkungen der Höhenlage, aber nach einer gewissen Akklimatisierungsperiode gewöhnen sich die meisten daran und können hier einigermaßen angenehm leben und arbeiten. Welches sind die besonderen Gründe für diese Gewöhnung? Könnte die Akklimatisationsfähigkeit dadurch verbessert werden, daß man längere Zeit in großen Höhen lebt? Welches ist die größte Höhe, in der Menschen lange Zeit leben können?

Der Physiologe Dr. Griffith Pugh, der sich 1953 an unserer Expedition zum Mount Everest beteiligt hatte, war den gleichen Fragen vom Standpunkt des Wissenschaftlers aus nachgegangen und war ebenso begierig wie ich, die richtigen Antworten zu finden. Gemeinsam arbeiteten wir ein Forschungsprogramm aus. Man durfte von den Wissenschaftlern keine befriedigenden Arbeitsergebnisse erwarten, wenn sie in einer Höhe von 6000 Metern in einem kleinen Zelt saßen. Wir hielten daher eine gut isolierte Hütte für notwendig. Sie würde es möglich machen, das Forschungsprogramm auch unabhängig von den ungünstigen Wetterverhältnissen im himalayischen Winter durchzuführen. Ich war überzeugt, unsere Gruppe würde sich, nachdem sie sich allmählich methodisch akklimatisiert hatte, so gut an die größere Höhe gewöhnen, daß wir auch beachtliche bergsteigerische Leistungen in sehr großen Höhen vollbringen könnten. Wir wollten unsere Theorien am Mount Makalu in einer Höhe von 8476 Metern testen. Der Makalu war bereits von einer aus hervorragenden Fachleuten zusammengesetzten französischen Expedition bestiegen worden, die jedoch sehr viel Sauerstoff verwendet hatte. Wir wollten es ohne Sauerstoff versuchen. Auf der Nordseite des Everest waren Menschen schon ohne Sauerstoff auf die gleiche Höhe gestiegen, aber dort war der Aufstieg verhältnismäßig leicht gewesen. Würde es uns nun auch am Makalu gelingen? Ich glaubte ja, aber Griff Pugh bezweifelte es, obwohl er das Unternehmen für eine großartige Chance hielt, einen wichtigen wissenschaftlichen Versuch durchzuführen.

Unsere Gruppe bestand aus zahlreichen Physiologen, Wissenschaftlern, einem Bautrupp und vielen Sherpas, und jeder Teilnehmer verfügte über reiche Erfahrungen. Ich hatte das Mingbo-Tal an der Südseite des Ama Dablam, als günstigsten Platz für unsere wissenschaftliche Basis ausgesucht. Soweit ich mich an diese Gegend erinnerte, hielt ich es für möglich, daß wir zunächst die »Grüne Hütte« am unteren Rand des Gletschers auf etwa 5200 Meter Höhe aufstellten, um die »Silberhütte« als wissenschaftliche Hauptstation am Ama Dablam-Paß bei 5978 Metern zu errichten. Norman Hardie, der unter anderem auch den Kangchenjunga bestiegen hatte, den dritthöchsten Gipfel der Welt, ging mit einem Team, das von mehreren hundert Trägern begleitet wurde, zum Khumbu und begann trotz des starken Monsunschnees eine Route auf den Mingbo zu verlegen. Dabei organisierte er die Beförderung der Lasten auf eine Höhe von 5650 Metern.

Am 3. November überzeugte ich mich selbst davon, wie weit die Vorbereitungen gediehen waren. Wir hatten im Dorf Chanmitang unser Lager aufgeschlagen, überquerten von dort den Fluß bei Pangpotsche und stiegen hinauf bis zum Eingang in das Mingbo-Tal. Hier gingen wir bis zum Basislager hinauf und von dort weiter über gefährliche und steile Hänge zu der sehr großen Moräne und bis an das bloße Eis. Die Grüne Hütte stand auf einer Höhe von 5185 Metern, und ich war tief beeindruckt davon, was die Männer hier geleistet hatten. Die Hütte war gemütlich, warm und augenscheinlich geeignet, ihre Bewohner auch vor den kältesten Temperaturen und stärksten Winden zu schützen.

Am nächsten Morgen stiegen wir den Gletscher hinauf und folgten dabei der von Hardie angelegten Route, vorbei an Eisklippen und Senken und

um Gletscherspalten herum. Über das Schneefeld am oberen Teil des Gletschers kamen wir an den Fuß der Steilwand, die zum Paß hinaufführte, und bewunderten den großen Stapel von Hüttenteilen, die die Träger bereits heraufgebracht hatten. Wir seilten uns an, stiegen die stark geriffelte Wand hinauf und gerieten, als wir endlich auf dem 5 978 Meter hohen Paß standen, in einen fürchterlichen Sturm. Es war bitterkalt, und wir hatten große Mühe, die Zelte aufzuschlagen. Hardie und ich suchten nach einer für die Hütte geeigneten Stelle, aber dieser Standort sagte uns nicht zu, denn wir fürchteten, der Paß könnte vom winterlichen Tiefschnee abgeschnitten werden. Der Sturm heulte fürchterlich, und wir waren froh, uns in die vom Wind gepeitschten Zelte zurückziehen zu können. Zu viert verbrachten wir eine ungemütliche Nacht auf dem Paß und freuten uns, als es Morgen wurde.
Wir beschlossen, dieses Lager aufzugeben, brachen früh auf und gingen mit Steigeisen die geriffelte Eiswand hinunter. Nach sorgfältiger Erkundung fanden wir eine günstige Stelle für die Silberhütte auf einem kleinen Schneefeld, das sich von der Grünen Hütte aus sehr gut erreichen ließ und durch eine weite, offene Gletscherspalte vor Lawinen geschützt war. In einer Höhe von 5 800 Metern lag dieses Schneefeld tiefer, als wir es zunächst beabsichtigt hatten, aber immer noch hoch genug, um dort unsere Forschungen durchführen zu können. Am folgenden Tag ebneten wir den Schnee ein, setzten die Balken für das Fundament zusammen und brachten alle Einzelteile der Hütte an die für sie bestimmten Stellen.
Am 7. November brachen wir früh von der Grünen Hütte auf und gingen wieder den Gletscher hinauf. Wir rechneten mit einem arbeitsreichen Tag, denn die Silberhütte sollte vor Einbruch der Dunkelheit fertiggestellt sein. Wir fingen sofort an, die Hüttenteile zusammenzustellen, und sehr bald entstand sie in der Form einer gigantischen Abflußröhre. Mit dem Vorschlaghammer trieben wir die Kanten und Ecken zusammen und freuten uns, wieviel geschickter wir mit dem Werkzeug umgingen, seit wir die Hütte bei ihrem englischen Hersteller zur Probe aufgestellt hatten. Die letzten Wände wurden eingefügt, und am Abend konnten wir das ganze Bauwerk sicher mit Seilen befestigen und in dem Bewußtsein, daß dies ein für die ganze Expedition entscheidend wichtiger Tag gewesen sei, kehrten wir zur Grünen Hütte zurück.
Als ich ins Tal hinunterkam, hatte sich ein Sturm zusammengebraut. Ich kannte Griff Pugh schon zehn Jahre und schätzte ihn als guten Freund und interessanten Gesprächspartner. Für mich war er ein sympathischer Ex-

zentriker, doch diese Eigenschaft empfand ich eher positiv als negativ. Zu bestimmten Fragen hatte er sehr eigenwillige Ansichten und war in wissenschaftlichen Dingen alles andere als vorurteilsfrei. Das hatte sich gelegentlich gezeigt, als Eric Shipton und John Hunt auf die heftige Opposition von Pugh stießen.

Ich machte jetzt die gleiche Erfahrung. Griff kam auf mich zu, schlug sein Notizbuch auf und las mir eine lange Liste meiner verschiedenen Schwächen und Fehler vor. Es fehlte mir in unglaublichem Maß an Führereigenschaften, doch was konnte man von einem Menschen anderes erwarten, der so wenig kultiviert und so schlecht erzogen war wie ich? Griff hatte diese Belehrung von langer Hand vorbereitet, und jetzt prasselte sie auf mich nieder wie das Jüngste Gericht.

Es war eine äußerst scharfe Kritik, ich selbst war mir meiner Verfehlungen aber gar nicht bewußt gewesen. Wenn ich die Angelegenheit objektiv betrachtete, dann mußte ich zugeben, Griff hatte Anlaß, mit mir unzufrieden zu sein. Er war an dem Entwurf der Silberhütte entscheidend beteiligt gewesen, war dann aber nicht mit uns zum Gletscher aufgestiegen. Deshalb hatte ich nicht daran gedacht, seine Meinung über den richtigen Aufstellungsort und das Zusammenbauen der Hütte einzuholen. Ich beschloß, in Zukunft mehr auf seine Wünsche und Vorstellungen einzugehen, solange sie nicht den Ablauf unserer Forschungsarbeiten störten.

Einige von uns kehrten Anfang Januar in die zivilisierte Welt zurück, um für das Frühjahr weiteres Material zu beschaffen. Das physiologische Forschungsprogramm ging unter der Leitung von Griff Pugh erfolgreich weiter, und in der Silberhütte wurde wertvolle Arbeit geleistet.

Zu dieser Zeit kamen zahlreiche Flüchtlinge über die tibetanische Grenze, die den chinesischen Truppen nicht in die Hände fallen wollten. Viele dieser Flüchtlinge befanden sich in einem bedauernswerten Zustand, und das Internationale Rote Kreuz bemühte sich, sie mit Lebensmitteln zu versorgen. Dem Roten Kreuz stand ein Flugzeug vom Typ Pilatus Porter zur Verfügung, das sich besonders gut für Flüge in großer Höhe eignete und auf sehr kurzen Strecken starten konnte. Aber im Gebiet von Khumbu konnte die Maschine nirgends landen. Man fragte mich, ob ich eine geeignete Stelle empfehlen könnte. Ich erinnerte mich an die langen Hänge in dem kleinen Tal oberhalb von Mongbo, und wir erklärten uns bereit, beim Bau eines Landestreifens zu helfen.

Die im Gebirge überwinternde Gruppe stellte eine Mannschaft bereit, die den Streifen in einer Höhe von 4575 Metern einebnen sollte. Dabei muß-

Blick auf den Mount Everest von Thyang Botschi

ten die gefrorenen Schneegrasbüschel abgeschlagen, die Löcher aufgefüllt und große Felsblöcke zur Seite gerollt werden. Nachdem etwa 400 Meter Piste eingeebnet worden waren, landete das erste Flugzeug. Sein Heckrad wurde beschädigt, und die Maschine mußte einige Tage stehenbleiben, bis sie wieder repariert war. Die Arbeit an dem Landestreifen dauerte einige Monate. Dann war er 500 Meter lang und in recht gutem Zustand.

An dem Ende, an dem die Flugzeuge starteten, standen zwei etliche Tonnen wiegende große Felsblöcke, die jeweils etwa zwei Meter über den Boden herausragten. Wir hatten keinen Sprengstoff, und mit dem Vorschlaghammer ließen sie sich nicht zertrümmern. Das Problem wurde schließlich auf geniale Weise von unseren Sherpas gelöst. Sie gruben neben den Felsbrocken riesige Löcher aus, setzten dann lange und dicke Pfähle als Hebel an und wuchteten sie in die Löcher. Insgesamt bezahlten wir 7000 indische Rupien ($ 900) für die Arbeit an diesem Landestreifen, der damit einer der billigsten und der am höchsten gelegenen der Welt wurde. Dank der Geschicklichkeit und der Erfahrungen von Captain Schreiber, dem Piloten des Roten Kreuzes, kamen große Mengen von Lebensmitteln für die Flüchtlinge an den Mingbo, und auch für uns wurde das Heranschaffen von Personal, wissenschaftlichen Ausrüstungsgegenständen und einem Schulgebäude wesentlich erleichtert.

Im Februar 1961 kehrte ich nach Nepal zurück und brachte weiteres Material zur Aufstockung der Vorräte im Mingbo-Tal und für den Beginn der Besteigung des Makalu mit. Diesmal begleiteten mich auch meine Frau Louise und die Ehefrauen anderer Expeditionsteilnehmer. Diese Reise nach Thyang Botschi machte mir besondere Freude. Louise kam zum erstenmal in den Himalaya, und ich sah die mir bekannte Landschaft durch ihre begeisterten Augen in einem ganz neuen Licht. Es waren vor allem die Blumen, die uns die Reise zu einem großen Erlebnis werden ließen; die dunkelroten Rhododendronbüsche standen in voller Blüte, und oft führte uns der Weg an einem Berghang entlang, der in den prächtigsten Farben prangte. Bei jedem neuen Aufstieg auf einen Paß lag der schwere Duft des Seidelbasts in der Luft, und die Bergwiesen hatten sich in dicke Primelteppiche verwandelt. Die ersten Magnolien öffneten ihre Blüten, und an vielen schattigen Stellen standen in kleinen Gruppen die herrlichsten Orchideen.

In einem Lager am Dudh Kosi erhielt ich die Nachricht, daß Mike Ward, Mike Gill, Barray Bishop und Wally Romanes den Gipfel des Ama Dablam bestiegen hatten. Für einen Bergsteiger war das eine großartige Leistung und für die Expedition ein Triumph. Der Ama Dablam war uns unglaublich steil und schwierig erschienen; aber trotz des großen Erfolgs hatte ich heimliche Sorgen. Die nepalesische Regierung hatte vor einiger Zeit ein neues Genehmigungssystem eingeführt, nach dem für die Besteigung gewisser Gipfel Gebühren zu entrichten waren. Das war im Himalaya etwas ganz Neues. Die Erlaubnis für die Besteigung des Ama Dablam hatten wir nicht eingeholt. Ich hatte mich damit einverstanden erklärt, daß die Expeditionsteilnehmer an den Hängen des Ama Dablam und anderer Berge Klettertouren unternahmen, um sich zu akklimatisieren. Das lag im Rahmen der von der Regierung genehmigten Tätigkeit der Expedition. Ich hatte aber nie daran gedacht, daß sie tatsächlich bis auf den Gipfel kommen würden.

Am 22. März landete Griff Pugh auf der Piste von Mingbo und brachte beunruhigende Nachrichten aus Katmandu mit. Die Regierung von Nepal war wegen der Besteigung des Ama Dablam sehr ungehalten und ver-

langte eine offizielle Erklärung. Nachdem ich mir die Sache kurz überlegt hatte, entschloß ich mich, nach Katmandu zurückzugehen und die Angelegenheit aufzuklären. Ich holte meine Aktentasche mit allen Papieren und setzte mich mit den Ehefrauen der Bergsteiger in das Flugzeug.
Die Maschine war voll beladen. Captain Schreiber startete den Motor und ließ ihn auf Touren kommen. Die Räder wurden von zwei großen Steinen festgehalten, denn hier am Steilhang genügten die Bremsen nicht. Nachdem er den Motor hatte warmlaufen lassen, wurden die Steine fortgenommen, und wir rollten nach vorn gegen zwei kleinere. Nun gab der Pilot Vollgas, das Flugzeug zitterte, die Räder rollten langsam über die beiden kleinen Steine und den Hang hinunter. Mit heulendem Motor rasten wir die Piste entlang.
Meinen erschreckten Augen erschien die Startbahn viel zu kurz; der Berg an ihrem Ende reckte sich bedrohlich in die Höhe. Im letzten Augenblick zog Captain Schreiber den Steuerknüppel zurück, und wir hoben schwankend vom Boden ab. Schon im nächsten Augenblick kippte er über eine Tragfläche zur Seite, wir wichen der Bergwand aus und glitten durch eine

Der Ama Dablam vom Flußtal des Imja aus gesehen

Louise, Peter und der Verfasser auf dem Kala Pittar

Öffnung zwischen den Felsen nach links. Dann schwebten wir in die freie Luft hinaus, während das Flußtal unter uns versank. Mit einem Seufzer der Erleichterung öffnete ich die Hände, während wir hoch über Thyang Botschi Kurs auf Katmandu nahmen.
Die Nachrichten konnten nicht schlechter sein. Die Regierung verlangte, wir sollten die Expedition sofort abbrechen. Wir sollten exemplarisch bestraft werden. Neun Tage lief ich von einem Amt zum anderen, sprach mit Beamten und Ministern und versuchte verzweifelt, sie umzustimmen. Wenn es etwas genützt hätte, wäre ich bereit gewesen, auf allen vieren durch die Amtsgebäude zu kriechen. Mir fiel ein Stein vom Herzen, als die Regierung endlich nachgab und uns erlaubte, nach Entrichtung einer nicht sehr hohen Strafgebühr das Unternehmen fortzusetzen. Aber hinter mir lagen die unangenehmsten neun Tage, die ich bisher erlebt hatte, und ich war nervlich völlig erschöpft.
Als ich am 5. April an den Mongbo zurückkehrte, hatten wir zwei wertvolle Wochen verloren. Um jetzt noch den Makalu besteigen zu können, mußten wir uns sehr beeilen. Leicht würde es nicht sein, denn die Aufstiegsroute stellte technisch hohe Anforderungen an uns. Alle bisherigen Expeditionen auf diesen Berg hatten den größten Teil des benötigten Materials im Flußtal des Arun herangebracht und waren dann in das Barun-Tal auf der Westseite des Makalu gegangen. Shipton, Lowe und ich hatten die Route 1952 zum erstenmal erkundet. Ich wollte jedoch in größerer Höhe an den Berg heran. Wenn wir vom Mingbo über den 5978 Meter hohen Ama Dablam-Paß, dann über den Hongu-Gletscher und die 6100 Meter hohen Pässe beiderseits des Hochplateaus von Barun zum Barun-Gletscher hinuntergehen würden, könnten wir den Anmarsch in drei bis vier Tagen bewältigen. Mit 200 Lasten zu je 60 Pfund über diese Route zu gehen, wäre sicher eine gewaltige Leistung, aber vorstellbar – obwohl ich mir einige Sorgen machte, wenn ich daran dachte, wie die hohen Pässe nach einem starken Schneefall aussehen würden.
Zehn Tage konzentrierten wir uns darauf, die Lasten in das Hongu-Gebiet und dann die sehr steile Wand des Westpasses bis auf 6100 Meter hinaufzuschaffen. Unsere Sherpas und alle Expeditionsteilnehmer bewährten sich bei diesem schwierigen Unternehmen ausgezeichnet. Zeitweilig waren 47 Sherpas damit beschäftigt, auf irgendeinem Abschnitt der Route Lasten weiterzubefördern, und am 16. April lagen 133 Traglasten auf dem Westpaß.
Am folgenden Tag begann der zweite Abschnitt des Unternehmens. Mit

einer starken Gruppe von Bergsteigern und Sherpas brachen wir vom Basislager am Hongu-Gletscher auf, stiegen an den hier schon befestigten Seilen zum Westpaß auf, übequerten langsam das weite Barun-Plateau bis zum Ostpaß und stiegen dann den steilen Hang in ein Nebental zum großen Barun-Gletscher hinunter. Es war ein ungewöhnlich anstrengender Tag, und wir mußten schwere Lasten tragen. Um 17.00 Uhr waren wir erst 180 Meter über dem Gletscher und suchten verzweifelt nach einer für das Lager geeigneten Stelle. Nach einer Stunde war ich unten auf dem Gletscher und hatte noch immer keinen geeigneten Platz gefunden. Ich war sehr müde und wußte, daß auch die Sherpas unbedingt eine Ruhepause brauchten. Deshalb beschloß ich, zunächst auf dem sehr unebenen Boden der Moräne zu lagern und am nächsten Morgen einen besser geeigneten Zeltplatz zu suchen. Aber dann hatten wir Glück. Die Sherpas, die langsam zu mir herunterkamen, fanden zufällig eine kleine Vertiefung an einer frischen Quelle. Hier richteten wir Camp I ein.

Wir brachten die Lasten etappenweise vom Westpaß zum Camp I herunter. Mit Peter Mulgrew ging ich so rasch wie möglich zur Grünen Hütte zurück und nahm anschließend weitere Lasten in das Camp I mit. Zunächst hatte ich den Eindruck, ebensogut voranzukommen wie die anderen, war aber nach dem Aufstieg sehr erschöpft. Am 25. April brachten wir die letzten Lasten vom Westpaß in das Camp I, das damit voll aufgestockt war. Jetzt war es Zeit, die für große Höhen vorgesehene Ausrüstung an die Sherpas und die anderen Expeditionsteilnehmer auszugeben.

Die nächste Aufgabe bestand darin, die Camps an den Hängen des Makalu einzurichten und mit Proviant zu versorgen. Am 1. Mai war Camp III auf 6405 Metern vollständig eingerichtet, und die Route war bis auf fast 7015 Meter an den Makalu-Paß herangeführt. Trotz anfänglicher Verzögerungen waren wir gut vorangekommen und würden uns bald an die Bewältigung der letzten 300 Meter machen können. Wir hatten durchaus Grund zum Optimismus.

Ich hatte Schmerzen an meiner linken Stirn- und Gesichtsseite, die nicht nachlassen wollten, deshalb beschloß ich, zum Camp II abzusteigen, um eine Zeitlang in niedrigerer Höhe zu bleiben. Mike Ward und Mike Gill hatten auch eine Ruhepause verdient, denn sie hatten schwer gearbeitet. Der Abstieg war leicht, ich konnte nachts gut schlafen, fühlte mich aber am Morgen nicht besonders wohl. Im Lauf des Tages kamen Jim Milledge und John West im schweren Schneesturm herunter und brachten Aila mit, der an einem Lungenödem litt und dringend Sauerstoff benötigte.

Den ganzen Nachmittag fühlte ich mich recht schlecht. Abends hatte ich sehr starke Schmerzen an der Stirn und im Gesicht. Als ein Sherpa mir das Abendessen brachte, konnte ich ihm nicht verständlich machen, daß ich es nicht wollte. Irgendwie war ich hilflos, beherrschte nicht mehr meine Glieder, und obwohl ich den Eindruck hatte, noch klar denken zu können, stellte ich fest, daß ich nur noch stottern konnte. Das war sehr unangenehm. Die Schmerzen waren sehr heftig, und ich konnte eben noch nach Mike Ward rufen, der endlich kam. Er und Jim Milledge kümmerten sich intensiv um mich. Sie legten mich für die Nacht unter Sauerstoff und gaben mir eine Pethadininjektion. Erst spät in der Nacht schlief ich ein, aber als ich aufwachte, fühlte ich mich wieder einigermaßen wohl. Allerdings beherrschte ich meine Stimme noch nicht, mir zitterten die Hände, und es fiel mir schwer, das Gleichgewicht zu halten. Außerdem sah ich alles doppelt.

Mike Ward nannte es einen Zusammenbruch der Gehirngefäße. Man sprach viel über große Höhen und dickes Blut. Mike sagte mir recht unverblümt, was mir geschehen könnte, wenn ich nicht sofort tiefer hinunterginge – ja auch noch dann. Ich hatte das starke Verlangen, mit Louise zu sprechen, und sehnte mich nach meiner Mutter. Ich glaube, ich brauchte Trost.

Eine ganze Weile lag ich still da und dachte darüber nach, wie es sein würde, als geistiger Krüppel zu enden, und beschloß, in diesem Zustand nicht nach Hause zurückzukehren. Lieber wollte ich sterben – dieser Entschluß stand fest. Ich war überzeugt, mein Zustand sei die Folge einer Überanstrengung bei dem Versuch, die verlorene Zeit nach der Besteigung des Ama Dablam aufzuholen. Der Makalu hatte mir bisher nur Unglück gebracht.

Im Verlauf des Vormittags besserte sich mein Zustand, und da die Ärzte mich unbedingt in eine tiefere Lage hinunterbringen wollten, sagte ich, ich könnte zu Fuß gehen, wenn mich zwei Sherpas begleiteten. Ich brauchte tatsächlich keine Hilfe, obwohl ich das Gleichgewicht noch nicht ganz wiedergefunden hatte und Gesicht und Augen noch schmerzten. Am gleichen Tag wurden 22 Lasten zum Makalu-Paß hinaufgebracht, eine große Leistung. Damit war alles für die Errichtung des obersten Lagers bereit. Ich war recht deprimiert, ausgerechnet jetzt hinuntergehen zu sollen.

Im Rundfunk hörte man Berichte über meinen Zustand und die von Griff gegebenen pessimistischen Prognosen. Er hatte gefordert, man solle mich

sofort mit dem Hubschrauber nach Katmandu bringen. Ich wollte nicht nach Katmandu zurückgehen, erklärte mich aber einverstanden, die weite Strecke über den Arun-Fluß nach Mingbo zu gehen und in Höhen unter 4575 Meter zu bleiben. Dr. Jim Milledge war so großzügig, auf seine weitere Teilnahme an der Expedition zu verzichten und mich zu begleiten. Ich las meine Pläne zur Besteigung des Makalu noch einmal durch und übergab sie Mike Ward. Dabei tröstete ich mich mit dem Gedanken, daß meine Aufgabe am Berg zum größten Teil erledigt war. Die Camps bis zum Paß hinauf waren mit Material versorgt, wir hatten hervorragende Sherpas und verfügten über gute Bergsteiger. Was also konnte noch fehlschlagen?
Trotz allem kam es zu einer Reihe von Pannen, und ich hätte mich sicher noch nützlich machen können. Aber vieles klappte auch so sehr gut. Auf dem Makalu-Paß wurde eine leistungsfähige physiologische Forschungsstation eingerichtet, und man führte in dieser beträchtlichen Höhe (7412 Meter) eine Reihe wichtiger Versuche durch. Am 13. Mai richteten Gill, Romanes und Ortenburger auf 7869 Metern das Camp VI ein. Am folgenden Tag verschlechterte sich das Wetter, es stürmte, aber die Expedition ließ sich nicht aufhalten und erreichte eine Höhe von 8022 Metern. Ohne Sauerstoff Lasten in die Höhe zu bringen und bei ungünstigem Wetter schwere körperliche Arbeit zu leisten, war sehr anstrengend. Anstatt ein komplettes Lager einzurichten, legte die Expedition hier nur ein Materialdepot an und stieg dann wieder ab. Dieser Abstieg zum Camp VI bei schwerem Sturm war sehr beschwerlich, und Gill und Romanes hatten Glück, daß ein schwerer Sturz ihnen nicht zum Verhängnis wurde. Auch am nächsten Morgen war das Wetter schlecht, und sie kehrten deshalb zum Paß zurück. Es war der 15. Mai, der Tag, an dem das Team nach meiner Berechnung den Gipfel hätte erreichen sollen.
Nach ausführlichen Besprechungen unternahmen nun Nevison und Mulgrew als nächstes Team den Angriff auf den Gipfel, während Harrison und Ortenburger sich für den Fall bereit hielten, daß auch dieser Versuch scheiterte. Mit sechs Sherpas stiegen Nevison und Mulgrew unter günstigeren Wetterbedingungen zum Camp VI auf und verbrachten dort die Nacht. Als sie am nächsten Morgen aufbrachen, trugen die Sherpas die Lasten und gingen voraus, um den beiden Bergsteigern die Arbeit etwas zu erleichtern. Die Sherpas waren an einem Seil zusammengebunden und hatten fast das Depot erreicht, als einer von ihnen ausrutschte und die anderen mitzog. Mit beängstigender Geschwindigkeit sausten sie den Hang

hinunter. Zum Glück brachen zwei von ihnen auf einer Schneebrücke in einen Spalt ein und hielten die ganze Seilschaft mit einem Ruck an. Wäre das nicht geschehen, hätten sich alle zu Tode gestürzt. Die beiden Bergsteiger und die übrigen vier Sherpas stiegen weiter zum Depot hinauf, nachdem sie die Lasten untereinander aufgeteilt hatten. Dann setzten sie den Aufstieg sehr langsam fort. In einer Höhe von 8328 Metern richteten sie am Rand einer Gletscherspalte das Lager VII ein. Nevison, Mulgrew und Annullu blieben dort, während die anderen abstiegen.
An dieser exponierten Stelle verbrachte die Seilschaft eine recht erholsame Nacht. Am nächsten Morgen ging es sehr langsam weiter. Nach vier Stunden war die Gruppe erst 122 Meter oberhalb der Zelte angekommen. Das war 120 Meter unterhalb des Gipfels. Die drei Männer waren entschlossen, ihn zu erreichen, aber plötzlich erlitt Mulgrew einen Schwächeanfall. Er krümmte sich und fiel in den Schnee. Später stellte sich heraus, daß er ein Ödem in der rechten Lunge hatte, das in dieser Höhe normalerweise zum Tode führte. Nevison und Annullu brachten ihn zum Camp VII zurück, doch dann war auch Annullu sehr geschwächt, denn er hatte sich bei dem Sturz der Sherpas eine Rippe gebrochen.
Mulgrews zweite Nacht auf 8235 Metern war schlecht, und er hustete viel Blut. Aber am Morgen konnte er, von Nevison und Annullu gesichert, langsam absteigen. Bei 8020 Metern verlor er das Bewußtsein, und Nevison beschloß, hier zu bleiben. Er schickte Annullu hinunter, um vom Camp VI Hilfe zu holen. Am Spätnachmittag kamen Pemba Tensing und Passang Tensing mit einem Zelt und Verpflegung nach oben, und die anderen alarmierten die Rettungsmannschaft.
Daß Mulgrew den Unfall überlebt hat, ist kaum zu verstehen. Es war ein alptraumhaftes Unternehmen, bei dem eine ganze Gruppe tüchtiger Männer unter der Führung von Leigh Ortenburger und John Harrison ihr Äußerstes getan hat. Urkein und seine Sherpas bewährten sich großartig. Peter kam mehr tot als lebendig im Camp I an und wurde im Hubschrauber nach Katmandu zurückgebracht. Beim Abstieg erlitt er schwere Erfrierungen an Füßen und Fingern. Sein eiserner Wille hielt ihn am Leben, und nach vielen Monaten verließ er fast völlig wiederhergestellt das Krankenhaus. Die Füße hatten ihm allerdings amputiert werden müssen. Was er seither geleistet hat, ist in seiner Heimat fast zur Legende geworden. Er hat nicht nur große geschäftliche Erfolge zu verzeichnen, sondern auch als Hochseesegler bewundernswerte Leistungen vollbracht.
Die Expedition konnte den Makalu nicht ohne Sauerstoff bezwingen –

aber fast wäre es gelungen. Ohne Zweifel läßt sich der Gipfel erreichen, denn sogar der Mount Everest liegt nicht jenseits der Fähigkeiten des ohne Hilfsmittel gegen ihn angehenden Menschen, aber die Risiken sind gewaltig. Manchmal denke ich daran, den Everest ohne Sauerstoff zu besteigen. Dazu müßten die Hilfsmannschaften alle Zwischenlager einrichten, die Route vorbereiten und alle schwere Arbeit tun, während die Gipfelstürmer, nachdem sie sich in verträglicheren Höhen trainiert haben, den Aufstieg zum Gipfel in einem Anlauf bewältigen, ohne vorher überanstrengt worden zu sein. Das könnte gelingen, und ich bin überzeugt, eines Tages wird es auch gelingen.

Dies war vielleicht die schwerste Expedition, die ich geleitet habe. Wir hatten es mit Charakterschwierigkeiten und mit dem Widerstand der Regierung zu tun; die große Höhe forderte ihre Opfer, und einige von uns haben dauernde Schäden davongetragen. Mancher Herausforderung waren wir besser gewachsen als anderen – auf jeden Fall haben unsere Bemühungen solide Resultate gezeitigt, und ich habe Augenblicke erlebt, die ich nicht aus meiner Erinnerung streichen möchte.

Jim Milledge und ich waren fünfzehn Tage auf dem Marsch, und als wir in Mongbo ankamen, fühlte ich mich wieder so normal wie eh und je. Nachdem die anderen Expeditionsteilnehmer vom Makalu zurückgekehrt waren, begleiteten wir sie nach Katmandu, bauten die Silberhütte ab und brachten die Ausrüstung vom Mongbo herunter. Wally Romanes, Desmond Doig und Bhanu Banerjee blieben noch eine Zeitlang mit mir in Nepal, um unser letztes Projekt zu verwirklichen: den Bau einer Schule für Khumjung.

Vor acht Monaten war die Idee auf dem Tolam-Bau-Gletscher geboren worden. Wir hatten über die Zukunft der Sherpas gesprochen und überlegt, wie wir ihnen helfen könnten. Sherpa Urkein meinte, am dringendsten benötige man in Khumjung eine Schule. Für mich schien das der schönste Dank für die Hilfe und die Freude zu sein, die die Sherpas mir in so reichem Maß gewährt hatten. Mr. Bailey K. Howard und die World Book Encyclopaedia haben meiner Bitte um Geld für diesen Zweck in großzügiger Weise entsprochen. Die Indian Aluminium Company stiftete das Schulgebäude, und das Rote Kreuz flog es nach Mongbo. In Darjeeling hatten wir einen erfahrenen Lehrer gefunden und angestellt, und er hatte mit dem Unterricht schon begonnen. Bei trübem Monsunwetter stellten wir das Gebäude auf.

Zur Eröffnung gab es eine eindrucksvolle Feier. Bei bedecktem Himmel,

Nebel und Regenschauern versammelten sich die begeisterten Dorfbewohner, während der Oberlama von Thyang Botschi und seine Musikanten das Schulhaus einsegneten. Ich durfte das vor die Tür gespannte Band zerschneiden und den Eingang offiziell freigeben. Wir alle waren glücklich und zufrieden, und als ich Khumjung am 13. Juli verließ, wußte ich, daß sich hier Perspektiven für mich eröffneten, die meinem Leben eine neue Richtung geben sollten.

16. Sie sind sehr glücklich!

Als Gegenleistung für die beachtliche Unterstützung, die World Book der Expedition gewährt hatte, wollte ich eine ein Jahr dauernde Vortragsreise durch Nordamerika unternehmen. Zwei Tage nach Weihnachten 1961 packten meine Familie und ich die Koffer und flogen über Honolulu in die Vereinigten Staaten. In einem hübschen Vorort von Chicago bezogen wir ein Haus, wo Louise von den Nachbarn mit großer Herzlichkeit empfangen wurde. Wie ein Geschäftsmann, der pünktlich in sein Büro geht, fuhr ich jeden Montagmorgen zum Flughafen und flog in eine der zahlreichen amerikanischen und kanadischen Großstädte. Nach einem Abschiedsessen am Samstag kehrte ich zum Wochenende nach Chicago zurück. Im Verlauf des Jahres hielt ich bei 106 offiziellen Essen Ansprachen in 80 verschiedenen Städten. Dazu kamen unzählige andere Vorträge, Auftritte im Fernsehen, Rundfunkansprachen und Presseinterviews. Das war eine anstrengende, aber in vieler Hinsicht auch sehr interessante Tätigkeit.
Bald nach unserer Ankunft in Chicago wurde ich von der Riesenfirma Sears Roebuck & Co. aufgefordert, als Fachmann für Campingausrüstungen in ihre Sportabteilung einzutreten. Sears bemühten sich energisch, die Qualität ihrer Sportartikel zu heben, und hatten schon den bekannten Baseballspieler Ted Williams eingestellt, der außerdem ein begeisterter Sportfischer und Jäger war. Dazu kamen die verschiedensten anderen Sportler wie Skiläufer, Leichtathleten, Fußballspieler, Schwimmer, Tennisspieler usw. Zu ihnen gehörten sogar zahlreiche Gewinner olympischer Goldmedaillen.
Wenn ein bekannter Sportler für einen Artikel wirbt, dann ist das nicht immer eine Empfehlung, denn diese Leute können, wenn es um Geld und Grundsätze geht, deprimierend menschlich werden. Hier erkannte ich

aber bald, daß der sportliche Beratungsausschuß der Firma Sears die Artikel wirklich erproben und gestalten sollte. Deshalb erklärte ich mich zur Mitarbeit bereit. Für mich hat sich diese Zusammenarbeit gelohnt, und im Lauf der Jahre habe ich mich an der Entwicklung einer Reihe sehr brauchbarer Zelte beteiligt. Ich habe sie bei allen möglichen Expeditionen in vielen Teilen der Welt auch selbst erprobt.

Im Juni 1962 gingen wir in die Sommerferien. Ich brauchte dringend einen Urlaub. Von Chicago fuhren wir durch ganz Amerika bis nach Alaska und kehrten über Kanada wieder zurück. An unseren Ford Combi hatten wir einen Campinganhänger gehängt, der sich zu einem geräumigen Zelt auseinanderfalten ließ. Unsere Kinder waren inzwischen drei, sechs und sieben Jahre alt geworden, und dies war das erste Abenteuer, an dem sich die ganze Familie beteiligte. Wir besuchten die schönen Berge und Wälder von Colorado, fuhren mit 120 Stundenkilometern durch die unermeßliche Wüste von Nevada und erlebten mit staunenden Augen, aber ohne Neid das pulsierende Leben in den Städten, wo das Glücksspiel zu Hause ist. Lake Tahoe und die anderen Seen in den Sierras gefielen uns ausgezeichnet, aber wir mußten sie aus der Entfernung bewundern, denn die Ufer befanden sich meist im Besitz reicher Privatleute. San Francisco war eine schöne Stadt, aber Städte interessierten uns nicht besonders, und deshalb fuhren wir lieber nach Norden in die Wälder, um die riesigen Rotholzbäume und die imposanten vulkanischen Kegel zu sehen.

Der amerikanische Landwirtschaftsminister hatte mich gebeten, ihm einen Bericht über den Zustand der Campingplätze in den Waldparks zu geben. Der erfahrene Antarktisforscher Mat Brennan war beauftragt worden, uns zu begleiten und dafür zu sorgen, daß die Verwaltungen der Campingplätze uns in jeder Weise entgegenkamen. Wir freuten uns, mit Mat und seiner Familie zusammenzusein, ich fürchte jedoch, unsere Reise- und Campinggewohnheiten sind ihnen manchmal etwas zu anstrengend gewesen. Wie wir es von unseren Expeditionen im Himalaya gewohnt waren, standen wir bei Tagesanbruch auf, legten die schlafenden Kinder auf die Rücksitze des Combi, packten unsere Sachen zusammen, fuhren an dem noch geschlossenen Zelt der Brennans vorbei und in den kühlen Morgen hinaus. Wenn sich bei den Kindern der Hunger meldete, hielten wir an einer schönen Stelle und aßen in aller Ruhe ein kräftiges Frühstück. Am Nachmittag hatten wir gewöhnlich 500 bis 600 Kilometer zurückgelegt, und die Kinder hatten noch genug Zeit, auf dem neuen Campingplatz zu spielen und herumzutollen, während wir das Zelt aufschlugen. Die geräumigen und friedlichen Campingplätze in den Waldparks gefielen uns gut – ganz im Gegensatz zu den überlaufenen in den Nationalparks.

Bevor der weiße Mann nach Amerika kam, um die Wildnis zu zähmen und zu kultivieren, muß es hier unvorstellbar schön gewesen sein. Das ist es zum Teil noch heute, obwohl die Natur an vielen Stellen zerstört worden ist, und trotz der immer bedenklicher werdenden Umweltverschmutzung. Da man sich dieser Gefahren in letzter Zeit in zunehmendem Maße bewußt geworden ist, wird sich vielleicht ein Teil der alten Schönheit erhalten lassen, wenn auch das Ringen darum kaum erst begonnen hat. Zu viele wichtige Wirtschaftsinteressen stehen dagegen; es werden Zugangsstraßen gebaut, Würstchenbuden aufgestellt und neue Wohngebiete erschlossen. Zum Wachsen und zum Schlafen braucht die Natur Zeit; eine Ruhepause ohne Autoabgase und schwere Traktoren und ohne die Kakophonie der Schneemobile und Pistenrenner. Es gibt viele gezähmte Naturwunder, die man durch das Autofenster bestaunen kann, aber wir müssen auch die wirklich wilden Gebiete in ihrem Zustand erhalten, wo die Natur sich auf ihre eigene ruhige Weise weiterentwickeln kann und wohin nur die Menschen gelangen können, die bereit sind, zu Fuß zu gehen und ein wenig zu schwitzen.

In Vancouver verluden wir unseren Wagen auf die *Princess Louise* und fuhren durch die Inside Passage in nördlicher Richtung nach Alaska. Wir hatten herrliches Wetter und genossen das ruhige Wasser und die unzähligen, von Fichtenwäldern bedeckten Felseninseln. In der Gegend von Juneau sahen wir, wie die Gletscher kalbten und Eisberge ins Meer stürzten, und wir angelten in Gebirgsseen Forellen. In einem Fjord fing ich einen 14 Pfund schweren Lachs an einer Angel, die stark genug war, um einen Schwertfisch zu halten, und flog mit dem Hubschrauber über felsige Gipfel und tiefe Schluchten. Auf einer hochgelegenen Bergwiese sahen wir einen mächtigen Bären, der, als der Hubschrauber zu ihm herunterkam, sich aufrichtete und böse mit den großen Tatzen nach uns schlug.

In Haines schlossen wir uns einem Kamerateam von Sears an und fuhren gemeinsam durch ganz Alaska nach Anchorage. Es waren freundliche und gesellige Leute, und wir waren gern mit ihnen zusammen, während sie uns am Lagerfeuer und im Wagen filmten. In Anchorage mieteten wir einen Zug, der uns und unsere Fahrzeuge nach Fairbanks brachte. Ich glaube kaum, daß ich je wieder eine solche Eisenbahnfahrt erleben werde. Wir ratterten über die Tundra, durch Wälder und an Seen vorbei in einer von Menschen noch ganz unberührten Landschaft. An jedem fischreichen Fluß hielten wir an, warfen unsere Angeln aus und zogen die kämpferischen Lachse ans Ufer auf die glattpolierten Steine. Am Mount McKinley Park schlugen wir unser Lager am Berghang auf. Hier begegneten uns nur wenige Menschen, aber zahlreiche Karibus und Bären. Zum Bergsteigen blieb uns keine Zeit, aber ich flog mit einem bekannten Buschpiloten in die Berge und über mächtige Gletscher hinweg. Dabei spürte ich wieder das alte Verlangen, das sich halb zur Erregung, halb zur Furcht steigerte, und wollte wieder mein Zelt auf dem Schnee aufschlagen und den Kampf mit dem gewaltigen Gipfel aufnehmen.

Fairbanks war eine moderne amerikanische Stadt, die ebensogut am Rande von Chicago hätte liegen können, die man aber kaum in der Nähe des Po-

larkreises vermutet hätte. Uns interessierte sie nicht, und deshalb fuhren wir wieder nach Süden. Um mir eine besondere Freude zu machen, hatte das Kamerateam eine Elchjagd vorbereitet, obwohl ich kein passionierter Jäger bin, wenn auch die Landschaft und die Gesellschaft der anderen Jagdbegeisterten mich interessierten. In einer zweisitzigen Piper Super Club mit übergroßen Tragflächen flogen wir über die weglose Tundra und landeten mitten in einem sich durch das Land schlängelnden Strom auf einer Kiesbank. Das Jagdlager bestand aus alten, einfachen aber zweckentsprechenden Zelten. Man sagte mir, man habe ein Rudel Elche aufgespürt. Eines der Tiere trüge ein stattliches Geweih – vielleicht eine Rekordtrophäe. Den ganzen Tag fuhren wir in Kettenfahrzeugen durch die Tundra. Ich saß in dem gleichen Weasel, wie ich ihn auf der Fahrt zum Südpol verwendet hatte. Wir standen in Funkverbindung mit dem Erkundungsflugzeug, das das ziehende Rudel beobachtete. Am Spätnachmittag stellten wir die Fahrzeuge neben dem Fluß ab und gingen zu Fuß etwa 800 Meter weiter. Der Führer winkte uns, stehenzubleiben, und gab mir dann das Zeichen, zu ihm nach vorn zu kommen. Ich kroch heran und sah durch die Büsche. In einer Entfernung von etwa 200 Metern ästen die Elche friedlich, in ihrer Mitte ein kapitaler Elchbulle.
»Schießen Sie», flüsterte mir der Führer zu. Etwas widerwillig hob ich das Gewehr und drückte ab . . . Das Tier sprang in die Höhe und blieb dann zitternd stehen. »Schnell, schießen Sie noch einmal! Schießen Sie doch!« rief der Führer . . . und ich feuerte zum zweitenmal. Der Elch brach zusammen.
Neben meiner Beute knieend hielt ich das prächtige Haupt in die Höhe und zeigte die gewaltigen Schaufeln für das übliche Foto. Das Geweih hatte eine Spannweite über 1,20 Meter – kapital, aber kein Rekord. Ich empfand keine Freude, sondern schämte mich. Welches Recht hatte ich, ein so prächtiges Tier zu töten. Mit dem Flugzeug und einem geländegängigen Weasel hatten wir es verfolgt. Welchen Mut, welche Körperkraft und welche Geschicklichkeit hatte ich gebraucht? Ich beschloß, mich nie wieder im Namen des Sports an einem so sinnlosen, kaltblütigen Mord zu beteiligen.
Nachdem wir uns von den Kameraleuten verabschiedet hatten, fuhren wir in das Yukon-Gebiet und den Alcan Highway hinunter. Wir genossen die herrliche weite Landschaft und die schönen Seen und Berge. Namen wie Dawson City, Klondike und White Horse klangen nach Abenteuer und Romantik. Der Banff National Park war ein phantastisches Erlebnis. In

unserem Waldlager wurden wir von Bären besucht, und ich mußte widerwillig aus dem Bett kriechen, um einen jungen Bären zu vertreiben, der die Nase in Peters kleines Zelt gesteckt hatte. Am Diamond Lake fiel schon Schnee und erinnerte uns daran, daß der Sommer zu Ende war. Über die kanadische Prärie ging es nun nach Osten, und jeden Tag legten wir weite Strecken zurück. Wir waren wie berauscht von den Freuden des Zeltens und Fahrens. Der Tag verlief nach einem einfachen Muster. Wir waren frei, und nichts bedrückte uns – und das Erlebnis der Natur war unbeschreiblich schön. Es hätte ewig so weitergehen können. Nur widerstrebend fuhren wir auf der großen Autostraße nach Chicago und fügten uns in die unausweichliche Tatsache, daß der Traum zu Ende war. Wieder begann die Arbeit. Ich mußte Vorträge halten, und Louise schrieb unter dem Titel *Keep Calm if you Can* ein Buch über unsere abenteuerliche Reise.
Ende 1962 war meine Vortragsreihe beendet, und wir bereiteten uns auf die Heimreise vor. Es war eine herrliche Zeit gewesen, und wir hatten viele neue Freunde gewonnen. Dabei hatten wir sogar Chicago liebgewonnen. Aber es war gut, in unser friedliches Neuseeland zurückzukehren.
In Amerika gab es viele anregende und erregende Erlebnisse, aber vieles irritierte und ärgerte mich auch. Es gefiel mir nicht, daß man hier so viel an die niedrigen Instinkte des Menschen appellierte. Die Leute wurden geradezu gezwungen, gewisse Dinge zu tun, gewisse Dinge zu kaufen und Dinge zu lesen, die ihnen eigentlich kaum etwas nützten. Die große amerikanische Maschine spuckte so viel Wohlstand und nutzlosen Luxus aus, alles schien so materialistisch, vergnügungssüchtig und aggressiv. Selbst die wenigen Kirchen, die ich besuchte, vertraten Standpunkte und hatten Dinge zu bieten, die weder an den Körper noch an das Gewissen Anforderungen stellten.
Ich bewunderte die unglaubliche Vitalität und Kreativität, das Verlangen, das Richtige zu tun, die zunehmende Ablehnung des Krieges und der Heuchelei. Ich hörte, wie ein bekannter französischer Philosoph im Fernsehen sagte, Amerika erzeuge die neue Revolution, und die meisten anderen Länder spielten nur noch eine Nebenrolle. Vielleicht hatte er recht. Die meisten von uns fühlen sich glücklicher in der Rolle des Beobachters als in der der handelnden Person. Wenn es wirklich möglich ist, aus dem aggressiven Kapitalismus eine Gesellschaft entstehen zu lassen, in der die Menschen zufrieden leben und Gerechtigkeit finden können, dann wird es in Amerika vielleicht gelingen, aber vielleicht ist es auch der Kapitalismus, der sich ändern muß.

Von meinen Besuchen in Amerika habe ich tiefe Eindrücke mitgenommen. Und doch kamen mir, als ich mich zu Beginn des langen Fluges über den Pazifik ermattet in meinen Sitz zurücklehnte, meine Zweifel im Hinblick auf alles, was ich gesehen, gehört und getan habe. Mich überfällt eine gewisse Traurigkeit, wenn ich an die Zukunft Amerikas – und der Welt – denke.

World Book Field Enterprises wollten feststellen, welche Möglichkeiten die Firma auf dem australischen Markt hätte, und ich wurde gebeten, mich an den ersten Untersuchungen zu beteiligen. Ich fuhr mit dem stellvertretenden Direktor, Mr. Donald McKellar, nach Australien und sprach dort mit Eltern, Erziehern und Schuldirektoren. Wir stellen fest, daß in Australien bereits eine Anzahl von Enzyklopädien verkauft worden war, aber die unseriösen Verkaufsmethoden hatten dem Ruf des Hauses in der Öffentlichkeit geschadet und bei den Regierungsstellen eine negative Reaktion hervorgerufen. Der Zeitpunkt schien daher nicht geeignet für den Beginn einer neuen Verkaufskampagne, aber wir gewannen den Eindruck, daß wir mit unserem Material und unseren Methoden dem entstandenen schlechten Ruf entgegenwirken könnten. Field Enterprises gründeten eine Filiale in Sydney, und ich wurde zu ihrem Direktor ernannt. Im Lauf der folgenden zehn Jahre eroberten wir uns eine führende Stellung im australischen Erziehungswesen. Mit der Abwicklung der laufenden Geschäfte hatte ich kaum etwas zu tun, sorgte jedoch dafür, daß die Gesellschaft nach vernünftigen Grundsätzen vorging. Die angebotenen Bücher waren ausgezeichnet, und ich war überzeugt, die meisten Familien in unserem Land würden großen Nutzen daraus ziehen können, solange wir dafür sorgten, daß sie von den richtigen Leuten und in der richtigen Weise verkauft würden.

Aus Khumjung erfuhr ich, daß die neue Schule unter der Leitung von Tem Dorje ausgezeichnete Erfolge hatte. Auch andere Dörfer hatten den Antrag gestellt, daß Schulen eingerichtet und Wasserleitungen und Brücken gebaut werden sollten. Sowohl Field Enterprises als auch Sears Roebuck interessierten sich für diese Projekte, und mit ihrer Unterstützung kehrte ich 1963 nach Nepal zurück. Meine Expedition nahm die Dinge energisch in die Hand, wir richteten in Thyang Botschi und Thami Schulen ein und bauten eine anderthalb Kilometer lange Leitung, um Khumjung mit frischem Quellwasser zu versorgen. Zu unserer Expedition gehörte

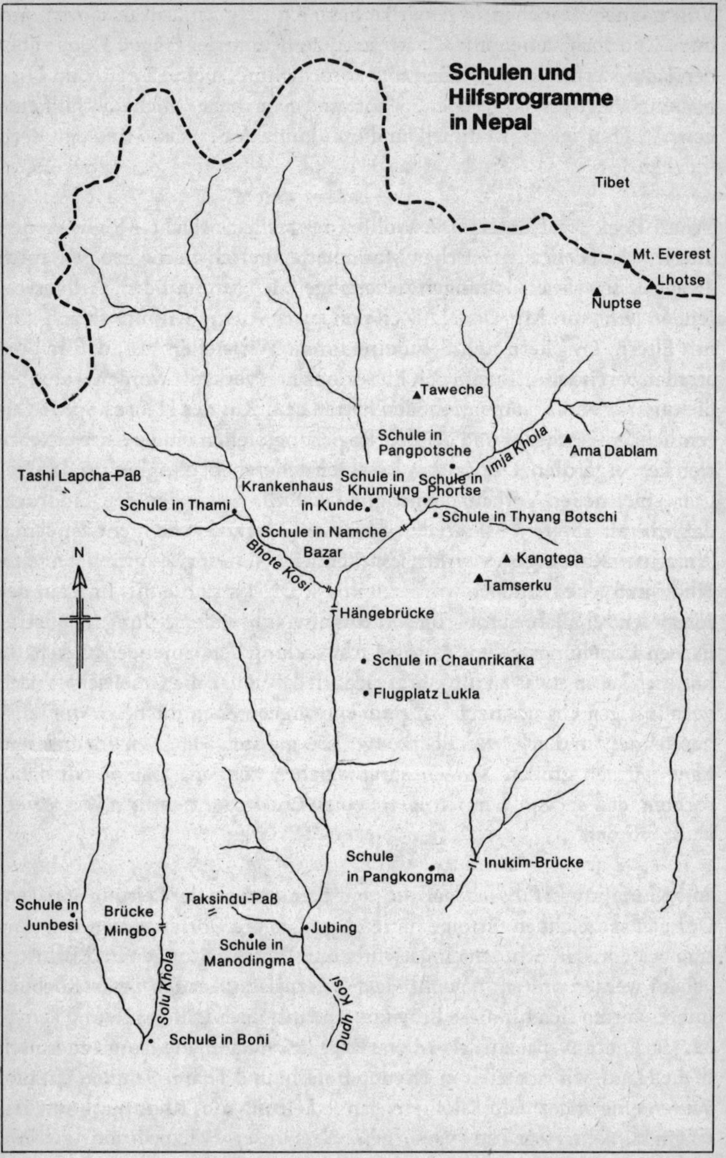
Schulen und Hilfsprogramme in Nepal
Tibet
Mt. Everest
Lhotse
Nuptse
Taweche
Schule in Pangpotsche
Imja Khola
Ama Dablam
Tashi Lapcha-Paß
Krankenhaus in Kunde
Schule in Khumjung
Schule in Phortse
Schule in Thami
Schule in Thyang Botschi
Schule in Namche Bazar
Bhote Kosi
N
Kangtega
Tamserku
Hängebrücke
Schule in Chaunrikarka
Flugplatz Lukla
Schule in Pangkongma
Inukim-Brücke
Taksindu-Paß
Schule in Junbesi
Brücke Mingbo
Jubing
Schule in Manodingma
Solu Khola
Dudh Kosi
Schule in Boni

ein leistungsfähiges Team von Bergsteigern aus Neuseeland und den USA. Zwar mußten wir die Besteigung des Tawache 70 Meter unterhalb des Gipfels aufgeben, es gelang uns aber, den mächtigen 6801 Meter hohen Kangtega zu bezwingen. Die Expedition drehte den erfolgreichen Film »High in the Himalayas«, und ich schrieb das Buch »Schoolhouse in the Clouds«. Unsere Zusammenarbeit mit den Sherpas wurde in immer weiteren Kreisen bekannt, und es gelang mir nicht nur, weitere finanzielle Unterstützung von World Book zu bekommen, sondern auch andere Firmen, Klubs, Schulen und Privatpersonen spendeten beachtliche Summen.
1964 war ich wieder in Nepal und brachte eine Gruppe erfahrener Leute mit, um ein sehr ehrgeiziges Programm zu verwirklichen. Wir wollten einen Flugplatz, drei Schulen und eine große Hängebrücke bauen. Außerdem hatten wir vor, den 6628 Meter hohen Tamserku zu besteigen.
Für mein sicherlich voreingenommenes Auge gibt es kaum etwas Schöneres und Großartigeres als die Berge und Täler in der Khumbu-Region. Die dort lebenden Sherpas sind ungewöhnlich robust, mutig und freundlich. Diese Eigenschaften haben sie wahrscheinlich entwickelt, weil sie in so großer Abgeschlossenheit leben. Diejenigen von uns, die ihr Herz für die Sherpas entdeckt hatten, waren der Ansicht, diese Menschen würden glücklicher leben und zufriedener sein, wenn sie keine Berührung mit der Außenwelt hätten, aber leider war das nicht mehr möglich. Immer neue Expeditionen kamen ins Land und mit ihnen fremde politische Vorstellungen. Das blieb nicht ohne Wirkung auf die Sherpas, die nun nach einer besseren Erziehung und ärztlichen Versorgung verlangten. Ich wollte ihnen bei der Erfüllung ihrer Wünsche helfen, aber der 16 Tage dauernde Marsch von Katmandu in die Sherpadörfer mit schweren Lasten war zeitraubend und anstrengend. Eine viel bessere Lösung wäre es, einen Flugplatz zu bauen und Versorgungsflugzeuge vom Typ STOL (Short Takeoff or Landing) zu verwenden. Die zivile Luftfahrt lehnte unsere auf 4728 angelegte Piste am Mingbo ab. Doch wo ließ sich sonst in diesem gebirgigen Gelände ein Flugplatz bauen?
Mein guter Freund Jim Wilson suchte unterhalb des Chaunrikarka am Dudh Kosi eine geeignete Stelle, als eine Gruppe von Bauern aus dem Dorf Lukla, das auf 2898 Metern in einem kleinen Seitental liegt, die Verbindung mit ihm aufnahm. Die Bauern wollten Land verkaufen und glaubten, es eigne sich für einen Flugplatz. Das war ein seltsamer Vorschlag, denn er kam von Leuten, die nichts oder nur wenig von Flugzeugen verstanden. Wir erkundeten den Platz und stellten fest, daß die Bauern recht hatten.

Lukla lag auf einem sanft nach Süden abfallenden, sich fächerartig ausbreitenden Hang. Darüber erhoben sich mehr als 6000 Meter hohe schroffe Gipfel, aber von Norden konnte man ungehindert anfliegen. Die örtlichen Wetterkundigen behaupteten, in diesem Tal wäre mit immer gleichmäßigen und nicht zu starken talaufwärts wehenden Winden zu rechnen, eine Voraussage, die sich als erstaunlich zutreffend erwies.
Guter, für die Landwirtschaft geeigneter Boden war in dieser Gegend sehr knapp, und ich wollte den Bauern möglichst wenig davon fortnehmen. Wir wählten ein etwa 2500 Quadratmeter großes Stück aus. Ein Drittel davon war mageres Weideland, ein Drittel mit Buschwerk bestanden, und das letzte Drittel war ein fruchtbares Kartoffelfeld. Dieser Landstreifen war alles andere als eben und stieg auf der gesamten Strecke um etwa 30 Meter an.
Er bestand aus terrassenförmig angelegten Flächen, deren einzelne Stufen etwa 2 Meter hoch waren, an manchen Stellen auch höher. Da uns keine Maschinen zur Verfügung standen, mußte jeder Kubikmeter Erde mit der Hand bewegt werden.
Zunächst rodeten wir den mit Büschen bestandenen Teil. Da sich fünfzig Männer und Frauen an der Arbeit beteiligten, waren die Büsche bald abgehackt. Viel mühsamer war es, das dichte Netz von Wurzeln aus dem Boden zu graben. Unser Ingenieur Don Mackay nahm die Höhenmessungen vor und markierte das ganze Feld. Nach drei Tagen beteiligten sich schon 160 Sherpas an dem Vorhaben, von denen jeder einen Tageslohn von 6 nepalesischen Rupien (60 Cents) erhielt. Der Vorarbeiter, Mingma Tsering, und sein Gehilfe Annullu waren strenge Zuchtmeister. Männer und Frauen, die nicht die volle Tagesleistung erbrachten, wurden sofort ausgezahlt und durch andere ersetzt, die kräftiger und arbeitswilliger waren.
Im Lauf der Zeit stellten wir fest, daß wir am effektivsten mit einer Kolonne von 110 Leuten arbeiteten. Eine Gruppe lockerte Erde und kleine Steine und schaufelte sie in Weidenkörbe, eine zweite trug die Körbe fort und leerte sie dort aus, wo der Boden aufgefüllt werden mußte. Die dritte, aus besonders kräftigen Männern bestehende Gruppe schaffte die immer wieder zutage kommenden größeren Felsbrocken aus dem Weg. Sie wurden ausgegraben und dann mit Hebebäumen und Stricken an den Rand des Flugfeldes gewälzt. Die wenigen sehr großen Felsbrocken wurden nach der gleichen Methode in den Boden versenkt wie seinerzeit bei Mingbo.
Die Sherpas sind willige und tüchtige Arbeiter, aber es fiel ihnen schwer, mit den zwölf kräftigen Tibetanern mitzuhalten, die wir ebenfalls be-

schäftigten. Diese Männer waren mit der Schaufel unermüdlich. Sie arbeiteten im Takt zu einem tibetanischen Volkslied, und so sehr sie sich anstrengen mochten, immer hatten sie noch genug Atem, um zu singen. Während der ganzen Zeit des Baus der Piste beherrschten sie mit ihren fröhlichen Stimmen die Szene.

Nach drei Wochen begann der Landstreifen Form anzunehmen, und wir beschleunigten die Arbeit durch die Verwendung einfacher Pflüge, die von je zwei Kühen gezogen wurden. Sie lockerten den Boden, den wir dann leichter in die Körbe füllen konnten. Alle Vertiefungen und Löcher wurden mit vielen Tonnen Erde und Steinen aufgefüllt und jede kleine Erhebung abgetragen. Don Mackey war ein energischer und gewissenhafter Aufseher. Er war überall, und wehe dem, der an der falschen Stelle die Erde fortschaufelte oder seine Last dort ablud, wo er es nicht sollte. Ich schloß die Verträge mit den fünf Landbesitzern Aila, Chocki, Passang, Ongal und Ila Tensing. Unser Verbindungsoffizier, Mr. Rai, ein Polizeiwachtmeister, setzte das offizielle Vertragsdokument in nepalesischer Sprache auf. Mit jedem Kaufvertrag wurde der Empfang der entsprechenden Geldsumme quittiert und bescheinigt, daß das Land Eigentum der nepalesischen Regierung geworden war. Diese Vereinbarung hatten wir in Katmandu getroffen. Jeder unterzeichnete die Urkunde mit seinem Daumenabdruck, denn keiner der Bauern konnte Nepalesisch schreiben. Einer wollte seinen Namen mit englischer Schrift unter den Vertrag setzen, aber das wurde als ganz ungehörig abgelehnt. Alle diese Grundbesitzer waren intelligente und tüchtige Landwirte. Daß sie nicht in der Lage waren, ihre Namen in nepalesischer Schrift zu schreiben, war nicht etwa ein Zeichen mangelnder Intelligenz oder Sachkenntnis. Sie hatten einfach keine Gelegenheit gehabt, das Schreiben zu lernen. Für die 3000 Quadratmeter bezahlte ich eine Gesamtsumme von 6350 Rupien (635 Dollar).

Die Zeit drängte, denn bald sollte das erste Flugzeug landen; deshalb wurde das Arbeitstempo beschleunigt. Mackay beschaffte sich einen riesigen 6,5 Meter langen und etwa 35 cm dicken vierkantigen Balken, um die Piste abzuschleifen. Er ließ an jedem Ende ein Seil befestigen und zwei Kühe an jedes Seil spannen. Das war zwar eine großartige Idee, aber die Kuhgespanne zogen immer wieder in die entgegengesetzte Richtung, und der Balken rührte sich nicht von der Stelle. Schließlich mußten sich Männer vor die Seile spannen, und so ging die Arbeit gut voran.

Ich war mit dem Zustand des Landestreifens nicht ganz zufrieden, denn der Boden war immer noch zu weich. Don nahm sich ein paar Tage frei, um eine Tour an den Tamserku zu unternehmen, und ich verzichtete auf den von ihm so sehr geschätzten Balken. Statt dessen ließ ich fünfzig Sherpas Arm in Arm über die Piste stampfen. Bei den Tänzen der Sherpas wird kräftig gestampft, und sehr bald wurde aus dieser Arbeit ein großer Festtanz, wobei die Erde unter den lustigen Sprüngen der Männer erdröhnte. Ich unterstützte ihre Bemühungen, indem ich sie reichlich mit dem hier gebrauten Chung (Bier) versorgte. Nach zwei Tagen ließ die Begeisterung der Sherpas für das Tanzen merklich nach, aber die Oberfläche des Landestreifens war fest und glatt. Das erste Flugzeug konnte landen. Der Landestreifen war etwa 400 Meter lang und 33 Meter breit, und seine Ränder waren durch farbig angestrichene Bretter gekennzeichnet. Das Gefälle betrug 1 : 10, für eine Landepiste recht steil, aber die Oberfläche befand sich in einem ausgezeichneten Zustand.

Der Morgen des 26. Oktober war sonnig und klar, aber ich hatte eine unruhige Nacht verbracht. Zwei Vertreter der zivilen Luftfahrt, die sich vielleicht noch an die Piste von Mingo erinnerten, sollten die erste Landung machen, und ihr Urteil würde über das Schicksal unseres Flugplatzes entscheiden. Da sich kaum ein Lüftchen regte, hing der Windsack schlaff nach unten, und über uns ragten die Eisgipfel in den blauen tibetanischen Himmel. Um 8.00 Uhr versammelten sich die Sherpas, und mit ihrem scharfen Gehör nahmen sie auch als erste das Motorengeräusch der Maschine wahr. Bald zeigten sie auf ein schwarzes Pünktchen, das sich rasch über dem tief eingeschnittenen Flußtal des Dudh Kosi näherte. Mit lautem Brummen kreiste das Flugzeug über uns, und schnell jagten wir die letzten neugierigen Kinder von der Piste. Dann schwenkte die Maschine zur Landung ein und kam mit ausgefahrenen Landeklappen an das Flugfeld heran. Mit angehaltenem Atem sah ich, wie die Räder den Boden berührten und eine Staubwolke aufwirbelten. Dann rollte die Maschine aus und hielt nach einer kurzen Strecke. Der Pilot mußte Vollgas geben, um den Hang bis zum Ende der Piste heraufzurollen, in einer Staubwolke zu wenden und wieder zu halten. Besatzung und Passagiere lächelten und winkten uns freundlich zu. Nun zweifelten wir nicht mehr daran, daß der Flugplatz von Lukla eingeweiht war. Fast genau vier Wochen waren seit dem Baubeginn vergangen.

Bald war Lukla einer der wichtigsten Flughäfen von Nepal. Im Lauf der Jahre sind hier Tausende von Touristen, Weltenbummlern und Expeditionsmitgliedern gelandet, ebenso auch zahlreiche Nepalesen und große Mengen von Fracht. Später verlängerten wir den Landestreifen auf

450 Meter und besäten das Flugfeld mit einer widerstandsfähigen Grassorte.
Durch den Flughafen von Lukla sind die Bürokratisierung und der Tourismus im Gebiet des Everest leider beschleunigt worden. Schon am Khumbu spürt man die »Segnungen« der Zivilisation. Wälder werden abgeholzt, der Unrat türmt sich an den Campingplätzen und vor den Klöstern, und die Kinder haben schon das Betteln gelernt. Die Sherpas verfügen über ein Krankenhaus und ein halbes Dutzend Schulen, und es gibt ausreichend Arbeit als Heilmittel gegen die galoppierende Inflation. Aber ist das ein vertretbarer Ausgleich für die eingetretenen Verluste? Manchmal habe ich ein sehr schlechtes Gewissen. Mein einziger Trost liegt darin, daß die althergebrachte Lebensweise der Sherpas ohnedies nicht mehr aufrechterhalten werden kann, denn nur wenige Gesellschaften vermögen den Versuchungen zu widerstehen, die die Zivilisation zu bieten hat. Wir haben den Sherpas geholfen, sich ihre Individualität zu bewahren, und sie in die Lage versetzt, innerhalb der neuen Gesellschaft konkurrenzfähig zu bleiben. Wenn sie durch den Kontakt mit dem Westen ihre traditionelle Gastfreundschaft, ihre religiöse Motivation und ihren Gemeinsinn verloren haben, wem macht das schon etwas aus? Man sagt mir, fremdes Geld sei ein wirksames Mittel gegen solche »Krankheiten«.
Mit einer freundlichen Geste seiner schmalen braunen Hand forderte mich der Oberlama des Klosters von Thyang Botschi auf, als Ehrengast neben ihm Platz zu nehmen. Ich war zum Nachmittagstee gekommen, aber die Szene, die uns hier umgab, wird man an keinem anderen Ort der Welt wiederfinden. Auf dem Rasen vor dem Kloster stand ein langer, mit Speisen und Getränken beladener Tisch, und beiderseits erhoben sich die mächtigen beschneiten und vereisten Felsspitzen. Am oberen Ende des Tals füllte das Everestmassiv den Horizont aus, und von seinem Gipfel wehte eine weiße Schneefahne wie eine Feder im Wind.
»Ich freue mich, Sie wieder in Thyang Botschi zu begrüßen«, sagte mein alter Freund, der Oberlama, »und ich bin besonders froh über die neuen Schulen, die Sie in Namche Bazar und Chaunrikarka gebaut haben. Ich muß aber noch eine besonders wichtige Frage mit Ihnen besprechen.«
Behutsam schlürfte ich den mit Salz und Yakbutter gewürzten tibetanischen Tee und wartete darauf, was er zu sagen hatte.
»Ihre Schulen haben der Sherpabevölkerung Wissen vermittelt«, fuhr der Lama fort, »und das ist gut. Aber meine jungen Novizen dürfen nicht ins Hintertreffen geraten, und ich halte es für wichtig, daß sie noch mehr Ne-

Schule von Chaunrikarka

palesisch und Englisch lernen.« Er wies auf ein aus Holz und Steinen erbautes schönes Haus, dem noch das Dach fehlte. »Mit der Hilfe vieler Spenden haben wir unsere eigene Schule gebaut. Es fehlen uns aber noch das Glas für die Fenster und ein gutes Dach. Vor allem aber brauchen wir einen erfahrenen Lehrer. Können Sie uns damit helfen?«
Ich blickte in das ruhige Gesicht des Oberlama und bemerkte ein leises Lächeln in seinen Mundwinkeln. Ich fügte mich in das Unvermeidliche und murmelte, ich wolle tun, was in meinen Kräften stünde. Sofort führte mich der Oberlama um die Schule, damit ich mir die Abmessungen notieren und einen entsprechenden Plan zeichnen konnte.

In dem Jahrzehnt vor 1964 starben in der Khumbu-Region 18 Männer und Frauen an den über die Hochwasser führenden Gebirgsflüsse gebauten Brücken. Einige kamen beim Bau neuer Brücken um, andere starben, als die alten unter ihnen zusammenbrachen. Eine der gefährlichsten Stellen lag dort, wo der tibetanische Fluß Bhote Kosi sich in einer Höhe von

2898 Metern unterhalb des wichtigen Dorfes Namche Bazar mit dem Dudh Kosi vereinigt. In der tiefeingeschnittenen Schlucht schlängelt sich der Pfad auf schmalem Felsgrat und über hölzerne Leitern hinauf und hinunter, und die örtliche Bevölkerung benutzt ihn nur sehr ungern. Nach zahlreichen Gesuchen hatte die nepalesische Regierung eine Geldsumme für die Abkürzung des Weges durch den Bau einer Brücke über den Zusammenfluß beider Flüsse bewilligt. Besondere Schwierigkeiten machte dabei der 30 Meter breite Dudh Kosi. In den Fluß hinein baute man Steinmauern als Stützen für eine Holzkonstruktion, und die Brücke wurde fertig, bevor die heftigen Monsunregen einsetzten. Doch die Erbauer der Brücke stammten nicht aus diesem Bezirk und unterschätzten die Gewalt der Wassermassen zur Zeit des Hochwassers. Ein Tag heftigen Regens in den Bergen genügte, um die Brücke auf der Ostseite zu unterspülen und vollständig zu zerstören. Die vorläufige Brücke über den schmaleren, aber ebenso gefährlichen Bhote Kosi nahm ein traurigeres Ende. Eine Sherpafrau und ein tibetanischer Mann aus dem Dorf Khumjung gingen gerade in dem Augenblick hinüber, als sie unter ihnen zusammenbrach, und beide stürzten in das schäumende Wildwasser und ertranken.
1964 wollte ich mit meiner Expedition versuchen, an dieser Stelle haltbarere Brücken zu bauen. Für eine teure Hängebrücke nach westlichem Muster fehlte uns das Geld, aber ich war überzeugt, daß wir das von den Sherpas verwendete Grundmodell der Hängebrücke benutzen konnten, wenn wir die Konstruktion verlängerten und an Stahlseilen aufhängten. Das wäre wirtschaftlich, und dazu brauchten wir keine großen Mengen von Material und Werkzeugen aus Katmandu heranzuschaffen. Sechs Lasten zu je 60 Pfund enthielten alles, was wir für den Brückenbau brauchten.
Mitte Oktober war der Wasserstand des Dudh Kosi soweit gefallen, daß wir mit der Arbeit an den beiden Brückenauflagen beginnen konnten. Von den vorspringenden Felsen oberhalb des Flusses lösten wir einige tonnenschwere Felsbrocken und ließen sie am Ostufer in das schäumende Wasser fallen. Zunächst verschwanden sie im tiefen Wasser, aber allmählich türmten sie sich übereinander und zwangen die Strömung in die Mitte des Flusses. Mit einer Gruppe kräftiger Sherpas schichteten wir am Ostufer große Steine zu einem Fundament auf, das den Fluten des Hochwassers im Monsun widerstehen würde. Aus starkem Drahtgeflecht stellten wir etwa anderthalb Kubikmeter fassende Körbe her und füllten sie mit Steinen. Dann befestigten wir sie mit dickem Draht am Ufer. Nach zehn Tagen

harter Arbeit hatten wir eine feste Wasserwehr hergestellt, die mehr als drei Meter über die Hochwassermarke hinausragte.
In der gleichen Zeit hatten wir eine Behelfsbrücke über den Fluß geschlagen, einen sehr wackeligen Steg aus Baumstämmen, der im Zickzack von einem Felsblock zum nächsten führte und mehr als 40 Meter über gefährliche Stromschnellen lief. Die Leute ließen sich nicht davon abhalten, den Fluß auf diesem Steg zu überqueren, und bald benutzten Hunderte von Lastträgern die Abkürzung. Da viele von ihnen fast hinunterfielen, ließ ich ein Drahtseil als Geländer neben dem Steg über den Fluß spannen, aber dennoch war das Hinübergehen jedesmal ein kleines Abenteuer.
Täglich kletterten die Sherpas an den Steilhängen oberhalb der Brücke hinauf, um die Bäume herunterzubringen, die wir dort vor fünf Monaten gefällt und zugehauen hatten. Es sah gefährlich aus, wenn die zwölf Meter langen Stämme in wilder Fahrt aus einer Höhe von 70 Metern heruntersausten, aber irgendwie brachten es die Sherpas fertig, Unfälle zu vermeiden. Nur einige zersplitterte Stämme zeigten, wie riskant das Unternehmen war.
Nun übernahm der Ingenieur der Expedition, Don Mackay, die Aufgabe, die Stahltrossen, an denen die Brücke aufgehängt werden sollte, über den Fluß zu spannen. Auf beiden Seiten richteten wir Baumstämme auf, die als Ausleger über die Schlucht hinausragten, und legten sie unten mit schweren Steinbrocken fest. Diese Ausleger überbrückten von jedem Ufer aus mehr als sieben Meter. Aber in der Mitte blieb eine etwa neun Meter weite Lücke offen. Mackay und seine Helfer zeigten sich bei dieser Arbeit sehr geschickt. Hoch über dem Flußbett wurden am Ostufer mühsam Löcher in den Fels gebohrt und Stahlösen einzementiert. Mackays Leute hingen dabei an Seilen vor der Steilwand und pendelten wie geschickte Kletteraffen mit ihren Werkzeugen vor dem senkrecht fallenden Felsen hin und her. Auf dem flacheren Westufer bauten sie aus Fichtenstämmen einen hohen Turm und verankerten ihn mit tonnenschweren Gesteinsbrocken. Dann wurden zwei geflochtene Stahltrossen im weiten Bogen über die Schlucht gespannt und auf beiden Seiten festgemacht. Danach bauten wir ein starkes hölzernes Hängegerüst, befestigten es an den Stahltrossen und zogen es bis zur Mitte hinaus, wo es eine Insel bildete, auf die wir die Enden der Brückenbalken legten.
Hoch über dem Flußbett, aber immer mit Seilen und Karabinerhaken nach Bergsteigerart an den Stahltrossen gesichert, arbeiteten wir angestrengt, um die sechs Meter langen, schweren Brückenbalken in die richtige Lage

zu bringen. Es war ein großer Augenblick, als dies geschehen war und wir von einem Ufer zum anderen hinüberbalancieren konnten. Jetzt brauchten wir nur noch wenige Stunden, um den einen Meter breiten Belag aus Brettern auf die Bohlen zu nageln. Die nur 5/8 Zoll starken Stahltrossen sahen sehr dünn aus, aber wir wußten, daß sie das Dreifache des Gewichts aushalten konnten, das ihnen jemals zugemutet werden würde.

Nur etwa 300 Meter von hier entfernt ging auch der zweite Brückenschlag über den Bhote Kosi schnell voran. Die Konstruktion war einfacher. Es war eine starke Brücke vom gleichen Typ, wie die Sherpas ihn auch sonst bauen.

In den ersten Dezembertagen waren beide Brücken fertig, und täglich gingen Hunderte schwerbeladener Lastträger hinüber. Sie brachten Orangen, Reis und Petroleum über die Grenze nach Tibet und tibetanisches Steinsalz und Wolle nach Nepal. Unser Vertrauen zu dieser Hängebrücke wurde gerechtfertigt, als drei schwerbeladene Yaks gleichzeitig und vorsichtig hinübertrippelten.

Am 7. Dezember versammelten wir uns wieder an den Brücken. Es war bitterkalt, der Sturm heulte durch die Dudh Kosi Schlucht. Der Oberlama des Klosters von Thyang Botschi war gekommen, um die Brücken zu weihen. In Seide und Brokat gekleidet intonierte er seine Gebete und warf handvollweise Reiskörner ins Wasser, während er würdevoll mit flatternden Gewändern und umweht vom Rauch der Opferfeuer über die Brücken schritt. Wir freuten uns, zu sehen, daß der Sturm den Brücken nichts anhaben konnte und daß unsere Sherpas an die günstige Wirkung des Segens glaubten, den der Lamapriester sprach. »Wenn der Regen kommt«, sagte Annullu, ein erfahrener, tüchtiger Sherpa, »dann werden die Fluten auf die Stimme des Oberlama hören und die Brücken nicht beschädigen.« Er dachte einen Augenblick nach und sagte dann in seinem nicht ganz korrekten, aber verständlichen Englisch: »Sie sind sehr glücklich für uns, Sahib; drei Schulen gebaut, ein Flugplatz und zwei Brücken . . . und niemand getötet! Sie sind sehr glücklich!«

An einem herrlich klaren Morgen krochen wir um 5.00 Uhr aus unseren Zelten in dem in der Nähe des kleinen Sherpadorfs Benkar auf 2298 Meter gelegenen Camp. Nachdem wir eine Tasse Tee getrunken und ein paar Kekse gegessen hatten, begannen wir die sehr steilen Wände des Dudh Kosi-Tals hinaufzuklettern. Dabei zogen wir uns an den aus der Wand wachsenden Büschen und Krüppelkiefern hinauf und mußten immer wieder den senkrecht aufragenden Felsvorsprüngen ausweichen. Die Luft war kühl und frisch, doch bald rann uns der Schweiß die Gesichter hinunter, denn die Jüngsten unter uns gaben das Tempo an. Um 8.00 Uhr durchstiegen wir angeseilt einen Wasserfall und kamen bei 3600 Metern auf eine kleine Bergwiese.

Der Ausblick war unglaublich schön. Tief unter uns lag das schmale Band des Dudh Kosi und schlängelte sich durch von Buschwerk überwachsene dunkle Schluchten weiter in Richtung auf die fernen Ebenen Indiens. Talaufwärts erhob sich das mächtige Massiv des Mount Everest, überall bedeckt vom letzten Monsunschnee, aber heute zeigte der Berg nicht die gewohnte Schneefahne. Am östlichen Horizont reckten sich die noch jungfräulichen Gipfel des Mount Tamserku bis auf 6628 Meter in den Himmel. Wir waren hierhergekommen, um einen Blick auf den Tamserku zu werfen. Wir betrachteten den Berg mit dem Fernglas und überlegten, ob es uns gelingen werde, ihn zu bezwingen. Wir hatten ihn schon von allen Seiten angesehen und waren zu dem Schluß gekommen, daß die leichteste Route wahrscheinlich über den Südgrat führte, obwohl der Ausdruck »leicht« nur als relativer Begriff verstanden werden darf, denn der Südgrat bot uns von hier einen furchterregenden Anblick.

1953 hatten wir auf dem Wege zum Everest auch den Tamserku gesehen und ihn für praktisch unbesteigbar gehalten. Aber die Technik war in den letzten zehn Jahren so weit fortgeschritten, daß man kaum noch etwas für unmöglich halten durfte. Während wir uns im warmen Sonnenschein ausruhten und ausgiebig frühstückten, ließen wir den Berg keinen Augenblick aus den Augen.

Wo sollte man das erste Lager einrichten und wo das zweite? Ließ sich irgendwo ein schmales Sims erkennen, auf dem das dritte Platz hätte? Von unserem Standpunkt aus gab es nur eine Aufstiegsmöglichkeit. Man mußte durch ein steiles, beschneites Tal 700 Meter hinaufgehen. Hier erkannte man die Spuren kürzlich niedergegangener Lawinen. Ließen sich die gefährdeten Stellen umgehen, wenn man über den vereisten Hang an der linken Seite hinaufkletterte? Dann führte die Route zu einem kleinen beschneiten Sattel auf dem Südgrat, wo sich vielleicht ein Lager aufschlagen ließ. Von dort ging es über einen spitzen Schneegipfel auf der Nordseite, aber man verlor auf diesem Wege beträchtlich an Höhe. Es folgte die am schwierigsten aussehende Strecke; mehrere hundert Fuß fast senkrechter Felswand, gekrönt von einer mächtigen Eiskappe, von der nach Westen ständig Lawinen abgingen. Sie war von tiefen Spalten zerrissen und erschreckend steil. Wenn wir dort hinaufkommen konnten, dann bot sich genügend Platz für ein Lager. Aber war das möglich? Hier schloß sich eine zweite steile, vereiste Felswand an, die auf den Gipfelgrat führte, wo es über ein 800 Meter langes, dünnes Schneebrett ging, das in einer Höhe von 6300 Metern gefährlich über den Abgrund hinausragte. Überall hingen gigantische Eisspitzen, reckten sich Eistürme in die Höhe und führte es in tiefe Spalten hinunter. Hatte es überhaupt einen Sinn, den Versuch einer Besteigung zu wagen?

Das Basislager für den Tamserku richteten wir in einer hübschen Senke in der Gletschermoräne auf 5063 Meter Höhe ein und brachten Verpflegung für 30 Tage, Zelte und Ausrüstung hinauf. Unsere Gruppe bestand aus 13 Mann – Wilson, Farrell, Crawford, Mackay, McKinnon und Stewart sowie sieben kräftigen Sherpas unter der Führung von Mingma Tsering.

Nach einer Woche anstrengendster Arbeit erreichten sie nach Überwindung einer steilen Eisrinne endlich den Sattel auf dem Grat, auf dem wir einen guten Lagerplatz vermutet hatten. Es stellte sich aber heraus, daß es eine rasiermesserscharfe Schneewächte war. Aber es blieb nichts anderes übrig, als sich hier einzurichten, so gut es ging. Sie mußten die Zelte in den Schnee am Hang eingraben, und eines war so tief im Schnee versteckt, daß man es auch aus einer Entfernung von nur fünf Metern noch nicht sehen konnte. Bei jedem Schritt in diesem Lager mußten sie sich anseilen, aber zwei Wochen lang war es ein wichtiger Stützpunkt.

Von dort aus ging es die Felswand hinauf zu der großen Eiskappe. Das war die entscheidende Strecke. Auf den ersten Blick sah sie fast unbesteigbar aus, und sogar der hervorragende Techniker Peter Farrell meinte, die Überwindung dieses Stücks werde drei Tage kosten. Als sie jedoch mit dem Aufstieg begannen, bezwang Farrell die schwierigsten Stufen innerhalb eines Tages. An zwei dieser Stufen verwendete er kleine Strickleitern; die anderen Abschnitte auf der senkrecht abfallenden Wand bezwang er allein mit dem Pickel und mit Kletterhaken. Das war eine glänzende bergsteigerische Leistung, besonders wenn man bedenkt, welche Anforderungen in einer Höhe von mehr als 6000 Metern an die Atmungsorgane der Männer gestellt wurden. Von Zeit zu Zeit bebte die ganze gewaltige Eismasse und ließ die Herzen der Männer, die sich daran klammerten, erzittern.

Am folgenden Tag legten McKinnon und Stewart das letzte Stück auf der Route bis auf die Eiskappe an. Die Bergsteiger waren übereingekommen, an den unsicheren Eiswänden wohl das eigene, aber nicht das Leben der

Sherpas zu riskieren. Während daher Mingma und seine Männer den unteren Teil der Route ausbauten, brachten die sechs Bergsteiger ihre Lasten selbst die Steilwand hinauf. Oben schlugen sie auf einer ebenen Schneefläche ihre beiden kleinen grünen Zelte so auf, daß sich die Eingänge gegenüberlagen.

Am folgenden Tag bezwangen sie die nächste große Stufe und stellten zu ihrer Erleichterung fest, daß dies die am wenigsten schwierige, wenn auch sehr steile Strecke war. Dann ging es auf den Grat hinaus, und sie waren entsetzt, als sie die riesigen, weit überhängenden Schneewächten sahen, die ihn krönten. In einem gewagten Vorstoß erzwangen sich Farrell und Crawford den Durchgang unterhalb einer Reihe dieser Wächten und faßten schließlich Fuß auf dem Grat selbst. Beim Weitergehen wurden sie von den überhängenden Schneemassen immer wieder bis fast unmittelbar an die senkrecht abfallende Westwand hinausgezwungen. Vor sich erkannten sie jetzt eine Stelle, an der sich vielleicht das nächste Lager aufschlagen ließ.

Wilson, der das Unternehmen leitete, und Mackay, der unermüdlich an der Verbesserung der Route gearbeitet hatte, erklärten sich damit einverstanden, selbst auf die Gipfelbesteigung zu verzichten und der vorderen Seilschaft Rückendeckung zu geben. Am nächsten Tag kehrten die anderen vier zum Grat zurück, nahmen die Zeltausrüstung mit und schaufelten eine winzige Plattform für das Zelt aus. Diese Plattform lag an einer sehr exponierten Stelle und wäre bei einem Sturm außerordentlich gefährdet gewesen. Die vier Männer legten sich dicht nebeneinander in das winzige Zelt, das ihnen zwar Windschutz bot, wo sie aber doch sehr unter der Kälte litten. Auf einem kleinen Gaskocher wärmten sie sich eine Mahlzeit und verbrachten im Dämmerschlaf eine ungemütliche Nacht.

Am Morgen war es immer noch kalt und windig, und die Männer waren erschöpft und abgestumpft. Nicht einmal der herrliche Ausblick bedeutete ihnen in diesen Augenblicken etwas. Sehr langsam machten sie sich bereit und krochen aus dem Zelt, um sofort unter den schwierigsten Bedingungen weiterzuklettern. Drei weit überhängende Schneewächten mußten umgangen werden, und das nahm viel Zeit in Anspruch. Die Besteigung eines Nebengipfels war nicht besonders schwierig, aber dann lag der nadelspitze Hauptgipfel vor ihnen. Der Wind hatte aufgefrischt, und es war bitterkalt. Immer wieder mußten neue Stufen geschlagen werden, was in dieser Höhe eine ungeheuer anstrengende Arbeit war. Um 14.00 Uhr hatten sie die letzte steile Felswand bezwungen und betraten im Bewußtsein, eine große Leistung vollbracht zu haben, endlich den Gipfel. Oben war nur Platz für einen Mann – der typische Gipfel eines »unbesteigbaren« Berges.

1966 gelang mir die Verwirklichung eines meiner größten Wünsche, der Bau eines Krankenhauses für die Sherpas. Die Vorstellung, daß dieses Himalayavolk ein streßfreies Leben führt, sich gesund ernährt und im Durchschnitt eine hohe Lebenserwartung hat, trifft leider nicht zu. Trotz ihrer Härte und Widerstandsfähigkeit litten die Sherpas unter den gleichen Krankheiten wie wir; und ohne die richtige ärztliche Versorgung wurde etwa die Hälfte der Kinder nicht älter als 20 Jahre. Sehr viele junge Mütter starben im Wochenbett.
Wir hatten in Neuseeland eine Geldsammlung veranstaltet und brachten für das Hospital $ 30000, eine beachtliche Menge Baumaterial, Lebensmittel, Bekleidung, medizinische Ausrüstung und Medikamente zusammen. Nachdem uns auch unsere Freunde in den Vereinigten Staaten mit großzügigen Geld- und Sachspenden geholfen hatten, konnten wir mit dem Bau beginnen. Zwölf Tonnen Material wurden zunächst nach Katmandu gebracht. Dann flogen wir es zum Flugplatz von Lukla, und Trägerkolonnen brachten es nach Khumjung. Die Baustelle lag auf 3873 Meter Höhe in dem Nachbardorf Kunde.
Der Bau des Krankenhauses dauerte sechs Wochen. Jeden Morgen um 6.00 Uhr erschien das freundliche Gesicht eines Sherpas am Zelteingang, der uns mit einer Tasse Tee und Keksen weckte. Nur wenige von uns konnten sich entschließen, in die eisige Kälte hinauszugehen, bevor die Sonnenstrahlen um 7.15 Uhr unser Lager erreicht hatten. Dann änderte sich das Bild. Wir krochen aus den Schlafsäcken, zogen uns an, liefen zum Küchenzelt, um uns warmes Wasser zum Waschen zu holen, und setzten uns in der Sonne um einen Tisch, wo ein kräftiges Frühstück auf uns wartete. Gewöhnlich gab es Corn Flakes oder Porridge, Bratkartoffeln und ein Spiegelei. Zweimal beobachteten wir dabei einen großen Schneeleoparden, der 300 Meter oberhalb des Lagers über den felsigen Hang wechselte.
Dann ging es an die Arbeit; das Auslegen des Fundaments, das Annageln des Fußbodens, das Zusammenschlagen des Rahmens und das Einsetzen der Fenster, die den Ausblick auf die beschneiten Berge gewährten.
Pembertarkay, Phudorje und Tensing Niendra erwiesen sich beim Bau des Krankenhauses als ebenso tüchtige Helfer und zeigten den gleichen Eifer wie beim Klettern in den Bergen. Der große, muskulöse Pembertarkay be-

wegte sich beim Einfügen der Wände so geschickt wie eine Katze. Tensing Niendra war der schweigsamste, ging aber den anderen als gewissenhafter Arbeiter mit gutem Beispiel voran. Phudorje war der Spaßmacher und brachte uns und seine Arbeitskameraden mit seinen Witzen und Clownerien ständig zum Lachen. Aber er war kein Freund von halben Maßnahmen. Wenn er den Hammer schwang, mußten wir fürchten, daß er ein Loch in die Wand oder das Dach schlagen würde.
Am 5. Dezember meldete sich der Winter. In der Nacht fielen 10 Zentimeter Schnee, und als wir aufwachten, lag die Welt um uns unter einer glitzernden, weißen Decke. Es fiel uns schwer, die warmen Schlafsäcke zu verlassen, aber unsere Sherpas kannten keine Gnade, fegten den Schnee von den Zeltdächern und ließen uns keine Ruhe, bis wir aufgestanden waren. Auf dem Dach des neuen Krankenhauses von Khumjung lag eine dicke Schneeschicht, aber drinnen war es warm und gemütlich.
Mit dem Schneefall waren die sonnigen Tage und sternklaren Frostnächte vorbei. Aber nachdem das Krankenhaus von außen so gut wie fertig war und wir auch die Installation eingebaut und die Malerarbeiten beendet hatten, bauten einen einen Warmwasserboiler ein, der mit Holz beheizt

◀ Rimdufeier in Thyang Botschi

Tawas blasen Alphörner beim Mane Rimdu-Fest vor dem Tempel in Thami

wurde. Für die Sherpas war das eine Sensation. Immer wieder kamen sie in die Küche, um den Wasserhahn aufzudrehen und das heiße Wasser herauslaufen zu sehen. Aber eine noch wichtigere Neuerung war die Behandlung der Schilddrüsenerkrankungen durch das Krankenhauspersonal unter der Leitung von Dr. Kay Ibbotsen. Riesenkröpfe schrumpften zusammen, und die stumpfen Gesichter kretinhafter Kinder belebten sich. Ein junger Mann, der bis dahin kaum hatte gehen können, reagierte so positiv auf die Jodbehandlung, daß er übermütig herumsprang und sich das Schlüsselbein brach. Viele Hunderte von Sherpas bekamen Injektionen mit jodhaltigem Öl, und unsere Ärzte meinten, die nächste Sherpageneration werde nicht mehr unter Kröpfen und Kretinismus leiden müssen.

Wir unterbrachen unsere Arbeit im Krankenhaus für zwei Tage und stiegen zum Kloster von Thyang Botschi hinauf. Dort wurde das größte religiöse Fest des Jahres gefeiert, Mane Rimdu. Hunderte von Sherpas versammelten sich auf dem schönen Platz mit der atemberaubenden Aussicht auf den Mount Everest, und alle hatten ihre Festtagskleidung angezogen. Der Oberlama von Thyang Botschi eröffnete die Feierlichkeiten mit einer

Zeremonie im Freien. Er trug ein prächtiges Brokatgewand, saß mit gekreuzten Beinen auf dem mit Teppichen belegten Thron und strahlte Ruhe und Würde aus. Unter seiner Leitung sangen die Mönche und beteten, um das alte Jahr zu verabschieden und das neue zu begrüßen. Am Schluß drängten sich alle Sherpas um den Thron, um den Segen zu empfangen, und jeder brachte eine Spende in Form von Geld oder Lebensmitteln für das Kloster mit. Die leuchtenden Farben, die volltönenden religiösen Gesänge, der Klang der Zimbeln und das tiefe Dröhnen der Trompeten, das alles bildete eine vollkommene Einheit mit der großartigen Gebirgslandschaft und vereinigte sich zu einer eindrucksvollen Szene. Erst als die Sonne hinter einer Wolke verschwand, erinnerte uns die Kälte daran, daß wir uns in einer Höhe von 3965 Metern befanden und der Winter angefangen hatte.

Den Mittelpunkt des Dorfes Khumjung bildete der von schönen Wacholderbäumen umgebene Gompa, der Tempel. Er dient den verschiedensten Zwecken. Hier fanden die Gottesdienste, aber auch die Versammlungen der weltlichen Gemeinde statt, und hier wurden alle Feste gefeiert. Der Gompa von Khumjung besaß eine besonders wertvolle Sammlung religiöser tibetanischer, zum Teil unersetzlicher Schriften. Sie waren während des Monsunregens beschädigt worden, und wir hatten versprochen, ein neues Tempeldach zu bauen. Neville Wooderson und ich übernahmen diese Aufgabe.

Wenn die Sherpas arbeiten, herrscht immer eine fröhliche und ausgelassene Stimmung. Das beeinträchtigt aber nicht die Arbeitsleistung. Sehr bald waren die großen flachen Steine abgedeckt und die alten angefaulten Holzschindeln hinuntergeworfen. Die Dachsparren sahen aus, als würden sie auch noch das nächste halbe Jahrhundert überdauern, wenn auch die Konstruktion für westliche Begriffe recht grob und uneben war. Es war nicht einfach, die neue Verschalung anzunageln, auf der das Wellblech befestigt werden sollte. Einige Sparren mußten abgehobelt werden, auf andere nagelten wir dünne Leisten, um die Unebenheiten auszugleichen. Mit jedem Hammerschlag wurden auf dem darunterliegenden Dachboden Staubwolken aufgewirbelt. Hier stapelten sich alte buddhistische Kultgegenstände und mit religiösen Symbolen bemalte Bretter.

Neville und ich hatten einige dieser Bretter, auf denen die Bemalung schon fast abgeblättert war, als Stützen benutzt und fragten nach ihrer Bedeutung. Mingma Tsering erzählte uns, es sei Sitte, beim Tod eines Verwandten ein solches Brett mit heiligen Symbolen zu bemalen und feierlich auf dem Dachboden des Tempels niederzulegen. Die abgeschiedene Seele empfinge dadurch auf ihrer letzten Reise reichen Segen. Neville und ich hatten nach dieser Erläuterung ein ziemlich schlechtes Gewissen, denn wir hatten in mehrere Bretter starke Nägel eingeschlagen. Aber Mingma sagte uns augenzwinkernd, das machte nichts aus »solange das Brett mit dem Kopf nach oben aufgestellt ist«. Wir waren sehr erleichtert, zu sehen, daß alle Bretter wirklich aufrecht standen.

Zur allgemeinen Freude war das Dach aus Aluminiumwellblech nach drei Tagen fleißiger Arbeit fertig. Nun beschlossen die Dorfbewohner, zu unseren Ehren ein Fest zu veranstalten, und jeder Haushalt spendete fünf Rupien. Am Abend des Festtages wurden wir zum Tempel geleitet und von den Würdenträgern des Dorfes begrüßt. Im Tempel setzten wir uns auf mit Teppichen belegte Sitze, und die großen Statuen des Buddha und des Guru Rimpotschi lächelten gnädig auf uns herab. Dann kreisten die Flaschen mit dem selbstgebrannten Feuerwasser, dem *rakshi.* (Meist trugen sie noch die Etiketten bekannter schottischer Whiskymarken.) Das Fest begann, große Mengen des tibetanischen Nationalgerichts *tupka* (Nudeln mit Fleischsoße) wurden aufgetragen, und dazu gab es wieder *rakshi.* Nach dem Essen wurde getanzt. Dabei bildeten die Frauen das eine und die Männer das andere Ende einer langen Kette. Auch die Expeditionsmitglieder wurden aufgefordert, sich an dem Tanz zu beteiligen, und bald erzitterte das ganze Gebäude von dem Stampfen unserer gummibesohlten Bergschuhe und der tibetanischen Filzstiefel. Es herrschte die ausgelassenste Stimmung. Als wir im kalten Mondlicht den Berg hinauf zum Lager zurückgingen, empfanden wir alle eine herzliche Zuneigung für unsere so vitalen und fröhlichen Gastgeber.

Mitte Dezember war das Krankenhaus fertig und versorgte bereits die Kranken in der gesamten Umgebung. Am 28. Dezember nahmen wir Abschied von unseren Sherpafreunden. Das Krankenhaus ließen wir unter der fachmännischen Leitung von Dr. John McKinnon und seiner Frau Dianne zurück. Sie hatten sich bereit erklärt, die folgenden zwei Jahre hier zu arbeiten.

Was die McKinnons für die Sherpas getan haben, ist beachtenswert. Am Ende ihres freiwilligen zweijährigen Aufenthalts habe ich sie im Krankenhaus von Kunde besucht. Ich werde nie vergessen, welchen Abschied man ihnen hier bereitet hat.

17. Fröhliches Familienleben

Louise und ich hatten uns fest vorgenommen, die Kinder an unseren Abenteuern teilnehmen zu lassen, sobald sie alt genug geworden waren, und sie sollten auch die Menschen kennenlernen, denen wir so viel zu verdanken hatten. Dazu mußten gewisse Opfer gebracht werden, wenn man angesichts der Freude, die uns die gemeinsamen Unternehmungen bringen würden, überhaupt von Opfer sprechen darf.

1966 war es dann soweit, daß wir sie nach Nepal mitnehmen konnten. Peter war zwölf, Sarah zehn und Belinda sieben Jahre alt. Die Kinder waren kräftig und gesund, sie hatten uns schon auf manchen Campingausflügen begleitet und liebten das Leben in der freien Natur. Am 7. Dezember flogen sie mit Louise, Lois Pearl und deren drei reizenden Töchtern, der vierzehnjährigen Ann, der zwölfjährigen Lyn und der zehnjährigen Susan, nach Lukla. Dr. Max Pearl, ich und einige Sherpas holten sie am Flugplatz ab. Die Sherpas bereiteten ihnen einen rührenden Empfang. Ich glaube, sie freuten sich darüber, daß wir auch unsere Familien gern in ihr Land brachten. Die Kinder waren begeistert. Das war verständlich, denn sie begegneten Menschen, auf die sie sich gefreut hatten und die sie nun verwöhnten.

In Kunde war es sehr kalt, und die Kinder brauchten einige Zeit, um sich an das Klima und die Höhe zu gewöhnen. Aber bald schliefen und aßen sie alle gut. Ich wollte die ganze Gesellschaft zum Basislager der Everest-Expedition mitnehmen, das ich seit dreizehn Jahren nicht mehr besucht hatte. Nach einem zehntägigen Aufenthalt in Kunde hatten wir uns alle genügend akklimatisiert, um den Marsch das Tal hinauf anzutreten. Auf dem ersten Abschnitt bis Pangpotsche war es kalt und sonnig. Immer wieder lagen der Everest und die anderen gewaltigen Gipfel vor uns. Von den

Gipfelgraten wehten Schneefahnen, aber das war das einzige Anzeichen dafür, daß das Leben über 6500 Meter um diese Jahreszeit anstrengend und gefährlich war. Nachts hatten wir in Pangbotsche starken Frost, aber in den kleinen Zelten fühlten wir uns in je zwei übereinandergezogenen Schlafsäcken ganz wohl.

Frühmorgens weckten uns die Sherpas mit einer Tasse Tee und Keksen, und um 7.30 Uhr begannen wir den Aufstieg das Tal hinauf. Bis zum Sonnenaufgang dauerte es noch einige Zeit. Alle Bäche und Wasserstellen waren von einer dicken Eisschicht überzogen. Von den Bergen wehte ein kalter Wind zu uns herab und zwang uns, die dicken wattierten Anoraks anzuziehen. Die Kinder waren zuerst sehr still. Trotz der körperlichen Anstrengung froren wir. Nachdem wir zwei Stunden rasch vorangekommen waren, stiegen wir einen langen Hang hinauf und kamen an den Eingang des Khumbu-Tals. Nach 800 Metern über ebenes Gelände erreichten wir das in der warmen Sonne liegende verlassene Dorf Pheriche. Wir setzten uns im Windschatten an eine Felswand und frühstückten ausgiebig. Ich freute mich, festzustellen, daß die Kinder hier in einer Höhe von 4270 Metern weder ihren Appetit noch ihre gute Laune verloren hatten.

Dann ging es weiter zur Basis des Khumbu-Gletschers. Von hier stiegen wir 300 Meter zur westlichen Seitenmoräne auf. Der Neuschnee war größtenteils abgetaut, aber alle Bäche waren zugefroren, und wir mußten sehr vorsichtig sein, wenn wir hinübergingen. Um 15.00 Uhr kamen wir recht ermüdet auf der Sommeralm Lobuje an. Sie lag auf 4728 Meter Höhe. Hier schlugen wir die Zelte auf, um zu übernachten. Kinder und Erwachsene litten schon an Kopfschmerzen und Übelkeit, den üblichen Beschwerden in solcher Höhe, und wir brauchten eine Menge Aspirin. Als die Sonne um 16.00 Uhr hinter den Bergen versank, fiel die Temperatur sehr rasch, und wir zogen uns an die einzige Stelle zurück, an der wir uns warmhalten konnten, in unsere Schlafsäcke.

Am nächsten Morgen war der Himmel klar, aber es war so kalt, daß wir in den Zelten blieben, bis die Sonne das Tal zu erwärmen begann. Dann stiegen wir mehrere tausend Meter neben dem Gletscher einen verhältnismäßig sanften Hang hinauf, kamen aber plötzlich auf einen hohen Geröllhaufen, der als Moräne von einem Nebengletscher an diese Stelle geschoben worden war. Nun ging es lange Zeit über loses Geröll bis auf die andere Seite, an der wir in eine weite, sandige Senke hinunterblickten, auf deren Grund ein kleiner zugefrorener See in der Sonne glänzte. Es war

der 4972 Meter hoch gelegene Gorakshep. Hier wollten wir unser höchstes Lager einrichten. Die Kinder spielten vergnügt auf dem Eis. Ich hatte festgestellt, daß es mehr als 30 Zentimeter dick und ganz sicher war. Bald schlitterten wir alle fröhlich darauf herum.
Nach dem Mittagessen brachen Louise und ich mit Peter auf, um den 5500 Meter hohen Gipfel des Kala Pittar zu besteigen, von dem aus wir eine gute Aussicht auf den Mount Everest haben würden. Der Aufstieg über loses Geröll war ermüdend und zeitraubend, und ich war überrascht, festzustellen, daß ich mich nach dreizehn Jahren an weite Strecken des Anmarschweges zum Mount Everest nicht mehr erinnern konnte. Die letzten 300 Meter ging es über recht steile Felswände hinauf, und in der dünnen Luft wurde uns das Atmen schwer. Der zwölfjährige Peter erlebte zum erstenmal, was es bedeutet, sich in großer Höhe körperlich anstrengen zu müssen. Auf dem Gipfel bot sich uns eine herrliche Aussicht. Über uns ragte der Everest mit der im Wind flatternden Schneefahne empor. Wir sahen den 7930 Meter hoch gelegenen Südpaß, auf dem ich 1953 drei schreckliche Nächte zugebracht hatte, die Eistrümmer des Eissturzes und das westliche Cwm. Ich hatte das Gefühl, ich sei vor vielen Jahrzehnten zum letztenmal hier gewesen.
Am nächsten Morgen hatten wir schwere Köpfe und waren sehr müde. Das Wetter hielt sich noch, aber heftige, kalte Windböen machten den Aufenthalt in so großer Höhe recht ungemütlich. Wir brachen aber trotzdem zu dem langen Marsch auf, der uns über den Gletscher zum Basislager hinaufführen sollte. Ich machte mir Sorgen um die siebenjährige Belinda, aber meine Befürchtungen erwiesen sich als unbegründet. An der Hand von Mingmatsering oder Siku hüpfte sie über die Moräne und die Eisschollen immer höher hinauf. Heftige Windstöße fuhren von den Gipfeln herab und wirbelten zwischen den Eiszinnen hindurch. Mit wachsender Erregung stiegen wir unter den hochragenden vereisten Wänden weiter bis auf 5190 Meter und fanden hier die ersten Zeichen früherer Everest-Expeditionen; verrostete Konservendosen, Markierungsstäbe aus Bambus, alte Batterien und ähnliches. Mich erinnerten sie an unvergeßliche Augenblicke. Über uns drohten die zerklüfteten Eiswände, die zum westlichen Cwm hinaufführten. Vom Nuptse donnerte eine Lawine zu Tal. Jetzt im Winter war dies eine wilde und eindrucksvolle Gegend.
Der eisige Wind hatte uns ziemlich abgekühlt, als wir den Gletscher hinuntergingen. Belinda zerdrückte ein paar Tränen und sagte, sie sei müde und fröre. Auf ein Wort von Mingmatsering nahm Siku sie auf seinen

breiten Rücken und lief mit ihr den Gletscher hinunter. Das kleine Mädchen strahlte vor Vergnügen. Nach 800 Metern hatte sie sich erholt und lief an der Hand von Siku weiter talabwärts. Erst als wir erschöpft ins Lager zurückkamen, sahen wir sie wieder. Mit uns erreichte auch der Wind diese Stelle und wirbelte feine Eiskristalle auf, die sich in Spiralen hoch über dem See in der Luft drehten. Die Zeltwände flatterten die ganze Nacht über, und wir waren froh, am nächsten Tag absteigen zu können.
Wir brachen noch vor Sonnenaufgang bei großer Kälte auf, und selbst die abgehärteten Sherpas freuten sich über jedes Kleidungsstück, das sie anziehen konnten. Die Stimmung besserte sich, als die Sonne uns zu wärmen begann, und unsere Kräfte nahmen zu, je tiefer wir kamen. Am unteren Teil des Gletschers frühstückten wir mit großem Appetit und gingen dann entschlossen nach Thyang Botschi weiter. Das war ein langer Marsch. In Pangpotsche waren wir schon recht müde, aßen aber in der warmen Sonne ein kräftiges Mittagessen, bei dem uns die Dorfältesten mit *chung* und *rakshi* bewirteten. Vorsichtig deuteten sie an, daß ihre *Gompa,* das älteste Kloster im Khumbugebiet, ein neues Dach brauchte.
Unsere letzten Kräfte verbrauchten wir auf den im Schatten liegenden Schneehängen, die zum Kloster von Thyang Botschi hinaufführten. Ich mußte Belinda, die ich an der Hand hatte, auf dem letzten Stück ein wenig ziehen. Der Oberlama empfing uns in seinem prächtig ausgestatteten Repräsentationsraum und gab uns zu essen und zu trinken. Auf dem Weg zum Gästehaus des Klosters sahen wir die Umrisse des Mount Everest im hellen Mondlicht. Ein starker Sturm jagte die Wolken über den nächtlichen Himmel. Es war Heiligabend, und die Kinder setzten sich vor den Kamin und sangen Weihnachtslieder. Wir waren zwar erschöpft, aber sehr glücklich.
Am frühen Morgen des 28. Dezembers verabschiedeten wir uns in Khumjung von unseren Freunden, den Sherpas; es war ein wehmütiger Abschied. Mit vielen weißen Seidenschals, die sie uns mit ihren Segenswünschen um die Schultern gelegt hatten, zogen wir traurig das Tal hinunter. Vor uns lag ein 160 Kilometer weiter Marsch. In Lukla holte uns der Schnee ein, mit dem wir schon seit Tagen gerechnet hatten, und bestäubte die Gipfel ringsumher. Im Lager fielen nur etwa vier Zentimeter. Bei kaltem und nebligem Wetter, stiegen wir auf dem Pfad oberhalb des Dudh Kosi weiter und kamen dabei ohne zu rasten durch eine geisterhaft unheimliche Landschaft, in der Schnee und Nebel die Sicht behinderten. Nachdem wir zwei Pässe überquert hatten, ging es auf steilen Pfaden in

ein 600 Meter tiefer gelegenes, trockeneres und wärmeres Tal hinunter. Auf einer Grasfläche im Wald schlugen wir das Lager auf und genossen es, an dem von Sherpa Phydorje entfachten Feuer zu sitzen, das er mit dikken Klötzen am Brennen hielt. Die Kinder waren froh, bald in die Schlafsäcke kriechen zu können, aber wir Erwachsenen blieben noch lange an der wärmenden Glut sitzen.
Der folgende Morgen brachte gutes Wetter, aber es war kalt. Der Abstieg zum Dudh Kosi dauerte drei Stunden. Wir verloren viele hundert Meter Höhe und kamen vom Winter in den Frühling. Der Platz, an dem wir bei Jubing am Flußufer frühstückten, lag nur noch 1900 Meter hoch, und obwohl es auf den Bergen frisch geschneit hatte, war die Luft warm und mild. Den ganzen Nachmittag ging es wieder bergauf. Dabei kamen wir an den tiefer gelegenen Rai-Dörfern und einem höher gelegenen Chettri-Dorf vorüber. Weiter ging es durch ein Sherpadorf, über eine verlassene Yakweide auf 3050 Metern und zurück in den kalten Winter. Die Kinder waren noch ganz munter, aber die letzten 300 Meter fielen uns Eltern recht schwer. Das würzig duftende Feuer aus Rhododendronholz und eine heiße Tasse Tee erfrischten die Lebensgeister.
Am Abend war die Aussicht von der Yakweide aus unbeschreiblich schön. Tief unter uns im Tal war es schon Nacht, während die Gipfel noch in tiefroten und goldenen Farben glühten. Die Sterne glänzten heller als sie es jemals im Dunst unserer Großstädte tun können, und ein von Menschen an den Himmel geschossener Satellit zog seine Bahn.
Nachdem wir am nächsten Tag einen Hochpaß überquert hatten, kamen wir in den Bezirk Solu. Das war ein schönes Hochtal mit fruchtbarem Boden, in dem eine Reihe von Sherpadörfern lagen. Vor uns sahen wir das berühmte Kloster Chewong, das wie ein Edelstein in den Hang eingefügt war. Es wird von allen Sherpas und Tibetanern als heilige Stätte angesehen. Auf einem schmalen und steilen Zickzackpfad gingen wir hinauf. Die Gebäude lagen an einem herrlichen Platz. Man sah von hier aus zwar nicht wie sonst die hohen Gipfel des Himalaya. Die Landschaft unter uns hatte einen friedlicheren Charakter. Die Felder und Dörfer des tief eingeschnittenen Solu-Tals schienen in der Mittagssonne zu schlafen. Weit im Süden wurden die Berge höher, und am Horizont ahnte man das heiße Flachland Indiens. Die Gesänge und Gebete der Lamas klangen besänftigend und beruhigend. Ich beschloß, später einmal hierher zurückzukehren, um mein Zelt neben dem Kloster aufzuschlagen und diesen Frieden und die Ruhe eine Woche lang auf mich wirken zu lassen.

Nach unserer Himalayareise wollten wir mit der ganzen Familie einen mehrere Wochen dauernden Campingausflug nach Zentralaustralien unternehmen und den berühmten Birdsville Track hinauffahren. Der dreizehnjährige Peter, Sarah und die inzwischen neunjährige Belinda waren begeistert. Die Vorbereitungen nahmen einige Zeit in Anspruch.

Anfang Mai versammelte sich die Familie Hillary mit den Großeltern und zwei Freunden – zusammen neun Personen – in Sydney, Australien. Es haben sich wahrscheinlich schon größere Gruppen in dieses Abenteuer gestürzt, aber noch nie ist eine Gesellschaft mit solcher Begeisterung an dieses Unternehmen gegangen wie wir. Wir hatten zwei gut ausgerüstete Wagen und einen Campinganhänger mit; dazu genügend Schaufeln, Stricke, Planken und Kompasse, einen reichlichen Vorrat an Karten, Lebensmitteln und Benzin, große Sonnenhüte, leichte Bekleidung für die Tageshitze in der Wüste und warme Schlafsäcke für die kalten Nächte.

Die Wetterbedingungen schienen ungünstig. Zentralaustralien hatte die seit vielen Jahren stärksten Regenfälle zu verzeichnen. In einigen Gebieten war seit sehr langer Zeit kein Regen mehr gefallen, und die Straßen waren durch über die Ufer getretene Flüsse überschwemmt. Doch als wir die 1600 Kilomete nach Adelaide in Südaustralien fuhren, glaubten wir, bei unserer Ankunft werde sich alles normalisiert haben. Nachdem wir das Verkehrsgewühl von Sydney hinter uns gelassen hatten, kamen wir durch die schöne Hauptstadt Canberra, durch die grüne Landschaft des fruchtbaren Riverina, legten Hunderte von Kilometern auf einer Straße zurück, die durch ödes Weideland führte, sahen prächtige Obstpflanzungen und Weingärten im Tal des Murray und freuten uns, als wir in den gepflegten Parkanlagen und Gärten von Adelaide angekommen waren. Überall hatten wir geeignete Campingplätze gefunden. Wir brauchten dazu nur ein kleines Stück von der Straße ins Gelände hineinzufahren, um dort die Fahrzeuge abzustellen. Bald hatten wir einen praktischen Tagesplan entwickelt.

Beim Automobilklub in Adelaide sagte man uns, der Boden im Norden fange zu trocknen an. Wenn kein neuer Regen fiele, müsse der Birdsville Track also befahrbar sein. »Wenn es aber zu neuen Regenfällen kommt, müssen Sie sofort umkehren.«

Wir fuhren nach Norden in Richtung auf die Zentralwüste und kamen dabei durch die zerklüfteten Flinders Ranges mit ihren roten Felsen und imposanten Gummibäumen. Der Regen hatte die Straßen übel zugerichtet, und wir mußten immer wieder inzwischen ausgetrocknete Wasserläufe überqueren. Der schwer beladene Campinganhänger wurde heftig durchgerüttelt, wenn er über die scharfkantigen Steine fuhr, die ständig gegen die Bodenbleche schlugen, die wir unter Ölwannen und Benzintanks angebracht hatten. Auf der Fahrt sahen wir ungezählte Känguruhs und Emus, und wir beobachteten die verschiedensten Arten bunter australischer Vögel. Ein Känguruh durch das weite Steppenland hüpfen zu sehen, war doch unvergleichlich viel schöner, als es irgendwo in der Enge eines zoologischen Gartens zu bestaunen.

Hundert Kilometer südlich des Birdville Track in einer verlassenen, windigen Gegend hatte der Anhänger die erste Reifenpanne, und wir mußten halten. Fast gleichzeitig fing es an, stark zu regnen. In wasserdichten Parkas und mit tropfnassen Sonnenhüten auf dem Kopf wechselten wir den Reifen und fuhren auf der sehr rasch schlechter werdenden Straße bei miserabler Sicht weiter.

Der Polizeisergeant in Leigh Creek hatte schlechte Nachrichten für uns. Die vor uns liegende Straße war aufgeweicht und unpassierbar, und der Birdsville Track war von über die Ufer getretenen Wasserläufen überschwemmt. »Wenn es so weiterregnet, werden auch wir bald von der Außenwelt abgeschnitten sein«, erklärte er. Die kleine Stadt im Regen hatte nichts Anziehendes für uns. Deshalb wendeten wir uns wieder nach Süden. Zwar hingen schwere Wolken am Himmel, aber es regnete nicht, als wir die Straße verließen und auf einer Terrasse über einem breiten, ausgetrockneten Wasserlauf das Lager aufschlugen. Es war eine einsame Stelle auf einer weiten, unfruchtbaren Ebene. Aber wir verbrachten hier einen vergnügten Abend, stellten unser Programm um und tranken eine Flasche guten australischen Rotwein.

Um Mitternacht wachte ich davon auf, daß ein Platzregen auf das Dach des Wohnwagens trommelte. Allmählich wurde dieses Trommeln von einem anderen Geräusch übertönt. Zuerst war es nur ein tiefes Murmeln, wurde dann aber zu einem starken Rauschen. Nur ungern kroch ich aus dem Bett, öffnete die Tür und versuchte im Licht der Taschenlampe etwas zu sehen. Das trockene Flußbett hatte sich in einen reißenden Strom verwandelt, dessen Wasser zusehends stieg. Wir hatten das Lager zwar weit oberhalb des Flußlaufs aufgeschlagen, aber waren wir wirklich hoch genug? Ich blieb noch eine Stunde liegen und horchte auf das Rauschen. Das Donnern der Wassermassen übertönte bereits das Prasseln des Regens. Ich wußte, auf der Straße über uns würden wir sicherer sein, aber ich bezweifelte, daß wir auf dem schlüpfrigen Boden würden hinaufkommen können. Um 1.30 Uhr sah ich wieder hinaus. Dort bot sich mir ein furchterregender Anblick. Der Boden war völlig durchweicht, und das gewaltige Rauschen war viel näher gekommen. Jetzt mußte etwas unternommen werden.

Louise war schon wach. Sie hatte ebenso wie ich das Rauschen des Flusses gehört. Die beiden verschlafenen Mädchen schickten wir durch die Nässe und Dunkelheit in einen Wagen. Peter half uns, den Wohnwagen aufzuräumen und an eines der Fahrzeuge anzuhängen. Im Licht der Taschenlampen suchten wir nach dem besten Weg. Dann faßte alles an, und wir schoben den Wagen, dessen Räder im Schlamm immer wieder ins Rutschen kamen, auf die befestigte Straße hinauf. Ein kurzer Blick nach beiden Seiten bestätigte meine Befürchtung. Vor und hinter uns war die Straße überschwemmt, und ein Durchkommen war nicht mehr möglich. Es blieb uns nichts übrig, als wieder zu Bett zu gehen. Mitten auf der Straße richteten wir das neue Lager ein, um hier den Morgen abzuwarten.

Als es hell wurde, hatte der Regen nachgelassen, aber der Himmel hing immer noch voller Wolken. Das Wasser im Fluß war seit Mitternacht gesunken, aber es war noch zu tief, um durchzufahren. Im Lauf des Vormittags fiel der Wasserstand um weitere 60 Zentimeter, und die Rinne war nur noch etwa 50 Meter breit. Vorsichtig watete ich ans andere Ufer und mußte mich dabei mit aller Kraft gegen die Strömung stemmen. Man hatte uns gesagt, wenn es in dieser Gegend regnete, würden oft Schlangen und Skorpione von den Flüssen mitgerissen. Als sich ein belaubter Zweig um mein Bein legte, sprang ich vor Schreck fast aus dem Wasser. Der Bachgrund war steinig und uneben, aber das Wasser reichte mir nur wenige Zentimeter über die Knie.

Nun bauten wir das Lager ab und nahmen die Keilriemen von den Ventilatoren, damit sie nicht die elektrischen Leitungen unter der Motorhaube mit Wasser vollspritzten. Als wir in den Fahrzeugen saßen, rollten wir ganz langsam in den Fluß, um die Stoßdämpfer bei der Fahrt über den steinigen Boden zu schonen, aber nicht zu langsam, damit das Wasser keine Zeit hatte, durch die Türen ins Innere zu dringen. Die Kinder jubelten, als wir am anderen Ufer aus dem Fluß kamen und der Wohnwagen in einem hoch aufspritzenden Schwall auf festen Boden gezogen wurde. Nachdem wir die Keilriemen wieder angelegt hatten, fuhren wir weiter. Auf den nächsten 60 Kilometern durchquerten wir viele Hochwasser führende Bäche und brachten die Fahrzeuge mit großer Mühe über weite schlammige und überschwemmte Strecken. Wir kamen nur sehr langsam voran, aber es ging doch vorwärts – bis wir nach einer Kurve sahen, daß die Straße über mehr als einen Kilometer von stark strömendem Wasser überspült wurde.

In der folgenden Nacht kampierten wir am nassen Straßenrand. Wir waren müde, aber guter Stimmung. Unsere Lebensmittelvorräte reichten noch für längere Zeit, und obwohl die Hauptstraße unpassierbar geworden war, konnten wir versuchen, unser Ziel auf einem Umweg zu erreichen. Das war ein schmaler, kurvenreicher Pfad durch die Berge. Als wir zu Bett gingen, kamen ein paar Sterne heraus. Das schien die Wettervorhersage zu widerlegen, in der es geheißen hatte, man müsse mit weiteren Regenfällen rechnen. Als wir am Morgen aufwachten, war es kühl, aber die Sonne schien. Hoch über den Bergen hingen jedoch noch schwere Wolken. Sogar die schlammige Straße schien besser zu werden, als wir in Richtung auf das Hügelland weiterfuhren. Sie endete an einer engen Schlucht zwischen steilen Felswänden, und der Pfad der von hier über mehrere Kilometer im Zickzack beiderseits des Baches in die Berge hineinführte, wurde immer schwieriger. Hier durften wir uns nicht von einem starken Regenguß überraschen lassen. Die schwarzen Wolken kamen jedoch immer näher.

Die erste Furt überquerten wir ohne große Schwierigkeiten, blieben aber dann im weichen Schlamm stecken. Wir schaufelten die Räder der Wagen und des Wohnanhängers frei, alle schoben, und wir rollten weiter. Die Sonne hatte unsere fast verzweifelte Stimmung vom Vortag in eine fröhliche Picknicklaune verwandelt. Auch bei drei weiteren Furten, die schwieriger waren als die erste, ließen wir uns nicht entmutigen, aber dann wurden wir gezwungen, anzuhalten. Der Bach war hier nur 60 Zentimeter tief, aber das Wasser floß durch eine von der Strömung ausgespülte, sieben Meter tiefe Rinne mit steilen Ufern.

»Nun ist es soweit! Da kommen wir nicht hinüber«, sagte Louise entmutigt. Ein leichter Nieselregen hatte eingesetzt, und ich wußte, daß es jetzt darauf ankam, alle Hilfsmittel einzusetzen, um weiterzukommen. Wir nahmen die Schaufeln heraus und gruben die steilen Kieswände ab, so daß an beiden Ufern Rampen entstanden. Lockere große Steine wurden aus dem Bachbett gerollt, aber einige der unangenehmsten ließen sich nicht von der Stelle bewegen.

»Mehr können wir offenbar nicht tun«, meinte ich. »Wollen wir versuchen, den Kombiwagen unbeladen hinüberzubringen.«

Langsam fuhr das Fahrzeug auf das Ufer hinauf, die Vorderräder rollten über den höchsten Punkt, und mit angezogenen Bremsen rutschte der Wagen die Rampe hinunter, bis der Kühler in das Wasser eintauchte. Krachend stellte sich der Kombi mitten im Bach waagerecht, während das Wasser den unteren Teil der Türen umspülte. Über den steinigen Grund holpernd kam der Wagen so weit in Schwung, daß er die Rampe am anderen Ufer hinauffahren konnte. Mit vereinten Kräften schiebend brachten wir ihn sicher auf festen Boden.

Mit dem zweiten Wagen und dem schweren Wohnanhänger würde es nicht so leicht gehen. Wir schaufelten noch eine halbe Stunde, um die zum Bach hinunterführende Rampe einigermaßen einzuebnen. Dann stieg ich in den Wagen, fuhr ihn über den Uferrand und in den Fluß hinein. Durch das von hinten drückende Gewicht erhöhte sich die Geschwindigkeit, und als der Wagen ins Wasser fuhr, spritzte es hoch auf. Das Fahrzeug schwankte stark, als es durch das unebene Flußbett fuhr und hielt mit einem Ruck an, als sich ein Rad des Wohnwagens an einem großen Stein verklemmte. Ich war überrascht, daß die Anhängevorrichtung das ausgehalten hatte.

Wir wateten im Wasser herum und sahen uns den Schaden an. Jeder hatte einen anderen Vorschlag. Mit großer Mühe gelang es uns, den Anhänger abzukoppeln und die beiden Wagen mit einem langen Seil zusammenzubinden. Auf ein Zeichen heulten die Motoren auf, und die Räder drehten sich. Es roch unangenehm nach verbranntem Kupplungsbelag, aber dann kroch der Wagen langsam die steile Rampe hinauf und stand endlich auf festem Boden.

Der Wohnanhänger stand traurig und verlassen mitten im Bach. Wir wußten, wir würden uns sehr anstrengen müssen, um ihn herauszubekommen. Nachdem wir das Seil daran befestigt hatten, stieg die ganze Gesellschaft ins Wasser. Ich fuhr im ersten Gang an, und die anderen schoben. Wie ein störrisch bockendes Pferd hüpfte der Wohnwagen über Steine und Löcher und kam endlich auf das Ufer herauf, nachdem er die ganze Familie naßgespritzt hatte. Wir hatten es geschafft . . .!

Sarah stand noch im Wasser mit einem dicken Schlammklumpen auf dem blonden Haar, aber sie strahlte über das ganze Gesicht . . .

»Laß uns nächstes Jahr wieder zum Birdsville Track fahren, Daddy!« sagte sie.

Große Expeditionen machen selten so viel Freude wie kleine. Die komplizierten Vorbereitungen überschatten die gute Kameradschaft und das persönliche Engagement. Ich habe an den kleineren Unternehmungen immer viel Freude gehabt, aber niemals mehr, als wenn ich meine Familie mitnehmen konnte. Wir haben auf unseren Reisen durch die Welt viel Schönes erlebt und viele Menschen kennengelernt, an die wir uns gern erinnern. Wenn ich längere Zeit nicht zu Hause war, hat Louise die Erinnerung an mich wachgehalten, und wenn ich zurückkam, ist es mir nie schwergefallen, mich wieder an das Leben im Kreis der Familie zu gewöhnen. Als die Kinder in die Entwicklungsjahre kamen, mußte ich lernen, sie als ganz neue Persönlichkeiten zu verstehen, mußte ihnen mehr zuhören und weniger dogmatisch sein. Auch heute noch bestehen wir manches Abenteuer gemeinsam, aber es ist unvermeidlich und richtig, daß sich unsere Wege trennen werden, wenn ich auch hoffe, daß die Gemeinsamkeit im Lauf der Jahre erhalten bleiben wird.

18.
Abenteuer in Hülle und Fülle

»Es gibt nichts Neues mehr!« Immer wieder hört man das von allen möglichen jungen Menschen, und irgendwie ist das traurig, weil man weiß, daß derjenige, der es sagt, die Augen vor den Möglichkeiten verschließt, die es auch heute noch in großer Zahl gibt. Überall in der Welt gibt es Abenteuer zu bestehen, wenn man genug Phantasie besitzt und sich die Mühe macht, danach zu suchen. Mir ist es nie schwergefallen, neue Abenteuer zu finden. Die große Schwierigkeit liegt darin, daß man sich nicht immer die Zeit nehmen kann, die man dazu braucht.

Seit Jahren hatte ich vor, wieder einmal in die Antarktis zu gehen, nicht um noch einmal eine spektakuläre Leistung zu vollbringen, sondern um eine ähnlich interessante Expedition zu leiten wie im Himalaya. Auf dem antarktischen Kontinent gibt es einzelne hohe Berge auf dem Polarplateau und gewaltige Gebirgszüge wie das 6152 Meter hohe Vinson-Massiv. Viele dieser Berge haben flache Hänge und eisbedeckte Gipfel, aber alle sind schwierig zu besteigen, denn es herrschen ungewöhnlich niedrige Temperaturen, und man muß überall mit tiefen Gletscherspalten rechnen, die weite Strecken unzugänglich machen. An der Westküste des Ross-Meeres gab es eine Gruppe steiler, schlanker Gipfel mit vereisten Wänden und schmalen, zackigen Graten. Der imposanteste Berg in diesem Gebiet war der 3250 Meter hohe Mount Herschel. Er liegt an der Bucht gegenüber von Cape Hallett und steigt unmittelbar von der Küste auf. Für mich ist er einer der schönsten Berge der Welt.

Der Versuch, den bisher unbezwungenen Mount Herschel zu besteigen, war eine gewaltige Herausforderung, und es gab eine Menge interessanter Forschungsaufgaben im Bereich der Geologie, der Vermessung und der Topographie. Es war jedoch schwierig, die Genehmigung für ein solches

Unternehmen zu bekommen und das dafür benötigte Geld aufzutreiben. Erst nach einigen Jahren war alles geregelt, aber dann hatte ich das Einverständnis der neuseeländischen antarktischen Behörde und der für das amerikanische Projekt Deep Freeze zuständigen Stellen. Jetzt mußten wir in aller Eile die Ausrüstung beschaffen und die Expedition finanzieren. Wir brauchten zwei Motorschlitten und Spezialzelte von Sears, die finanzielle Unterstützung der Everest Stiftung und des New Zealand Alpine Club, die Einnahmen aus dem Verkauf der Presserechte, und wir mußten an alle diese Stellen herantreten, sie von der Wichtigkeit unseres Vorhabens überzeugen und ihnen für ihre Hilfe danken.

Am 18. Oktober 1967 brachen wir in Christchurch auf und flogen 9½ Stunden in einer alten viermotorigen Constellation nach Süden. Es war ein langweiliger Flug in der vollbeladenen Maschine. Aber dann sahen wir unter uns das Packeis und wurden sofort von dem erregenden Gefühl der Vorfreude auf das Abenteuer ergriffen. Die einzelnen Packeisinseln verschmolzen ineinander, und bald lag eine unendliche weiße Schneefläche unter uns, die bis an den Horizont reichte. Das gewaltige Massiv des Mount Erebus stieg vor uns auf, und wir gingen allmählich tiefer, um auf dem Eis am McMurdo-Sund zu landen.

Bevor wir aus der Maschine stiegen, zogen wir uns warm an, denn draußen war es sehr kalt. Wir stiegen in die geheizten Kettenfahrzeuge und fuhren auf geräumten Pisten zu den uns vertrauten Gebäuden der Scott-Basis am Pram Point. Vor neun Jahren hatte ich dieses Lager verlassen, und irgendwie hatte ich mich vor dem Wiedersehen gefürchtet. Auch die Herzlichkeit des Empfangs konnte dieses Gefühl nicht ganz vertreiben. Spät am Abend machte ich draußen einen kurzen Spaziergang. Der Schnee war hart gefroren, und das Licht wurde allmählich schwächer. Im Westen glühten die Berge bläulich und rosa in der Mitternachtssonne. Ich wurde von einer unerklärlichen Melancholie erfaßt, in der sich alle Befürchtungen, Hoffnungen und die ganze Verlassenheit vereinigten, die ich vor Jahren hier erlebt hatte. Ich war froh, wieder hineinzugehen und diese Gedanken in der fröhlichen Gesellschaft meiner Freunde abschütteln zu können.

Zu meiner Expedition gehörten eine Reihe alter guter Bekannter. Das waren Norman Hardie, der am Kanchenjunga so Großartiges geleistet hatte, Murray Ellis, der mit mir am Südpol gewesen war, Dr. Mike Gill, der die Abenteuer im Himalaya mit mir geteilt hatte, und drei andere bekannte Bergsteiger, Bruce Jenkinson, Dr. Peter Strang und Mike White. Die letz-

Basislager auf dem schwimmenden Eis, dahinter der Mount Herschel

teren waren ein beachtliches Team. Unser Chefgeologe, Dr. H. J. Harrington (mein Schwager) hatte vorher eine sehr erfolgreiche Expedition in die Berge südlich von Cape Hallett geleitet und kannte daher das Gebiet besonders gut. Sein Assistent, Graham Hancox, war schon zweimal in der Antarktis gewesen.

Am 21. Oktober verluden wir 3000 Kilo Ausrüstung in einem mit Kufen ausgerüsteten Flugzeug vom Typ Hercules der amerikanischen Marine und flogen zu der 360 Meilen nördlich gelegenen Hallett Station. In der ersten Stunde lagen dichte Wolkenfelder unter uns, aber dann klärte es sich mit dramatischer Plötzlichkeit auf, und wir sahen den mächtigen Tukker-Gletscher und die hohen Gipfel, die sich 160 Kilometer nördlich und westlich von uns erhoben. Bald erkannten wir Cape Hallett, das in das geborstene Packeis hinausragte, und den sich über alle anderen Gipfel erhebenden unbeschreiblich schönen Mount Herschel.

Je näher wir ihm kamen, desto begeisterter war ich von diesem Berg. Wir hatten gehofft, die Besteigung am Osthang beginnen zu können, aber jetzt sahen wir, daß man auf dieser Route etwa 1000 Meter schieres Eis überwinden mußte, um dann an eine etwa 700 Meter hohe Steilwand zu kommen. Nirgends fanden wir einen geeigneten Lagerplatz. Die Route, die wir für die günstigste gehalten hatten und die über den Nordostausläufer auf den Nordgrat führen sollte, war viel steiler als angenommen. Auch hier mußte man weite Strecken über das Eis und zerklüftete Felsen überwinden. Die Hercules landete glatt auf dem schwimmenden Eis in der Edisto Bay, und als wir Fahrzeuge und Ausrüstung ausgeladen hatten, waren wir längst nicht mehr so zuversichtlich.

Mein Motorschlitten sprang sofort an. Mit einem Ruck setzte er sich in Bewegung, und ich fuhr in Richtung auf den 23 Kilometer von hier entfernten, auf der gegenüberliegenden Seite der Bucht aufragenden Mount Herschel los. Schon bald kamen wir in weichen Tiefschnee, der die Löcher zwischen harten vom Wind zusammengewehten Schneerippen ausfüllte. Wir blieben mit den schwerbeladenen Lastenschlitten immer wieder stekken und mußten sie mühsam herausziehen. Am ersten Abend waren wir nur 12 Kilometer vorangekommen. Am zweiten Tag war das Vorwärtskommen noch schwieriger. In einem weniger dem Wind ausgesetzten Gebiet war die Eisfläche von einer dicken Schneeschicht bedeckt. Wenn man aus dem Fahrzeug stieg, steckte man bis über die Hüften im Schnee. Unsere kleinen Motorschlitten bewährten sich großartig, versanken aber immer wieder fast vollständig und mußten unter großen Strapazen ausgeschaufelt werden. Mit der Zeit lernten wir, sie mit hoher Geschwindigkeit zwischen den großen Eisbrocken hindurchzusteuern und dabei eine feste Spur auf den Schnee zu legen, über die wir die schweren Lastschlitten ziehen konnten. Dann ging es durch mit Seewasser gefüllte, tiefe Löcher. Neben uns spielten Wedellrobben in den breiten Spalten, die sich zwischen den großen Schollen gebildet hatten. Auf einem nicht sehr sicheren Platz richteten wir am dritten Tag das Basislager ein und stellten dort die Motorschlitten ab.

Unser erstes Hindernis lag unmittelbar vor uns, eine dreißig Meter hohe Eiswand, die die ganze Bucht auf viele Kilometer umschloß und an vielen Stellen überhing. Bei den meisten Bergen kommt man über sanfte Hänge allmählich an die größeren Steigungen, aber am Mount Herschel ist das anders. Das Klettern war schon in Seehöhe ungewöhnlich schwierig. Wir stiegen in einer Rinne auf, an der sich der Ironsides-Gletscher in das schwimmende Packeis stürzte. Dabei kamen wir an durch die Gezeiten entstandenen tiefen Rissen und mit Schmelzwasser gefüllten Löchern vorbei, wo weibliche Robben ihre neugeborenen Jungen säugten. Schließlich entdeckten wir eine Öffnung in der Eiswand. Von hier ging es über riesige Eisblöcke, tiefe Spalten und vereiste Wände weiter hinauf. Über die schwierigsten Abschnitte spannten wir feste Seile, und am Ende des vierten Tages waren wir auf einer Höhe von etwa 35 Metern angekommen.

Die Erkundung eines langen und engen Tals zeigte uns, daß wir hier durch einen beschwerlichen Aufstieg den Nordostausläufer des Berges erreichen konnten. Der Schnee war überall weich und tief, und auf den Hängen bebte der Boden unter uns, wenn durch die im Gefüge des Eises entstandene Spannung Risse aufbrachen. Schneelawinen gibt es in der Antarktis nur selten, aber ich hatte schon an zwei Stellen die Reste großer Schneemassen gesehen, die von den überhängenden Schneewehen eines Grats abgebrochen und zu Tal gegangen waren. Konnten wir uns wirklich darauf verlassen, daß sich an den Steilhängen keine Lawinen bilden würden?

Am sechsten Tag gelang uns der erste große Durchbruch. Unsere vier tüchtigsten Bergsteiger kletterten im Seitental einen sehr steilen Eissturz hinauf und erreichten den Kamm des Nordostausläufers bei etwa 1100 Metern. Sie meldeten, daß die Besteigung nicht leicht und der Schnee sehr tief und weich gewesen sei. Ich beschloß keine Zeit zu verlieren. Das Wetter war günstig gewesen, und es war sehr kalt. Aber ich wußte nicht, wie lange es so bleiben würde. Mit acht Mann wollten wir am folgenden Tag Verpflegung und Zelte für ein Hochlager hinaufschaffen. Mike Gill und Bruce Jenkinson sollten oben bleiben und die weiterführende Route vorbereiten.

Drei Nächte verbrachte ich mit furchtbaren Alpträumen im Basislager. Jeden Morgen wachte ich wie zerschlagen auf und konnte mich kaum dazu aufraffen, die zahlreichen Probleme, mit denen wir es zu tun hatten, anzupacken. Ich fragte mich, weshalb es gerade mir so ging. Wohl lagen Schwierigkeiten und Gefahren vor uns, aber sie waren nicht größer als die, denen ich schon hundertmal begegnet war. Dann fiel mir ein, daß Mike Gill mir Schlaftabletten gegeben hatte, die ich noch nicht kannte. Vielleicht hatten sie diese Wirkung? Ich nahm sie nicht mehr, und die Alpträume hörten auf. Meine Gemütsverfassung normalisierte sich vollkommen.

Mit schweren Lasten zu je fünfzig bis sechzig Pfund kletterten wir durch die Eisklippen auf das Schelf hinauf und legten dann die Skier an. Stundenlang gingen wir im Zickzack bergan, überwanden dabei breite Gletscherspalten und versanken trotz der Skier immer wieder tief im lockeren

Schnee. Jedesmal, wenn wir im Hinübergleiten an einem flachen Hang ein unheilverkündendes Grollen unter uns hörten, erschraken wir. Die Lufttemperatur lag bei – 23 Grad Celsius, und es war windstill. Beim Aufstieg mit den schweren Lasten gerieten wir in Schweiß und zogen ein Kleidungsstück nach dem anderen aus. Die Schweißtropfen, die uns von Stirn und Nase herunterrollten, gefroren in unseren Brauen und Stoppelbärten zu kleinen Klümpchen.

Bei etwa 500 Metern kamen wir an den Fuß eines Eissturzes, der zum Grat hinaufführte. Ich wußte nicht recht, ob ich es meinen alten Knochen zumuten durfte, die schwere Last die nächsten 700 Meter hinaufzuschleppen. Wir steckten die Skier in den Schnee und seilten uns zu zweit an. Dann begann der mühsame Aufstieg. An steilen Hängen arbeiteten wir uns in Traversalen über tiefe Gletscherspalten, umgingen steile Eisklippen und hinterließen eine tiefe Spur im lockeren Schnee, die aussah, als sei eine Elefantenherde hier entlanggezogen. Nach wenigen Schritten versanken wir immer wieder bis über die Hüften, und es war sehr anstrengend, sich mit den schweren Lasten auf dem Rücken herauszuarbeiten. An einem besonders steilen Hang hörten wir plötzlich ein tiefes Dröhnen, und der Boden unter uns bebte. Eine große Eisspitze über uns war abgebrochen und in einen Spalt gefallen. Erschreckt blieben wir einen Augenblick stehen und gingen dann weiter.

Die letzten 1000 Meter waren für mich besonders anstrengend. Der Hang wurde immer steiler, und es kam mir vor, als habe sich das Gewicht meiner Last verdoppelt. Auf den letzten 30 Metern bis zum überhängenden Kamm ging es fast senkrecht nach oben, und wir stiegen sehr vorsichtig einzeln weiter. Auf Händen und Knien krochen wir 10 Meter unter der überhängenden Wächte nach links und stemmten uns dann unter Aufbietung aller Kräfte über den Rand nach oben. Endlich hatten wir es geschafft; siebeneinhalb Stunden vom Basislager entfernt standen wir auf einer Höhe von 1037 Metern.

Der Grat war breit und flach. Hier hatten wir reichlich Platz, um die Zelte aufzuschlagen. Der Anblick der Ostwand des Mount Herschel flößte uns gehörigen Respekt ein, und der Gipfel schien unerreichbar weit. Die Aussicht nach Nordosten über die zugefrorene See war herrlich. Am Cape Hallett konnten wir auf weiten Strecken die offene Wasserfläche erkennen. Nachdem wir ein Zelt aufgeschlagen hatten, verabschiedeten wir uns von Mike und Bruce, ließen uns über den Rand des Grats hinunter und stiegen die langen Hänge bis zum Basislager ab. Als ich in meinen Schlafsack kroch, war ich todmüde, freute mich aber darüber, daß es gelungen war, ein neues Lager mit reichlichen Vorräten anzulegen und zwei tüchtige Bergsteiger hinaufzubringen.

Die beiden Männer im oberen Lager hatten eine unruhige Nacht. Sie sorgten sich um die zahlreichen, noch nicht deutlich erkennbaren Gefahren des bevorstehenden Aufstiegs und fragten sich, ob sie jetzt nur die Route zu einem höher gelegenen Lager vorbereiten oder das Äußerste wagen und die Besteigung des Gipfels in Angriff nehmen sollten. Sie befanden sich in ihrem Lager auf einer Höhe von nur 1037 Metern. Der Gipfel war schätzungsweise 3355 Meter hoch. Das war ein beträchtlicher Höhenunterschied. Jetzt kam es darauf an, daß das Wetter nicht umschlug. Ein Sturm auf dem Gipfel mußte verheerende Folgen für sie haben, denn niemand konnte ihnen dort helfen.

Um 5.30 Uhr verließen sie das Zelt, während die Sonne den Grat über ihnen beleuchtete, das Packeis aber noch im tiefen Schatten lag. Ihre Lasten waren verhältnismäßig schwer. Sie hatten Verpflegung, eine Thermosflasche mit heißem Kaffee, einen Primuskocher, Ersatzkleidung, Kletterhaken, einen Höhenmesser, eine Filmkamera und einen Fotoapparat mit. Von Anfang an erschwerte der etwa 30 Zentimeter tiefe Pulverschnee das Vorwärtskommen, und als es steiler wurde, rutschten sie ständig auf dem darunterliegenden Eis und den Steinen aus. Trotz der Kälte fingen sie bald an zu schwitzen, und ihre Schneebrillen beschlugen.

Um 8.00 Uhr konnten wir sie vom Basislager aus mit dem Fernglas sehen. Sie kletterten einen sehr steil aussehenden Hang hinauf, der auf eine hohe Eiswand zuführte, die ihnen den Weg versperrte. Schon von unten erkannten wir, wie das spiegelglatte Eis grünlich in der Sonne schimmerte. Wir beobachteten, wie sie an die Eiswand herankamen und dann verschwanden. Sie waren in einen tiefen Spalt eingestiegen. Stundenlang arbeiteten sie sich tief im Berg weiter nach oben, hackten Stufen in das Eis und mühten sich darum, in den gewaltigen Spalten weiterzukommen.

Erst gegen Mittag machte Norman Hardie sie wieder aus, zwei winzige schwarze Punkte, die die große Nordschulter des Bergers überquerten, die zum Nordgrat hinüberführte. Sie hatten die Eiswand überwunden und waren dann mit Steigeisen den darüberliegenden, 500 Meter langen vereisten Steilhang hinaufgegangen. Das Steigen mit dem Steigeisen hatte sie schließlich so ermüdet, daß sie auf einer Zickzackroute Stufen in das Eis schlugen, um auf diese Weise etwas leichter voranzukommen. Um 12.30 Uhr erreichten sie den bloßen Fels über dem Hang. Gegen diesen

dunklen Hintergrund konnten wir sie nicht mehr sehen. Erst zehn Stunden später tauchten sie wieder auf.
Bei einer mehr als einstündigen Rast kochten sie sich ein paar Tassen süßen Kaffee und aßen Zwieback und Schokolade dazu. Dann kletterten sie den schmalen, zerklüfteten Nordgrat hinauf, dessen Ostwand viele hundert Meter links von ihnen steil abfiel. Rechts lagen fast ebenso steile vereiste Hänge. Die Überquerung des Grats dauerte drei Stunden. Dann erreichten sie den Fuß der felsigen Gipfelpyramide. Es folgte eine Traversale bis zu einem Schneebecken am Westhang des Berges. Anschließend stiegen sie steil nach oben über eine 500 Meter hohe Wand. Die Spannung, die bei so schwierigen bergsteigerischen Leistungen immer entsteht, erhöhte sich, da die Felswand immer steiler wurde und jeder Spalt mit Schnee und Eis angefüllt war. Aber die größte Schwierigkeit bestand darin, daß der Felsen vor ihnen immer senkrechter zu verlaufen schien. Trotzdem dachten sie wohl nicht daran, das Unternehmen vorzeitig abzubrechen. Ich beneidete sie um ihren Mut und ihre Entschlossenheit. Und plötzlich war alles vorbei: um 19.00 Uhr standen sie auf der sich scharf gegen den Himmel abzeichnenden Spitze des Gipfels.
Im Basislager war die Zeit unendlich langsam vergangen. Wir waren sehr erleichtert, als wir sie um 22. 30 Uhr über der Schulter auftauchen und die steilen Hänge absteigen sahen. Dann verschwanden sie aus unserem Gesichtsfeld, bis sie die Eiswand durchstiegen hatten. Kurz nach Mitternacht waren sie an ihrem Zelt, völlig erschöpft nach einer 19 Stunden dauernden, hervorragenden bergsteigerischen Leistung. Sie hatten großes Können und ein äußerst bewundernswertes Durchhaltevermögen bewiesen.
Am nächsten Tag machten sich Strang und White auf den Weg zum Gipfel. Die technischen Schwierigkeiten waren nicht geringer, und erst nach 25 Stunden kehrten sie müde, aber glücklich über den Erfolg in die Zelte zurück. Am Morgen stiegen wir zu ihnen hinauf, um ihnen beim Abtransport der Ausrüstung zu helfen. Im Basislager holte Hardie ein paar Flaschen heraus, in denen der Whisky trotz der Kälte nicht gefroren war. Wir setzten uns um die kleine Flamme des Primuskochers im Zelt zusammen und veranstalteten eine fröhliche Feier. Als ich aus dem Zelt kroch, um ein wenig frische Luft zu schöpfen, sah ich mich einer Wedellrobbe gegenüber . . .
Wir hatten mit dieser Expedition unser wichtigstes Ziel erreicht. Jetzt konnten wir an unsere wissenschaftlichen Forschungsaufgaben gehen.

Auf dem antarktischen Kontinent liegt eine sehr dicke Eisschicht, aus der nur hier und dort Felsformationen und hohe Berggipfel herausragen. Obwohl es den Anschein hat, als sei das Eis immer dagewesen, stimmt das nicht. An der dort gefundenen Kohle und den fossilen Resten von Bäumen sieht man, daß vor langer Zeit auf Teilen des Kontinents ein Klima geherrscht hat, in dem Wälder gedeihen konnten. Die Theorie der Kontinentalverschiebung wurde in weiten Kreisen als Erklärung für solche Phänomene wie das frühere Vorhandensein von Pflanzenwuchs auf dem antarktischen Kontinent angesehen.
Dr. Larry Harrington glaubte, entscheidende Beweise für eine Kontinentalverschiebung ließen sich in der Robertson Bay an der Nordküste der Antarktis finden. Wir versuchten daher, von Cape Hallett zur Robertson Bay vorzustoßen. Dazu mußten wir 45 Kilometer einer geschlossenen Eisdecke über dem Meer, 38 Kilometer von tiefen Spalten durchzogene Gletschergebiete und die steilen Hänge des Adare-Sattels überwinden. Uns war unbehaglich zumute, wenn wir auf der zugefrorenen Wasserfläche ein Lager aufschlugen oder weite Strecken darauf zurücklegten. Man wußte nie genau, wann das Eis auseinanderbrechen würde, und man hatte kaum eine Chance, zu überleben, wenn man ins offene Meer hinausgetrieben wurde. Um aber von der Hallett Station nach Norden zu gehen, brauchte man nur das Eis der Maubray Bay zu überqueren, das war alles.
Wir erkundeten eine Route über fest zusammengedrückte Schneewehen und kamen dabei über hartes Eis und lockeren Schnee. Murray Ellis fand an der Hallett Station einen alten verlassenen Weasel und brachte ihn irgendwie in Gang. Er nahm ihn 45 Kilometer weit mit und ließ ihn dann als Reservefahrzeug für die Rückkehr auf dem Eis stehen. Während einer zwei Tage anhaltenden Schlechtwetterperiode schlugen wir das Lager auf dem Eis auf und konnten unter dem Zelt das Wasser gurgeln hören. Anschließend waren wir froh, sicher über die von den Gezeiten aufgerissenen Spalten gekommen zu sein und ein weniger gefährdetes Lager auf dem dicken, vertrauenserweckenden Eis des Maubray-Piedmont-Gletschers aufschlagen zu können.
Ich stellte eine Erkundungsmannschaft zusammen, die auf Skiern vorausgehen, gefährliche Spalten ausfindig machen und eine sichere Route markieren sollte. Dann folgten wir mit den Schneemobilen und Lastschlitten, bis zu einem etwa 400 Meter hoch gelegenen Lager auf dem Maubray-Gletscher. Über uns stellten wir zahlreiche tiefe Gletscherspalten und steile

Hänge fest. Würde es uns gelingen, sie zu überwinden? Drei Mann gingen voraus, um den Weg für die Motorschlitten mit Flaggen zu markieren. Mit Vollgas rasten wir an den Flaggen vorbei wie Skiläufer beim Slalom. An einer Stelle spürte ich, wie der Schnee unter mir nachgab, kam aber über die gefährliche Stelle hinweg, bevor das Fahrzeug in den Spalt gerissen wurde. Nun wendeten wir uns zuerst nach links und dann in einer scharfen Kurve nach rechts, ließen ein Dutzend Gletscherspalten hinter uns und waren sicher auf den weiten, offenen Schneehängen angekommen, die auf den Adare-Sattel zuführten.

Es machte uns viel Spaß, die langen Hänge hinaufzufahren. Auf den letzten 800 Metern ragten überall harte Eisspitzen aus dem Schnee, und es wehte ein scharfer Wind. Als wir endlich auf dem Sattel standen, breitete sich vor uns eine herrliche Landschaft aus. 850 Meter unter uns lag die weite Eisfläche der Robertson Bay. Die lange Halbinsel Adare erstreckte sich weit nach Norden, und draußen im offenen Meer, das bis zu meiner neuseeländischen Heimat reichte, schwammen riesige Eisberge.

Auf dem ungastlichen Adare-Sattel fanden wir nur wenige geeignete Zeltplätze. An einem weiter im Westen gelegenen Hang war der Schnee etwas weicher. Deshalb gruben wir hier zwei Zelte ein und stellten daneben die Fahrzeuge ab. Dann machten wir uns auf, um eine Felsspitze oberhalb des Lagers zu besteigen. Wir hatten uns in der Entfernung verschätzt und brauchten drei Stunden, um über von Spalten zerrissene Hänge und ein paar Steilwände hinaufzukommen, bis wir den Gipfel des Point 140 mit etwa 1700 Metern erreichten.

Hier spürten wir kaum einen Windhauch, und die Aussicht war unbeschreiblich schön. Wir ruhten uns aus und freuten uns am Anblick der in den herrlichen Farben der späten Abendsonne leuchtenden Berge, Gletscher und Wasserflächen. Norman Hardie baute seinen Theodoliten auf und nahm eine Vermessung vor, während wir uns angeregt über die mächtigen Berge unterhielten, die neben dem Mount Minto und dem Mount Sabine aufragten. Die tief unter uns liegende Robertson Bay war so wild und einsam, wie man es sich kaum vorstellen kann. Am Cap Adare, das wir im Osten deutlich erkannten, war Borchgrevinck im Sommer 1894/95 zum erstenmal auf dem antarktischen Kontinent gelandet. Er hatte dort eine Hütte gebaut und mit seiner Mannschaft überwintert. Das war die erste Überwinterung in der Antarktis gewesen.

Während unsere Geologen die Steine eifrig mit ihren Hämmern bearbeiteten, kletteren Mike White und ich auf einen toten Vulkan, dessen Gestein prächtige rote, braune und schwarze Farben zeigte. Von hier hatten wir eine wunderbare Aussicht auf die Duke of York Insel und den Murray-Gletscher. Das Eis des Gletschers umfloß die Insel von beiden Seiten und schob sich unaufhaltsam hinaus in das Packeis auf der Robertson Bay. Als der Wind auffrischte, fingen wir an zu frieren, konnten uns aber nur schwer von diesem Anblick trennen. Um unsere Köpfe flogen ein paar Schneesturmvögel wie körperlose Geister. Es war uns kaum verständlich, wie diese schönen Vögel ein so rauhes Klima aushielten.

Die Topographen am Point 140 waren so durchgefroren, daß sie ihre Sachen zusammenpackten und zum Lager auf der anderen Seite des Adare-Sattels abstiegen. Mike White und ich suchten unser näher gelegenes Lager auf. In dem scharfen Wind waren unsere Pelzkappen bald von einer Eisschicht überzogen. Nur die beiden Geologen blieben zurück, schwangen ihre Hämmer und machten sich Notizen, was mit den dicken Handschuhen nicht ganz einfach war. Ich bewunderte ihre Ausdauer, beneidete sie aber nicht. Es war gut, ins Lager zurückzukommen und sich mit einer heißen Suppe aufzuwärmen.

Die Geologen kamen mit Steinen beladen nach und waren sehr stolz auf ihre Erfolge. Eine ihrer Entdeckungen interessierte uns alle. Auf den Graten des Point 140 hatten wir die aus Quarz bestehenden Riffe bemerkt, und Dr. Harrington sagte uns, sie glichen sehr den Quarzvorkommen auf den Goldfeldern von Victoria in Australien und an der neuseeländischen Westküste. Er glaubte außerdem, er habe mit dem Vergrößerungsglas in dem Quarz Spuren von Gold entdeckt. Einige Gesteinsproben hatte er zur genaueren Analyse mitgenommen.

An den folgenden beiden Tagen stürmte es, und die Sicht war schlecht. Wir kamen nicht an die Küste der Robertson Bay hinunter, sondern wurden durch den starken Wind und das Schneetreiben zur Umkehr gezwungen. Deshalb brachen wir das Lager ab und kehrten, beladen mit 50 Pfund Gesteinsproben, über den Adare-Sattel ins Lager zurück. Dabei wurden wir so sehr vom Schnee geblendet, daß wir uns kaum orientieren konnten und nicht genau wußten, wo wir waren.

Plötzlich stellte ich links und rechts tiefe Spalten fest, an die ich mich nicht erinnern konnte. Die beiden Mikes gingen angeseilt voraus, und nach wenigen Schritten steckte der eine von ihnen bis zum Gürtel in einem sehr unangenehmen Riß. Dann sahen wir ein Markierungsfähnchen und dankten dem Himmel dafür. Vorsichtig folgten wir nun der beim Aufstieg abgesteckten Route. Auf beiden Seiten öffneten sich tiefe Risse und ver-

schwanden dann wieder im Treibschnee. Aber bald ging es rasch den letzten Hang hinunter zu den Zelten.
Zu unserer Überraschung waren Norman Hardie und seine Leute nicht da. Sie hatten auf einem Zettel die Nachricht hinterlassen, daß sie um 3.30 Uhr morgens bei gutem Wetter aufgebrochen seien, um einen steilen Gipfel in der Nähe zu besteigen und zu vermessen. Die tiefhängenden Wolken und das Schneetreiben nahmen uns jede Sicht. So bemühten wir uns zunächst darum, die Zelte besser zu verankern, bevor der Sturm zu heftig wurde. Um 15.30 Uhr fingen wir an, uns ernste Sorgen zu machen. Unsere Kameraden mußten bei diesem Wetter die größten Schwierigkeiten haben. Doch plötzlich schlug das Wetter um, wie das hier gelegentlich vorkommt. Eine halbe Stunde lang rissen die Wolken auf, und wir konnten bis zum Grat hinübersehen. Aber immer noch warteten wir vergebens auf Hardie und seine Leute. Dann hörten wir Peter Strang laut rufen und sahen sie über einen Schneehügel auf uns zulaufen. Ihre Bärte waren vereist, und sie selbst recht ermüdet. Während des kurzen Aufklarens hatten sie die Zelte gesehen und waren zu uns heruntergekommen.
Drei Tage wütete der Sturm, und ein heftiger Windstoß jagte den anderen. Es schien fast unglaublich, daß der dünne Nylonstoff unserer Zelte das aushielt. Der Treibschnee prasselte gegen die straffgezogenen Zeltwände wie schwerer Regen auf ein Blechdach. Die ganze erste Nacht wartete ich darauf, daß die Versuchszelte von Sears reißen würden. Aber allmählich wurde ich zuversichtlicher. Unsere Verpflegung und das Petroleum wurden knapp. Deshalb setzten wir die Rationen herunter. Wollte denn der Sturm gar nicht mehr aufhören?
In der dritten Nacht um 22.00 Uhr ließ der Wind merklich nach. Ich kroch hinaus und konnte auf eine Entfernung von etwa 800 Metern einige Gletscherspalten erkennen. Jetzt mußten wir den Abstieg wagen, bevor es wieder anfing zu stürmen. Die tiefverschneiten Zelte und Schlitten auszugraben, war eine anstrengende Arbeit. Die Motoren der Schneefahrzeuge sprangen sofort an, und um 1.00 Uhr waren wir schwerbeladen unterwegs. Wir orientierten uns nach den nur schwach sichtbaren Hügeln beiderseits des Tals. Doch der Neuschnee war für unsere schweren Schlitten zu tief, und immer wieder blieben wir stecken. Wir teilten die Verpflegung und die Lasten, und Hardie errichtete mit seinen vier Begleitern ein Lager. Murray, Ellis und ich spannten die beiden Motorschlitten zusammen und hängten einen Lastenschlitten daran. Bruce Jenkinson und Mike White stellten sich auf die Skier und ließen sich an Seilen mitziehen.

Je weiter wir kamen, desto fester wurde der Schnee, so erhöhten wir die Geschwindigkeit. Murray saß im vorderen Motorschlitten und lenkte ihn sehr geschickt. Plötzlich hörte ich ein dumpfes Poltern und sah, wie die Schneefläche unter seinem Fahrzeug nachgab. Irgendwie gelang es ihm, noch über den Spalt zu kommen und auf der anderen Seite anzuhalten. Vor mir öffnete sich ein großes Loch, ich lenkte mein Fahrzeug scharf nach rechts und hielt. Wieder eine Gletscherspalte!
Der Schreck war uns mächtig in die Glieder gefahren. Wir stiegen aus und gingen vorsichtig an das Loch heran, um es uns anzusehen. Es war 3,5 Meter breit, und die steilen Wände gingen in eine unermeßliche Tiefe hinunter. Wir hatten tatsächlich ein Riesenglück gehabt, denn wenn Murrays Fahrzeug hineingestürzt wäre, hätte es auch meines nachgezogen. Vorsichtig fuhren wir 800 Meter bis auf die Mitte des Gletschers hinaus. Dann ging es im Zickzack über die von uns vorher markierte Route zurück zum Lager auf dem Piedmont-Gletscher. Das Eis in der Bucht war immer noch eine geschlossene Fläche, aber der durch die Gezeiten entstandene Riß war sehr breit und schwer zu überwinden.
Wieder wurde das Wetter schlechter, wir kamen nur langsam weiter und trafen auf unsere Nachhut. An einem der Fahrzeuge brach die Kardanwelle, und wir entdeckten immer mehr Eisspalten. Schließlich versammelte sich die ganze Mannschaft am Piedmont-Lager, nachdem wir das Material etappenweise herangeholt hatten. Jetzt begann ein Wettrennen mit der Zeit. Die Eisfläche konnte jeden Augenblick aufbrechen. Wir arbeiteten rund um die Uhr und schafften unsere Lasten auf Behelfsbrücken über die Gezeitenrisse. Auf einer langen und anstrengenden Fahrt, die einen ganzen Tag dauerte, erreichten wir die Hallett Station schließlich mit einem Motorschlitten und dem alten ramponierten Weasel. Irgendwie hatten wir es schaffen müssen und waren froh, endlich wieder auf festem Boden zu stehen. Nach sechzehn Tagen, in denen wir manchmal am Rand der Verzweiflung gewesen waren, bestand unsere ganze Ausbeute aus einem Sack voll kostbarer Gesteinsproben von der Robertson Bay.

Wenn man heute in das Bergland von Ostnepal kommt, ist man überrascht, wie wenig sich hier in den vergangenen zwanzig Jahren verändert hat. Verläßt man das Flachland an der indischen Grenze, dann gibt es noch immer keine Straßen und nur sehr wenige Landeplätze für Flugzeuge in den Bergen. Will man weiter ins Land hinein, gleichgültig ob als Regierungsbeamter oder schwer beladener Lastträger, muß man zu Fuß gehen.

Nicht nur die steilen wilden Gebirgsflüsse erschweren das Vorwärtskommen. Das sind in erster Linie der Arun, der Dudh Kosi und der Sun Kosi. An einigen Stellen führen moderne Hängebrücken hinüber. Viel häufiger findet man jedoch die seit alter Zeit üblichen, recht wackeligen Konstruktionen der Landesbewohner. Bestenfalls hängen sie an handgeschmiedeten Eisenketten, oft aber auch nur an aus Lianen gedrehten Seilen. Noch häufiger sind die Fähren. Das sind mit kräftigen Ruderern besetzte Einbäume. Sie werden durch das schnell dahinströmende Wasser gepaddelt und müssen dabei den gefährlichen Stromschnellen ausweichen. Die Dorfbewohner erzählen die schlimmsten Schauergeschichten von Booten und Besatzungen, die nicht stark und aufmerksam genug waren. . . .
Vielleicht würde es mancher für richtiger halten, wenn in Nepal alles so bliebe wie es ist – durch seine geographische Lage von der zivilisierten Welt abgeschnitten. Aber in ganz Nepal macht sich ein neuer Geist bemerkbar, der Veränderungen verlangt. Der schlichte Dorfbewohner weiß, daß es Schulen, ärztliche Hilfe und andere Dinge gibt, die das Leben erleichtern, und er wünscht, daß seine Kinder in den Genuß solcher Vorteile kommen.
Große Flüsse mit gefährlichen Stromschnellen sind schwer zu überwindende natürliche Hindernisse. Erst als ich das Jetboot kennenlernte, wurde mir klar, daß man diese Wasserläufe als Transportwege im Gebiet des Himalaya benutzen könnte. Mein neuseeländischer Landsmann John Hamilton machte mich mit diesem Wasserfahrzeug bekannt. Er ist der Sohn seines Erfinders und ein bekannter Jetbootfahrer. Ihm gelang es zum erstenmal, den Coloradofluß durch den Grand Canyon im Jetboot hinaufzufahren. Meine erste Fahrt mit John einen wilden Gebirgsbach hinauf bekehrte mich zu diesem Sport.
Das Jetboot ist eine ganze einfache Konstruktion. Es besteht aus starkem Fiberglas, das auch einen kräftigen Zusammenstoß mit einem Felsbrocken aushalten kann und sich ohne weiteres flicken läßt, wenn ein Leck entstanden ist. Es wird von einem starken Motor angetrieben. An die Stelle der Schraube und des Ruders tritt eine leistungsfähige Wasserpumpe, die das Wasser durch ein enges Gitter am Boden des Bootes ansaugt und es mit großer Kraft nach rückwärts ausstößt. Mit dieser Vorrichtung wird das Fahrzeug vorangetrieben und gelenkt. Am Boden des Bootes gibt es keine vorstehenden Teile, die abgestoßen oder beschädigt werden könnten. Mit hoher Geschwindigkeit fährt es daher auch noch auf nur 10 Zentimeter tiefem Wasser. Außerdem ist es ungewöhnlich wendig.

Nach meiner Ansicht eignete sich das Jetboot ausgezeichnet für Fahrten auf den nepalesischen Flüssen, und ich beschloß es auf einer Expedition zu erproben. Die erste größere Probefahrt sollte auf dem Sun Kosi unternommen werden, der von Tibet kommend durch Nepal nach Indien fließt und zahlreiche Stromschnellen, tiefe Schluchten und hohe Wasserfälle hat. Mit seinen Nebenflüssen bildet der Sun Kosi ein riesiges Flußsystem, und innerhalb dieses Gebiets leben Hunderttausende von Bergbewohnern. Von Juni bis September gehen hier starke Monsunregen nieder. Die Bergpfade werden dann von Erdmoränen verschüttet und sind so schlüpfrig, daß sie nur schwer begangen werden können. Auch in der trockenen Jahreszeit dauert es viele Tage, bis man die landwirtschaftlichen Erzeugnisse aus diesem Gebiet nach Katmandu bringen kann.
Nach meiner Schätzung betrug die Strecke auf dem Fluß von der indischen Grenze bis zur nepalesischen Hauptstadt Katmandu etwa 320 Kilometer. Im Hubschrauber verfolgte ich den Flußlauf des Sun Kosi über 150 Kilometer und erkundete dabei jede Windung aus einer Höhe von nur 30 Metern. Ich fotografierte jede Stromschnelle (man trifft alle 1500 Meter auf eine neue) und ließ den Piloten an mehreren Stellen landen, um mir den Zustand des Wasserlaufs aus der Nähe anzusehen. Wir unternahmen den Erkundungsflug zur trockensten Jahreszeit und beim niedrigsten Wasserstand, der zur Zeit des Monsuns viel höher sein mußte. Aber ich konnte nur zwei Stellen entdecken, an denen man mit größeren Schwierigkeiten rechnen mußte. Eine Strecke von 170 Kilometern hatte ich nicht erkundet. Vielleicht gab es dort noch viel mehr Hindernisse, aber die Ungewißheit erhöhte den Reiz des Unternehmens.
Im Juli 1968 kam ich, begleitet von einigen Mitgliedern meiner Expedition, nach Katmandu. Das waren John Hamilton als Mechaniker und Jetbootfahrer, Dr. Max Pearl als Expeditionsarzt und Neville Wooderson, der von Beruf Bauingenieur war. Dr. John McKinnon befand sich bereits als Chefarzt eines kleinen Sherpa-Krankenhauses im Everest-Gebiet, und Dr. Michael Gill und Jim Wilson wollten mit den Jetbooten nachkommen.
Aber keine Expedition in Nepal – auch wenn es sich nur um eine Erkundung der Flüsse handelte – war vollständig ohne einige unserer Sherpafreunde. Unser *Sirdar* war wie gewöhnlich Mingmatsering. Auf ihn konnte man sich in jeder Lage verlassen. Er verstand es, auch dort etwas zu essen zu finden, wo es offensichtlich nichts gab, und er konnte überall 50 Mann auftreiben, wenn es galt, die Boote um einen Wasserfall herum-

zutragen. Pembertarkay und Phudorje gehörten ebenfalls zu der Sherpamannschaft. Sie waren ungewöhnlich kräftig und immer guter Laune. Ob sie nun im Lager Kartoffeln schälten oder in 7000 Meter Höhe schwere Lasten trugen, nichts konnte sie erschüttern.

Die Erkundung von Flüssen mit dem Jetboot war nicht die einzige Aufgabe, die wir bei dieser Expedition übernommen hatten. Wir wollten außerdem eine Schule bauen, einen Flugplatz vergrößern und Medikamente und medizinische Apparate in das von uns eingerichtete Krankenhaus bringen. Katmandu lag im schweren Monsunregen, und da die Berge in dichte Wolken eingehüllt waren, konnte man nicht in das Gebirge fliegen. Wir mußten unseren Ausgangspunkt daher zu Fuß erreichen. Mit 200 schwerbeladenen Trägern wanderten wir vierzehn Tage durch das Land, kletterten über hohe Grate und stiegen in tiefe Täler ab. Unsere Zelte und Campingausrüstung mußten sich im pausenlos fallenden Regen bewähren, und die unbefestigen Pfade waren glitischig und gefährlich.

Einen Monat arbeiteten wir am Ausbau des Gebirgsflugplatzes von Lukla, auf dem der Flugbetrieb zur Zeit des Monsuns eingestellt worden war. Dann vergrößerten wir die Dorfschule in Khumjung um die Hälfte. Wenn es zwischendurch gelegentlich aufklarte, genossen wir die Aussicht auf den Mount Everest und die anderen Bergriesen, die uns hier umgaben. Aber das kam nur selten vor. Ich besuchte auch alle anderen von uns in den Sherpadörfern eingerichteten Schulen: in Thami an der tibetanischen Grenze, in Phortse auf einem hochgelegenen Felsplateau am Mount Taweche, in dem nur etwa 3000 Meter hoch gelegenen Chaunrikarka und in dem 4500 Meter hoch gelegenen Pangpotsche am Fuß des Mount Everest. Überall bereiteten uns die Dorfbewohner einen herzlichen Empfang, und wir besprachen alle wichtigen Probleme mit den Dorfältesten. Der selbstgebraute Schnaps floß reichlich, und wir hatten den Eindruck, daß die Sherpas unsere bescheidenen Bemühungen dankbar anerkannten.

Ende August waren die Aufgaben zum größten Teil erledigt, und wir konnten uns der Erprobung der Jetboote zuwenden. Das Wetter war noch so schlecht, daß die Verwendung von Flugzeugen in Nepal zu gefährlich gewesen wäre. Aber wir wollten keine Zeit mehr verlieren. Deshalb beschloß ich, den Fußmarsch fortzusetzen. Zwölf Tage gingen wir in südlicher Richtung auf die indische Grenze zu und mußten dabei so große Höhenunterschiede überwinden, wie ich das bisher auf keinem meiner Fußmärsche durch Nepal getan hatte. An unseren Lagerplätzen auf den mehr als 3000 Meter hohen Kämmen genossen wir die herrliche Land-

schaft und den Ausblick auf die Bergriesen des Himalaya. Weit im Osten sahen wir den mächtigen Kangchenjunga, im Norden den Makalu, den Everest und den Cho Cyu. Aber auch im Westen ragten gewaltige Gipfel in den Himmel. Als wir in die tiefer gelegenen Gebirgsdörfer kamen, erledigten wir eine unserer anderen Aufgaben. Wir stellten fest, welcher Prozentsatz der Bevölkerung an Kropf litt, einer Schilddrüsenerkrankung, die hier sehr häufig vorkam. Aber auch sonst hatten unsere Ärzte reichlich zu tun. Am Wege trafen wir einen verzweifelten Vater und seinen achtjährigen Sohn. Der Junge hatte sich vor drei Wochen einen komplizierten Beinbruch zugezogen. Während die Dorfbewohner interessiert zusahen, operierten die Ärzte den Jungen, entfernten das infizierte Gewebe, richteten das Bein gerade und legten es in Gips. Dann gaben sie ihm eine starke Dosis Antibiotika, um ihn mit Hilfe einiger Träger in das drei Tagesmärsche von hier gelegene Krankenhaus bringen zu lassen.
Am 12. September kamen wir gut durchtrainiert und abgemagert in der Stadt Biritnager an der indischen Grenze an. Es war sehr heiß, und von unseren Booten war noch nichts zu sehen. Ungeduldig, enttäuscht und völlig von der Außenwelt abgeschnitten warteten wir tagelang und litten dabei erheblich unter der feuchten Hitze, nachdem wir die frische kühle Bergluft gewohnt waren. Am sechsten Tag, als unsere Geduld schon fast zu Ende ging, kamen zwei staubbedeckte Lastwagen in die Grenzstadt gefahren, aus denen uns Mike Gill und Jim Wilson freundlich zuwinkten. Die Fahrt von Kalkutta hierher hatte nur 35 Stunden gedauert, aber im Hafen hatten sie große Schwierigkeiten gehabt, die Boote herauszubekommen. Jetzt war unsere Mannschaft endlich komplett, und wir konnten unser Vorhaben beginnen.

Wir standen am Ufer des Sun Kosi und sahen das schmutzige Hochwasser in wilden Strudeln vorbeirauschen. Es war viel höher als sonst am Ende des Monats September, denn der Monsunregen läßt in normalen Jahren um diese Zeit schon nach. Neben uns lagen die beiden nagelneuen Jetboote *Kiwi* und *Sherpa*. Jedes war 15 Fuß lang und mit einer 140-PS-Sechszylindermaschine ausgerüstet, die das Strahlwerk antrieb. Es waren Sonderanfertigungen für schnell fließende, steinige Gewässer. Irgendwie schienen sie mir zu schwach für so mächtige Ströme, und ich hatte schwere Bedenken. Schwitzend und stöhnend brachten wir *Kiwi* das zehn Meter hohe Steilufer hinunter und setzten das Boot auf das Wasser. Mit einer Umdrehung des Schlüssels sprang der Motor an, und John Hamilton fuhr

in die starke Strömung hinaus. Nach wenigen Augenblicken hatten wir schon eine Geschwindigkeit von 45 Stundenkilometern erreicht. Jetzt kam uns die Sache schon weniger gefährlich vor.
Wir brachten die Ausrüstung und den Treibstoff zwölf Kilometer den Fluß hinauf zu der grünen Oase von Tribeni, wo sich drei große Flüsse vereinigen, der Sun Kosi, der Arun und der Tamur. Hier in einer unglaublich schönen Landschaft richteten wir ein bequemes Basislager ein. Welch ein Kontrast gegen die von Menschen wimmelnden, übelriechenden Straßen der Grenzstadt! Das Wetter blieb immer gleich. Nachts goß es in Strömen, und am Tag war es zwar bewölkt, aber einigermaßen trocken. Das Wasser im Fluß stieg und fiel in unvorhersehbarer Weise, und oft krochen wir mitten in der Nacht aus den Zelten, um die Boote aus dem Bereich des Hochwassers höher ans Ufer zu ziehen. Wir fuhren auch ein Stück den Tamur hinauf, kamen aber nur 5 Kilometer weit. Dann wurden die Stromschnellen zu gefährlich, und wir wollten den Verlust der Boote nicht riskieren.
Nun ging es auf dem Arun weiter. Er führte fast ebensoviel Wasser wie der Sun Kosi und entsprang an der tibetanischen Seite des Mount Everest. Ich war schon ein paarmal am Mittellauf des Arun gewesen und hatte ihn im Kanu und auf Hängebrücken überquert, ja ich hatte ihn sogar an einer Stelle gestaut. Damals waren mir keine besonders gefährlichen Stromschnellen aufgefallen. Aber nach der Karte war das Gefälle auf den ersten 24 Kilometern sehr stark. Dort war ich noch nicht gewesen. Deshalb mußten wir mit einigen Überraschungen rechnen.
Entschlossen und mit großen Hoffnungen fuhren wir ab. Nach dem starken Regen führte der Fluß Hochwasser, und auf den ersten fünf Kilometern war die Strömung zwar stark, aber es ging ohne Schwierigkeiten voran. Dann erhöhte sich das Gefälle. Wir kamen durch starke Stromschnellen und mußten durch eine lange, tiefe Schlucht fahren. Das Wasser schäumte in gewaltigen Wellen in der Mitte des Flußlaufs zu Tal, und auch an den Ufern fanden wir keine ruhigen Fahrrinnen. Nur der großen Geschicklichkeit von John Hamilton und Jim Wilson hatten wir es zu verdanken, daß es überhaupt voranging. Jedesmal, wenn wir die hohen Wellen in der Mitte des Flusses kreuzten, wurden wir heftig durchgerüttelt, und je weiter wir kamen, desto schwieriger war die Fahrt. An einer besonders unangenehmen Biegung wurde Wilson mit aller Gewalt zurückgeschleudert, fing sich aber und kam beim zweiten Anlauf durch. Wir nahmen an, wir würden sehr bald an eine leichter zu bewältigende Strecke

kommen, trotzdem waren wir von dem Kampf mit den Elementen so gefesselt, daß wir die Gefahr völlig vergaßen. Nach etwa 20 Kilometern ging es noch immer durch die wilde Strömung weiter, und wir mußten uns anstrengen, überhaupt vorwärst zu kommen. Im Heck unseres Bootes saß Mike Gill und beobachtete, wie die *Sherpa* etwa 200 Meter hinter uns herfuhr. Plötzlich schreckte er uns mit dem Ruf auf: »Sie sinkt! Sie sinkt!« Ich sah mich gerade in dem Augenblick um, als das zweite Boot von zwei riesigen Wellen, die ganz unerwartet aufschäumten, ergriffen und umgeworfen wurde.

Erschreckt wendeten wir und rasten zurück. Das Boot war verschwunden, aber ich erkannte drei Köpfe im Wasser. Wo war der vierte Mann? Jim Wilson und Max Pearl wurden von ihren Schwimmwesten über Wasser gehalten und strebten mit kräftigen Stößen dem Ufer zu. Deshalb fuhren wir an ihnen vorbei. Zu meiner Erleichterung sah ich jetzt doch zwei Köpfe. John McKinnon hatte den Sherpa Ang Passang mit einem Arm ergriffen und zog ihn langsam ans Ufer. Geschickt manövrierte John Hamilton unser Boot unterhalb der beiden in die Nähe des Ufers, und wir konnten sie an Bord ziehen.

Dann legten wir an, um uns etwas zu verschnaufen und das angeschlagene Selbstvertrauen wiederzugewinnen. Jim Wilson schilderte uns, wie es gewesen war, als das Boot sank und er Ang Passang nicht hatte finden können. Er war getaucht und hatte gesehen, daß das Boot ein paar Fuß unter der Wasseroberfläche abgetrieben wurde. Neben dem Motor hatte sich Ang Passang festgeklammert. Er wollte versuchen, das Boot zu retten. Doch Jim war es gelungen, ihn zu fassen und an die Oberfläche zu ziehen.

Unser Rückzug den Arun hinunter war der unerfreulichste Teil der Expedition. Die Hälfte der Mannschaft mußte die zwanzig Kilometer zum Lager zu Fuß zurücklegen. Wir anderen fuhren die wilde Strömung in einem unsicher schwankenden Fahrzeug hinunter. An einer sehr schwierigen Stelle klatschten zwei riesige Wellen ins Boot, und nur der Blitzreaktion von John hatten wir es zu verdanken, daß wir in etwas ruhigeres Wasser hinter einem gewaltigen Felsblock kamen und nicht noch mehr Wasser übernahmen und kenterten. Die *Sherpa* bekamen wir nicht mehr zu Gesicht. Wir sahen nur noch ein paar Sitze und Trümmer den Fluß hinuntertreiben. Das Boot ist wahrscheinlich am felsigen Grund zerschellt. Am Abend waren wir alle sehr deprimiert. Unsere Hauptaufgabe lag noch vor uns, und es stand uns nur noch ein Boot zur Verfügung. Die Pläne mußten

geändert werden, und es blieb uns nichts anderes übrig, als einen Teil der Mannschaft zurückzulassen.
Doch bald hatten wir den Schock überwunden und glaubten, unser Ziel auch mit einem Boot erreichen zu können. John Hamilton, Jim Wilson, Michael Gill, Mingmatsering und ich wollten versuchen, bis nach Katmandu zu kommen. Die Vorbereitungen nahmen mehrere Tage in Anspruch, und am Abend des 24. September waren wir startbereit. Aber als sollte unsere Entschlußkraft noch einmal auf die Probe gestellt werden, begann es heftig zu regnen, und ich erlebte die schlimmste Regennacht meines Lebens. Das Wasser floß in Strömen durch das Zelt und spülte tiefe Rinnen in den Ufersand. Der Sun Kosi neben unserem Lager war jetzt etwa 500 Meter breit und stieg in der Nacht um etwa 3 Meter. Am Morgen war er zu einem gewaltigen reißenden Strom angeschwollen. Wir wollten es trotzdem wagen. Das Boot wurde beladen, wir setzten uns hinein, und John übernahm das Steuer.
Trotz der starken Strömung kamen wir auf den ersten 10 Kilometern zwischen mit dichtem Unterholz bewachsenen Hügeln gut voran. Es war herrlich, mit einer Geschwindigkeit von 45 Stundenkilometern durch die grandiose Landschaft zu fahren, und wir glaubten schon, es würde die ganze Zeit so weitergehen.
An einer Stelle, wo sich ein mächtiger Nebenfluß in den Sun Kosi ergoß, kamen wir an eine starke Stromschnelle. Oberhalb davon stürzte das Wasser über zwei riesige Felsblöcke zu Tal. Es gelang uns, durch die ruhigere Strömung seitlich daran vorbeizukommen. Wieder erreichten wir eine Stromschnelle, deren hohe Wellen nach allen Seiten auseinanderspritzten. Wir konnten nur versuchen, mit voller Kraft hindurchzufahren. Das Boot wurde hin und her geworfen und klatschte mit lautem Knall in die Wellentäler.
Vor uns sahen wir hochaufspritzenden weißen Schaum, und wieder gerieten wir in eine wirbelnde Stromschnelle. Über starkes Gefälle brauste das Wasser herab, und die Wellen waren zum Teil mehr als drei Meter hoch. Noch einmal konnten wir die gefährlichsten Wirbel links umfahren, aber auch hier war die Strömung fast ebensoschnell wie das Boot. Ein riesiger abgestorbener Baum ragte vom Ufer ins Wasser und ließ eine etwa einen Meter hohe Stauwelle entstehen. Wir mußten mitten hindurch. Hätte der Motor auch nur einen Augenblick ausgesetzt, wären wir verloren gewesen. Das Boot schob sich langsam, Zentimeter um Zentimeter darüber hinweg und glitt dann in ruhiges Wasser.

Als wolle er uns besänftigen, wurde der Fluß jetzt zahmer, und wir legten unbehindert eine Strecke von mehreren Kilometern zurück. Dabei beobachteten wir eine Herde Affen, die im dichten Buschwerk am Ufer herumkletterten. Dann verengte sich das Flußtal, und wir kamen in eine tiefe, dunkle Schlucht. Hier rauschte uns der Strom in großen Wellen entgegen, und erst nach 8 Kilometern kamen wir auf der anderen Seite heraus. Jetzt hatten wir genug von der wilden Fahrt, bei der wir keinen Augenblick die Möglichkeit gehabt hätten, im Notfall an den steilen Felswänden einen Halt zu finden.
Bisher hatten wir etwa 80 Kilometer zurückgelegt, und es war Zeit, das Lager aufzuschlagen. Nach einer Flußbiegung suchten wir einen geeigneten Platz, kamen aber nur in eine neue Stromschnelle, in der das Wasser in riesigen Wirbeln schäumte. Darüber stürzte es von einer Felsstufe herab, und John fuhr auf die andere Seite hinüber. Aber auch dort kamen wir nicht weiter. So überquerten wir den Strom zum zweitenmal und versuchten seitlich an der Felsstufe vorbeizukommen. Nach mehreren Anläufen gegen die hohen Wellen gelang es uns endlich hinaufzukommen. Dann fanden wir eine flache Uferstelle mit weißem Sand an der Einmündung des Rasua Kola – ein herrlich friedlicher Lagerplatz.
Die Mitte unserer Gesamtstrecke lag dort, wo der Dudh Kosi sich etwa 70 Kilometer stromaufwärts von hier mit dem Sun Kosi vereinigte. Mit leichter Zeltausrüstung und reichlich Benzin brachen wir zu einer Erkundungsfahrt auf, überwanden zahlreiche Stromschnellen und kamen über einige einfachere Strecken gut voran. In einer tiefen Schlucht stießen wir auf einen schmalen Zufluß, der kaltes Gletscherwasser führte, das der Dudh Kosi von den Hängen des Mount Everest hergebracht hatte. Wir konnten der Versuchung nicht widerstehen, den Dudh Kosi hinaufzufahren und gegen seine rasche, wirbelnde Strömung anzukämpfen.
Hoch über uns an den steilen Klippen schwangen sich große Affen so schnell und geschickt von einem Felsen zum anderen, wie es kein Bergsteiger je fertigbringen würde. Das Tal öffnete sich, und wir legten neben einem kleinen Dorf an. Bald waren wir von einer Gruppe aufgeregter Dorfbewohner umringt. Die meisten von ihnen hatten noch nie einen Europäer oder ein Motorfahrzeug gesehen. Mir fiel ein hübsches Mädchen auf, das einen Säugling auf der Hüfte trug. Sie nahm die kleine Kinderhand, berührte damit zuerst das Boot und dann seine Stirn, wie das die Sherpas im Khumbu-Gebiet mit heiligen Gegenständen tun.
Von hier fuhren wir zum Sun Kosi zurück und hofften auch weiter gut

voranzukommen. Aber nun stellte sich uns ein schweres Hindernis in den Weg. Im Abstand von etwa vierhundert Metern lagen zwei Stromschnellen vor uns, aus denen zackige Felsbrocken herausragten und die außerdem einen erheblichen Höhenunterschied überbrückten. Enttäuscht machten wir das Boot am Ufer fest und gingen an Land, um die Strecke zu Fuß zu erkunden. Die »Zwillinge«, wie wir die Stromschnellen nannten, würden nicht leicht zu bezwingen sein. Obwohl der Fluß hier nicht so viel Wasser führte wie weiter unten, war er immer noch ein mächtiger Strom, und die Stromschnellen waren sehr reißend. Ich glaubte in beiden Strecken befahrbare Rinnen zu erkennen, aber es lagen große, gefährliche Steine darin. Nur John Hamilton würde damit fertig werden.
Auf einer Wiese schlugen wir das Lager auf und verbrachten den Nachmittag damit, einen Teil unserer Ausrüstung an eine Stelle oberhalb der Stromschnellen zu bringen. Ich dachte daran, daß uns ein zehn Tage dauernder Fußmarsch bevorstand, wenn wir das Boot verloren.
Am nächsten Morgen machten wir uns daran, die gefährliche Strecke zu überwinden. Wir nahmen alles aus dem Boot, was wir tragen konnten, und brachten das Gepäck an eine etwa 1500 Meter stromaufwärts gelegene Stelle am Ufer. John nahm sich reichlich Zeit, um jede Welle und jeden Stein auf der Strecke genau anzusehen. Dann fuhr er mit Vollgas gegen das herabstürzende Wasser an, um sich auf den ruhigeren Strecken hinter großen Felsbrocken auf den nächsten Anlauf vorzubereiten. Auf den hohen Wellen wurde das Boot gefährlich hin und her gerissen, aber er hielt den Kurs und kam bis zu der leichteren mittleren Strecke durch. Die obere Stromschnelle war nicht so reißend, aber hier lagen noch mehr große Steine im Wasser. John brauste mit hoher Geschwindigkeit darauf zu wie ein Slalomläufer, raste im Zickzack an den Felsbrocken vorbei, klatschte auf hohe Wellen und glitt schließlich hinter die schützenden großen Steine. Es war eine Meisterleistung und ein großer Augenblick, als er endlich die letzte Stufe überwunden hatte.
Auf den nun folgenden 120 Kilometern hatten wir eine herrliche Fahrt. Zwar gab es noch zahlreiche Stromschnellen, aber an keiner brauchten wir uns lange aufzuhalten. Wir kamen durch herrliche Wälder und an frischen grünen Feldern vorbei, die sich an die Berghänge schmiegten. In den weiten, friedlichen Tälern fanden wir unter schattigen Bäume die schönsten Lagerplätze. Überall trafen wir auf fröhliche und freundliche Menschen, die unser Fahrzeug mit der Sachkenntnis erfahrener Flußschiffer begutachteten. Wir sahen, wie die Fischer ihre Netze in den ruhigen Gumpen

Rakshi-Brennerei am Ufer des Sun Kosi

auswarfen, und beobachteten die Dorfbewohner am Flußufer, wo sie in großen Kupferkesseln ihren Schnaps destillierten. Wir probierten ihn an Ort und Stelle, aber für unseren Geschmack war er etwas zu stark.
Etwa 18 Kilometer vor dem Ziel stießen wir auf das letzte schwere Hindernis, eine wilde Stromschnelle tief in einer engen und steilen Schlucht. Zunächst glaubten wir, davor kapitulieren zu müssen. John mußte seine ganze Geschicklichkeit aufwenden, um uns durchzubringen. Aber dann rasten wir mit hoher Geschwindigkeit weiter. Nach der letzten Flußbiegung sahen wir die nach Katmandu führende Straße und unsere Freunde, die uns fröhlich zuwinkten. Zufrieden legten wir an.
Wir hatten bewiesen, daß ein geschickter Fahrer den Sun Kosi mit einem Jetboot hinauffahren konnte, aber es würde noch viel getan werden müssen, um festzustellen, auf welche Weise man die nepalesischen Flüsse möglichst wirtschaftlich als Verkehrswege ausnutzen könnte. Diese Aufgabe würde ich gern übernehmen, aber ich brauchte viel Zeit und erhebliche Geldmittel dazu. An keines meiner Abenteuer erinnere ich mich lieber als an dieses, und ich glaube, die nepalesischen Flüsse werden unsere Jetboote noch einmal wiedersehen.

19.
Was bleibt zu tun?

In den letzten zehn Jahren ist mein Leben ruhiger geworden. Zwar bin ich kein Büroangestellter, der zwischen neun und fünf Uhr am Schreibtisch sitzt, aber alles verläuft doch in geregelten Bahnen. Zweimal jährlich bin ich in den Vereinigten Staaten und drei- oder viermal in Australien. Einige Monate bringe ich damit zu, im Himalaya Schulen zu bauen, und verwende viel Zeit darauf, das dafür notwendige Geld zu sammeln. Immer gibt es eine Menge zu laufen und zu reden, zu schreiben und zu zelten, zu fliegen und mit dem Auto zu fahren, zu planen und zu organisieren. Um fit zu bleiben, mache ich täglich einen Spaziergang oder einen Geländelauf. Wenn es irgend möglich ist, nehme ich Louise und gelegentlich auch die ganze Familie auf meinen Reisen mit.

Nie habe ich mich viel um die Zukunft oder das Altwerden gesorgt. Immer hatte ich genug zu tun, und immer ist es möglich gewesen, die Leistung der körperlichen Leistungsfähigkeit anzupassen. Aber als ich kurz davorstand, fünfzig Jahre alt zu werden, stellte ich mich eines Morgens vor den Spiegel und betrachtete mich aufmerksam. Ich hatte am Abend zuvor etwas zuviel gegessen und getrunken, und mein Anzug roch nach dem Tabakrauch anderer Leute. Ich stellte zu meinem Unmut fest, daß geschäftliche und gesellschaftliche Verpflichtungen mich zu sehr in Anspruch nahmen und ich zu wenig Zeit für die Dinge hatte, die einen gesund und frisch erhalten. Fast unbewußt nahm ich die Gewohnheiten der wohlmeinenden, selbstzufriedenen, wohlhabenden Mitglieder unserer Gesellschaft an. Wenn meine körperliche Leistungsfähigkeit weiter nachließ, dann würde ich bald nicht mehr viel wert sein.

Auf meinem Nachttisch lag ein Notizblock. Ich legte ihn vor mich hin und schrieb darauf eine Liste der Dinge, die ich noch unternehmen wollte.

Zelten auf der Great Barrier Insel, Neuseeland

Das war vielleicht sehr egoistisch, aber es waren Vorhaben, an die ich schon seit Jahren dachte und die vielleicht dazu beitragen konnten, meine Leistungsfähigkeit und meine Abenteuerlust zu erhalten. Die ersten drei Vorhaben sind mir zu meiner Zufriedenheit geglückt.
Um dem Telefon und dem Großstadtdschungel entfliehen zu können, habe ich mir auf den Klippen über der tasmanischen See unter schattigen Bäumen ein Sommerhaus gebaut, von dem aus ich nach Westen blicken und die untergehende Sonne sehen kann. Dort gibt es kein Telefon. Man hört das donnernde Rauschen der Brandung, und es ist unglaublich schön und friedlich. Wenn die Weststürme über den Ozean heranbrausen und an den Fenstern rütteln, sitzen wir gemütlich um das Kaminfeuer und fühlen uns so geborgen, wie das auch in unserer bequemen Stadtwohnung nicht möglich ist.

Gewisse Zweifel hatte ich daran, ob es mir gelingen würde, die große Traverse am Mount Cook zu bewältigen. Das war eine phantastische Route, die sogar für die junge Generation der technisch perfekten Bergsteiger etwas bedeutet. Vielleicht würde meine Leistungsfähigkeit hier überfordert werden. Aber dann hatte ich die Gelegenheit, mit einer Gruppe tüchtiger befreundeter Bergsteiger das Unternehmen anzupacken, und es gelang uns sehr gut. Es war ein herrlicher Tag; für mich einer der schönsten. Und nur die Tatsache, daß ein zu einer anderen Gruppe gehörender junger Mann während unseres Abstiegs tödlich vom Gipfelfelsen abgestürzt war, trübte mir etwas die Freude.
Meinen dritten Entschluß zu verwirklichen fiel mir am leichtesten. Er bestand darin, mich als Skiläufer zu vervollkommnen. Im Verlauf einiger schneereicher Jahre und angeregt durch meine Kinder, deren Leistungen auf diesem Gebiet zusehends besser wurden, lernte ich geschickter Ski zu laufen als in meiner Jugend, wenn auch vielleicht mit weniger Schwung. Es mag sein, daß ich in den kommenden Jahren nicht mehr so viel Gelegenheit dazu haben werden, aber darauf kommt es nicht an; ich habe erreicht, was ich wollte.
Jetzt bin ich dabei, mich an die Verwirklichung aller anderen Vorhaben zu machen, die auf der Liste stehen, und diese Liste ist ziemlich lang geworden . . .
Kaum etwas bereitet mir so viel Vergnügen wie das Zelten, obwohl ich es sehr oft tue. Alljährlich verwende ich viel Zeit darauf, neue Zelttypen zu entwerfen und alte zu verbessern. Durch meine Arbeit bei Sears habe ich gute Beziehungen zu einer Gruppe von Herstellern, Technikern, Käufern und Verkäufern, und jedes Jahr unternehmen wir gemeinsam einen Campingausflug, um unser Wissen und unsere Erfahrungen auszutauschen und uns besser kennenzulernen. Wir sind den Green River in Utah hinuntergefahren, haben auf der Insel Kodiak in Alaska große Lachse gefangen und sind in Quebec im Kanu durch den La Verdraye Park gepaddelt. Das waren zwar keine heroischen Leistungen, aber Unternehmungen, an denen wir alle viel Freude gehabt haben.
Einer der ersten gemeinsamen Ausflüge war eine Fahrt im aufblasbaren Pontonboot auf dem Salmon River in Idaho. Das ist ein wilder und reißender Fluß, der bei allen amerikanischen Wassersportlern einen guten Namen hat. Als wir an den Fluß kamen, führte er Hochwasser, denn bei dem milden Wetter waren auf den Bergen große Schneemassen geschmolzen. Ich äußerte meine Bedenken gegenüber den beiden jungen Bootsführern,

aber sie behaupteten, die Fahrt sei völlig gefahrlos. Vielleicht wollten sie nur nicht ängstlich erscheinen.
Die Fahrt wurde zu einem richtigen Abenteuer. Am ersten Tag kamen wir durch ein Dutzend gewaltiger Stromschnellen und beschädigten den Boden des Boots erheblich. Der zweite Tag war noch aufregender. Sehr bald ging der Oberbau des Boots zu Bruch, und wir wurden von der Strömung mitgerissen, ohne unser Fahrzeug sicher lenken zu können.
Nach etwa zwei bis drei Kilometern trieben wir an das rechte Ufer. Unsere beiden Bootsführer ergriffen je ein Seil und sprangen an Land. Sie wollten die Seile um einen Baum oder einen Stein schlingen. Aber die Strömung war zu stark. Sie riß ihnen die Seile aus den Händen, wir schossen den Fluß hinunter und ließen unsere tüchtigen Fachleute zurück. Nach weiteren anderthalb Kilometer über wildes, reißendes Wasser kamen wir an das andere Ufer. Ich sprang mit einem Seil hinaus und Carl Van Peenan mit dem zweiten. Van Peenan glitt auf einem nassen Stein aus und fiel hin. Mir war es gelungen, mein Seil um einen dünnen Baumstamm zu legen, aber als das Boot sich in einem Wirbel drehte, straffte sich das Seil und riß den Baum aus. Ich konnte es auch nicht mehr halten. Das Pontonboot mit drei würdigen Direktoren an Bord glitt die nächste Stromschnelle hinunter und entschwand unseren Blicken. Einer dieser Männer war Carl Lind, der Verkaufsdirektor der Sportabteilung von Sears. Nun mußte ich fürchten, daß mit ihm auch meine guten Beziehungen zu Sears den Fluß hinunterschwammen.
Van Peenan und ich rasten das Ufer hinunter und befürchteten das Schlimmste. Nach etwa drei Kilometern blieben wir erleichtert stehen. Am anderen Ufer war das Boot in einen Rückstrom geraten und sicher gelandet. Wir befanden uns hier mitten in der Wildnis, weit von jeder menschlichen Ansiedlung entfernt. Mir blieb nichts anderes übrig als etwa 800 Meter stromaufwärts in den Fluß zu springen, fünf Minuten wie ein Verrückter zu schwimmen und mich dann in den gleichen Rückstrom tragen zu lassen wie das Boot. Ich kletterte auf einen großen Stein und sprang in das schäumende Wasser. Es war bitterkalt. Ich schwamm so gut ich konnte und trieb dabei wie ein Korken auf den Wellen hin und her. Dann sah ich, daß ich tatsächlich in den Rückstrom getragen wurde. Die älteren Herren waren recht erstaunt, als mein Kopf plötzlich neben dem beschädigten Fahrzeug auftauchte. Van Peenan war an solche Situationen weniger gewöhnt als ich, aber auch er nahm allen Mut zusammen, sprang in den Strom und schwamm zu uns herüber.

Nachdem wir die ganze Mannschaft eingesammelt hatten, setzten wir die Fahrt fort. Jetzt kam es nur noch auf das Überleben an. Wir wußten zum Glück nicht, daß in den letzten Tagen schon einige Menschen hier ertrunken waren und die für den Park zuständige Behörde das Befahren des Flusses für die Dauer des Hochwassers verboten hatte. Unser schwer mitgenommenes Fahrzeug verlor bedenklich viel Luft aus einigen Kammern und ließ sich kaum mehr dirigieren. Deshalb atmeten wir auf, als wir in der Nähe eines kleinen Waldflugplatzes landen und uns ausfliegen lassen konnten. Zwar hatten wir viel Spaß gehabt, aber was als harmlos erscheinende Materialerprobung begonnen hatte, endete schließlich als Mut- und Charakterprobe für die Mannschaft.

Jedes Jahr, wenn ich nach Nepal komme, um dort an unserem Krankenhaus und den Schulen zu arbeiten, stelle ich viele Veränderungen fest. Eine japanisch-nepalesische Firma hat die Erlaubnis bekommen, in herrlicher Lage 20 Kilometer vom Fuß des Mount Everest entfernt ein Luxushotel zu bauen. Es liegt nicht weit von meiner Schule in Khumjung und dem Krankenhaus von Kunde entfernt. Ursprünglich hatte man beabsichtigt, die Touristen auf dem Luftweg zum Hotel zu bringen, aber ein für einen Landestreifen geeignetes Gelände gab es nur an einer Stelle. Dort hätte man die Piste über die Kartoffelfelder und quer durch das Dorf Khumjung führen müssen. Die Firma versuchte, die Regierung und die Dorfbewohner unter Druck zu setzen. Sie versprach, den Leuten nicht nur eine hohe Abfindungssumme zu bezahlen, sondern auch genügend Lebensmittel einzufliegen, um den Ernteverlust auszugleichen. Das klang sehr vernünftig und großzügig. Einige der Sherpas waren geneigt, darauf einzugehen.

Dabei dachten sie natürlich nicht daran, welche Auswirkungen der Bau der Piste langfristig auf ihr Gemeinwesen und ihr Leben haben würde. Ich beschloß, sie davon abzubringen, sich zu etwas überreden zu lassen, was sie später sicher bedauern würden. Dazu organisierte ich eine Versammlung der Dorfbewohner und erklärte, was ihnen bevorstand. Ich stellte ihnen ein paar Fragen. Wie vertrüge sich der Bau des Landstreifens mit ihrem Stolz und ihrer Unabhängigkeit? Hier befände sich jetzt der Mittelpunkt eines aus hunderttausend energischen und kräftigen Menschen bestehenden Gemeinwesens. Wollten sie wirklich, daß diese Menschen zu abhängigen Rentenempfängern wurden, die allwöchentlich ihre Lebensmittelrationen von Fremden in Empfang nehmen mußten?

Die Sherpas schienen mich zu verstehen und beschlossen, das Angebot abzulehnen. Nicht einer von ihnen war bereit, sein Land zu verkaufen oder über einen möglichen Verkauf zu verhandeln. Es wurde eine Bittschrift verfaßt, die an die Regierung nach Katmandu ging, und man muß anerkennen, daß die Regierung auf die Wünsche der Bevölkerung Rücksicht genommen hat. Einige japanische Zeitungen sind zwar über mich hergefallen, weil ich den Bau des Flugplatzes vereitelt hatte, aber viele japanische Bergsteiger haben meine Haltung öffentlich unterstützt.
Wie ging es nun weiter? Man hat einen anderen Flugplatz gebaut, von dem aus sich das Hotel ebenso bequem erreichen läßt, nur in schwierigerem Gelände. Der Bau hat etwas mehr Geld gekostet, aber es sind dabei keine Kartoffelfelder und keine Häuser zerstört worden. Die Bewohner von Khumjung haben ihren Stolz und ihre Unabhängigkeit bewahrt, und wenn das Hotel ihnen irgendwelche Vorteile bringen sollte, können sie sie trotzdem genießen.

Immer wieder werde ich aufgefordert, Vorträge zu halten. Es gibt ungezählte Organisationen auf der Welt, die ihren Mitgliedern jede Wochen einen interessanten Vortrag bieten müssen. Mit der Zeit habe ich mich in meinen Vorträgen immer mehr mit den Problemen beschäftigt, die mir am meisten am Herzen liegen; mit dem Rassenproblem, der Bevölkerungsexplosion, dem Umweltschutz, der Hilfe für unterentwickelte Völker und dem zunehmend stärker werdenden Wohlstandsgefälle zwischen den reichen und den armen Nationen.
Wir hatten in Neuseeland eine sehr konservative Regierung, und sie war lange an der Macht gewesen. Augenscheinlich machten wir eine Phase politischer und moralischer Stagnation durch und legten dabei viel zu großen Wert auf Wachstumsraten und wirtschaftliche Erfolge, beachteten die bestehenden sozialen Probleme jedoch viel zu wenig. Wer dagegen protestierte, wurde als zu einer »unverantwortlichen Minderheit« gehörender Einzelgänger angegriffen. Für diejenigen, die meinten, Neuseeland sollte in der Außenpolitik aktiver und unabhängiger sein, war es eine schlimme Zeit.
Der Rotary Club in Auckland lud mich ein, vor einer Versammlung der älteren Schüler aller Oberschulen der Stadt zu sprechen. Ich sagte, ich hoffte, ihre Generation werde mit den sozialen Problemen unserer Gesellschaft mutiger und entschlossener fertig werden als meine. Dann fuhr ich fort:

»Es gibt aber noch etwas anderes, von dem ich hoffe, daß Ihre Generation es erreichen wird . . . etwas mehr Ehrlichkeit und moralische Integrität in die Politik und in die Regierungsgeschäfte auf nationaler und internationaler Ebene zu bringen. Jeden Tag lesen wir in unseren Zeitungen über Fälle von politischer Selbstsucht und Unaufrichtigkeit.«
Mein Vortrag erregte großes Aufsehen in Neuseeland, und der Premierminister und seine Regierung reagierten prompt darauf. Ich hatte mit meinen Worten mehr die allgemeinen Zustände in der Welt und nicht die spezifisch neuseeländischen gemeint – obwohl die neuseeländische Regierung damals nicht sehr glaubwürdig war –, sie wurden von unseren Politikern jedoch sehr persönlich aufgefaßt, und Nachrichtenmedien nahmen den Kampf begeistert auf.
Ich bin auch an weniger aufsehenerregenden Auseinandersetzungen beteiligt gewesen. So machte ich zum Beispiel den Vorschlag, daß wir uns mehr an der Unterstützung der armen Länder beteiligen sollten. Unser wohlgenährter Finanzminister kommentierte meine Ansicht mit einer spitzen Bemerkung: »Ich glaube, Sir Edmund versteht von der neuseeländischen Wirtschaft ebensoviel wie ich vom Bergsteigen.«
Im allgemeinen sind mir Streitigkeiten zuwider, und ich ziehe es vor, in Frieden zu leben, aber manchmal ist es besser, offen seine Meinung zu sagen und sich kritisieren zu lassen, als eine lauwarme Freundschaft zu pflegen. Viele Ministerpräsidenten haben mir auf die Schulter geklopft, um mir zu zeigen, wie freundschaftlich sie mir gesonnen waren. Aber wenn ich sie dann um eine geringe finanzielle Unterstützung für ein Krankenhaus im Himalaya bat, hörte das Schulterklopfen sofort auf, und ich habe nie einen Pfennig von ihnen bekommen. Ich bin dankbar für den 1973 erfolgten Regierungswechsel in Neuseeland und für den Idealismus und das Verantwortungsbewußtsein, mit denen heute bei uns außenpolitische Fragen behandelt werden.
Ich habe mich an zahlreichen Vorhaben beteiligt und mich mit einigen davon sehr intensiv beschäftigt. Ich war nicht nur Präsident des Volunteer Service Abroad, sondern gehöre auch einem Skiclub, einer Vereinigung zur Gestaltung der Freizeit in der freien Natur und einem Rat für die Verbesserung der Rassenbeziehungen an. Ich bin Vizepräsident eines Vereins für Jugendherbergen und einer Gesellschaft für die Reform der Abtreibungsgesetze. Ich beschäftige mich mit der Familienplanung, unterstütze alle Bemühungen um den Umweltschutz und bin ein Gegner der Atombombenversuche im Südpazifik und anderen Teilen der Erde. Ich gehöre

keiner politischen Partei und keiner Kirche an, obwohl ich mich lebhaft für die Politik interessiere. Ich glaube, es ist wichtig, den Zusammenhalt in den Familien zu fördern, solange sie sich nicht von der übrigen Gesellschaft isolieren. Und ich halte es für richtig, die Polizei zu unterstützen, wenn sie ehrlich und fair ist und nicht versucht, die Bevölkerung zu bevormunden.

Gelegentlich habe ich Politiker kritisiert, bin mir aber doch der Tatsache bewußt, daß sie eine sehr schwere Aufgabe übernommen haben, und ich respektiere jeden, der diese Aufgabe mit Mut und Idealismus zu erfüllen sucht. Die Politiker haben es schließlich mit einer großen Menge von Menschen zu tun, mit der Öffentlichkeit, und diese Öffentlichkeit zeichnet sich nicht gerade durch Selbstlosigkeit, Toleranz oder Ehrlichkeit aus. Dennoch können wir, wie ich meine, von den Männern, die unsere Gesetze machen, erwarten, daß sie bestimmte Grundsätze respektieren, und wir dürfen denen die Gefolgschaft verweigern, die fragwürdige Grundsätze durch hohle Worte zu vernebeln suchen.

Am Fernsehen habe ich die erste Landung auf dem Mond verfolgt; den Spaziergang auf seiner Oberfläche, das Abheben des Mondfahrzeugs, das Ankoppeln an die Trägerrakete und die glückliche Landung auf der Erde. Das war ein Triumph der Technik, unvorstellbar komplizierter Mechanismen und der Menschen, die mit ihnen umzugehen wußten. Sie waren so ruhig, so technisch versiert und so hervorragend ausgebildet. Ihre einzige Reaktion auf die Gefahr war eine leichte Beschleunigung des Pulses, aber in ihren Stimmen vernahm man nicht das geringste Schwanken. Wie entsetzlich muß es gewesen sein, zu wissen, daß hundert Millionen Menschen jede Gefühlsäußerung auf dem Fernsehschirm sehen und hören konnten.

Ich bewundere diese modernen Forscher. Es sind die Männer der technologischen Zukunft, denen das Universum offensteht. Irgendwie tut es mir leid, daß ich nicht zu ihnen gehöre. Aber ich bin niemals ein so guter Fachmann gewesen, und ich nehme nicht gern Befehle entgegen. Aber ich möchte wetten, daß eines Tages im Weltraum auch Platz sein wird für eine andere Art von Männern, die mir in mancher Beziehung vielleicht etwas gleichen werden – begeisterungsfähig, phantasiebegabt und sogar ein wenig unbedacht. Man wird sie überall finden, und sie werden nicht immer im offiziellen Auftrag handeln. Aber wenn hohe Anforderungen an sie gestellt werden, dann – glaube ich – werden sie Leistungen vollbringen und so tapfer zu sterben wissen wie die Besten unter uns.

Sollte mein Leben morgen zu Ende gehen, dann brauchte ich mich kaum über irgend etwas zu beklagen. Ich habe ein paar Erfolge gehabt; man hat mich geehrt, ich habe lachen dürfen, und man hat mir wahrscheinlich mehr Liebe entgegengebracht, als ich es verdiene. Dazu kommen die Freundschaften, die meinem Leben einen Sinn gegeben haben: mit Harry Ayres, George Lowe, Peter Mulgrew, Mike Gill, Jim Wilson, Max Pearl, Mingmatsering und vor allen anderen mit Louise. Die Liste der Namen ist noch sehr viel länger. Ohne meine Freunde wäre ich nichts. Ich glaube, ich müßte zufrieden sein. Und doch bin ich es nicht ganz. Ich hätte so viel mehr tun können. Es kommt nicht darauf an, daß man etwas leistet. Es kommt darauf an, wie man seine Möglichkeiten genutzt und welche Möglichkeiten man geschaffen hat.
Jeder von uns muß seinen eigenen Weg finden, dessen bin ich sicher. Manche Wege liegen im Licht der Öffentlichkeit, andere sind friedlich und ruhig. Wer kann sagen, was wichtiger ist? Die schönsten Augenblicke sind für mich nicht immer die größten Augenblicke gewesen, denn bedeutet nicht eine Träne beim Abschied, die Freude bei der Wiederkehr oder ein freundschaftlicher Händedruck mehr?
Am dankbarsten bin ich dafür, daß es noch so viel zu tun gibt für die noch vor mir liegenden Abenteuer. Da gibt es einen mächtigen Strom zu bezwingen, ein Krankenhaus zu bauen, ein stilles Gebirgstal und einen unbekannten Paß, einen noch nicht bezwungenen Gipfel im Himalaya und einen von Eisspalten zerrissenen Gletscher in der Antarktis – ja, es gibt noch viel zu tun.

Biographie

In dieser Taschenbuchreihe erschien als Band mit der Bestellnummer 61 033:

Philipp Vandenberg

NOFRETETE

Aus dem Dunkel der Geschichte taucht das strahlende Bild Nofretetes und ihrer Zeit in leuchtenden Farben auf. Das Lebensbild jener Frau, von der wir bisher nur die geheimnisvolle Büste kannten, die 1912 zufällig entdeckt wurde und auf abenteuerliche Weise nach Berlin gelangt war. Philipp Vandenberg schrieb nach minutiösen Recherchen die erste ›archäologische Biographie‹ dieser rätselhaften Schönen.
Eine unübersehbare Anzahl beschrifteter Kalksteinfragmente bildete den Schlüssel zu diesem fesselnden Abenteuer der Archäologie. Mit Hilfe eines Computers gelang es der Wissenschaft, die ägyptischen Schriftzeichen zu entziffern und die Geschichte eines vor mehr als 3000 Jahren erloschenen Reiches und seiner Herrscherin wiederaufleben zu lassen.

Biographie

In dieser Taschenbuchreihe erschien als Band mit der Bestellnummer 61 032:

Alain Decaux

JACQUES OFFENBACH

»Das Leben Jacques Offenbachs ist beispielhaft für einen Kampf gegen die Verzweiflung, einen Kampf um den Erfolg, der sich lange versagt. Daß Offenbach schließlich doch erfolgreich war, ist der Beweis für die zuweilen vollkommene Wesensverwandtschaft gewisser Menschen und gewisser Epochen. Jacques Offenbach mußte erst das zweite Kaiserreich abwarten, bis der Erfolg kam. Er besaß einen heroischen Willen zum Ausharren. Diesem Mut verdanken wir eine Musik, die in wunderbarer Weise die Zeit heraufbeschwört, in der er lebte. Für unser Gefühl sind die Partituren Jacques Offenbachs unlösbar mit der Regierungszeit Napoleons III. verknüpft. Besser als die verschwundenen Tuilerien versinnbildlichen diese Notenbögen die Größe und die Makel jener Epoche. Wenn wir versuchen, uns die Regierungszeit des dritten Napoleons ins Gedächtnis zurückzurufen, erklingen die Rhythmen Offenbachs, und nur die seinen. Ein einzigartiger Vorrang, ohne Zweifel.«
Alain Decaux gibt mit jener Leichtigkeit, die in Frankreich ein Merkmal biographischen Stils ist, mehr als nur die Biographie eines Musikers: Ein eindrucksvolles Bild der Epoche des zweiten Kaiserreichs – und ein faszinierendes Porträt des Komponisten, den kein Geringerer als Rossini den »Mozart der Champs-Elysées« genannt hat.

Biographie

In dieser Taschenbuchreihe erschien als Band mit der Bestellnummer 61 031:

Pierre Gaxotte

LUDWIG XIV.

»Als Symbol wählte ich die Sonne. Durch ihre Einzigartigkeit, durch den Glanz, der sie umgibt, durch das Licht, das sie den anderen Sternen verleiht, durch die wohltätige Wirkung, die sie überallhin ausübt – allerorts Leben, Freude, Tätigkeit hervorrufend – und durch ihren unveränderlichen Lauf, bei dem es keine Abweichung und keine Unterbrechung gibt, ist sie das lebendigste und schönste Abbild eines großen Monarchen.«
Die Regierungszeit Ludwigs XIV., der sich selbst als Sonnenkönig charakterisierte, ist (1661–1715) als die Glanzzeit des französischen Absolutismus in die Geschichte eingegangen. Durch Neuorganisation der Verwaltung und Wirtschaft und eine expansive Außenpolitik machte er Frankreich zur beherrschenden Großmacht in Europa. Der Autor – einer der bedeutendsten Historiker unserer Zeit – begnügt sich aber nicht damit, die Macht des Herrschers und die Pracht seines Hofes zu schildern, vielmehr verdeutlicht er in der Person des Königs den geschichtlichen Ablauf einer ganzen Epoche.